Weigel (Hrsg.) · Märtyrer-Porträts

Sigrid Weigel (Hrsg.)

Märtyrer-Porträts

Von Opfertod, Blutzeugen
und heiligen Kriegern

Wilhelm Fink

Umschlagabbildung:
Andrea Mantegna (1430/31-1506), *Hl. Sebastian*, um 1457/59,
Wien, Kunsthistorisches Museum.
Otto Lilienthal (1848–1896), Gleitflug mit dem Vorflügelapparat am Fliegeberg,
29. 5. 1895, in: Werner Heinzerling, Helmuth Trischler (Hrsg.),
Otto Lilienthal. Flugpionier – Ingenieur – Unternehmer,
Gütersloh/München: Bertelsmann Lexikon Verlag, 1991, S. 278.
Chris Burden, *Trans-Fixed,* 1974, Venice, California,
© Chris Burden. Courtesy Gagosian Gallery.

Bibliografische Information der Deutschen Nationalbibliothek

Die Deutsche Nationalbibliothek verzeichnet diese Publikation in der Deutschen Nationalbibliografie; detaillierte bibliografische Daten sind im Internet über http://dnb.d-nb.de abrufbar.

(Wilhelm Fink GmbH & Co. Verlags-KG, Jühenplatz 1, D-33098 Paderborn)

Internet: www.fink.de

Einbandgestaltung: Evelyn Ziegler, München
Herstellung: Ferdinand Schöningh GmbH & Co. KG, Paderborn
Druck und Bindung: Wuhrmann Druck & Service GmbH, Freiburg

ISBN 978-3-7705-4553-7

Inhalt

Schauplätze, Figuren, Umformungen
Zu Kontinuitäten und Unterscheidungen von Märtyrerkulturen

Die Selbstmordattentäter als Wiedergänger

Unmittelbar nach dem Flugzeugattentat auf die Twin Towers am elften September 2001 war häufig der Satz zu hören, daß „nichts mehr so ist, wie es vorher war". So verständlich ein solcher Eindruck aus der Perspektive der unmittelbar Betroffenen war, mangelte der Aussage doch der Sinn für historische Relationen, denkt man an die Luftangriffe auf Städte von größerem Ausmaß, die sich zuvor anderswo ereignet hatten. Im nachhinein hat sich der Satz – wenn auch anders, als damals gemeint – allerdings doch als richtig erwiesen. Denn die Ereignisse von 9/11 haben in den westlichen Gesellschaften, in ihren Medien, Wissenschaften und Künsten nicht nur zu einer abrupten Steigerung der Aufmerksamkeit und Wertschätzung für Fragen des Islams und seiner Traditionen geführt – in dieser Hinsicht war der Anschlag, aus der Sicht seiner Planer jedenfalls, erfolgreich; sondern mit ihnen ist auch die Figur des Selbstmordattentäters schlagartig ins Rampenlicht der Weltpolitik getreten. Zwar war die Form von Anschlägen mit ‚lebenden Bomben' in der jüngeren Zeitgeschichte nicht unbekannt, wie zahlreiche Selbstmordattentate in Palästina und im Libanon der 70er und 80er Jahre, seit Mitte der 90er auch in Algerien und Pakistan belegen. Und auch ein Angriff aus dem Umfeld der *al-Qaida* auf ein Ziel in den USA konnte für politische Beobachter nicht gänzlich überraschend kommen angesichts der Serie von Verlautbarungen Bin Ladins in den fünf Jahren vor dem Anschlag, in denen er immer wieder den ‚heiligen Kampf' (*dschihad*) gegen die ‚Ungläubigen' und die Verteidigung der muslimischen Länder als Glaubenspflicht jedes einzelnen Muslims proklamiert hatte.[1] Doch mit 9/11 hat eine neue Zeitrechnung begonnen; seither haben die sogenannten Märtyrer-Operationen international Schule gemacht – u. a. in Tschetschenien, im Irak und in Afghanistan, in Moskau, Madrid und London. Seither sieht sich ‚der Westen' konfrontiert mit einem neuen Terrorismus mit religiösem Gesicht.

In der Gestalt desjenigen, der sich selbst als Märtyrer begreift, begegnet den westlichen, jedenfalls den säkularisiert-christlichen Kulturen ein *Wiedergänger* ihrer eigenen Geschichte. Diese kennt Episoden einer geradezu epidemischen Märtyrerbegeisterung ebenso wie eine lange und stabile Tradition von Märtyrerverehrungen und -darstellungen. Zudem hat der Islam bei seiner Begründung im 7. Jahrhundert mit dem Märtyrer eine christliche Figur beerbt, deren Auftreten im 2. und 3. Jahrhundert n. Chr., nachdem 201 ein Edikt des römischen Kaisers Septimius Severus den Übertritt zu Judentum und Christentum bei Strafe verboten hatte, allerdings selbst auf

1 Zur detaillierten Analyse der Erklärungen Bin Ladins vgl. Scheffler 2003.

frühere Phänomene zurückging, wie noch zu zeigen sein wird. Im Unterschied zu ihren christlichen Vorgängern sind die muslimischen Märtyrer von Anbeginn als Kämpfer für den ‚rechten Glauben' aufgetreten. Daraus erklärt sich, warum die islamischen Überlieferungen zunächst vor allem von männlichen Märtyrern handeln, während unter den Christen-Märtyrern der ersten Stunde etliche Frauenfiguren sind, beispielsweise PERPETUA und FELICITAS, wie weibliche Heilige überhaupt für das Christentum eine herausragende Rolle spielen. Doch stellen sich die frühchristlichen Märtyrer, zumindest als sie erstmals explizit und massenhaft in Erscheinung traten, als Figuren des Erleidens dar – wenn auch eines Erleidens, dessen Verlauf und Bedeutung sie selbst in die Hand zu nehmen suchten. Von griech. *martys* (Zeuge) abgeleitet, geht der christliche Märtyrer zurück auf seine Rolle als Zeuge der Passion CHRISTI und deren Deutung als Sühneopfer. Der Märtyrer stellt sich in die Nachfolge dieses Urbildes eines ‚Opfers *für*', das er bezeugt. Auch um den Preis von Verfolgung und Tötung hält er ‚standhaft' an seinem Bekenntnis fest. Erst mit den Kreuzzügen entstand aus der *Imitatio-Christi*-Kultur die Gestalt des *Soldaten Christi.* All das scheint in den Augen heutiger Europäer Vergangenheit zu sein. Und so ist mit den bewaffneten Märtyrern eine Gestalt auf den Schauplatz der Geschichte zurückgekehrt, von der das säkulare Europa annahm, daß sie einem längst vergangenen Zeitalter angehöre.

Das europäische Nachrichten-Publikum reagiert mehrheitlich befremdet auf die Titulierung der Selbstmordattentäter als Märtyrer, weil sie nicht ins hiesige Bild passen. Ist doch die europäische Vorstellung von Märtyrern primär durch die christliche Ikonographie geprägt: durch die Passion Christi, insbesondere die Kreuzigung, und durch die unzähligen, bei Museums- und Kirchenbesuchen zu bewundernden Martyriumsdarstellungen und Porträts von Heiligen, deren Protagonisten oftmals – wie etwa PETRUS MARTYR den Krummsäbel im Schädel – die Instrumente ihrer Torturen als Insignien mit sich tragen; und durch solche sagenumwobenen Gestalten wie den Asketen und Säulenheiligen SIMEON, der im 5. Jahrhundert dreißig Jahre auf der winzigen Plattform seiner 20 Meter hohen Säule zugebracht haben soll und schon zu seiner Zeit eine Attraktion darstellte.[2] Über solchen Bildern ist weitgehend in Vergessenheit geraten, daß die europäische Geschichte auch den Typus des kriegerischen Märtyrers hervorgebracht hat: zuerst in der Gestalt der Kreuzritters, der im frühen Mittelalter mit dem Ziel nach Jerusalem zog, das ‚Heilige Land' und das ‚Heilige Grab' zurückzuerobern. Wer dabei zu Tode kam, wurde als Märtyrer verehrt. In der Nachfolge dieser ‚Heiligen Krieger' stehen die gefallenen Soldaten, deren ‚Opfer für das Vaterland' mit unzähligen Kriegsdenkmälern und Ehrenfriedhöfen geehrt wird, nachdem sie meist zuvor schon, beim Auszug ins Feld, den priesterlichen Segen für ihre militärische Mission – und ihren möglichen Tod – erhalten hatten.

Die Dominanz des Opfermotivs in den Märtyrervorstellungen der christlichen, auch der säkularisierten Gesellschaften erschwert es wahrzunehmen, auf welche Weise gerade die Figur des Märtyrers die Traditionen und Imaginationen, die Kulte und die Affektkulturen verschiedener Religionen miteinander verbindet. Das unendliche und schillernde Repertoire an Märtyrererzählungen und -bildern unterschiedlichster Pro-

---

2 Markschies 2006, S. 164 f.

venienz, aus dem in diesem Buch ausgewählte Beispiele vorgestellt werden, vermag nicht nur religiöse Zusammenhänge politischer Gewalt zu erhellen; es macht auch historische und kultische Verbindungen *und* Differenzen zwischen den drei monotheistischen Religionen lesbar. Mehr noch, die Märtyrerkultur ist ein Schlüssel zum Verhältnis der Religionen und Kulturen, denn sie spielt sowohl in christlichen und islamischen als auch in jüdischen Traditionen eine zentrale Rolle – und das bis weit über die Religionsgeschichte, über den Kanon von Märtyrerakten, Martyrologien, Heiligenviten und Märtyrerdramen hinaus. Insofern schärft der Blick auf die *longue durée* und den Wandel von Märtyrermotiven die Sensibilität für die vergessenen, gleichwohl aber fortwirkenden Prägungen auch der Moderne durch Muster, die der Verknüpfung von Opfer und Heiligem, Gewalt und Kult, von Tod und Verehrung, Passion und Pathos entstammen.

Märtyrer – Widerpart des Souveräns

Selbst unter Berücksichtigung verwandter europäischer Traditionen, in denen der Tod im Kampf mit dem Märtyrertitel belohnt wurde, bleibt ein verstörendes Spezifikum, das die aktuelle Gestalt des Selbstmordattentäters davon unterscheidet, nämlich die Tatsache, daß mit ihr ein Lebensopfer selbst zur leibhaftigen Waffe geworden ist. Auch hierfür gibt es in der Geschichte Vorläufer. Da sind zunächst die berühmt-berüchtigten *Assassinen*, Angehörige der schiitischen Ismailiten Nordsyriens und des Irans, die zur Zeit der Kreuzzüge durch spektakuläre Anschläge auf Kreuzritter und sunnitische Würdenträger, bei denen die Attentäter selbst umkamen, von sich reden machten. Ihr Name lebt im kulturellen Gedächtnis fort, da aus ihm im Französischen das Wort für politische Mörder, *assassin*, gebildet wurde. Vor allem aber mit der europäischen Expansionspolitik und Kolonisierung entstanden seit dem 18. Jahrhundert Widerstandsbewegungen, deren Guerilla- und Terrorstrategien auch Aktionen einschlossen, bei denen die Akteure mit ihrem sicheren Tod rechnen mußten – ähnlich den japanischen Kamikazefliegern, die im Zweiten Weltkrieg bei Kampfeinsätzen gegen die USA, wie ‚freiwillig' auch immer, ihr Leben gelassen haben. Nicht immer wurden die Ausführenden solcher Aktionen als Märtyrer betrachtet. Um einen Selbstmordattentäter als Märtyrer zu verehren, mehr noch: damit jemand, der zu einem Anschlag mit einem um den Leib gebundenen Sprengsatz bereit ist, sich auf diesen Einsatz mit Exerzitien und religiösen Ritualen vorbereitet und zusätzlich womöglich ein Video mit seinem ‚Vermächtnis' herstellt zum späteren Gebrauch seiner Gesinnungsgenossen und für sein irdisches Nachleben als Konterfei in Videos, Broschüren und auf Plakaten – dafür bedarf es eines religiös motivierten Kampfes, der legitimiert ist durch die Darstellung des übermächtigen Gegners als Verkörperung des Bösen schlechthin. Anders gesagt: Die Märtyrerkultur vermag die Verzweiflung in aussichtsloser Lage in den Entschluß zu politischer Gewalt zu verwandeln.

Selbstverständlich spielen bei Märtyrer-Operationen in politischen Zusammenhängen auch soziale Verhältnisse eine Rolle. Wo das Leben wenig lebenswert erscheint, ist der Reiz des Versprechens, zumindest mit dem eigenen Tod aus der Sinn-

und Namenlosigkeit herauszutreten, groß. Und für denjenigen, der ansonsten nichts zu vererben hat, erscheint die Suggestion, als Märtyrer dennoch ein ‚Vermächtnis' zu hinterlassen, offenkundig als verlockend. Darüber hinaus wird er belohnt durch die Aussicht auf einen Platz im Himmel oder ein besseres Dasein im Paradies. Heinrich HEINE hat im 19. Jahrhundert, der Epoche der Emanzipation und Modernisierung, den *Taufzettel* als „Entréebillet zur europäischen Kultur" bezeichnet. Im Zeitalter postkolonialer Kriege und Konflikte scheint dagegen der *Totenschein* als Entréebillet zum Paradies an Ansehen zu gewinnen.

Der Märtyrer verwandelt das *Er*leiden (gr. pathē, lat. *passio*) in einen – dem Selbstverständnis nach selbstbestimmten – Tod, dem dabei ein höherer Sinn verliehen wird. Wo Menschen auf das nackte Leben zurückgeworfen sind, wo sich für sie das irdische Leben als entwertet darstellt, wird eine ‚Lösung' attraktiv, in deren Praxis die Entwertung des Irdischen überboten wird, indem dessen vollständige Negation in einen geheiligten Tod umgemünzt wird. – Der Begriff des menschlichen Lebens erhellt sich, wie Walter BENJAMIN in dem Essay *Zur Kritik der Gewalt* (1921) formuliert hat, aus seiner Beziehung auf zwei Sphären: dem Dasein als Kreatur und der Teilhabe an einem ‚höheren Leben', d. h. einer über das bloße oder nackte Leben hinausgehenden Sphäre.[3] In den drei monotheistischen Religionskulturen geht dieser gleichsam übernatürliche Begriff des Menschen auf den Topos der Gottebenbildlichkeit des Menschen zurück. In der Moderne lebt diese Vorstellung in den Begriffen universeller Menschenrechte wie Freiheit, Menschenwürde und Gerechtigkeit nach, die in dieser Hinsicht die biblische Tradition beerben. Mit ihren Kulten und Gesetzen, Künsten und Wissenschaften haben die Menschen sich eine soziale und kulturelle Ordnung für die Umsetzung dieser Vorstellungen im irdischen Leben geschaffen. Dort, wo diese kulturelle Ordnung der Dinge gestört und dem einzelnen der Status des ‚Menschen' entzogen ist, wird nach anderen Wegen der Verbindung zu einem ‚höheren Leben' gesucht. Das Muster der Märtyrer scheint sich dafür besonders anzubieten. Im Martyrium oder im Sterben auf den Status der Kreatur bzw. des Animalischen zurückgeworfen, schlägt die Reduktion des menschlichen Lebens auf das bloße Fleisch um in eine Sakralisierung des getöteten oder zerstörten Leibes. Werden dessen Überreste als Reliquien zu Gegenständen einer kultischen Verehrung, so wird das Blut, eigentlich „Symbol des bloßen Lebens"[4], beim Märtyrer zum Zeichen seiner Zugehörigkeit zu einer höheren, gleichsam über-menschlichen Gattung.

Nicht nur wird im Märtyrertod das physische Sterben zur Manifestation eines metaphysischen Sinns. Darüber hinaus gewinnt der Tod den Status eines Bekenntnisses: sei es zur Wahrheit oder Tugend, zu den Religionsgesetzen, zum ‚rechten Glauben' oder zur Befreiung von den Besatzern – in vormoderner Diktion: von der Tyrannis. Für denjenigen, der sich als erniedrigt erlebt, stellt die Entscheidung zum Märtyrer den Versuch dar, unter Bedingungen der Unterwerfung oder Abhängigkeit ‚souverän' zu agieren. In dieser Hinsicht ist der Märtyrer eine negative Gegenfigur

3 Benjamin 1977, S. 201.
4 Ebd., S. 199.

zum Souverän.[5] Gilt für diesen die bekannte SCHMITTsche Formel „Souverän ist, wer über den Ausnahmezustand entscheidet“[6], so antwortet der Märtyrer darauf, indem er sich zu einer Art – tödlichen – Gegensouveränität entscheidet, dem Versuch einer Souveränität – nicht *über* den, sondern – *im* Ausnahmezustand. Häufig wird der Märtyrertod als ‚freiwilliger Tod‘ beschrieben, oder es ist von einer ‚Wahl‘ zum Martyrium die Rede. Doch verkennen solche Charakterisierungen die politische Theologie von Märtyrerkulturen, denn in ihnen geht es nicht um Wahl oder Freiwilligkeit, sondern um *Entscheidung*, und zwar unter Bedingungen der Unfreiheit oder Unterwerfung. Insofern folgt die Figur des Märtyrers dem Versuch, Schwäche in Stärke, Ohnmacht in Macht zu konvertieren.[7]

Zur Nachträglichkeit von Märtyrerverehrung und -gedenken

Zwar kommt im theologischen Sinne nur denjenigen der Märtyrertitel zu, denen er von autorisierten konfessionellen Amtsträgern zugesprochen wird. Doch geht die Verehrung von Märtyrern, seien es selbsternannte oder solche, deren die Überlebenden oder nachfolgende Generationen als Märtyrer gedenken, weit darüber hinaus. Neben *Märtyrer-Akteuren*, d. h. denjenigen, die sich selbst so verstanden und als solche verhalten haben, hat sich in Neuzeit und Moderne das Konzept als *kulturelles Deutungsmuster* verbreitet, um nachträglich den ‚unnatürlichen‘ Tod einzelner oder Ereignisse von massenhaftem Sterben in das Gedächtnis integrieren zu können. Dabei werden vorgeschichtliche Vorstellungen aktualisiert. Denn jeder auffallende Tod, so Franz DORNSEIFF, erscheine den Späteren als „ein sichtbares Hineingreifen des Göttlichen, Übernatürlichen in den menschlichen Lebensbereich“. Insofern erinnere jeder gewaltsame Tod an das Menschenopfer.[8]

Bei Toten, die nachträglich als Märtyrer interpretiert werden, kann es sich um den Typ des *Gründungsopfers* handeln, bei dem der gewaltsame Tod einer Person als gleichsam notwendiges oder unumgehbares Opfer für die Herstellung neuer politischer Verhältnisse betrachtet wird – so wie LUCRETIAS Tod als Gründungsopfer der Römischen Republik oder die Toten der Französischen Revolution als Opfer zur Errichtung des *Nouveau régime*. In der Moderne wird diese postmortale Deutungsfigur häufiger im Falle von Kriegen und Naturkatastrophen verwendet. Dann werden Opfer, deren Sterben als unbegreiflich erlebt worden ist, im Zusammenhang von Trauer und Gedenken zu Märtyrern, und zwar in dem Bemühen der Überlebenden, den ‚sinnlosen‘ Tod im nachhinein mit Sinn zu belehnen. Eine solche Umdeutung vollzieht sich im Deutschen nahezu unmerklich, weil hier die Sprache nicht, wie etwa im Englischen und Französischen, zwischen sakralen oder kultischen Opfern/Opfe-

5 Zum Verhältnis von Souverän und Märtyrer in Benjamins Kritik der Gewalt im Unterschied zur politischen Theologie des Ausnahmezustands vgl. Weigel 2006.

6 Schmitt 1990, S. 11.

7 Zur Konversion zwischen religiösem Ritual und Kulturtechnik vgl. Weigel 2004.

8 Dornseiff 1923/24, S. 140 f.

rungen (im Sinne von *sacrificium*) und den Opfern/Unterlegenen von Kriegen, Naturkatastrophen oder Verbrechen (im Sinne von *victima*) unterscheidet. In psychoanalytischer Perspektive läßt sich diese Gedenkfigur als Symptom des Schuldgefühls von Überlebenden erklären. Weil der unnatürliche oder plötzliche Tod eines anderen erst dann in das eigene Gedächtnis integriert werden kann, wenn er – als bedeutungsvoller Tod – symbolisiert worden ist, geschieht die Verwandlung der Toten in Märtyrer in erster Linie im Interesse der Überlebenden und ihres Weiterlebens.

Auch in der Nachgeschichte des Holocaust spielt das Deutungsmuster des Märtyrers eine wichtige Rolle. Wenn auf jüdischer Seite der Opfer, die in den von den Nazis errichteten Todeslagern ermordet worden sind, als Märtyrer gedacht wird, geht es dabei primär um die Bearbeitung eines kollektiven Traumas; indem aber die Ermordung der europäischen Juden durch das Dritte Reich und seine Kollaborateure die Gründung des Staates Israel motiviert und legitimiert hat, konnte die Gedenkstätte Yad Vashem darüber hinaus zu einer nationalen Stätte werden, in der das Opfergedenken eine politische Bedeutung erhält. Dagegen muß die Verwendung des Märtyrerkonzepts in der deutschen Gedenkkultur nach 1945 daraufhin befragt werden, auf welche Weise sich Opfersymbolik und -rhetorik zur Auseinandersetzung mit Schuld und historischer Verantwortung verhalten. In dieser Hinsicht ist die Häufung von christlichen Pathosformeln, von Kruzifix- und Pietà-Symbolen bei der Gestaltung von Mahnmalen in KZ-Gedenkstätten besonders irritierend, belegt sie doch einen eklatanten Mangel an Reflexion religionsgeschichtlicher Implikationen der Ikonographie im Kontext der Vergangenheitspolitik.

Martyrologien – zur Logik exklusiver Verzeichnisse

Die Diskrepanz zwischen den europäischen Vorstellungen von Märtyrern, die der christlichen Geschichte entstammen, und den Fernsehbildern von den internationalen Kampfschauplätzen mit Szenarien schiitischer oder sunnitischer Märtyrer-Verehrung löst häufig eine Diskussion darüber aus, ob es sich bei den Selbstmordattentätern ‚wirklich' um Märtyrer bzw. um ‚wahre Märtyrer' handelt. Diese Frage wird im vorliegenden Buch *nicht* gestellt, denn sie setzt ein affirmatives, normatives Verständnis von Märtyrern voraus, das sich letztlich im Fahrwasser theologischer oder kirchlicher Dogmen bewegt oder eine hagiographische Haltung gegenüber Märtyrern einnimmt, zumal die Kriterien dafür, wer als Märtyrer anerkannt wird, stets aus der Perspektive *einer* bestimmten Konfession formuliert werden. Die konfessionelle Märtyrerkultur stellt sich als Schauplatz der Konkurrenz zwischen den Religionen dar. Dem Tod des Märtyrers für den ‚rechten Glauben' und seinem ‚heiligen Krieg' im Kampf der Religionen folgt der theologische Streit um die Kriterien von Verehrung, Selig- und Heiligsprechung – Fortsetzung des Wettstreits mit anderen Mitteln. Selbst wissenschaftliche Darstellungen zur Märtyrergeschichte bewegen sich nicht selten im Rahmen solcher normativen Argumentationsmuster. So ist in der Forschungsliteratur immer wieder zu lesen, daß vor und außerhalb des Christentums keine (christlichen) Märtyrer vorkommen, oder auch, daß das Martyrium der antiken und jüdischen

Kultur fremd gewesen sei.[9] Abgesehen von der Tendenz zu tautologischen Aussagen – „[i]n außerchristlichen Religionen fehlt den christlichen Märtyrern Vergleichbares völlig“[10] –, stehen derartige, ihrer Logik nach *exklusive* Betrachtungsweisen dem Bemühen im Wege, dem dieses Buch gewidmet ist, nämlich die Verbreitung von Märtyrerbildern und Deutungsmustern und deren offenkundige Wirkmächtigkeit in der Kulturgeschichte zu untersuchen. Wo die Märtyrer aus den ersten christlichen Jahrhunderten als Ursprung, Ideal und Maßstab des Konzepts zugleich gelten, wird der Austausch zwischen verschiedenen Religionen ebenso unkenntlich wie die kulturellen und medialen Metamorphosen der Figur.

Aus der Geschichte der christlichen Märtyrerverehrung hat sich über Märtyrerakten und Martyrologien, über hagiographische Sammlungen in Heiligenkalendern und -legenden – die berühmteste ist die *Legenda aurea* des JACOBUS DE VORAGINE aus dem 13. Jahrhundert – eine theologisch kontrollierte Kanonisierung ausgebildet, nicht zuletzt als Reaktion auf die Inflation der Märtyrerverehrung. Bis in die Gegenwart als maßgeblich gelten die *Acta Sanctorum* (1643 ff.) von Johannes BOLLANDUS, deren Zusammenstellung erstmals mit wissenschaftlichem Anspruch geschah. Allen *Martyrologien* ist ein – der Gattung nach – struktureller Widerspruch inhärent: zwischen dem genrespezifischen Anspruch von Sammlungen auf umfassende Geltung, wenn nicht Vollständigkeit einerseits und der exklusiven Definition (bzw. Ernennung durch den Papst oder andere theologische bzw. kirchliche Autoritäten) andererseits. In dem *Vollständigen Heiligen-Lexikon* von STADLER, HEIM und GINAL aus der zweiten Hälfte des 19. Jahrhunderts beispielsweise wird zunächst die Maßgabe einer umfassenden Aufnahme aller Heiligen formuliert: So „sollen in demselben *alle* Heiligen, Seligen, Ehrwürdigen und als Fromme Verehrten, des alten und des neuen Bundes, aller Zeiten und Völker, aller Orten und Orden etc., sie mögen von der ganzen Kirche als solche verehrt werden oder nur von einem Theile derselben, so weit ihre Namen bekannt sind, in alphabetischer Ordnung *Aufnahme finden*“. Doch dem wird umgehend, noch im selben Satz, widersprochen, wenn es weiter heißt, „wobei jedoch unter gewissenhafter Beobachtung der hieher bezüglichen Constitutionen Urban's VIII. vom Jahre 1625 und 1634 *nur jene* den betreffenden Titel ‚heilig‘, ‚selig‘ u.s.w. erhalten sollen, die entweder *von der Kirche förmlich dafür erklärt* oder seit unfürdenklichen Zeiten in derselben als ‚heilig‘ etc. verehrt worden sind, und die Unterzeichneten erklären hiemit ausdrücklich, daß sie sich in dieser wie in jeder andern Beziehung vollkommen dem Urtheile der hl. römisch-katholischen Kirche unterwerfen“.[11] Genau diese Kombination von Allgemeinheitsanspruch und Ein-/Ausschluß qua (kirchlicher) Deutungshoheit ist es, die jede Debatte darüber, ob jemandem der Märtyrertitel zukommt oder nicht, so problematisch macht.

Erst jüngst hat die römisch-katholische Kirche es erneut unternommen, ein Martyrologium zu erstellen, ein „Blutzeugenverzeichnis des 20. Jahrhunderts“, und zwar in der formulierten Absicht, der „Gedächtnislosigkeit unserer Zeitgenossen“ entge-

9 So beispielsweise Bowersock 1995, S. 5 ff.

10 Heinrich Dörrie: „Märtyrer: I. Religionsgeschichtlich“, in: *Die Religion in Geschichte und Gegenwart*, Bd. 4 (1960), Sp. 587.

11 *Vollständiges Heiligen-Lexikon*, Bd. 1 (1858), S. 5 (Hervorhebungen – S. W.)

genzuwirken.[12] Die Anregung dazu ging von Papst JOHANNES PAUL II. in seinem Apostolischen Sendschreiben *Tertio millennio* (1994) aus, in dem er eine Rückkehr der Märtyrer konstatiert hat. In Deutschland lag fünf Jahre später ein erstes Verzeichnis mit 700 Namen vor, als Vorband zu dem zweibändigen Werk *Zeugen für Christus. Das deutsche Martyrologium des 20. Jahrhunderts*, das laufend ergänzt und erweitert wird. Inzwischen ist die 4. Auflage erschienen, die mehr als 800 Lebensbilder enthält.[13] Aufgrund seiner Tätigkeit als „theologischer Konsultor an der römischen Kongregation für die Selig- und Heiligsprechungsverfahren" war der Herausgeber bereits mit den „Kriterien zur Aufnahme von Blutzeugen" vertraut. In seiner Einführung nennt er zunächst den stets gültigen überzeitlichen Bezug christlicher Martyrologie – „Jesus Christus, der ‚treue Zeuge', der ‚uns durch sein Blut von unseren Sünden erlöst hat' (Offb 1, 5), steht bei der Beantwortung dieser Frage immer im Mittelpunkt der Überlegungen" –, um sich in kirchengeschichtlicher Hinsicht dann auf den Kanonisten Prospero LAMBERTINI aus dem 17. und Papst BENEDIKT XIV. aus dem 18. Jahrhundert zu berufen: „Ohne an dieser Stelle auf sämtliche Kriterien eingehen zu können, seien gleichwohl die entscheidenden kurz genannt: die Tatsache des gewaltsamen Todes (*martyrium materialiter*), das Motiv des Glaubens- und Kirchenhasses bei den Verfolgern (*martyrium formaliter ex parte tyranni*) und die Ergebenheit des Opfers in Gottes Willen trotz Lebensbedrohung (*martyrium formaliter ex parte victimae*)."[14] In diesen drei Kriterien, die sich offensichtlich an der Konstellation der römischen Christenverfolgung orientieren, wird die Figur des frühchristlichen Märtyrers noch einmal als überzeitlicher Maßstab des theologischen Begriffs bekräftigt.

Angesichts der historischen Verhältnisse des 20. Jahrhunderts, für welches das Martyrologium erstellt wurde, scheinen diese Kriterien allerdings nicht ganz hinreichend zu sein, denn im folgenden ist von ‚Abstufungen' und ‚Erweiterungen' die Rede. Die „vier Kategorien von Blutzeugen", nach denen das Verzeichnis schließlich geordnet worden ist, stellen sich denn auch als Kombination zeitgeschichtlicher und anachronistischer christlicher Referenzen dar. So beziehen sich die beiden ersten Gruppen mit den „Blutzeugen unter Hitlers Terror" und denen „aus der Zeit des Kommunismus" auf zwei totalitäre Regime des 20. Jahrhunderts, während in den folgenden zwei Gruppen Normen aus der Geschichte der christlichen Kirche zum Zuge kommen: sowohl in den am Dogma der Jungfräulichkeit orientierten „Reinheitsmartyrien (*martyrium puritatis*)" weiblicher Jugendlicher, die „eher zu sterben als zu sündigen bereit waren"[15], als auch in den „Blutzeugen aus den Missionsgebieten", einer Kategorie, mit der der Missionsanspruch Roms bis ins 20. Jahrhundert fortgeschrieben wird. Insbesondere in dieser Kategorie wird noch einmal die Logik von globalem Geltungsanspruch und exklusivem Alleinvertretungsanspruch sinnfällig. Während ausdrücklich der päpstliche Anspruch, mit dem Martyrologium über Europa hinauszuweisen, zitiert wird, kommen außereuropäische Gebiete jedoch allein

12 Moll 1999, S. IX.
13 Moll 2006.
14 Moll 1999, S. XI.
15 Moll 1999, S. XI.

in ihrem Status als „Missionsgebiete" in den Blick. Und auch dort, wo es durchbrochen wird, kommt das Prinzip exklusiver Auswahl noch einmal zum Tragen, wenn nämlich besonders betont wird, daß auch „nicht-katholische Glaubenszeugen namentlich erwähnt" sind, „sofern sie in ökumenischen Gruppen tätig waren".

Angesichts der Tatsache, daß es sich bei dem Martyrologium um ein Verzeichnis ausschließlich *christlicher* Opfer handelt, springt die universalhistorische Begründung des Vorhabens mit der „extremen Grausamkeit, von der unser Jahrhundert geprägt ist", und den „schmerzlichen Erfahrungen der beiden Weltkriege" ins Auge.[16] Die Erläuterungen eines Vorhabens, das seinen Blick ausschließlich auf die christlichen *Opfer* des Dritten Reiches richtet, ohne dies im Zusammenhang mit der Haltung der Kirchen zum Nationalsozialismus und der problematischen Rolle von PIUS XII. zu thematisieren, fallen nicht nur hinter den Stand von Debatte und Forschung zur Rolle des Vatikans und zum Verhältnis von Kirche und Drittem Reich zurück.[17] Sie belegen auch eine eklatante Unsensibilität gegenüber der bruchlosen Fortsetzung eines Systems exklusiver Auswahl *nach* dem Holocaust, zumal wenn dies im Ergebnis dazu führt, daß die Opfer der als Legitimation des ganzen Unternehmens bemühten Katastrophen mehrheitlich ausgeblendet werden. So wird die Rolle der historischen Daten des 20. Jahrhunderts in der Begründung dieses katholischen Martyrologiums dort obskur, wo die Einführung ihr rhetorisches Pathos von ihnen bezieht. Dafür ist die Art und Weise symptomatisch, wie Auschwitz zitiert wird: „Der aus dem Osten Europas kommende Papst, der unweit des menschenverachtenden Vernichtungslagers Auschwitz zur Welt kam und in den schrecklichen Jahren den Geruch verbrannter Leichen wahrnahm, muß als der eigentliche Ideengeber dieses universalkirchlichen Projekts bezeichnet werden."[18] Da Auschwitz – in seiner Bedeutung als Name für die Judenvernichtung – für das ganze Vorhaben keine weitere Rolle spielt, kommt hier eine Metapher zum Einsatz, mit der die jüdischen Opfer als Pathosformel in der Gründungserzählung für ein katholisches Martyrologium des 20. Jahrhunderts benutzt werden. Nachdem das Martyrologium vorliegt, dessen Titel *Zeugen für Christus* einen universalchristlichen Anspruch formuliert, hat die evangelische Kirche Deutschlands, offenkundig weil sie meinte, dadurch ins Hintertreffen geraten zu sein, nun ihrerseits auch ein Verzeichnis *ihrer* Märtyrer des 20. Jahrhunderts in Angriff genommen, womit sie, ob sie will oder nicht, strukturell in einen Wettstreit um Opferbilanzen eingetreten ist.

Märtyrer – Medien ritueller Reproduzierbarkeit

Das vorliegende Buch ist *kein Verzeichnis*; es präsentiert *keinen Kanon* von Märtyrern, auch keinen kulturwissenschaftlich erweiterten Kanon. Es liefert auch keine Kriterien dafür, was Märtyrer sind oder wer ein Märtyrer bzw. eine Märtyrerin ist oder war.

16 Ebd., S. X f.

17 Vgl. den Artikel von Kurt Nowak zu „Kirche und Religion" in der *Enzyklopädie des Nationalsozialismus* (Nowak 1997).

18 Moll 1999, S. IX.

Vielmehr fragt es nach den Mustern, Mechanismen und Medien, mit denen Märtyrer gemacht, verehrt, dargestellt und überliefert werden. So werden einzelne Fallbeispiele aus den unterschiedlichsten Feldern der europäischen Religions- und Kulturgeschichte vorgestellt, ergänzt um einzelne Beispiele aus nicht-europäischen Ländern: Ereignisse und Schauplätze, die Märtyrererzählungen und -bilder hervorgebracht haben, und Personen, die sich selbst als Märtyrer verstanden haben oder als solche interpretiert wurden. Vor dem Horizont einer bemerkenswerten Ubiquität von Elementen der Märtyrerkultur in Geschichte und Gegenwart geht es vor allem darum, die beunruhigende Faszination, die die Figur des Märtyrers offenkundig bis heute ausübt, ebenso wie die tödliche Logik, welche der Dynamik der Märtyrerkultur innewohnt, zu beleuchten.

Denn der Märtyrer ist ein Medium kultureller Serienproduktion. Nicht nur in der klassischen christlichen Version der *Imitatio Christi* stellen sich Märtyrerfigurationen als Modelle der Nachahmung dar. Wo ein Märtyrer auftritt, da wird es bald viele geben. Die Nobilitierung des Todes als – selbstloses, tragisches oder heroisches – Opfer für einen höheren Wert, sei es für die Wahrheit, den Widerstand gegen einen Tyrannen, für die Gemeinschaft oder – in der Moderne – für den Fortschritt von Wissenschaft und Technik, macht den Märtyrer zu einem Vorbild, das Nachfolger hervorbringt und auf diese Weise eine Genealogie von Märtyrern stiftet. Bei ihr handelt es sich, im Gegensatz zur Genealogie leiblicher Reproduktion, die Leben vermehrt, allerdings um eine Genealogie des Sterbens. An die Stelle der *consanguinitas* (lat. Verwandtschaft) tritt die Gemeinschaft der *conmartyres* – und in deren Folge das Publikum als Affektgemeinschaft der *compassiones.* Hierbei wirken Bilder, Erzählungen und Gedenkrituale als Katalysatoren, die zur steten Fortsetzung der Kettenbildung beitragen.

Einer, der es wissen muß, der libanesische Dichter Mahmut DARWISH, früher Aktivist, heute kritischer, poetischer Chronist des libanesischen Bürgerkriegs, hat die Serienstruktur der Märtyrerkultur – im Rückblick auf das Beirut der 1980er Jahre – anschaulich beschrieben: „Beirut war eine Posterfabrik, es war zweifellos die erste Stadt der Welt, die die Posterproduktion auf das Niveau einer Tageszeitung hob. [...] Gesichter an den Wänden – Märtyrer, die frisch aus dem Leben, frisch aus der Druckerpresse kommen, ein Tod, der eine Reproduktion seiner selbst ist. Ein Märtyrer ersetzt das Gesicht eines anderen, nimmt seinen Platz an der Mauer ein, bis er wieder durch einen anderen ersetzt oder vom Regen weggespült wird.“[19]

Im Archiv historischer Märtyrerdarstellungen finden sich entweder Porträts einzelner herausgehobener Figuren bzw. Heiliger oder aber Massenszenen: dies beispielsweise in der Legende von der *Heiligen Katharina* aus Alexandria (Anfang des 4. Jahrhunderts), die von der Standhaftigkeit und mehrfachen wundersamen Errettung der Heiligen aus den vom Kaiser angeordneten Martern und Tötungen handelt und zu berichten weiß, daß ihr 200 kaiserliche Soldaten gefolgt sind, die sich nach ihrem Vorbild zum Christentum bekannt haben und vom Kaiser hingerichtet wurden. Und

19 Zit. nach Neuwirth 2007. Vgl. auch Angelika Neuwirths Beitrag zu Darwishs Reflexion der Märtyrerkultur in Pannewick 2004.

auf den Schauplätzen der Bilder Vittorio CARPACCIOS werden die Märtyrer gleich nach Tausenden gezählt, so auf dem Gemälde *Martyrium der Zehntausend*, so auch beim URSULA-Zyklus, der die Legende der elftausend Jungfrauen wiedergibt, die zu Köln den Martertod erlitten haben sollen.

Doch erst in der Epoche von Fotografie und Film hat der Seriencharakter der Märtyrer ein Medium gefunden, das dem Charakter einer Imitatio-Kultur in idealer Weise entgegenkommt. Aus der Struktur ihrer performativen, rituellen Reproduzierbarkeit erklärt sich nämlich das gegenwärtig zu beobachtende perfekte Zusammenspiel der Märtyrerkultur mit der avanciertesten Medientechnologie, das auf den ersten Blick befremdlich wirken mag. Doch läßt sich an den medialen Inszenierungen der Märtyrer-Operationen und ihrer Akteure und an der populären massenmedialen Ästhetik von Propaganda-Websites verschiedener fundamentalistischer Gruppierungen studieren, auf welche Weise die globale Medientechnologie mit religiösen Symbolen und Kulten interagiert. Die Kompatibilität beider Systeme wird durch die Bilder garantiert. Und im Zeitalter der digitalen Reproduzierbarkeit von Bildern wird die Dynamik der *rituell* produzierten Genealogie von Märtyrern *medial* beschleunigt und zugleich verstärkt.

Diese Funktion von Bildern für die Proliferation politischer Gewalt ist einer Überblendung archaischer und technischer Bilder geschuldet, der eine gegenläufige Entwicklung von Medien- und Religionsgeschichte zugrunde liegt. Einerseits ist das Zeitalter der technischen Reproduzierbarkeit durch eine Epoche der digitalen Produktion und Zirkulation von Bildern abgelöst worden. Andererseits entfalten die täglich rund um den Globus verbreiteten Bilder von den internationalen Kampfschauplätzen – hinter dem Rücken ihrer Produzenten – eine geradezu biblische Gewalt, indem sie Affekte entfesseln, die sich als prekäre Gemengelage aus religiösen und politischen Motiven darstellen. Damit ist eine *politische Theologie der Bilder* entstanden, in der die Bilder teilhaben an der Herstellung eines massenhaften Willens und der Bereitschaft einzelner zu terroristischer Gewalt. Im selben Moment, in dem die Toten der Roten Moschee von Islamabad sich in den Augen zahlreicher Fernsehzuschauer in islamischen Städten und Dörfern als Märtyrer darstellen, werden unzählige potentielle Selbstmordattentäter geschaffen, die – wenn sie denn zum Einsatz kommen – wiederum als Märtyrer verehrt werden. Derart produzieren die medial verbreiteten Bilder der internationalen Konfliktherde unkontrollierbare Rückkopplungseffekte, durch die sie als Multiplikatoren im Kreislauf politischer Gewalt wirken. Einen vergleichbaren Effekt im Realen haben Bilder nur dort, wo sie in kultische oder religiöse Rituale eingebunden waren und sind. Die mehrheitlich von europäischen oder US-amerikanischen Journalisten produzierten Aufnahmen setzen in anderen, ihnen fremden Religions- und Bildkulturen Bedeutungen frei und Erregungen in Gang, die im Zeitalter der Informationsgesellschaft vergessen waren.

Die Wirkung der global verbreiteten Bilder wird dadurch noch komplexer, daß es oft zu einem bemerkenswerten *Bildertausch* kommt: wenn beispielsweise die – von US-Soldaten für das private Fotoalbum ‚geschossenen' – Aufnahmen aus Abu Ghraib als vergrößerte Reproduktionen in den Straßen von Bagdad angebracht werden und dort als Fanale des Widerstands gegen die USA wirken und wenn umgekehrt Fotos oder Videos, die Entführer in Afghanistan oder im Irak von ihren Opfern hergestellt haben, durch die Nachrichten von CNN oder BBC verbreitet werden und in Europa oder den USA als ‚Argumente' für forcierte Maßnahmen gegen den Terrorismus gebraucht werden. Dabei werden von beiden Seiten Bilder produziert, deren Szenarien bekannte Pathosformeln aus der Geschichte der Opfer- und Märtyrer-Ikonographie wiederbeleben: Passion und Kreuzigung, Selbstopfer, rituelle Tötung und die Ausstellung von Opfern (bzw. deren Überresten).

Begriffs- und kulturgeschichtliche Perspektiven

Während in der Alltagskultur der Moderne die Herkunft des Opfers aus dem Kult vergessen ist, stand am Anfang der Märtyrerkultur die sakrale Umdeutung eines rechtlichen Begriffs. Eine Standarderklärung zum Ursprung der Märtyrer lautet, daß sich der Begriff aus dem griechischen Wort für Zeuge *martys* gebildet habe, aus dem in den ersten nachchristlichen Jahrhunderten die lateinischen Wörter *martyres* in der Bedeutung von Blutzeugen und *martyrium* abgeleitet wurden. Wenn begriffsgeschichtliche Erläuterungen zu dieser semantischen Verschiebung in der Forschung mit der Frage nach den ‚ersten Märtyrern' verknüpft werden, dann geraten regelförmig die frühchristlichen Märtyrer vom Ende des 2. bis zum Anfang des 4. Jahrhunderts aus dem Einzugsbereich des Römischen Reichs ins Zentrum der Aufmerksamkeit. Nicht nur aufgrund normativer Kriterien, sondern auch durch ein solches methodisches Vorgehen sind sie zum Urbild und Maßstab der Märtyrerfigur geworden. So heißt es etwa bei BOWERSOCK, einem führenden Vertreter der Forschungsrichtung, die den christlichen Märtyrern eine singuläre Position zuschreibt, daß das Wort *martyr* bis zur christlichen Literatur aus der Mitte des 2. Jahrhunderts niemals „dying for a cause" bezeichnet[20], womit er Parallelen, Vorläufer und Vorformen der christlichen Märtyrer explizit zurückweist.[21] Als Erstbeleg für das neue, ‚eigentliche' Märtyrerkonzept nennt er das Martyrium des POLYKARP im Jahre 150, so daß das 2. Jahrhundert als Ära des „making of martyrdom" gilt.

Tatsächlich häufen sich dort die Belege von *martyr* in verdichteter Form, nämlich in den Märtyrerakten, jenen *acta* oder *gesta martyrium*, die auch den Titel *passiones* tragen, etwa die *Passio Sanctarum Perpetuae et Felicitatis*. In diesen Quellen bezeichnet Martyrium das Leiden derjenigen, die sich vor einem Tribunal des Römischen Reiches der Forderung verweigerten, den paganen Göttern zu opfern, sich zum Christentum bekannten und meist zum Tode in der Arena verurteilt wurden. All das spielte sich oft vor den Zuschauern im Amphitheater ab. Allerdings muß der herrschenden These einer Traditions- und Voraussetzungslosigkeit dieser Figuration widersprochen werden. Sie wird schon dadurch obsolet, daß zeitgenössische Quellen ein Wissen um vorausgegangene Opferpraktiken bzw. Märtyrer *avant la lettre* belegen. Dieses zeitgenössische Gedächtnis einer vorchristlichen heroischen Opferkultur muß aber als Be-

20 Bowersock 1995, S. 5.
21 Ebd., S. 8.

zugssystem für die Entstehung der geradezu epidemischen Märtyrerbegeisterung im 2. und 3. Jahrhundert berücksichtigt werden, um erklären zu können, wie es zu dem kommen konnte, was als „seemingly irrational desire to die at the hands of persecutors" betrachtet wird.[22] Hierfür kommt TERTULLIANS berühmter Schrift *Ad martyres* (um 202) eine herausragende Rolle zu, ein Text, der nur 50 Jahre nach dem sogenannten Erstbeleg und in unmittelbarer Zeitgenossenschaft zur *Passio Sanctarum Perpetuae et Felicitatis* veröffentlicht wurde. In seiner Trostrede an die Märtyrer erinnert Tertullian explizit an die vielen, die zuvor schon die Martern nicht nur hingenommen, sondern begehrt hätten, der Ehre und des Ruhmes wegen (*famae et gloriae causa*). Im Kontext seiner Erörterung solcher *exempla constantiae* erinnert Tertullian u. a. an den *Diamastigosis*-Kult bei den Lakedaimoniern, jenen Geißelungs-Ritus, der beim Fest zu Ehren der Göttin DIANA in Sparta praktiziert wurde. Bei ihm konnten junge Männer unter körperlichen Torturen ihre heroische Standhaftigkeit unter Beweis stellen – ein äußerst blutiges Ritual, bei dem das Blut als Gabe an die Gottheit betrachtet wurde, womit dieser Kult in die Nachgeschichte paganer Menschenopfer gehört. Doch nennt Tertullian in seiner Trostrede auch einzelne Vorbilder für die christlichen Märtyrer. So betont er beispielsweise, daß es sich bei denen, die mit ihrem Geiste widerstanden hätten, nicht nur um Männer gehandelt habe, sondern daß auch Frauen darunter waren. Und obwohl es, wie er schreibt, zu lange dauern würde, alle einzeln zu erwähnen, die sich selbst mit dem Schwert eine Ende bereitet haben (*qui se gladio confecerint*), nennt er als erste und außerdem namentlich, womit ihr eine besondere Stellung in seinen *exempla* zukommt, LUCRETIA. Sie habe sich im Angesicht ihrer Angehörigen zum Ruhme ihrer Keuschheit (*gloriam castitati)* erdolcht. Im Vergleich mit ihr bewertet TERTULLIAN die Selbsttötungen der Philosophen – er nennt HERAKLIT, EMPEDOKLES und PEREGRINUS, die in der Forschung gemeinhin als Modellfälle des *noble death* gelten – als weniger bedeutsam (*nec minus fecerunt philosophi*).[23]

Wenn auch diejenigen, an die TERTULLIAN als Vorbilder eines ‚Sterbens für' (den Ruhm, die Keuschheit) erinnert, noch nicht als *martyres* bezeichnet wurden, heißt das nicht, daß das später so benannte Phänomen noch nicht existierte. Deshalb geht der Blick auf die Geschichte der Märtyrerkultur in diesem Buch in kulturgeschichtlicher Perspektive über den theologischen Kanon hinaus. Da es aber nicht darum gehen kann, überall Märtyrermuster zu identifizieren, wo sie *noch nicht* gesehen wurden – und damit die Zahl von Märtyrern noch zu mehren –, werden nur solche Ereignisse und Figuren dargestellt, die in den Überlieferungen als Märtyrer gedeutet worden sind. Vor dem Horizont einer Geschichte kultureller Praktiken, von Opferkulten, Selbsttötungen und unterschiedlichen Todesarten unter Bedingungen der Fremdherrschaft in der jüdischen und griechischen Antike stellt sich der Auftritt der christlichen Märtyrer auf der Bühne der Geschichte in einem anderen Lichte dar als im Mainstream der Märtyrerhistoriographie. Erst dann wird deutlich, daß in sie Motive und Elemente paganer und polytheistischer Opferpraktiken eingegangen sind:

22 Ebd., S. 6.
23 Tertullian: *Ad martyres* IV, 4–5.

Überlieferungen zum *noble death* – sei es der Tod griechischer Helden im Zweikampf, sei es die *mors voluntaria* antiker Philosophen wie SOKRATES und SENECA – ebenso wie die Erzählungen von kollektiven Selbsttötungen angesichts tyrannischer Okkupation. Für letztere spielen Überlieferungen aus der jüdischen Tradition eine wichtige Rolle, insbesondere die Erzählungen aus den *Makkabäer*-Büchern mit Szenen aus dem Widerstand der Juden zu Jerusalem gegen die Fremdherrschaft von ANTIOCHUS im 2. Jahrhundert v. u. Z. Diese handeln von der Selbsttötung als einem heroischen Akt mit dem Ziel, den Verstoß gegen die Religionsgesetze zu umgehen. Auch diese Erzählungen sind in nachfolgenden Überlieferungen im Sinne der neuen Märtyrersemantik reformuliert worden, so daß der Widerstand der Juden gegen Antiochus im *Talmud* explizit im Muster von Märtyrererzählungen präsentiert wird.

Daraus läßt sich schließen, daß der Begriff *martyr* im Sinne eines Opfers/Todes *für*, sei es in Form einer Selbsttötung oder als Inkaufnahme des Sterbens, sich in der fraglichen Zeit verdichtet hat, um verwandte Phänomene aus unterschiedlichen religiösen und kulturellen Traditionen zu bezeichnen. In diesem Sinne argumentiert auch Daniel BOYARIN, wenn er die Formierung der Märtyrerfigur – als eines *Dying for God*, d. h. in jener Bedeutung, die Religionsgeschichte geschrieben hat, zumindest die der drei monotheistischen Religionen – als Ergebnis der Ausdifferenzierung und Entgegensetzung von christlicher Kirche und rabbinischem Judentum im 3. und 4. Jahrhundert deutet. Unter Berücksichtigung der Voraussetzungen und Vorformen kann man das Spezifikum der christlichen Märtyrerakten dadurch kennzeichnen, daß es in ihnen zu einer Engführung von *martyrium* mit Bekenntnis (*confessio: „Christiana sum“*), Standhaftigkeit *(constantia)* und Zeugnis (*testimonium)* kommt. Dafür ist nicht nur ihr Tod als Zeugnis ihres Bekenntnisses bedeutsam, sondern mindestens ebenso wichtig, daß dies in schriftlichen Zeugnissen überliefert wird, daß also Blutzeugnis und Schriftzeugnis verknüpft werden.

Für begriffsgeschichtliche Fragen in religions- und kulturgeschichtlicher Perspektive sind viele Beiträge aus den Kulturwissenschaften, wie sie zu Beginn des 20. Jahrhunderts betrieben wurden, besonders interessant. So beispielsweise Franz DORNSEIFFS Beitrag zu „Name und Bewertung“ des Märtyrers, in dem er die Frage stellt, wie aus einem *Zeugen* ein *Angeklagter* (vor dem Tribunal des römischen Imperiums) und *Bekenner* (zum Christentum) werden konnte.[24] Anhand biblischer Quellen[25] zeigt Dornseiff, daß vor der Ära der Märtyrerakten die Rede von Zeugen vor allem im Sinne von ‚Zeugen Gottes‘ begegnet: sowohl für „die Juden als Zeugen Gottes“ (Deuterojesaja 43, 12; 44, 8) als auch bei PAULUS, in dessen *Korintherbrief* zu lesen ist: „Wenn es keine Auferstehung von den Toten gibt, so stehen wir da als falsche Zeugen Gottes.“ (1 Kor 15, 15). Bereits im *Deuterojesaja* entdeckt Dornseiff die fragliche „Bedeutungsentwicklung von Zeuge vor Gericht zum glaubensstarken Bekenner seiner Überzeugung, der auch dafür den Tod erleidet“[26], und resümiert: „Man kann also von einem Zeugentopos innerhalb der jüdisch-christlichen religiösen Apologetik

---

24 Dornseiff 1923/24, S. 133.

25 Als umfangreiche systematische Untersuchung zur biblischen und christlichen Terminologie vgl. Brox 1961.

26 Dornseiff 1923/24, S. 134.

sprechen, der an den genannten Stellen (Jesaja 43, Lukas Apg. 6, Hebräerbrief 11; ähnlich ohne das Wort Sirach 44–50; 1. Makk. 2, 51–60) vorlag und in die Märtyrerakten übergegangen ist".[27] Umgekehrt richtet Dornseiff seinen Blick auch auf verwandte Phänomene, die (noch) ohne den Begriff auskamen, wie etwa die Makkabäer, „die bei ihrem Zeugnis auf der Wahrheit ihrer Schriften beharrten bis zum Tod", ohne doch als Zeugen bezeichnet worden zu sein.

Darüber hinaus reflektiert er das Opfer als zentrales Phänomen der Religionsgeschichte und verfolgt besonders kulturgeschichtliche Belege für eine Verbindung von Opfer und Heroisierung. In diesem Kontext diskutiert er kulturell unterschiedliche Heldentypen wie die ‚Leidenshelden' aus biblischen Quellen im Kontrast zu den ‚Tathelden' antiker Quellen, und erörtert eine Phänomenologie von Todesarten. Eine besondere Bedeutung kommt dabei der Verknüpfung von Leid und Tod mit einer Heroisierung zu, die er an etlichen Beispielen aus den antiken Traditionen beschreibt. So erinnert DORNSEIFF an den Opfertod als „Siegel bei Gründerheroen, wie Kedros, Remus", verweist dabei am Rande auch auf deren Nähe zu volkskundlich belegten Sitten wie etwa dem Bauopfer, und zitiert den Topos der Entrückungsgeschichten altgriechischer halbgöttlicher Dämonen, die oft von Martyrien handeln, in denen ein leidschwerer Tod den Schritt zur Göttlichkeit darstellt.[28] Etymologische und begriffsgeschichtliche Studien müssen also keineswegs normativ verfahren; vielmehr kann es gelingen, mit Hilfe von Etymologie und einem Erkenntnisinteresse für die Genese von Konzepten aus den überlieferten Quellen kulturgeschichtliche Schauplätze zu rekonstruieren und deren Bedeutung für die Ausbildung eines Begriffs zu untersuchen.

Das Opfer und das Tragische

Im Hinblick auf die Genese der Märtyrerkultur darf die Bedeutung des Tragischen nicht unterschätzt werden. Nicht nur ist die griechische Tragödie (wörtlich: Gesang der Böcke) – über die Form der Dithyramben und die Aufführungen während der Dionysien – aus einem Opferkult hervorgegangen, dem Dionysoskult, der zudem das Muster der rituellen Tötung eines Gottes und seiner Wiederkehr präfiguriert, das für die Urszene des Chistentums und das Sakrament des Abendmahls zentral werden sollte. Auch handeln viele Tragödien von einem Tod, in dem die Helden als Opfer eines Schicksals erscheinen, durch das sie den Göttern in ähnlicher Weise unterworfen sind wie die Märtyrer den Tyrannen, während ihre Handlungen doch zugleich darauf gerichtet sind, das *daimonische* Schicksal zu durchbrechen. Insofern erscheint ihr Tod als tragisch und heroisch zugleich. „Der tragische Held ist eine Gestalt, die durch das Leid heroisch geadelt wird, die trotz allen Unterliegens, oder besser wegen der Größe ihres Untergangs eine Gebärde des Sieges und der Größe behält", so DORNSEIFF, der dieses Tragische mit Blick auf dessen neuzeitliche Transformation in

27 Ebd., S. 136.
28 Ebd., S. 142.

das barocke Trauerspiel in affektgeschichtlicher Perspektive charaktiersiert: „Die Heroensagen stehen wie Blöcke von vorweltlicher Traurigkeit da."[29]

Die Verknüpfung von Heroischem und Opfer wiederum reicht in ihren anthropologischen und religionshistorischen Voraussetzungen weiter zurück und berührt die Geschichte paganer und polytheistischer Opferkulte. Ohne die Analyse von kulturellen Praktiken, die die Sakralisierung mit einer Tabuisierung des Opfers verbinden, wie sie beispielsweise mit Walter BURKERTS Studie *Homo necans* vorliegt, läßt sich die Genese religiöser Opferkulturen nicht verstehen.[30] Das Opfer im Sinne von *sacrificium* ist einer der wichtigsten Schlüssel zur Märtyrerkultur. Henri HUBERT und Marcel MAUSS haben in ihrem *Essai sur la nature et la fonction du sacrifice* (1898) jene grundlegende kultische Transformation beschrieben, die sich am Geopferten und Opfernden zu gleicher Zeit ereignet: „Le sacrifice est un acte religieux qui, par la consécration d'une victime, modifie l'état de la personne morale qui l'accomplit ou de certains objets auxquels elle s'intéresse".[31] Wenn beim archaischen oder paganen Opfer, in dessen Ritual die Gabe an die Götter kultisch geheiligt wird, die *moralische* Veränderung des Opfer*nden* mit der Transformation des Opfers/Geopferten in ein *sacrificium* einhergeht, kommt mit dem Märtyrer eine radikale Veränderung ins Spiel. Denn hier ist es ein und dieselbe Person, die getötet wird bzw. sich selbst tötet, zugleich zum *sacrificium* wird und an der sich zudem jene moralische Wandlung vollzieht, die diese Person zum Heiligen prädisponiert. Dabei ist im Topos der *mors voluntaria* – sei es im Akt der Selbsttötung[32], sei es im Phantasma eines selbstbestimmten Todes im Angesicht des Tyrannen – der Versuch zu sehen, Opfer und Opferer in einer Person zu sein. Das setzt allerdings die Vorstellung eines entscheidungs- und handlungsfähigen Subjekts voraus, auch wenn es der Allmacht einer göttlichen Ordnung unterworfen (lat. *subjectus*) ist. Die Geburt dieses Subjekts ist auf der Arena der Tragödie zur Darstellung gekommen: Schauplatz des Übergangs vom Kult zur Kultur.

Während die Gattung der Tragödie aufgrund ihrer Herkunft aus dem Ritual an den Erfahrungen des Dämonischen, des destruktiven Aspekts der Götter, teilhat, bezeichnet der Schauplatz des Tragischen eine radikale kulturgeschichtliche Zäsur: dadurch daß hier ein menschlicher Held auftritt, der unter Bedingungen göttlicher Gesetze, aber mit eigenem Willen agiert. Auf diese Weise kommt es zu einer Unterbrechung im Verhältnis von göttlichen Gründen und menschlichem Willen, mit der die Grenze zwischen der göttlichen/dämonischen und der menschlichen Sphäre durchlässig wird. In ihrem Aufsatz *The Nature of Tragedy* hat Susan TAUBES den tragischen *agon* an die Einführung einer strikt menschlichen Bedeutung von Wirklichkeit, Reflexion und Entscheidung gebunden, an den Auftritt des Menschen als eines selbstreflexiven und autonomen Akteurs auf dem Schauplatz eines göttlichen Plans. Dabei läßt die Tragödie als *Arena* für die Konfrontation unterschiedlicher Kräfte

29 Ebd., S. 146.

30 Burkert 1972, S. 13.

31 Hubert/Mauss 1899, S. 205. (Das Opfer ist ein religiöser Akt, der durch die Weihung des Geopferten den Status der moralischen Person, die es vollzieht, oder bestimmter Objekte, an denen sie interessiert ist, verändert.)

32 Zur Bedeutung der Selbsttötung in der Antike vgl. van Hooff 1990.

weder eine Lösung noch eine Versöhnung zu. Statt dessen sind in der tragischen Situation die drei Momente von Handlung, Leid und Wissen unauflösbar miteinander verbunden, insofern sie jeweils auseinander hervorgehen. Der tragische Held gewinnt seine Einsicht gerade aus jenem Leid, das seine eigene Handlung notwendig herbeiführt. Dabei stellt er sich mit seiner Überschreitung der göttlichen Gesetze nicht allein in Opposition zur vorgefundenen Ordnung, sondern reflektiert darüber hinaus mit dieser Handlung oft auch einen Widerspruch in der kosmischen Ordnung selbst. „The hero may be driven to break the law in one sphere in order to fulfill it in another."[33]

Man denke etwa an ANTIGONE, die sich in ihrem Bruch der KREONschen Gesetze auf die Gesetze der unterirdischen Götter, auf die Ordnung des *daimon* beruft. Der *agon*, den die Sophokleische *Antigone*-Tragödie (ca. 442 v. u. Z.) gestaltet, bewegt sich dabei auf der Schwelle zwischen antiker Heldengestalt und Märtyrerfigur *avant la lettre*. Denn Antigones Sorge um den toten Bruder, genauer um die Begräbnisrituale für ihn, ist es, durch die sie ungewollt zur Gegenspielerin des Tyrannen wird. Gegen Kreons öffentlich verkündetes Verbot, das sich um die überlieferten Gebote nicht schert und als Ausdruck der *tyrannis* dargestellt wird, beruft Antigone sich auf andere, ungeschriebene, daimonische Gesetze. Diese betreffen die Verpflichtung zur Totenehrung gegenüber den Vorfahren. Weil Kreon das als *hybris* bewertet, kommt es zum tragischen *agon*. Dessen besondere Konstellation besteht aber darin, daß in diesem Falle die Heldin den Gesetzen der Götter folgt und dadurch in eine Gegenstellung zum *irdischen* Machthaber gerät, der sich selbst in eine Gott-ähnliche Position gebracht hat, was schließlich auch seinen Untergang herbeiführt, ähnlich wie den zahlreicher ihm nachfolgender Tyrannen, deren zerstörerische Handlungen sie mit in den Untergang reißen und selbst zu Märtyrern ihrer eigenen Souveränität im Ausnahmezustand werden lassen.[34] Bei SOPHOKLES erscheint ANTIGONES ‚Tat', von der die Zuschauer direkt ohnehin nichts zu sehen bekommen, da sie nur durch den Boten berichtet wird, merkwürdig undeutlich und undeutbar. Es ist kein Grabmal zu sehen, nur Spuren, die niemand zu entziffern weiß. Es heißt, sie habe den bloßen Körper, der den Hunden und Vögeln zum Fraß preisgegeben war, mit Staub bestreut. Erst in ihrer „zweiten Tat", so die Worte KREONS, in ihrem offenen Bekenntnis zu diesem Tun, mit dem sie sich gegen den König stellt, wird sie zu einer aktiven Heldin. Indem Antigone sich gegen den Tyrannen zur Einhaltung göttlicher Gesetze bekennt und damit ihren Tod in Kauf nimmt, wird sie zur Präfiguration einer Märtyrerin. Antigone kann damit als eine Heldin betrachtet werden, die auf dem Schauplatz der antiken Tragödie auftritt, aber bereits die Handlungsmuster einer Märtyrerin erfüllt.

Während die Gegenstellung unvereinbarer Ordnungen, die keine Lösung zuläßt, sich im tragischen *agon* von Rede und Gegenrede abspielt – ANTIGONE bemerkt, daß ebenso, wie ihr seine Worte nicht gefallen, ihm ihre mißfallen müssen –, setzen die

33 Taubes 1953, S. 203.

34 Vgl. Walter Benjamins Analyse der Janusköpfigkeit des Souveräns als Gott und Kreatur, als Tyrann und Märtyrer, in Benjamin 1974, S. 245 ff.

Worte auf der Bühne der griechischen Amphitheater, im Rahmen der Tragödienhandlung, tödliche Aktionen in Gang: als „tödlich-faktisches Wort", das die Körper ergreift, wie HÖLDERLIN in den Anmerkungen zu seinen SOPHOKLES-Übersetzungen schreibt.[35] In den Amphitheatern des römischen Kaiserreiches dagegen, insbesondere denen in Alexandria, werden dann faktisch tödliche und blutige Handlungen vollzogen werden – so jedenfalls nach den Schilderungen, die in zahlreichen Märtyrerakten überliefert sind. Zwar wird auch davon berichtet, daß manche Prozesse gegen die Christen zu theologischen Disputen zwischen den Angeklagten und den Amtsträgern gerieten.[36] Wenn aber die Prozesse mit einer Verurteilung zum Tierkampf endeten, bildete dieser eine ‚Bereicherung' im Programm der öffentlichen Spielstätten für Gladiatorenkämpfe – durch ein Spiel mit tödlichem Ausgang. Schon zuvor waren bei den Gladiatorenkämpfen (von *gladius*, lat. Schwert), die in Rom seit dem 3. Jahrhundert v. u. Z. durchgeführt wurden, neben den berufsmäßigen Kämpfern zwangsweise Sklaven, Kriegsgefangene und Verurteilte eingesetzt worden. Nun wurden auch Christen zum Tierkampf in die Arena geschickt. An die Stelle des *agon* in der griechischen Tragödie ist hier also ein ungleicher Kampf getreten, bei dem die Märtyrer den sicheren Tod fanden. In der Darstellung der Märtyrerakten nehmen sie ihn stoisch oder freudig entgegen, ist er doch Zeugnis ihrer Standhaftigkeit und ihres Bekenntnisses zum Sühnetod CHRISTI, insofern Blutzeugnis. Der Kampf taucht dagegen als Metapher wieder auf, wo die Märtyrerakten vom inneren oder geistigen Kampf berichten.

Zur Symbolik des Blutes in der Antike

Mit dem Auftritt des Blutzeugen verbindet sich eine signifikante Umwertung des Blutes, die allerdings, ebenso wie das Konzept des Märtyrers überhaupt, eine komplizierte Vorgeschichte hat. Das Blut wurde – auch lange vor Entdeckung des Blutkreislaufes im 17. Jahrhundert – als unabdingbares und symbolisch hochbesetztes Zeichen des Lebens betrachtet. So beschreibt z. B. PLATON im *Timaios* das Blut als Quelle, aus der das Fleisch und alle Körperglieder ihre Ausfüllung erfahren, wobei er diesen Vorgang in Korrespondenz zu kosmischen Bewegungen sieht und auf diese Weise den Leib an der kosmischen Ordnung teilhaben läßt.[37] Nicht nur Lebenssaft, sondern umgekehrt auch sichtbares Zeichen des Sterbens (da man es im Falle von Verletzung, gewaltsamem oder unnatürlichem Tod aus dem Leib hervortreten sah), wurde das Blut als ‚Sitz des Lebens' oder als ‚Seele' des Menschen gesehen. Von hier aus konnte es zum Ausgangspunkt für ein weites Feld signifikanter *metaphorischer* Vorstellungen werden. Bereits in antiken und biblischen Quellen begegnen die bekannten Formeln: vom Blutvergießen über das Blutbad, die blutigen Hände und die mit Blut geschriebenen (drakonischen) Gesetze bis zum Kosten des Blutes. Außerdem wurden famili-

35 Hölderlin 1994, S. 918.

36 Als Strategie der Umwidmung hat Detlef Liebs die „Nutzung der Justiz zur Werbung für die Sache ihrer Opfer in den Märtyrerprozessen der frühen Christen" diskutiert, in Ameling 2002.

37 Platon, *Timaios*, 80e ff.

ale und soziale Einheiten symbolisch durch Blut gestiftet und bei Störungen und Angriffen auch wiederhergestellt, wie an solchen Phänomenen wie Blutsbande, Bluttaufe, Blutschande und Blutrache deutlich wird. Ständig oszilliert das Blut dabei zwischen seinem physischen Status als Lebenssaft und vieldeutigen Symbolisierungen. Dem medizinischen Wissen um die Blutzirkulation im Körper ging die Zirkulation des Blutes als einer Meistertrope in Kult, Religion und Kultur voraus.

Wenn PLATON z. B. im 7. Buch des *Staates* davon spricht, man müsse junge Knaben im Krieg „Blut kosten lassen“[38], so ist bei einer solchen Formulierung unzweifelhaft, daß es sich um eine metaphorische Wendung handelt; doch profitiert diese von der buchstäblichen Bedeutung des Kostens und deren Assoziationen zu kultischen und medizinischen Kontexten. Denn in der antiken Volksmedizin wurde das Blut nicht selten als Heilmittel eingesetzt, insbesondere für Epileptiker: sowohl zum Einreiben verwendet als auch zum Trinken empfohlen. In einer Untersuchung zu den kulturhistorischen Voraussetzungen, die die Verehrung von „Gladiatorenblut und Märtyrerblut“ in Rom erklären könnten, hat Franz J. DÖLGER eine Reihe von Belegen für derartige medizinische Verwendungen des Blutes unterschiedlichster Tierarten zusammengestellt: von HIPPOKRATES im 5. Jahrhundert v. u. Z. bis zu einem Rezeptbuch aus dem 1. Jahrhundert u. Z. Daß der Glaube an eine wundersame Wirkung des Blutes gelegentlich auch auf das Gladiatorenblut ausgedehnt wurde, ist u. a. durch die *Naturalis historia* des PLINIUS überliefert, der „mit dem Abscheu des gebildeten Römers“, wie Dölger schreibt, von Praktiken berichtet, in denen „Epileptiker das Blut von Galdiatoren als Heilmittel genießen.“[39] Und auch TERTULLIAN hat das Trinken von Galdiatorenblut als heidnische Sitte bezeichnet.[40]

Die besondere Bedeutung eines tabuisierten *sacrilegium* und eines *sacrificium* zugleich leitet sich aus der Rolle des Bluts in Opferritualen ab. Denn es spielt nicht nur als eine der Flüssigkeiten (neben Wein, Milch, Öl, Wasser) bei Trankopfern eine Rolle, sondern markiert eine signifikante Scheidelinie zwischen verschiedenen Opferpraktiken: zwischen blutigen und nicht-blutigen Gaben. Deren Geschichte, die häufig mit Speisegeboten und -tabus verbunden ist, wird von der Anthropologie zumeist in evolutionsgeschichtlicher Perspektive dargestellt: als Zivilisationsgeschichte, in deren Verlauf Menschenopfer durch Tieropfer und diese durch andere Gaben, von Naturalgaben über Figuren bis zu Münzen, abgelöst worden sind. Ganz so geradlinig wurde diese Entwicklung in der Antike nicht gesehen. So läßt PLATON im 6. Buch seiner Abhandlung *Gesetze*, einem Gespräch zwischen einem Athener, einem Kreter und einem Lakedaimonier über die ideale Staatsverfassung, den Athener den Gegensatz zwischen Tier-Opfern und unblutigen Opfern erörtern. Dieser dient ihm zur Charakterisierung verschiedener Kulturen, deren Verhältnis untereinander sich allerdings keineswegs in der Abfolge der Zeit darstellt. Bei einigen Menschen, so der Athener, gäbe es noch jetzt die Sitte, einander zu opfern, während es „bei anderen“ eine Zeit der ‚orphischen Kultur‘ gegeben habe, „in welcher man auch nicht einmal

38 Platon, *Politeia*, 537a.
39 Dölger 1926, S. 204 ff. Der Beitrag ist 1926 in den *Vorträgen der Bibliothek Warburg* erschienen.
40 Ebd., S. 208.

einen Ochsen zu kosten wagte und den Göttern keine Tiere zum Opfer darbrachte, sondern nur Kuchen und Früchte mit Honig benetzt und andere solche unblutige Opfer, wo man, sage ich, sich alles Fleisches enthielt, weil es für eine Sünde galt solches zu essen und die Altäre der Götter mit Blut zu beflecken".[41] Die Bewertung des Blutes im Kult ist also weniger in eine Fortschrittsgeschichte eingebunden, als daß sie eine zentrale Bedeutung für die Unterscheidung von Religionen und Kulturen erhält. Auch später, in der historischen Konstellation der Zeitenwende, als das Christentum sich aus der jüdischen und römischen Kultur der Antike herausbildete, wird das Blut wieder eine wichtige Rolle in der Konkurrenz der Religionen übernehmen – für die Abgrenzung gegeneinander, die nicht zuletzt mit den Mitteln kultischer und symbolischer Differenzen betrieben wird.

Das Verbot, blutiges Fleisch zu essen, stellt bekanntlich eine der zentralen Speisevorschriften der jüdischen Religionsgesetze dar, wie sie in der hebräischen *Bibel* formuliert sind: „Nur Fleisch, in dem noch Blut ist, dürft ihr nicht essen." (Gen 9, 4) Und hinsichtlich der Opfervorschriften heißt es: „Beim Schlachten sollst du das Blut meines Opfers nicht über gesäuertes Brot fließen lassen." (Ex 23, 18). Diesem Tabu des Tierbluts steht die symbolische Bedeutung des Bluts für die Verbindung der Menschen mit Gott gegenüber. So wird die berühmte ‚alttestamentarische' Vergeltungsformel „Wer Menschenblut vergießt, dessen Blut wird durch Menschen vergossen" (Gen 9, 6), mit den Nachsatz erläutert: „Denn: Als Abbild Gottes hat er den Menschen geschaffen." Und insofern das Blut die Verbindung zwischen Gott und den Menschen symbolisiert, wird es auch als Zeichen jenes Bundes zwischen Gott und dem Volk Israel genannt, wie er durch Moses gestiftet wurde: „Da nahm Moses das Blut, besprengte damit das Volk und sagte: Das ist das Blut des Bundes, den der Herr aufgrund all dieser Worte mit euch geschlossen hat." (Ex 24, 8). Das „Blut des Bundes" dient hier also in Form einer rituellen Besprengung dazu, einen durch Worte geschlossenen Bund zu beglaubigen. Die Stellung des Blutes in der jüdischen Tradition läßt sich also als eine Konfiguration aus (Speise-) *Tabu* und *Symbol* (des Bundes) beschreiben. Im Christentum wird sie durch eine gänzlich neue Bedeutung ersetzt.

Blutzeugnis – die Wiedereinführung des Blutes in den Kult

Hier ist es das tatsächlich geflossene Blut, das Christus stellvertretend ‚für die Menschen' vergossen hat, durch das der neue Bund gestiftet wird: „Das ist mein Blut, das Blut des Bundes, das für viele vergossen wird zur Vergebung der Sünden." (Mt 26, 28). Wenn in diesem Zusammenhang von einem Blutvergießen *für* die Rede ist, dann wird die Szene der Passion CHRISTI als Opfertod figuriert, der ein Sühneopfer für die Menschen darstellt. Indem das *tatsächlich* vergossene Blut den neuen Bund beglaubigt und das stellvertretende *Opfer für* bezeugt, bricht das reale menschliche Blut wieder in die biblische Blutsymbolik ein und überschreitet die Gesetze des Symbolischen. Nicht mehr *Zeichen* für den Bund, sondern physisches *Zeugnis* des stellvertre-

41 Platon, *Nomoi*, 782c.

tenden Opfers, bringt die Szene der Passion das leibliche Blut ins Spiel. Als Urbild des christlichen Opfers und als Vorbild der Imitatio Christi setzt dieses erste *Blutzeugnis* eine Bekenntniskultur in Gang, die notwendig blutig ist und zur Invention jener spezifischen Form der ‚Lebenshingabe' führt, die das Signum christlicher Heiliger ist.

Die Wiedereinführung des realen, nicht-symbolisierten Bluts in den religiösen Kult geht mit einer Lockerung des Tabus einher, mit der sich das Christentum – insbesondere im Hinblick auf das Abendmahl, verstanden als Opfermahl (1 Kor 10, 14 ff.) oder als *sacrificium* (TERTULLIAN) – komplizierte Deutungsprobleme eingehandelt hat, die endlose theologische Debatten ausgelöst haben. Das Skandalon stellt die im *Neuen Testament* überlieferte Forderung dar: „Wenn ihr das Fleisch des Menschensohnes nicht eßt und sein Blut nicht trinkt, habt ihr das Leben nicht in euch. Wer mein Fleisch ißt und mein Blut trinkt, hat das ewige Leben, und ich werde ihn auferwecken am Letzten Tag. Denn mein Fleisch ist wirklich eine Speise und mein Blut ist wirklich ein Trank." (Joh 6, 53–55). Der Dogmenstreit über das Sakrament der Eucharistie, den diese Formulierungen nach sich gezogen haben, und die Kontroverse über eine Transsubstantiation von Fleisch und Blut in eine ‚geistige Speisung' können in diesem Rahmen nicht erörtert werden. Doch soviel soll festgehalten werden: Die Wiederaufwertung des Bluts im Kontext einer Opferkonstellation stellt eine Schlüsselszene dar für die Bewertung des Märtyrerblutes, die den Zeugen zum Blutzeugen macht. Zudem wird mit dem Märtyrerblut eine besondere Form der Gemeinschaft hergestellt. Während die Gemeinde im Abendmahl sich kultisch als der ‚eine Leib Christi' konstituiert, generiert das Blutzeugnis der Märtyrer eine Gemeinschaft des Sterbens.

Auch das Blutzeugnis als ‚Zeugnis des Blutes *für*' kennt Vorläufer in der Kulturgeschichte, z. B. im Gründungsmythos der Römischen Republik, in dem BRUTUS beim Blut der LUCRETIA, die sich für die Keuschheit selbst getötet hat, schwört, den Umsturz der Verhältnisse herbeizuführen. In der Figur des christlichen Märtyrers wird dieses ‚Blutzeugnis für' dann mit dem Topos eines ‚Opfers für' *in einer Person* verknüpft. Indem in den Märtyrerakten das Blut der Märtyrer diese zu einer ‚brüderlichen' Gemeinschaft zusammenschmiedet, die durch den Tod verbunden werden, tritt die Gemeinschaft der *conmartyres* an die Stelle der leiblichen Verwandtschaft. In den Märtyrerakten der PERPETUA läßt sich studieren, auf welche Weise diese Gemeinschaft der *conmartyres* in Konflikt mit der Familie gerät. Das 6. Kapitel der *Passio Perpetuae* erzählt eindrücklich vom Opfer der familialen Bindung, insbesondere von der Mißachtung der väterlichen Sorge durch die Tochter und der Sorge um das eigene Kind durch die Mutter, und zwar zugunsten des Bekenntnisses. Mehrfach tritt der Vater Perpetuas (*frater meus carnalis*) auf, fleht sie an, ihr Leben zu schonen, auf sein Alter Rücksicht zu nehmen und sich ihres eigenen Kindes zu erbarmen. In expliziter Entgegensetzung von leiblichem Bruder (*frater carnalis*) und Märtyrer-Brüdern kommt jene Entwertung der leiblichen Verwandtschaft zum Tragen, die mit der Begründung der christlichen ‚Gemeinde' einhergeht. Die *consanguinitas*/Verwandtschaft wird ersetzt durch die *conmartyres*, die leibliche Genealogie durch die Kette der Märtyrer: Substitution der Fortpflanzung durch das heilige Märtyrerblut. Damit korrespondiert die Metaphorisierung des Samens in der Rede über das Blut, wie sie TERTULLIAN zugeschrieben wird: „Semen est sanguis christianorum“, das Blut als Same der Christen. Das Blut des Märtyers ist also nicht nur Zeugnis seiner Bereitschaft, den eigenen Tod für das Bekenntnis als Christ in Kauf zu nehmen, sondern auch Medium einer spezifisch christlichen Genealogie, in der das Blut in einen Gegensatz zum Fleisch/Leib tritt.

Dieser Gegensatz zum Fleisch kommt insbesondere im Dogma der Erbsünde zum Ausdruck, wie sie von AUGUSTINUS formuliert worden ist: als einer – unabhängig von konkreten Vergehen – sündhaften Natur des Menschen, die in seiner leiblichen Existenz gründet. Dabei nimmt das Blut eine wichtige Stellung ein: als Übergang zwischen vergossenem, sichtbaren Blut und dem Blut als Anzeichen von Erregung und Leidenschaften (lat. *passiones*). Im sechsten Buch seiner *Confessiones* (398) spielen die sogenannten Zirkusspiele im Amphitheater eine wichtige Rolle: als Orte „wilder Lust“ und „sündhafter Greuel“, deren Verführungskraft wiederum über das Blut zustande komme.[42] Die Ansicht des Blutes löst bei den Zuschauern eine blutsüchtige Wollust aus. Gegen diese Dynamik des Blutes als Katalysator unkontrollierbarer Affekte, von der zeitgenössische Quellen tatsächlich zu berichten wußten[43], richtet sich Augustinus' Rhetorik des Herzens und der Innerlichkeit. Damit unternimmt er den Versuch, das Märtyrerblut von dessen Nähe zu den Opferkulten zu reinigen und im Interesse der Keuschheit (wieder) symbolisch zu bändigen. Diese Rhetorik des Herzens betrifft auch die Opfergaben. Im Gegensatz zu heidnischen Totenmählern wird deshalb „statt einem Korb voller Gaben der Erde ein Herz voll um so reinerer Gebete zu den Memoiren der Martyrer“ mitgebracht.[44] Die Formel ‚Herz voll reiner Gebete‘ stellt eine Urszene für die Praxis einer Verinnerlichung dar, mit der die *Passio* in der Folge in eine Kulturgeschichte der passiones, der Leidenschaften überführt worden ist, in jene Gefühlskultur einer *Passio als Leidenschaft* (Erich AUERBACH)[45], der sich nicht unerhebliche Teile der europäischen Literatur- und Kunstgeschichte verdanken.

Ausweitung religiöser Konzepte vs. Zerstreuung in die Kultur

Befremdlich erscheint vielen europäischen Beobachtern die enorme Dehnbarkeit des Märtyrerbegriffs in Berichten aus arabischen Ländern oder anderen muslimischen Kulturen – beispielsweise als ARAFAT, der nachweislich nicht im Kampf, sondern im Krankenbett verstorben war, als Märtyrer bezeichnet und verehrt wurde. Die Genese des *schahid* (arab. Märtyrer) geht auf die Toten aus den Kämpfen in der Konstitutionsphase des Islams im 7. Jahrhundert zurück, sowohl die ‚Märtyrer auf dem Schlachtfeld‘ (*schahid al-maraka*) der 620er Jahre, die die sunnitische Tradition begründen, als auch der Tod des Prophetenenkels HUSAIN in der ‚Schlacht von Kerbala‘ 680, auf den sich das schiitische *Aschura*-Ritual bezieht. Mit *schahid* waren zunächst also diejeni-

42 Augustinus 1955, S. 271 (*Confessiones* VI, 8, 13).
43 Vgl. Dölger 1926.
44 Ebd., S. 245.
45 Auerbach 1967.

gen gemeint, die im ‚heiligen Kampf' gefallen sind und denen der direkte Eintritt ins Paradies zukommt; doch hat das Konzept in der Geschichte des Islams und seiner Ausdifferenzierung eine allmähliche Ausweitung erfahren – nicht nur durch solche Märtyrer, die keines blutigen Todes gestorben sind (*schuhada al'akhira*), auch durch den mystischen Typus des ‚Märtyrers der Liebe' (*schuhada al-hubb*). Heute können auch Menschen als Märtyrer bezeichnet werden, die bei Unglücksfällen, Naturkatastrophen oder durch bestimmte Krankheiten umgekommen sind. Diese *Ausweitung* eines explizit *religiösen* Begriffs und der Praxis damit einhergehender Trauer- und Gedenkrituale in muslimischen Kulturen wird meist als Merkmal einer vormodernen Kultur wahrgenommen, auch wenn diese sich der modernsten Medien bedient.

Beim Versuch einer Analyse gegenwärtiger Märtyrer-Operationen greift die Rede von einer ‚Instrumentalisierung' der Religion für politische Ziele allerdings zu kurz, übersieht sie doch, wie eng in den Verlautbarungen der Akteure politische Propagandarhetorik und die Sprache tiefster Religiosität zusammenspielen. So haben die Analysen der *Geistlichen Anleitung* der Attentäter des 11. September, die in ihrem Gepäck gefunden wurde, durch mehrere Religions- und Islamwissenschaftler zeigen können, auf welche Weise deren Motive und Zielsetzungen in der Lektüre des Koran gründen.[46] Wenn diese religiöse Dimension ignoriert und die Renaissance der Märtyrerkultur, die die neuen Formen politischer Gewalt begleitet, nicht ernst genommen wird, dann besteht die Gefahr, die Dynamik einer Bewegung zu verkennen, die durch religiöse Rituale und Symbolik forciert wird und aus der permanent potentielle Akteure von Märtyrer-Operationen erwachsen.

Der Ausweitung des Märtyrerbegriffs in der islamischen Welt stehen aber keineswegs westliche, moderne Kulturen gegenüber, bei denen diese Tradition der Vergangenheit angehört. Vielmehr sind die Symbole, Strukturelemente und Deutungsmuster der Märtyrertradition so sehr in die Kultur säkularisierter, vormals christlicher Gesellschaften eingedrungen, daß sie gleichsam unbemerkt fortwirken, haben sie sich doch in die verschiedensten, nicht explizit religiösen Felder zerstreut. Im Prozeß der christlichen Säkularisierung, in der die christlichen Dogmen als universale Werte in die allgemeine, profane Kultur eingegangen sind, ist auch das Deutungsmuster der Märtyrer ubiquitär geworden. Insofern steht der *Ausweitung* eines religiösen Konzepts in den muslimischen Kulturen die *Zerstreuung und Verallgemeinerung* seiner Strukturelemente in den modernen, säkularisierten Kulturen gegenüber. Dies betrifft nicht nur Popkultur, Massenmedien und Kino, Bereiche, in denen Bilder von Kreuzigung (MADONNAS Selbststilisierung bei ihrer jüngsten Konzertreise) und Opferung (*Spiderman*) ebenso wie die Sexualisierung des Opfers (*Breaking the Waves*) sich äußerster Beliebtheit erfreuen. Oft werden stereotype Bilder und Zitate der christlichen Ikonographie als Spielmaterial popkultureller Inszenierungen genutzt, in der Annahme, mit der pietätlosen Verwendung religiöser Ikonen und Symbole schockierend oder provozierend wirken zu können – obwohl doch gerade die Idolkultur der Popkünste vom Nachleben der kultischen Wirkung von Bildern profitiert, die der Religionsgeschichte entstammt. In der Popkultur ist der ‚provokative' Umgang mit religi-

---

46 Lincoln 2002, Kippenberg/Seidensticker 2004.

ösen Symbolen selbst längst zu einem Kult geworden. Insofern ist sie selbst Teil jener Dialektik der Säkularisierung, in der die Profanierung religiöser Traditionen von einer Sakralisierung des jeweils ‚Neuen' begleitet wird.

Tabu und Profanierung

Das Sakrileg gegenüber religiösen Symbolen, das an *Tabus* im eigentlichen Wortsinn rührt, d. h. an Verbote, die einer gleichsam magischen Unantastbarkeit entstammen, und das auf diese Weise orthodoxe oder fundamentalistische Positionen *provoziert*, riskiert dagegen, die kritisierte Logik sakraler Gewalt tatsächlich zu pro-vozieren, d. h. hervorzurufen. Das belegt der Fall des niederländischen Filmemachers Theo VAN GOGH. Dessen Film-Ästhetik, die eine rituelle Inskription islamischer rechtlicher Vorschriften auf den Körper der Frau darstellt, wurde mit einem Mord beantwortet, der Züge eines Ritualmords trug – womit die Art der Tötung, die an dem Filmemacher vollzogen wurde, in unheimlicher Weise mit seiner Praxis des rituellen Tabubruchs korrespondierte. Der Fall zeigt, daß es beim *Sakrileg* – über etwaige theologische Inhalte hinaus – auch um sakrale oder magische Dimensionen von Bild und Schrift geht, so beispielsweise um das Sakrileg, das den Schriftkörper betrifft, der in Islam und jüdischer Tradition selbst als heilig betrachtet wird und nicht mit dem kreatürlichen Körper vermischt werden darf. Eine Verkennung solcher Gesetze provoziert die Dynamik von *sacrilegium* und *sacrificium*, in der sich die Umwertung des Opfers in etwas Heiliges auch verkehren kann: in eine Verwandlung des Sakrilegs in ein rituelles Opfer.

In ganz anderer Weise sind rituelle Momente von Performances oder Kunstaktionen zu verstehen, bei denen sich Künstler darum bemühen, verdeckte, vergessene und verschwiegen weiterwirkende Elemente einer religiös grundierten Opferlogik der modernen, scheinbar säkularen europäischen Kultur sichtbar zu machen, indem sie implizite christliche Motive der Moderne in überzogenen Szenarien ausstellen: einer Art Zoom gleich, der Motive aus dem Repertoire des christlichen Unbewußten ans Auge der Betrachter heranholt. Ihre Performances und Aktionen gelten dem Ziel, die Schrift der Moderne auf ihre archaischen Palimpseste hin lesbar zu machen. Dabei geht es nicht um Profanierung der Religion, sondern umgekehrt darum, in der profanen Kultur die unsichtbar gewordenen Zeichen der Religion lesbar zu machen.

Während Musik, Kino und Künstler in aktiver, teils bemüht provokanter Weise mit der Zerstreuung und Ubiquität der Märtyrerkultur in der Moderne umgehen, stellen Alltagskultur und Sprache das Archiv eines eher unbewußten, zumindest unwillentlichen Nachlebens von Bedeutungen dar, die Religion und Kult entstammen. So sind auch Bedeutungselemente der Märtyrerkultur im Zuge der Säkularisierung in die Alltagssprache eingegangen: in der Formel, daß sich jemand für eine Sache, Idee oder Gemeinschaft opfere, ohne daß damit gleich an Leib und Leben gedacht sein muß. Überwiegend jedenfalls dominiert, wenn es um Märtyrer geht, die Assoziation mit einem *Opfer*, wobei die Semantik des Opfers in der Moderne eine breite Spannweite erreicht hat, die vom entschlossenen Einsatz des eigenen Lebens über die Entsagung bis zum profanen ‚Verzicht auf etwas' reicht.

Dabei ist den meisten Sprechern nicht bewußt, daß sich beispielsweise die Geschichte der deutschen Sprache einer zweifachen Säkularisierung und Übersetzung verdankt: erstens dem Projekt von LUTHERS Bibelübersetzung, zweitens einer lexikalischen Vereinheitlichung und grammatikalischen Standardisierung im ‚aufgeklärten' 18. Jahrhundert, das die erste deutsche Nationalliteratur hervorgebracht hat. Unbewußte Umgangsweisen mit säkularisierten Bedeutungen laufen aber stets Gefahr, daß die verdrängten Dimensionen des Sakralen wiederkehren und dabei womöglich Formen religiös konnotierter Gewalt provozieren. Als Gershom SCHOLEM sich schon einige Jahre in Palästina aufgehalten und Erfahrungen mit dem Ewrit, dem für die Gegenwart modifizierten, modernisierten Hebräisch, gesammelt hatte, notierte er seine Beobachtungen in einer Aufzeichnung, die erst nach seinem Tod – durch den Abdruck in Stéphane MOSÈS' Buch *Engel der Geschichte* – bekannt wurde. Darin beschreibt Scholem das Unheimliche, das jenem Vorgang anhaftet, wenn in der alltäglichen Kommunikation im Medium einer säkularisierten Sprache – plötzlich und hinter dem Rücken der Sprecher – die biblische Gewalt der Sprache zum Durchbruch kommt.[47] Lange vor ihm hat Johann Wolfgang GOETHE eine vergleichbare Beobachtung der Handlung seines Romans *Die Wahlverwandtschaften* zugrunde gelegt. Dieser erzählt davon, wie hinter dem Rücken seiner aufgeklärten Protagonisten eine Märtyrerin produziert wird.

Goethes *Wahlverwandtschaften:* Dialektik des Opfers in der Säkularisierung

GOETHES Roman über die *Wahlverwandtschaften* (1809) enthält eine genaue Analyse des prekären Zusammenhangs zwischen ‚Opfer' und ‚opfern': zwischen dem religionshistorischen Ursprung des Lebens-Opfers und der Profanierung der Opfersemantik in der Alltagsrede aufgeklärter Partner, in deren Verhandlungen es immer wieder darum geht, wer was oder wen zu opfern bereit sei. So ist in den Gesprächen zwischen Eduard und Charlotte über ihre Lebensgestaltung leitmotivisch davon die Rede, ob man etwas „aufopfern" müsse oder könne. Daß dieser profanierte Sprachgebrauch die Begleiterscheinung einer viel weiter reichenden Kultvergessenheit der aufgeklärten, säkularen Gesellschaft darstellt, die die Herkunft ihrer Kultur aus dem Kult überwunden zu haben glaubt oder verdrängt hat, wird in der berühmten Friedhofsszene des Romans erkennbar. Als das Paar, das mit der Anlage eines Landschaftsgartens beschäftigt ist, gemeinsam den Weg über den alten Kirchhof nimmt, bewundert Eduard, ohne daß er das Sakrileg, das sich ihm darbietet, auch nur bemerkt, wie Charlotte hier „mit äußerster Schonung der alten Denkmäler" einen angenehmen Raum geschaffen habe: „Auch dem ältesten Stein hatte sie eine Ehre gegönnt. Den Jahren nach waren sie an der Mauer aufgerichtet, eingefügt oder sonst angebracht; der hohe Sockel der Kirche selbst war damit vermannigfaltigt und geziert."[48]

47 Mosès 1994, S. 215 ff.
48 Goethe 1996, S. 23.

In dieser knappen Beschreibung verdichtet sich ein radikaler Bruch mit den Überlieferungen. Die Umgruppierung der alten Grabsteine, die Charlotte vorgenommen hat, verwandelt eine Stätte des Totenkults in einen Bestandteil des Landschaftsgartens, in dessen Gestaltung sich die zeitgenössische Ordnung der Dinge spiegelt: eine Harmonie von Wissen und Schönheit, in der die chronologische Anordnung der Steine nach ihrem Alter mit ihrer Funktion als Zierde übereinstimmt. GOETHES Bemerkung, daß Eduard den Pfad über den Kirchhof sonst zu vermeiden pflegte, ist ein Hinweis auf das Tabu, das den Ort umgibt. Weil dessen Zusammenhang mit dem Verbot, die Ruhe der Toten zu stören, vergessen wurde, ist von dem Tabu nur mehr das Gefühl einer unbestimmten Furcht geblieben. Darum ist es kein Wunder, daß die solchermaßen über die Grundlagen ihrer eigenen aufgeklärten Kultur unaufgeklärten Protagonisten von der verdrängten religiösen Gewalt eingeholt werden, die jenen Dingen und Worten innewohnt, von denen sie einen profanierten Gebrauch machen.

So kommt mit dem Experiment, das sie mit der Naturlehre und der Anwendung des chemischen Gesetzes der Wahlverwandtschaften auf sich selbst machen, eine tödliche Dynamik in Gang, die der Gleichsetzung von Naturelementen und menschlicher Natur innewohnt. Das geschieht zunächst durch den Tod von Charlottes Sohn, der im Wasser umkommt, das sich auf diese Weise, anders als in der Lehre von den chemischen Elementen, als unbeherrschbares Element zeigt. Die Art, wie sein ‚Opfer' von den Protagonisten gedeutet wird, bleibt in der Schwebe zwischen einem durch das Experiment (selbst) verschuldeten Tod, dem ersten „Opfer eines ahnungsvollen Verhängnisses", einerseits und ‚nötigem' Opfer „zu ihrem allseitigen Glück" andererseits, also einem Opfer, mit dem eine neue Ordnung gestiftet werden könne. Doch mit dem nachfolgenden Tod Ottilies verschafft sich die in der aufgeklärten Opferrhetorik verkannte religiöse Gewalt des *sacrificium* Geltung: indem Ottilie sich, von den anderen unbemerkt, in Askese aufzehrt und als Märtyrerin stirbt. Ottilie, die als Verkörperung der Schönheit und als eine Art lebendes Bild den Schauplatz des Romangeschehens betreten hatte, ist damit endgültig zum Bild geworden – und zwar zu jenem Bild, dessen Herkunft aus dem Totenkult ebenso verdrängt ist wie die Profanierung des Opfers in der bürgerlichen Verzichtsethik.

Bilderkult und Märtyrerkultur

Analog zu Eduards unreflektierter Furcht vor dem Friedhof empfindet Charlotte nämlich eine ebenso unbestimmte Abneigung gegen Porträtbilder, zumal gegen den Anspruch, diese mögen das „schönste Denkmal" eines Menschen sein, um dessen „lebende Form zu erhalten". Dabei thematisiert sie, gleichsam ahnungslos, den Zusammenhang von Bilderkult und Totenkult. Sie widerspricht nämlich der Idee, daß das Bild eines Menschen sein Denkmal, und das heißt im damaligen Sprachgebrauch: „die eigentliche Grabstätte bezeichne", um daran anschließend ihre „wunderliche Abneigung gegen Bildnisse" damit zu erklären, daß diese immer auf etwas „Abgeschiedenes" deuten.[49] Die Abbilder von Verstorbenen als deren sichtbare Stellvertreter benennen einen der Ursprünge der abendländischen Bildkultur. Mit diesen Bildern wird die Ruhestätte der Toten als Kultstätte gekennzeichnet, die damit für die Äußerungen des Lebens tabuisiert ist. Insofern sind die lebenden Bilder, mit denen die Gesellschaft sich im Roman die Zeit vertreibt, gefährliche Unternehmungen, sind es doch Nachahmungen von Denkmälern im ursprünglichen Sinne: Bilder als Stellvertreter von Toten.

Dabei charakterisiert GOETHE die Gesellschaft der Wahlverwandtschaften in ihrem Umgang mit Bildern in doppelter Weise. In genau entgegengesetztem Verhältnis zur Entweihung der Grabsteine steht deren nahezu weihevoller Umgang mit den Überresten der Vergangenheit, die gesammelt, geordnet, wiederhergestellt werden. Derart verwandeln sie sich in Objekte für die Einbildungskraft, um sich in „die ältere Zeit" zu versenken. Die Gesellschaft der *Wahlverwandtschaften* frönt so einem Bilderkult, der die Überreste und alten Abbildungen, Reliquien gleich, verehrt: „Das Gemeinste, was geschah, hatte einen Zug von himmlischem Leben, und eine gottesdienstliche Handlung schien ganz jeder Natur angemessen."[50] So hat der Kult um die Schönheit und die Bildnisse den Zusammenhang zwischen Totenkult und Bild verdrängt und vergessen gemacht, während er doch zugleich den Kultwert der Bilder beerbt hat. Die allmähliche Angleichung der Ottilie ans Bild läßt die innewohnende Dynamik zutage treten, in der Opfer und Sakralisierung zusammenwirken: in der Figur der Märtyrerin und Heiligen. Indem GOETHES Roman davon erzählt, wie mit der Profanierung der Totenstätte und des Opferbegriffs eine Sakralisierung der Bilder und eine Betrachtung der Überreste des Vergangenen als Reliquien einhergeht, reflektiert er eine signifikante Logik in der Dialektik der Säkularisierung. In ihr wirken die Elemente der Märtyrerkultur in der Aufklärung – unbemerkt – fort, und ihre Verkennung in einer scheinbar profanen Kultur setzt eine Wiederkehr des Verdrängten in Gang.

49 Ebd., S. 194.
50 Ebd., S. 197 ff.

Danksagung

Mein Dank gilt zuerst Angelika Neuwirth, Friederike Pannewick und Martin Treml für die langjährige Kooperation zum Thema, die aus den gemeinsam verantworteten Anfängen des *Berliner Seminars* erwachsen ist, einem Gesprächskreis von Arabisten, Literatur- und Kulturwissenschaftlern sowie Fellows aus dem Nahen Osten am Wissenschaftskolleg zu Berlin. Eine erste Tagung zu Märtyrern in vergleichender Perspektive[51] war Anlaß, ein Forschungsprojekt am *Zentrum für Literatur- und Kulturforschung* (ZfL)[52] zu „Märtyrerfigurationen in nahöstlichen und europäischen Kulturen" zu beginnen, das von der *Deutschen Forschungsgemeinschaft* gefördert wird. Den vielen interessanten Gesprächen mit den Mitarbeitern dieses Projekts verdanke ich aufschlußreiche Einblicke in die Besonderheiten unterschiedlicher islamischer Märtyrerkulturen. Die engagierte Mitarbeit der Studierenden meiner Seminare an der TU Berlin – „Märtyrerbilder in der Literatur- und Kulturgeschichte" (Wintersemester 2005/06) und „Elemente des Märtyrerkonzepts: Übergänge zwischen Kult und Kultur" (Sommersemester 2006) – hat mich in der Überzeugung von der Aktualität und Faszinationskraft des Themas bestärkt. Ein besonderer Dank gilt den Wissenschaftlern des ZfL dafür, daß sie sich von der Idee für dieses Buch haben begeistern lassen, um aus ihren je verschiedenen Forschungsfeldern einschlägige Fallstudien beizutragen; das gleiche gilt für die Kollegen und Freunde, die sich spontan bereit gefunden haben, das interdisziplinäre Spektrum des Buches durch ausgewählte Beispiele aus ihrem jeweiligen Spezialgebiete zu erweitern. Dem *Internationalen Forschungszentrum für Kulturwissenschaften* (IFK) in Wien und dem seinerzeitigen Direktor Hans Belting ist es zu danken, daß ich kurzfristig fern von den alltäglichen Verpflichtungen am Manuskript arbeiten konnte. Und ohne Christian Luckscheiter, der sich um die Abbildungen gekümmert, und Bertolt Fessen, der die Einrichtung des Manuskripts übernommen hat, hätte das Buch nicht so zügig fertiggestellt werden können.

Sigrid Weigel

---

51 Vgl. Pannewick 2004.

52 Über weitere Aktivitäten des ZfL zum Thema informiert die homepage: www.zfl.gwz-berlin.de.

1. Präfigurationen und Urszenen

ALKESTIS – DAS (SELBST-)OPFER DER LITERATUR

Sarkophag-Relief in der Villa Albani, Rom

ALKESTIS starb der mythischen Überlieferung zufolge einen *Stellvertretertod*, der ihrem Gatten, dem thessalischen König ADMET, das Weiterleben schenkte. Für ihre Opferbereitschaft wurde sie belohnt, indem HERAKLES sie aus dem Totenreich zurückholte, so daß sie an der Seite Admets weiterleben konnte. Der Alkestisstoff eröffnet in seinen poetischen, theatralisch-musikalischen, bildnerischen und philosophischen Bearbeitungen eine Fülle von Deutungen des *Opfertodes für einen anderen.* Als mythische Verkörperung eines Selbstopfers, das (noch) ohne Martern auskommt, ist die Gestalt der Alkestis in die Figuration des altruistischen Sterbens, vor allem des Liebesopfers, eingegangen – Leitmotiv der abendländischen Märtyrerkultur wie der Literaturgeschichte. Ein besonderes Element liefert dabei die Rückkehr vom Tod ins Leben, die Anlaß sowohl für heilsgeschichtliche Überhöhungen des Opfers als auch für dessen Parodie und Infragestellung werden konnte.

Die älteste dramatische Bearbeitung des Stoffes ist die erste erhaltene Tragödie des EURIPIDES, *Alkestis*, 438 v. Chr. aufgeführt. Sie beginnt mit einem Disput der Götter THANATOS und APOLL. Während der personifizierte Tod für die unterschiedslose Todesverfallenheit aller Sterblichen plädiert, hat der Beschützer des thessalischen Königshauses bereits bei den Schicksalsgöttinnen erwirkt, daß ADMET über die ihm eigentlich zugemessene Zeitspanne hinaus weiterleben darf, „wenn er dem Hades einen Stellvertreter schickt". Wie man aus dem Prolog erfährt, hat Admet „all seine Lieben der Reihe nach" vergeblich um diesen Dienst gebeten, bis sich schließlich Alkestis bereit fand. Im Zeichen dieser vorab gefallenen Entscheidung vollzieht sich die dramatische Handlung vor allem in Gesprächen über den unschätzbaren Wert des Lebens. In den

Überlebenswunsch des Admet mischt sich die Scham über seine Furcht vor dem Tod. Sein Entsetzen und seine Trauer angesichts des Todes der Alkestis, den EURIPIDES – unüblicherweise – auf offener Bühne zeigt, kompensiert ADMET mit dem Zorn auf die Eltern, die nicht bereit waren, ihr nahezu abgelebtes Leben hinzugeben. Der Vater PHERES entgegnet dem mit Hohn über Admets Unfähigkeit, den eigenen Tod zu akzeptieren, und über die Bereitwilligkeit, ausgerechnet die Gemahlin für sich sterben zu lassen. Die Idee des Stellvertretertodes weist er zurück: „Du sollst für mich nicht sterben – ich auch nicht für dich."

Der hartnäckige Kampf ums Leben – bei EURIPIDES nicht nur als ‚Lebensgeist' (*psychē*) und ‚Art und Weise des Lebens' (*bios*), sondern auch als ‚nacktes Leben' (*zōē*) angesprochen – ist Widerpart zum heroischen Element des altruistischen Sterbens. Allerdings vollzieht sich die Lösung des Konflikts, die Rückkehr der Gestorbenen, entschieden untragisch. Wie schon ein antiker Kommentar bemerkt, trägt die Euripideische *Alkestis* „mehr die Züge eines Satyrspiels, weil sie sich zur Freude und zur Befriedigung wendet, anders als das Tragische." Dazu paßt, betrunken und bekränzt, die faunische Erscheinung des HERAKLES, der sich am Ende des Stücks den Scherz erlaubt, Alkestis verschleiert zurückzubringen und dem König zunächst zum Schein als Sklavin anzubieten. Obwohl dieses fast farcenhafte Ende im offenen dramaturgischen Widerspruch zum tragischen Sterben der Alkestis steht – und obwohl die Hadesfahrt des Herakles mythengeschichtlich aus anderen Zusammenhängen stammt als das Motiv des Stellvertretertodes –, gelingt es Euripides, die beiden Handlungsstränge im Thema der Überwindung des Todes zusammenzuführen. Demgegenüber zeigt die Rezeptionsgeschichte, daß die Vereindeutigung der Alkestis zur Opferfigur meist nur durch die Profilierung oder Herauslösung jeweils einzelner Handlungselemente gelungen ist.

Im Zeichen der Empfindsamkeit spielte Alkestis als *Märtyrerin der Liebe* eine wichtige Rolle, und zwar als beliebte Titelgestalt auf der Opernbühne im zweiten Drittel des 18. Jahrhunderts: etwa bei Christoph Willibald GLUCK und Ranieri de' CALZABIGI (1767) oder bei Anton SCHWEITZER und Christoph Martin WIELAND (1773). Calzabigis Libretto verzichtet ganz auf die Figur des HERAKLES; hier sind die Götter von der unerschütterlichen Gattenliebe derart gerührt, daß sie selbst Alkestis ins Leben zurückrufen. Bei Wieland wird vor allem der Vorbildcharakter selbstloser Liebe betont: „*Sey wie Alceste* – soll der Segen seyn / Der künftig jede Braut zur Gattin weihe!" Wie wichtig ein solches „Beyspiel reiner Triebe" für die Affektpolitik der aufklärerisch-empfindsamen Reformoper war, verdeutlicht WIELAND in seiner Abhandlung *Über einige ältere deutsche Singspiele, die den Nahmen Alceste führen* (1773). Darin kritisiert er die Verwendung ausgerechnet dieses Stoffs für menschlich-göttliche Verwirrspiele barocker Prägung, weil aus der Gattungsmischung notgedrungen eine uneindeutige Gefühlsmotivation der Alkestis folge. In der von ihm erwähnten (heute verschollenen) deutschen Version eines Singspiels des Venezianers Aurelio AURELI wird Alkestis als *Selbstmörderin* in der Hölle gezeigt, „mit Ketten an einen Steinfelsen gefesselt und von zwey Furien geplagt", sowie voller Selbstanklage: „Verdammter Stoß, / Der mir das Herz durchstochen, / Und meinen Lebensdraht zerbrochen! / Wer macht mich wieder los? / Verdammter Stoß!" Hier wird deutlich, wie nah das Selbstopfer der – seit AUGUSTINUS tabuisierten – Selbsttötung stehen kann.

Unter veränderten ästhetischen Vorzeichen wurde Alkestis über ein Jahrhundert später in einem Gedicht von Rainer Maria RILKE (1907) erneut zum Inbegriff reiner Liebe, deren Reinheit sich jetzt allerdings in einer – wie Rilke andernorts formuliert – „intransitiven" Liebe jenseits allen Objektbezugs beweist. Folgerichtig gerät hier bereits die Hochzeitsfeier zur Szene des Todes, womit jede spätere Realisierung der Liebe ausfällt. Das Ehelager, von dem Alkestis bei EURIPIDES ausführlich Abschied nimmt, wird zum Höllentor, wenn es heißt, daß „jenes Lager, das da drinnen wartet, / zur Unterwelt gehört". Die Selbstbezüglichkeit in der Idee der Hingabe zielt auch auf das Verschwinden desjenigen, für den das Opfer gebracht wurde: „Ich ging ja, / damit das Alles, unter Dem begraben / der jetzt mein Gatte ist, zergeht, sich auflöst –." RILKES hoher Ton kann nicht über das radikal Zerstörerische dieser Art Stellvertreterlogik hinwegtäuschen. Ohne jede Funktion ist sie reine Ersatzhandlung: „Ersatz kann keiner für ihn sein. Ich *bins.* / Ich bin Ersatz."

Rudolf BORCHARDT deutete wenig später in seinem Aufsatz *Über Alkestis* (1910) das weibliche Opfer in ein Element politischer Theologie um. Daß Alkestis keineswegs für den Geliebten, sondern *„für den König gestorben"* sei, habe erst Hugo von HOFMANNSTHALS Bearbeitung des Stoffes (1893/1909), „durch die euripideische Verschleierung hindurch", sichtbar machen können. In seiner altphilologisch versierten, zugleich geschichtsphilosophisch argumentierenden Ausführung postuliert BORCHARDT – vier Jahre vor Beginn des Ersten Weltkriegs –, „daß vor der *supremen* Wichtigkeit des *Gattungskörpers* alle sekundäre Variation des Individuums so wenig besagt, wie heut in einem nationalen Kriege soziale Ungleichheit und produktive Ungleichwertigkeit der Lebenskomplexe, von denen *Aufopferung* verlangt wird". In dieser Apologie einer Opferung des Individuellen auf dem Altar der Gattung verwandelt sich also der Körper des Gatten – auf dem Umweg über den Körper des Königs – in den Gattungskörper. Dennoch erhält das einzelne Opfer seinen besonderen, gesteigerten Wert für Borchardt erst daraus, daß es gerade dort gefordert wird, wo „das Individuum ein so fühlbarer wie unwägbarer Wert" ist.

Im weiteren Verlauf des 20. Jahrhunderts hat sich Alkestis immer wieder als Projektionsfläche für Opferimaginationen erwiesen – im Ergebnis um so brisanter, je weniger die Autoren (Autor*innen* scheinen nicht darunter zu sein) versuchen, die Imaginationen einzudämmen. Auf diese Weise konnte eine Huldigung des denkbar zwanghaftesten Katholizismus entstehen wie T. S. ELIOTS Schauspiel *The Cocktail Party* (1950), in dem die weibliche Zentralfigur nicht viel mehr verspürt als „ein Gefühl der Sünde", woraufhin sie ein Psychagoge, von Eliot erklärtermaßen als Wiedergänger des HERAKLES angelegt, nicht aus dem Totenreich heraus-, sondern geradewegs in den Märtyrertod als Missionsschwester hineinmanövriert. Betont post-heroisch, aber um so freimütiger in den Gewaltdarstellungen ist die „Übermalung der *Alkestis*", als die Heiner MÜLLER seinen kurzen Prosatext *Bildbeschreibung* (1984) bezeichnet hat. In dieser Vision von zwei Untoten, Mann und Frau, die gemeinsam in eine „Landschaft jenseits des Todes" gebannt sind, deutet Müller den freiwilligen Stellvertretertod zur Mordtat des ADMET um, die Rückkehr der Alkestis zur Mahnung an den Mörder. So kommt es zur nicht enden wollenden Wiederkehr des Verdrängten: zum „vielleicht täglichen Mord an der vielleicht täglich auferstehenden Frau".

Stefan Willer

Literatur

Hans Richard Brittnacher: *Erschöpfung und Gewalt. Opferphantasien in der Literatur des Fin de siècle*, Köln u. a. (Böhlau) 2001 (besonders Teil 1: „Selbstopfer. Die Tradition des Alkestis-Stoffes“, S. 41–130)

Barbara Hahn: „Alkestis' Wiederkehr. Vom Schreiben in einer ‚Traumphase'“, in: Ulrike Haß (Hg.): *Heiner Müller, Bildbeschreibung. Ende der Vorstellung*, Berlin (Theater der Zeit) 2005

Robert B. Heilmann: „Alcestis and the Cocktail Party“, in: *Comparative Literature*, 5 (1953) Heft 2, S. 105–116

Ortwin Kuhn: *Mythos, Neuplatonismus, Mystik. Studien zur Gestaltung des Alkestisstoffes bei Hugo von Hofmannsthal, T. S. Eliot und Thornton Wilder*, München (Goldmann) 1972

Robert Muller-Hartmann: „Wieland's and Gluck's Versions of the ‚Alkestis'“, in: *Journal of the Warburg Institute*, 2 (1938) Heft 2, S. 176 f.

Lucretia – Exemplum, Gründungsopfer und Blutzeugnis

Sandro Botticelli, *Geschichte der Lucretia*, um 1496–1504, Boston, Isabella Stewart Gardner Museum

Die Szene, in der Lucretia sich vor den Augen von Ehemann und Vater das Messer ins Herz stößt, damit „künftig keine Frau, die ihre Ehre verloren hat, unter Berufung auf Luctretia weiterleben" kann, wie Livius in seiner *Römischen Geschichte* formuliert, gehört zu den beliebtesten Beispielen eines heroischen Todes in der europäischen Literatur- und Kunstgeschichte. Als *Opfer* für die Keuschheit (lat. *castitas*) und Sittsamkeit (lat. *pudicitia*) bewertet, ist Lucretias Selbsttötung zum kanonischen *exemplum virtutis* in der Geschichte der Rhetorik geworden. Und als Opfer für die Rückeroberung der *libertas* Roms ist sie als Gründungsopfer der Republik in die Geschichte eingegangen, weil ihre gewaltsame Überwältigung durch den Königssohn und ihr Tod Brutus dazu veranlaßten, zum Umsturz der Königsherrschaft aufzurufen. In manchen Deutungen werden diese beiden Aspekte ihres Opfers auch zusammengeführt. Dann erscheint die Entehrung der Frau eines Patriziers als stellvertretende Schändung des Staates durch die Tyrannis, und Lucretia wird als „Anführerin der römischen Keuschheit" bezeichnet (Valerius Maximus, 1. Jh. n. Chr.). Dann wird sie zur Personifikation der *res publica*, deren Schändung und Freitod das Opfer zum zentralen Bestandteil des Gründungsmythos Roms werden lassen (Fögen).

Die ersten überlieferten Berichte über die Ereignisse, die sich zum Ende des sechsten vorchristlichen Jahrhunderts zugetragen haben sollen, stammen von griechischen und lateinischen Geschichtsschreibern aus dem ersten Jh. v. Chr., wie Diodorus Siculus, Dionysios von Halikarnassos und Cicero. Am nachhaltigsten wurde Lucretias Bild aber durch Livius' anschauliche Erzählung geprägt, mit der er das 27 v. Chr. veröffentlichte erste Buch seines monumentalen, auf 142 Bücher angelegten Geschichtswerks *Ab urbe condita* (Von der Gründung der Stadt an) beschließt. Darin wirft die zeitgenössische Geschichte – der Bürgerkrieg war beendet, Octavian war die Bürgerkrone verliehen worden, und er hatte soeben den Ehrennamen Augustus erhalten – ihr Licht auch auf die ein halbes Jahrtausend zurückliegende Gründungsszene. Diese wird in bühnenreifen Bildern vergegenwärtigt, die sich hervorragend als Vorlage für die Pathosformeln von Gemälden und Opernszenen eignen. So etwa jene Passage, die Botticelli für die farbige Darstellung der Szenerie auf einer Brauttruhe im Florenz der Medici Ende des 15. Jahrhunderts Pate gestanden hat: wie Brutus mit entschlossener Gebärde über dem toten Körper der Lucretia zum Umsturz der Königsherrschaft aufruft.

Während Botticelli diese Szene wirkungsvoll in die Mitte eines öffentlichen Platzes verlagert hat (wobei seiner Lucretia der Dolch noch im Leibe steckt), spielt sich der Schwur bei Livius noch im Hause ab – direkt folgend auf das Niedersinken Lucretias und den Aufschrei ihres Mannes und ihres Vaters. Unmittelbar über der Toten, mit dem blutigen Messer in der Hand, hebt Brutus bei Livius die Hand zum Schwur: Während Lucretias Mann und Vater „von Trauer überwältigt waren, zog Brutus das Messer aus der Wunde der Lucretia, hielt es bluttriefend vor sich und rief: ‚Bei diesem Blut, das bis zu der Entehrung durch den Königssohn das keuscheste war, schwöre ich, und ich rufe euch, ihr Götter, zu Zeugen, daß ich L. Tarquinius Superbus mitsamt seinem verruchten Weib und seiner ganzen Nachkommenschaft mit Schwert und Feuer und jeder möglichen Gewalt verfolgen und nicht zulassen werde, daß diese oder jemand anders in Rom als König herrschen.' Darauf reichte er das Messer dem Collatinus, dann dem Lucretius und dem Valerius; [...] ihre Trauer schlug dann ganz und gar in Zorn um, und als Brutus sie aufrief, jetzt gleich das Königtum zu stürzen, folgten sie ihm als ihrem Führer."

Diese Schwur-Szene, die zur Transformation von Trauer in Zorn und nachfolgend zum politischen Umsturz führt, bezeichnet eine Art Peripetie in Livius' Tragödie der Lucretia. Zuvor dreht sich nämlich alles um ihre Keuschheit und die Frage der Schuld. Nachdem Tarquinius die schlafende Ehefrau des Collatinus, die ihn wegen ihrer Schönheit und Sittsamkeit reizte, im Schlaf überrascht und gewaltsam zum Beischlaf gezwungen hatte, läßt Lucretia ihren Vater und Ehemann zu sich rufen, erzählt ihnen von dem Vorfall, beschwört ihre unschuldige Seele: „Dieser Leib ist befleckt, das Herz frei von Schuld" (*ceterum corpus est tantum violatum, animus insons*), ihr Tod werde es beweisen (*mors testis erit*). Livius' Lucretia will den eigenen Tod also als Beweis (*testis*) ihrer Unschuld und als *supplicium* verstanden wissen – was meist mit Strafe übersetzt wird. Bevor sie sich tötet, führt Lucretia nämlich über sich selbst Gericht. Zunächst zitiert sie die Grundsätze der Urteilsbildung, nach denen sie be- und verurteilt zu werden verlangt – „der Geist sündige, nicht der Leib, und wo es keine Absicht gegeben habe, da gebe es auch keine Schuld" – um daraus dann das Urteil abzuleiten, sie könne sich zwar von der Sünde freisprechen (*ego me etsi peccato absolvo*), nicht aber von der Strafe (*supplicio non libero*), und dieses Urteil umgehend in die Tat umzusetzen: „Damit stieß sie sich ein Messer, das sie unter ihrem Kleid verborgen hatte, ins Herz, sank über der Wunde zusammen und fiel sterbend zu Boden. Ihr

Mann und ihr Vater schrien auf.“ Nachdem dann BRUTUS bei ihrem Blut seinen Schwur geleistet hat, wird der Leichnam auf das *Forum* getragen, wo die Verwandlung der Klagen in aufrührerische Reden sich fortsetzt und den Umsturz besiegelt. Erst der Transport von Lucretias Körper aus dem Haus auf das Forum, den Ort der Öffentlichkeit, macht ihren Tod zu einem politischen Fall.

Für die Stellung Lucretias in der Genese der Märtyrerkultur sind beide Bedeutungen festzuhalten, die ihr Tod bei LIVIUS erhält, in ihren eigenen Worten und in den Worten BRUTUS'. Macht der erste Teil des Geschehens Lucretias Selbsttötung zum *exemplum virtutis*, wird ihr toter Leib im zweiten Teil zum *corpus politicum*, zu einer Sache der *res publica*.

Damit enthält die Geschichte der Lucretia einige Elemente, die in die Ausformung der christlichen Märtyrerfigur zwei bis drei Jahrhunderte nach Livius eingegangen sind – auch wenn mit dieser eine deutlich andere Religions- und Opferkultur entstanden ist. In Livius' Erzählung traten aber bereits einige Aspekte des Blutzeugnisses in Erscheinung, die für den Bedeutungswandel von *martys* (gr. Zeuge) zu *martyrium* und *martyres* wichtig werden sollten.

So wurde in den Worten Lucretias bei LIVIUS bereits ein Zusammenhang von Keuschheit bzw. Unschuld, Tod und Beweis hergestellt. Dies geschah zudem vor dem Hintergrund eines Seele-Körper-Gegensatzes und der Vorstellung von der Überlegenheit der Seele über den Körper – *animus insons* im *corpus violatum* – der für die Märtyrer zentral werden sollte. Außerdem geht dem Tod Lucretias im Text die Dramaturgie eines Gerichtsverfahrens voraus. Symptomatisch für die antike Tradition des *noble death* ist dabei, daß Lucretia über sich selbst Gericht führt (während die christlichen Märtyrer von Beamten Roms verhört und verurteilt werden), wie überhaupt in der Antike die Selbsttötung weniger als Selbst*mord* denn als *mors voluntaria*, als selbstbestimmter Tod, begriffen wurde. Darüber hinaus wird in Lucretias Deutung ihr Tod bereits zu einer Art Zeugnis, nämlich zum Beweis (*testis*) ihrer unschuldigen Seele (*animus insons*), während die christliche Märtyrerin ihren Tod als Zeugnis des reinen und wahren Glaubens verstehen wird. Und schließlich rückt Lucretias Definition ihres Todes als *supplicium* diesen in den Horizont eines Opfertodes. Wenn sie meint, sich zwar vom Vergehen (*peccatum*) freisprechen zu können, nicht aber vom *supplicium*, dann benutzt LIVIUS einen äußerst vieldeutigen Begriff. Dessen Bedeutung reicht von Flehen und Opfer, einer Geste der Demut und Unterwerfung unter die Götter, über Strafe bis hin zu Marter und Hinrichtung – eine Semantik, in der sich die Genese des römischen Rechts aus einem religiösen Grund und der Legitimierung der irdischen Macht durch die Macht der Götter spiegelt. Lucretias Gericht über sich selbst bewegt sich bei LIVIUS also an der Schwelle des Urteils zwischen Recht und Opfer. Die gängige Übersetzung des Gegensatzes zwischen *peccatum* und *supplicium* mit ‚Sünde' und ‚Strafe' ist symptomatisch für eine christlich-säkulare Sicht. Diese verkennt einerseits den religiösen Grund des römischen Rechts und christianisiert Livius' Text anderseits, wenn sie *peccatum* kirchenlateinisch mit Sünde wiedergibt. Derartige philologische Details sind von zentraler Bedeutung, wo es um die Beleuchtung des Opfertodes am Übergang von der antiken Selbsttötung zum Märtyrertod geht.

Der zweite Teil von LIVIUS' Lucretia-Geschichte ist dagegen für die Herausbildung der Bedeutung ‚Blutzeugnis' für Martyrium wichtig. Wenn BRUTUS bei Livius über dem

Leichnam der Lucretia eine neue politische Ordnung proklamiert, dann wird dieser Akt in einer doppelten Geste bezeugt und legitimiert: durch die Anrufung der Götter als Zeugen und den gleichzeitigen Schwur ‚beim keuschesten Blut' der Geschändeten. Dadurch wird der Umsturz rituell beglaubigt und symbolisch legitimiert: im Bezug auf eine jenseitige Sphäre, für die im Diesseits das Blut des Opfers zeugt. Das Blut wird dabei zu einer Art Medium zwischen den Göttern und der *res publica*, deren Grund damit gleichsam geheiligt wird. Die wesentliche Differenz, die mit den christlichen Märtyrern ins Spiel kommt, besteht darin, daß deren Blut als Zeugnis und ihr Opfertod als Bekenntnis *zum* christlichen Gott betrachtet werden. Aus einer Anrufung *der* Götter als religiöser Legitimation zum Sturz des tyrannischen Souveräns wird das Bekenntnis *zu* Gott im Angesicht einer tyrannischen Souveränität werden. Während Brutus' Handlung dem Gesetz politischer Theologie folgt – ‚Souverän ist, wer über den Ausnahmezustand entscheidet' – werden die verfolgten Christen, die der Herrschaft des Tyrannen unterworfen sind, ihre personale Souveränität durch eine Anti-Geste manifestieren, die sie dem Urteil des Souveräns entgegenhalten: die *confessio* als – tödliche – Entscheidung *im*, nicht über den Ausnahmezustand.

Aufgrund der Verbindung von unschuldigem Opfer und Blutzeugnis im Tod der Lucretia kann LIVIUS' Geschichte als Märtyrererzählung *avant la lettre* gelesen werden, mehr noch: Lucretia als Präfiguration der Märtyrerin. Während aber das Spezifische von Lucretias Fall darin besteht, daß in ihrer Geschichte inneres Forum – das Gericht über sich selbst – und äußeres Forum miteinander verbunden sind, werden deren zwei Aspekte in der Nachgeschichte z. T. wieder getrennt: hier das Opfer der Tugend, dort der politische Körper. Auf ein *exemplum virtutis* reduziert, konnte der Freitod Lucretias bei den Kirchenvätern HIERONYMUS und AUGUSTINUS zum Streitfall für eine Abwägung zwischen der Bewahrung der Sittsamkeit und dem Verbot, sich selbst zu töten, werden. Und im Fahrwasser solcher Erörterungen wurde dann auch ihre ‚keusche Seele' in Zweifel gezogen. Dort, wo nur mehr das innere Forum zählt, wird das Gewissen vor Gericht gestellt.

Sigrid Weigel

Literatur

Peter Burschel: „Männliche Tode – weibliche Tode. Zur Anthropologie des Martyriums in der frühen Neuzeit", in: *Saeculum*, 50 (1999), S. 75–97

Marie Theres Fögen: *Römische Rechtsgeschichten. Über Ursprung und Evolution eines sozialen Systems*, Göttingen (Vandenhoeck & Ruprecht) 2002

Katharina Greschat: „Lucretia", in: *Reallexikon für Antike und Christentum*, Bd. 22, Stuttgart (Hiersemann) 2007

Anton J. L. van Hooff: *From Autothanasia to Suicide: Self-Killing in Classical Antiquity*, London (Routledge) 1990

Livius: *Römische Geschichte*, Buch I, lat.-dt., hg. u. übers. v. Hans Jürgen Hillen, Düsseldorf u. a. (Artemis & Winkler) 2004

Paolo Prodi: *Eine Geschichte der Gerechtigkeit. Vom Recht Gottes zum modernen Rechtsstaat*, München (Beck) 2003

Schierlingsbecher und Kreuz – der christianisierte Sokrates

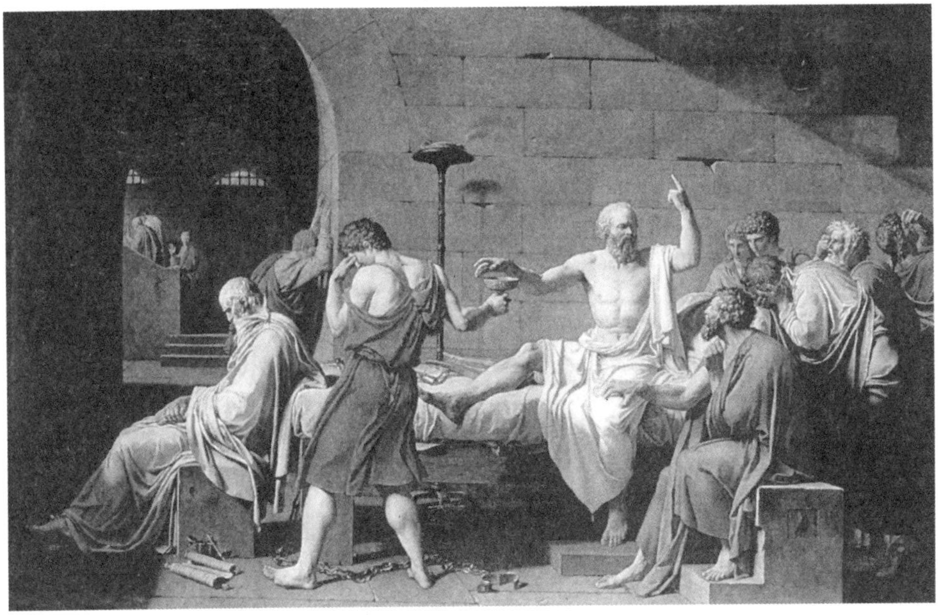

Jacques-Louis David: *Der sterbende Sokrates*, 1787, Metropolitan Museum of Art, New York

Für Karl Jaspers war Sokrates „der Märtyrer der Philosophie", ein „echter Märtyrer, das heißt Zeuge", wie er in *Die großen Philosophen* (1957) schrieb. Nahezu acht Jahrzehnte vorher hatte Wilhelm Windelband, um hier nur eines unter vielen Zeugnissen anzuführen, das Ergreifende in Sokrates' Tod dagegen im „Mangel an Pathos" gesehen: „Da ist kein tragisches Märtyrergefühl und kein siegreicher Untergangsjubel. [...] Da ist nur Ruhe und Klarheit und das stolze Bewußtsein der Notwendigkeit: ‚Es muß sein – es sei!'" – Die oft und noch in der jüngeren Philosophie diskutierte Frage, ob die Pathosformel des (christlichen) Märtyrers auf Sokrates zutreffe, verstellt das interessantere Studium der Überblendungen zwischen dem Märtyrerbegriff und einem christianisierten Sokrates (sowie der Stoa). Denn die Insignien des sterbenden Philosophen und der religiösen Ikonologie, Schierlingsbecher und Kreuz, lassen sich angesichts ihrer wechselseitigen Beeinflussung kaum isolieren.

Vielleicht nicht zufällig fällt epochengeschichtlich das erste Auftreten christlicher Märtyrer im zweiten nachchristlichen Jahrhundert mit der christlichen Rezeption des Todes von Sokrates zusammen. Um 150 n. Chr. beschloß Flavius Justinus, der nach seiner Bekehrung zum bedeutendsten philosophischen Apologeten des frühen

Christentums wurde und nach seinem gewaltsamen Tod den Beinamen Martyr bekam, seine an Kaiser ANTONIUS PIUS gerichtete *Apologie* mit den Worten: „Wir sind überzeugt, daß uns von niemandem etwas Übles widerfahren kann [...]; ihr könnt uns zwar töten, doch schaden könnt ihr uns nicht." (Apol. I, 2, 4) Den Zeitgenossen blieb nicht verborgen, daß diese Formulierung nahezu wörtlich der PLATONischen *Apologie des Sokrates* (30c6) entlehnt war. Und auch in anderer Hinsicht sehen JUSTIN und andere Apologeten Analogien: Sokrates wurde derselben Vergehen angeklagt wie die Christen, nämlich neue Gottheiten eingeführt und die vom Staat anerkannten verworfen zu haben. Wie JESUS seine Jünger, so hatte Sokrates seine Schüler als Zeugen um sich, die die Lehre und das Martyrium der Nachwelt überlieferten. Sokrates stirbt unschuldig für die Wahrheit, sein Tod ist gerechtfertigt, und er sieht ihm mit bewundernswerter Gelassenheit entgegen.

Komplementiert wird diese typologisch-apologetische Deutung des Todes des Sokrates von TERTULLIAN bis KIERKEGAARD zugleich durch eine Überbietungsfigur, die die Differenz zwischen Welt und Gott (Heiden und Christen) in den Vordergrund rückt. Schon JUSTIN hatte in dieser Hinsicht den Zeugnischarakter des Martyriums als Unterscheidungskriterium hervorgehoben: Auch wenn Sokrates Teilhabe am *logos* hatte, so habe ihm doch niemand derart geglaubt, daß er für dessen Lehre in den Tod gegangen wäre. CHRISTUS aber, der den *logos* verkörperte, glaubten nicht nur Philosophen, sondern auch Handwerker und gewöhnliche Leute, und zwar unter furchtloser Preisgabe von Ehre und Leben. Sokrates' Tod käme kein Zeugnischarakter zu, bestenfalls Vorbereitung darauf, etwa durch seine beispielhafte (später stoische) Standhaftigkeit (griech. *ataraxia*), die Gleichgültigkeit gegenüber allen äußeren, sinnlich-körperlichen Einflüssen auf das eigene Leben – so noch 1960 der Artikel *Märtyrer* der Enzyklopädie *Religion in Geschichte und Gegenwart.*

Daß ein solcher Vergleich immer schon einen – rückwirkend – christianisierten Sokrates voraussetzt, zeigen die grundlegend anderen Akzentuierungen in den beiden antiken Überlieferungen des Todes von Sokrates. Wenn XENOPHON Sokrates gegen den Vorwurf verteidigt, sein *Daimonion*, d. h. seine durch göttliche Eingebung erlangte Kenntnis des ihm von den Göttern zugedachten Schicksals, müsse falsch gewesen sein, weil er von seinen Richtern verurteilt worden sei, so wird gerade nicht unterstellt, daß Sokrates für die Wahrheit starb; vielmehr ist als Maßstab der Wahrheit die Klugheit impliziert, dem Tod zu entgehen. Denn Xenophon gibt zu bedenken, daß der Philosoph bereits in so hohem Alter stand, daß er mit seinem natürlichen Tode habe rechnen können. Durch seine Verurteilung entging er jener unglückseligen Lebensperiode, in der die geistigen Fähigkeiten nachlassen. So konnte er durch „Beweis seiner Seelenstärke noch an Ruhm [gewinnen], wenn er im Gericht vor allen Menschen wahr, freimütig und gerecht sprach und dann das Todesurteil gefaßt und männlich auf sich nahm." Wenn Xenophon weiter ausführt, niemand habe „den Tod würdiger getragen" als Sokrates, dann wird gerade hier die Differenz zur christlichen Auffassung deutlich: Sokrates lebte in den ihm verbleibenden Tagen nicht anders als sein ganzes Leben hindurch, nämlich fröhlich und unbeschwert. „Welcher Tod hätte schöner sein können als der des Sokrates? [...] Welche Art zu sterben verhieße eher die Glückseligkeit als ein Tod von solcher Erhabenheit? Und welches Sterben bewiese mehr die Liebe der Götter als ein Dahingehen in die Glückseligkeit?" –

Diesseitige Glückseligkeit aber verträgt sich nicht mit der Überhöhung des *Leidens* im christlichen Martyrium. Nicht weniger widerspricht das unbefangene Kalkül des Nachruhms, das XENOPHON Sokrates unterstellt, dem Ethos des christlichen Märtyrers. – PLATONS entgegengesetzte Interpretation ist den christlichen Deutungen nicht weniger fremd: Wenn das *Daimonion* Sokrates nicht vor dem Todesurteil der Richter bewahrt habe, so könne man unmöglich annehmen, daß der Tod ein Übel sei. (*Apologie*, 40c) Platon läßt Sokrates sagen: „[...] weit lieber will ich auf diese Art mich verteidigt haben und sterben, als auf jene [unehrenhafte Art] und leben." Weder im Gericht noch im Kriege zieme es sich, darauf zu sinnen, „wie man nur auf jene Art dem Tode entgehen könne". (*Apologie*, 38e)

Noch Denis DIDEROT hat im *Enzyklopädie*-Artikel *Socratique* (1765) die Auffassung wiederholt, daß Sokrates als Zeuge des Monotheismus (bei ihm im Sinne der natürlichen Religion) gestorben sei. Und auch in der bildenden Kunst gibt es eine lange Tradition der Überhöhung des Todes von Sokrates zur Pathosformel. Sie reicht im 18. Jahrhundert über Charles-Michel-Ange CHALLES *Socrate sur le point de boire la cigue* (1761) bis zu dem von Diderot im *Salon* besprochenen *Sterbenden Sokrates* (1787) Jacques-Louis DAVIDS: mit seinem erhobenen, die Götter fragenden Zeigefinger der linken Hand und dem wie bei einem Trinkgelage gehaltenen Schierlingsbecher in der rechten; allein die verlöschende Öllampe straft alle Unsterblichkeitsbeweise Lügen (Wolfgang von Löhneysen). HEGEL wiederum hat in seinen *Vorlesungen über die Philosophie der Religion* die Gefahren einer aufklärerischen Gleichsetzung von Christus und Sokrates gesehen: „Wenn man *Christus* betrachtet wie *Sokrates*, so betrachtet man ihn als gewöhnlichen Menschen [...] Wenn man von Christus nicht mehr sagt, als daß er Lehrer der Menschheit, Märtyrer der Wahrheit ist, so steht man nicht auf dem christlichen Standpunkte".

Ernst Müller

Literatur

Klaus Döring: „Sokrates im Urteil der frühen Christen", in: Herbert Kessler (Hg.): *Das Lächeln des Sokrates* (*Sokrates-Studien*, 4), Heitersheim (Graue Edition) 1999

Heinrich Dörrie: „Märtyrer: I. Religionsgeschichtlich", in: *Die Religion in Geschichte und Gegenwart*, 3. Aufl., hg. v. Kurt Galling, Bd. 4, Tübingen (Mohr) 1960, Sp. 587–588

Georg Wilhelm Friedrich Hegel: *Vorlesungen über die Philosophie der Religion II*, in: ders.: *Werke in zwanzig Bänden*, hg. v. Eva Moldenhauer u. Karl Markus Michel, Frankfurt a. M. (Suhrkamp) 1969–1971, Bd. 17

Karl Jaspers: *Die großen Philosophen* (1957), München u. a. (Piper) 1991 (Zitat: S. 114)

Wolfgang von Löhneysen: „Der sterbende Sokrates. Jacques-Louis Davids Gemälde von 1787 im Rahmen der Geistesgeschichte des 18. Jahrhunderts", in: Herbert Kessler (Hg.): *Sokrates. Geschichte, Legende, Spiegelungen* (*Sokrates-Studien*, 2), Kusterdingen (Graue Edition) 1995, S. 201–259

Platon: *Apologie*, 38e u. 40c

Wilhelm Windelband: „Über Sokrates" (1880), in: ders.: *Präludien. Aufsätze und Reden zur Philosophie und ihrer Geschichte*, Bd. 1, Tübingen (Mohr) 1924, S. 55–87 (Zitat: S. 86)

Xenophon: *Erinnerungen an Sokrates*, Leipzig (Reclam) 1976, IV, 8, 1–11

Die Passion der Perpetua – frühchristliche Zeugnisse und die Lücken der Überlieferung

Perpetua, Sarkophag von Briviesca, 5. Jh., Museé archéologique de Burgos

Antonio Ridolfi: *Santa Perpetua*, Siena, Palazzo Pubblico

PERPETUAS und FELICITAS' Martyrium wird allgemein auf das Jahr 203 n. Chr. datiert, auf die Zeit in Karthago unter der Herrschaft des SEPTIMIUS SEVERUS. Eine andere Tradition datiert das Martyrium 50 Jahre später auf die Zeit der Christenverfolgung unter VALERIUS und GALIENUS. Auch wenn diese zweite Hypothese widerlegt wurde, verweist sie auf den Umstand, daß das Besondere dieses Zeugnisses gerade in den vielen Unsicherheiten über seine Umstände liegt, die die Rezeption polarisieren.

Soviel scheint sicher: Die Verfolgung der beiden Täuflinge war die Folge einer Denunziation. Perpetua wurde zusammen mit SATURUS verhaftet, den sie als ihren „Bruder" betrachtete. Felicitas war eine Sklavin, die in der Gewißheit, daß CHRISTUS im Augenblick ihrer Passion an ihrer Seite sein werde, unter die christlichen Märtyrer ging – wie das *Martyrium des Polykarp* und die *Briefe der Gemeinde von Lyon und Vienne* berichten. Zu der Gruppe gehörten drei weitere Märtyrer: REVOCATUS, der Bruder von Felicitas; SATURNINUS, ein Bruder von Saturus, und SECUNDULUS, dessen Identität und Gegenwart bei dem Geschehen ungewiß ist. Alle wurden in der Arena wilden Tieren ausgeliefert, die beiden Frauen einer der „wildesten Kühe" (*puellis autem ferocissimam vaccam* – XX, 1). Das war ungewöhnlich, entsprach aber der Regel, der zufolge das Geschlecht der Bestie dem der Märtyrer zu entsprechen habe. Perpetua, eine junge verheiratete Frau von zweiundzwanzig Jahren aus gutem Hause und bestens erzogen, hatte ein Kind, das sie zum Zeitpunkt ihrer Verhaftung noch stillte. Den Bericht über ihre Passion soll sie selbst im Kerker aufgeschrieben haben. Beide überlieferten Versionen dieses Berichts, die griechische und die lateinische, habe die gebildete Frau selbst schreiben können. Bevor sie in die Arena ging, vertraute sie das Manuskript einem Autor an, dessen Identität ungewiß ist. – Auch Perpetuas Tod in der Arena ist mit Ungewißheiten behaftet.

Die kontroversen Lesarten ihrer Passion entspringen der Spannung zwischen *Lücken* bzw. Leerstellen und Interpretationen. Die Quellen bestehen aus verschiedenen Textsorten, zunächst der *Passion* und den *Akten*, ferner den *Kommentaren* von Theologen und Gelehrten: (1) der Handschrift mit den Notizen Perpetuas aus dem Jahre 203 n. Chr, dem sogenannten *Urtext*; (2) der nach dem Martyrium vorgenommenen Zusammenstellung und Komposition von Texten zur *Passio Sanctarum Perpetuae et Felicitatis*, einem Ensemble aus dem 3. Jahrhundert; (3) den *Akten,* die nach dem Jahr 260 n. Chr. aufgeschrieben wurden; manche vermuten, daß es erst nach dem Jahr 420 geschah, womit die Kommentare von AUGUSTINUS in *De natura et origine animae* (I, 10, 12 und III, 9, 12) allerdings zeitlich davor lägen; (4) der *Editio princeps* der *Passio* und der *Akten* aus dem Jahr 1664; (5) der Veröffentlichung der griechischen Version der *Passio* aus dem Jahr 1890.

Der Passionstext besteht aus einem Vorwort, Perpetuas Notizen (dem *Urtext*), gefolgt vom Bericht des Martyriums und einer Schlußfolgerung. Man nimmt also „wenigstens drei" Autoren für diesen Komplex an. – Vorwort und Erzählung des Martyriums sind von einem oder zwei Autoren, die allem Anschein nach nicht in der Arena umgekommen sind. Die Hypothese, daß es sich bei dem Redaktor um TERTULLIAN handelt, wurde mit lexikalischen Argumenten zurückgewiesen (René Braun). Zudem bleibt unklar, ob das Vorwort und der Bericht über die Tötung von ein und demselben Autor stammen. Für den folgenden Teil, das „Tagebuch" der Perpetua und die Vision des SATURUS, eines der Märtyrer, der Perpetua und Felicitas begleitete, wird nicht bezweifelt, *daß* sich Perpetua bis an die Schwelle des Todes Notizen gemacht hat; allerdings kann nicht ausgeschlossen werden, daß Saturus diesen Text redigiert hat. Auffällig ist der stilistische Unterschied zwischen den Paratexten und dem Haupttext. Der Stil in Perpetuas Bericht sei einfach, ohne Verzierungen, „linear", so Jacques Fontaine; Jacqueline Amat ihrerseits beschreibt ihn als „lückenhaft" und betont dessen „biblische Einfachheit" und gewisse litaneihaften Effekte. Hier nähern wir uns einem Zeugnis-Gestus, der bemüht ist, wenn nicht die Kunstfertigkeiten, so doch ihre Effekte und rhetorischen Wendungen zu reduzieren. Dagegen sind die Visionen und Träume reich an Bildern. Auch für Saturus' Bericht hat man die Möglichkeit mehrerer Bearbeitungsstufen angenommen. Perpetua hätte Saturus nachahmen können oder Saturus hätte Perpetua helfen können, suggeriert Jacqueline Amat. Der Bericht über das Martyrium unterscheidet sich wesentlich vom Stil Perpetuas und Saturus'. Er ist reich an Assonanzen und Alliterationen, Gerundivkonstruktionen und einem gewissen Lyrismus, so daß man angenommen hat, er stamme von derselben Hand wie das Vorwort.

So präsentiert sich uns der Text in mehreren Schichten, die nach ihren verschiedenen Autoren, Stilen und Umschriften (*réécritures*) identifiziert werden können. Doch das ist nicht alles, denn der Bericht Perpetuas schließt darin verschachtelte Berichte über ihre Visionen ein. Wegen dieser Visionen wurde bezweifelt, daß Perpetua ihre eigenen Opferqualen erzählt hat. Vielmehr sei es eine Projektion *post mortem*, die keineswegs realistisch sein will, sondern im Gegenteil symbolisch, und die damit auf semantischer Ebene auf die Beschreibung der Marterqualen antwortet. Die ganze Komposition, einschließlich des Paratextes, ist beispielhaft für einen Text voller polyphoner Fremdheit, der dennoch ein kohärentes Ganzes bildet. Viele Fragen werden insbesondere durch die beiden Fassungen, die lateinische und die griechische, aufgeworfen. Die griechische Fassung ist sehr lückenhaft, während die lateinische zahlreiche Informationen enthält, mit denen die griechische Fassung komplettiert werden kann. Die lateinische Fassung wurde als die ursprüngliche identifiziert. Als Text voller Ungewißheit generiert die *Passio* bis heute immer neue Kommentare und Debatten.

Dann sind da die *Akten*, deren Aufzeichnung späteren Datums ist. Aus ihnen erfährt man nicht eindeutig, was geschehen ist; es bestehen Unsicherheiten z. B. hinsichtlich der Datierung und der Verwandtschaft zwischen SATURUS und SATURNINUS. Im Bericht über die Arena ist die „rasende Kuh" durch einen „Löwen" ersetzt. Es scheint, daß der Redaktor hierfür „Mitschriften" der Gerichtsschreiber genutzt hat, worauf vor allem Informationen von der Befragung von Felicitas hinweisen, die in der *Passio* fehlen. Hierbei handelt es sich also um eine neue Quelle, einen neuen Hypotext. – Die Akten zeichnen sich auch durch ein hagiographisches Arrangement aus. Sie sind eher Darstellung eines beispielhaften Martyriums als authentischer Bericht (Halporn, Amat), eher erbauliche Stilisierung als „aufrichtiger" Bericht (Amat, Delehaye). Diese symbolische Umschrift (*réécriture*) erhält ihre Bedeutung durch den exemplarischen Wert, der dem Bericht durch die Institution der Christenheit zugeschrieben wird.

Bleiben schließlich die *Kommentare*. Wie sind die Kommentatoren und Interpreten mit den Ungewißheiten und Lücken dieses Zeugnisses verfahren? Auffällig sind die Häufigkeit von Modalformen, die Ausdrucksformen des Zweifels und die häufige Betonung der Subjektivität in den Kommentaren. Es häufen sich die Vermutungen: „vielleicht", „anscheinend" usw. Diese bilden einen Kreis um das Zeugnis, das sich in seinem Mittelpunkt befindet. Dessen eigentliches Zentrum aber ist das Nicht-Wissen (*non-savoir*), das das Ereignis *bezeichnet*. Es ist so, als sei die Logik der *Passio* eine Logik der Leere (*vacance*). Was dieses Zeugnis auszeichnet, sind: die Polyphonie, lükkenhafte Polysemie, der Rückgriff auf narrative Rahmen, um die Zeugenaussagen vorzutragen, die für die Berichte unumgänglichen Paratexte, der Wechsel zwischen den Gattungen, die Dialektik zwischen Bericht und juristischen Texten. Zudem ist dieses Zeugnis durch eine spezifische Spannung definiert: diejenige zwischen der Einzigartigkeit der Zeugenaussagen *und* dem Zwang des institutionellen Gedächtnisses, ein Zwang, auf den die Kommentare antworten wie zuvor die Akten mit ihrem hagiographischen Standpunkt.

Die Lektüre dieser *Passion* lehrt uns, wie das Archiv sich selbst verfehlt. Die objektiven Informationen reichen nicht aus, um das Ereignis zu bezeugen, auch nicht die Erfahrung des Zeugen und nicht einmal die Umstände, die das Ereignis begründen. Das Zeugnis fordert uns auf, die Leere neu zu bedenken. Im Anschluß an KIERKEGAARD hat Vincent DESCOMBES entwickelt, daß „die Ereignisse von weltgeschichtlicher Tragweite keine Zeugen haben. Sobald ein Ereignis zählt, entsteht es buchstäblich in Abwesenheit von Zeitgenossen." Wenn es also „nur indirekte Zeitgenossen" eines „für uns alle entscheidenden" Ereignisses gibt, dann bedeutet das, daß die Beziehungen eines jeden zu dem Ereignis über Interpretationen verlaufen. Trotz der Distanz, die ihn von Descombes trennt, liest man bei BLANCHOT ähnliches: „Wir sind keine Zeitgenossen des Desasters." Man kann also nur Zeitgenosse dessen sein, wovon man Zeuge ist, wenn dieses Ereignis die Humanität im Menschen berührt. Das Ereignis greift in die Struktur der Sprache, mittels deren das Subjekt die Erfahrung bezeugen könnte. Eine Ethik der Zeugenschaft müßte für Aussagedispositive sorgen, die dem Ereignis einen Platz in der Sprache einräumen – Aussagedispositive, in denen sich das Ereignis durch anderes als durch Worte zu erkennen gibt: durch Schweigen, weiße Flecken, Schrei, den Hauch des Vergessens. „Die Erzählung ist, unabhängig von ihrem Inhalt, Vergessen, so daß erzählen heißt, sich der Prüfung durch dieses vorgängige Vergessen auszusetzen, das jedem Gedächtnis vorausgeht, es begründet und ruiniert. In diesem Sinne ist Erzählen die Marter der Sprache, die unablässige Suche nach ihrer Unendlichkeit. Und die Erzählung wäre nichts weiter als eine Anspielung auf den ursprünglichen Umweg, getragen von der Écriture, die sie weiter trägt und die es dazu bringt, daß wir uns schreibend einer Art ständigen Ablenkens aussetzen." (Blanchot)

Philippe Mesnard
Übersetzt von Karlheinz Barck

Literatur

Passion de Perpétue et de Félicité suivi des Actes, hg. u. übers. v. Jacqueline Amat, Paris (Les éditions du Cerf) 1996 (*Sources chrétiennes*, 417)

Maurice Blanchot: *L'Entretien infini*, Paris (Gallimard) 1969

Maurice Blanchot: *Die Schrift des Desasters*, übers. v. Gerhard Poppenberg/Hinrich Weidemann, München (Fink) 2005 (Schriftenreihe *Genozid und Gedächtnis*)

René Braun: „Tertullien est-il rédacteur de la Passio Perpetuae?". In: *Revue d'études latines*, Nr. 33 (1956), S. 79–81

Hippolyte Delehaye: *Les passions des martyrs et les genres littéraires*, Brüssel (Soc. des Bollandistes) 1921

Jacques Fontaine: *Aspects et problèmes de la prose d'art latine au IIIe siècle*, Turin (Bottega d'Erasmo) 1968

James W. Halporn: „Literary History and Generic Expectations in the Passio and Acta Perpetuae", in: *Vigiliae Christianae*, 45 (1991), S. 223–241

Der Teufel als Märtyrer – das Böse und das Heilige

Stehender Dämon, persische Miniatur, ca. 1500

In der islamischen Tradition ist durch den Mystiker und Dichter AL-HALLADSCH (ca. 858–922) die auf den ersten Blick erstaunliche Figuration des Teufels als *schahid* (ar. Märtyrer) belegt. Ausgangspunkt dafür ist die koranische Erzählung von der Erschaffung Adams. Nachdem ALLAH ADAM aus Lehm erschaffen hat, befiehlt er allen seinen Engeln, diese neuartige Kreatur anzubeten. Alle folgen dem Befehl, bis auf IBLIS (Name des Teufels im *Koran*). Sowohl im *Koran* als auch bei al-Halladsch hat diese Rebellion die bekannten Folgen für den Teufel: ewige Verdammnis und Qual. Doch während die äußerst knappe Darstellung im *Koran* als Motiv für den Aufstand von Iblis nur dessen Hybris hervorhebt, enthält die Version al-Halladschs eine psychologische Interpretation seiner Beweggründe, die weit über den Wortlaut des *Korans* hinausgeht. Al-Halladsch läßt seinen Teufel argumentieren, daß er sich keineswegs aus Hochmut und Arroganz widersetzt habe, der Anordnung zur *sadschda* (ar. Niederbeugung) vor ADAM zu folgen. Vielmehr sei genau das Gegenteil der Fall: nicht weil er Gottes Autorität mißachte, sondern weil er nur ihn als den allein Anbetungswürdigen erkenne, sei es ihm unmöglich, sich vor einem subordinierten, und zu allem Überfluß auch noch aus Lehm geschaffenen, Geschöpf niederzuwerfen. Für den Iblis von al-Halladschs Narration gibt es nur *ein* denkbares Anbetungsobjekt: ALLAH. Indem er für die Verteidigung seiner monotheistischen Haltung (ar. *tauhid*), die das höchste Dogma-Prinzip des Islams darstellt, das schrecklichste aller denkbaren Schicksale erleidet – ewigliche *Pein* ohne Aussicht auf Erlösung – wird der Teufel nun tatsächlich zum Märtyrer, der ja als eine Figur begriffen werden kann, die um eines höheren Glaubensgrundsatzes willen ihr Schicksal besiegelt.

Um zu verstehen, wie es zu dieser ungewöhnlichen Interpretation kommen konnte, muß man sich vergegenwärtigen, daß der bzw. *das* Böse schlechthin in den abrahamitischen Religionen als dem Prinzip des *Guten* unterlegen gedacht wird – anders als etwa in den altiranischen Religionen, wo es im Kontext eines Dualismus (Licht-Schatten, ORMUZD-AHRIMAN etc.) dem Guten gegenübergestellt ist. Im koranischen Islam sind die Machenschaften des Iblis, ungeachtet seiner Macht über den schwachen und verführbaren Menschen, im Angesicht Gottes nichtig. Dieses dem Islam als Erbe der jüdisch-christlichen Tradition überkommene Gefälle zwischen Gott und Teufel ist notwendige Voraussetzung dafür, daß dieser in der Deutung AL-HALLADSCHS überhaupt in die Position einer Leidensfigur geraten kann. Doch erst durch sein Opfer, ewigen *Schmerz* und Verdammung für das monotheistische Bekenntnis in Kauf zu nehmen, wird der Teufel zum Märtyrer.

Bei einem Blick in die Kulturgeschichte des Teufels relativiert sich das für den heutigen Leser Irritierende in der Verbindung der Figuren von Märtyrer/Wahrheitszeuge und Luzifer, dem Lügenmeister. Das ursprünglich Gemeinsame beider Figuren liegt in ihrer Dienerschaft gegenüber Gott. Bei seinem kulturgeschichtlichen Debüt im *Buch Hiob* ist der „Ankläger" (so die Bedeutung des hebräischen Worts *Satan*) nicht viel mehr als ein Gehilfe und Bote des Herrn. Als solcher argumentiert auch der Satan des AL-HALLADSCH, wenn er für sich in Anspruch nimmt, die Befehle seines Herrn am besten von allen, nämlich dem tieferen, monotheistischen Sinne nach, zu befolgen. Erst in in einem jahrhundertelangen Entwicklungsprozeß der christlichen und islamischen Mythologie ist der Satan, nicht unwesentlich beeinflußt durch den Dialog mit anderen Religionen wie dem *Manichäismus*, allmählich zur Figur des Bösen par excellence geworden – womit sich die Kluft zwischen ihm und Gott vertiefte. Doch auch nachdem er in Christentum und Islam zu einer Figur beträchtlicher Kraft und Bedrohung geworden ist, bleibt er der Macht Gottes unterlegen. Den islamischen Gründungstext *Koran* und die für das europäische Bewußtsein zentralen Satanserzählungen – DANTES *Commedia* (entst. 1307–1321), MILTONS *Paradise Lost* (1667) und GOETHES *Faust* (1808, 1832) – verbindet, daß der Teufel gegenüber Gott immer als zweitklassige Charge auftritt. Zumindest im Teuflischen stehen sich Orient und Okzident erstaunlich nahe.

Der *Märtyrer-Satan* des AL-HALLADSCH ist nicht nur als literarische Figur und als seltenes kulturgeschichtliches Phänomen von Bedeutung, die Figur stellt auch unser Bild vom Islam als einer auf bestimmte Dogmen und Mythen fixierten Religionskultur in Frage. Daß die Person al-Halladsch selbst aufgrund *seines* Bekenntnisses zur Wahrheit (in seinem berühmten Ausruf „Ich bin Gott!") im Jahre 922 in Bagdad tatsächlich zum Märtyrer wurde, und zwar zum bekanntesten unter den mystischen des Islams, gibt der Erzählung eine weitere, dramatische Wendung. Jenseits ihrer Bedeutung für die islamische *Literatur*geschichte beschreibt sie eine bemerkenswerte soziopolitische und religiöse Momentaufnahme aus der islamischen Kulturgeschichte.

AL-HALLADSCHS Märtyrerteufel eröffnet aber auch Korrespondenzen zu Phänomenen im Verhältnis zwischen dem Bösen und dem Märtyrertum jenseits der islamischen Kultur – beispielsweise zu einem von René GIRARD für den christlich geprägten Kontext beschriebenen Mechanismus: der Umwertung des *Sündenbocks* von einer im metaphorischen Sinne *verteufelten* Figur in eine *soteriologische* (errettende). Dieser Mechanismus läßt sich mit der Verwendung der Figur des *Great Satan* seit der Islamischen Revolution in Iran vergleichen: Indem die Feinde der Revolution, vor allem die USA, zum Inbegriff des Satans aufgebaut werden, wird der Masse der Gläubigen zugleich implizit ein Heilsversprechen angeboten, das sich in einer leicht visualisier- und memorierbaren Formel verdichtet. Wie der iranische Literaturwissenschaftler Javad NURBAKHSH dargelegt hat, drückt das Adjektiv ‚groß' im *Großen Satan* nicht nur jene negative Konnotation aus, die in Presseberichten über antiamerikanische Manifestationen im Iran meist thematisiert wird. Vielmehr schwingen in ihm auch Konnotationen von moralischer Größe und Großartigkeit mit, die seit AL-HALLADSCH ein fester Bestandteil des islamischen, insbesondere des iranisch-islamischen Bewußtseins sind. Die politische Formel vom *Great Satan USA* ließe sich vor diesem Hintergrund auch als Chiffre einer – verstellten –Bewunderung deuten.

Ein Teil des Faszinosums der Teufelsfigur liegt offensichtlich in ihrer Fähigkeit, unerwartet in eine scheinbar antithetische Figur wie die des Märtyrers umzuschlagen. Gerade in dieser Figur des Umschlags sind die Voraussetzungen für eine Verbindung zwischen Teufel und Märtyrer begründet, ist der Märtyrer doch dadurch ausgezeichnet, daß er eine totale – leibliche – Unterwerfung in einen – spirituellen – Triumph zu transformieren in der Lage ist. In einem gewissen, von AL-HALLADSCH erkannten, Sinne sind Märtyrer und Teufel also verwandt.

Michael Reinhard Heß

Literatur

Peter J. Awn: *Satan's Tragedy and Redemption: Iblīs in Sufi Psychology*, Leiden (Brill) 1983

Richard W Bulliet: *The Case for Islamo-Christian Civilization*, New York (Columbia University Press) 2004

René Girard: *Der Sündenbock*, übers. v. Elisabeth Mainberger-Ruth, Zürich (Benzinger) 1988

Mohammad A. Tabaar: „The Beloved Great Satan: The Portrayal of the U.S. in the Iranian Media since 9/11", in: *Crossroads*, 6 (2006) Heft 1, S. 20–45

Emilia Galotti –
Opfer, Säkularisierung und tragisches Subjekt

Emilia Galotti, Stich von Fr. Bolt, um 1800

Rembrandt, *Lucretia*, 1666, Institute of Arts, Minneapolis

Die Schlußszene von Lessings Trauerspiel *Emilia Galotti* (1772) stellt den Tod der Heldin in einer beunruhigenden Uneindeutigkeit zwischen Tötung und Selbsttötung dar: diese Tötung einer Tochter durch die Hand ihres Vaters mit eben jenem Dolch, den er ihr zuvor aus der Hand gerissen hat, als sie sich damit selbst töten wollte, nachdem er ihr den Dolch auf ihr Bitten ausgehändigt hatte und ihn ihr nun wieder entwendet: „Nein, das ist nicht für deine Hand." Daraufhin fordert die Tochter den zögernden Vater heraus: „Ehedem gab es einen Vater, der seine Tochter von der Schande zu retten, ihr den ersten den besten Stahl in das Herz senkte – ihr zum zweiten das Leben gab. Aber alle solche Taten sind von ehedem! Solcher Väter gibt es keinen mehr!" Woraufhin er sie mit den Worten „Doch, meine Tochter, doch!" ersticht, um umgehend vor der eigenen Tat zu erschrecken: „Gott, was hab' ich getan!"

Dieser Tod Emilias fügt sich nicht in das Muster der ‚gefallenen Tugend', die ihre verlorene Unschuld mit dem Tod bezahlen mußte – auf der Theaterbühne des 18. Jahrhunderts wie zuweilen auch im Leben. Auch spielt die Szene *nicht* im Orient, dem Schauplatz vieler ‚barocker Trauerspiele' aus dem Jahrhundert davor. Deren Personal stand den leibhaftigen Menschen fern, da neben (oft orientalischen) Tyrannen sowie Feldherren, Bischöfen und Monarchinnen darin auch Geister und Allegorien der Planeten und der Ewigkeit auftraten: ein passender Schauplatz für jene Märtyrerinnen, die der tyrannischen Inbesitznahme ihres Leibes und Landes mit der Bastion einer beständigen Tugend trotzen und die grausamsten Martern nicht nur stoisch ertragen, sondern freudig begrüßen, weil sie sich davon das Heil ihrer erlösten Seele versprechen – wie z. B. in GRYPHIUS' *Catharina von Georgien. Oder bewehrete Beständigkeit* (1657). Erst als im 18. Jahrhundert das Theatergeschehen durch den Auftritt von Bürgern auf der Bühne dem Leben und den Gefühlen der Zuschauer näher rückte, wurde der Opfertod einer Märtyrerin zum Skandalon. Was also hat ein Opfertod im Theater der Aufklärung zu suchen?

Diese Frage drängt sich um so mehr auf, als Lessing in seiner Programmschrift *Hamburgische Dramaturgie* gegen das epidemische Auftreten opferbereiter Helden in einem zeitgenössischen Trauerspiel polemisiert: Die darin auftretenden Christen hielten „gemartert werden und sterben für ein Glas Wasser trinken". Gewichtiger ist sein Einwand, der „Charakter des wahren Christen" sei doch eigentlich ganz *untheatralisch*. Damit hat er dem europäischen Theater ein strukturelles Problem ins Stammbuch geschrieben, die Unvereinbarkeit von – christlichen – Helden und dramatischer Gattung. Demnach wären ‚wahre Christen' für eine Theaterhandlung ungeeignet. – Eine etwas anders gelagerte Kritik am Märtyrer findet sich in Lessings theologiekritischen Schriften. Dort kann man nicht nur studieren, wie er die Methode des Religionsvergleichs radikalisiert und beispielsweise in die Maske eines Mohammedaners schlüpft, der den Christen vorhält, um wieviel menschlicher eine Religion sei, die ‚nur' einen Propheten, nicht aber einen Gottessohn anzuerkennen erfordert. Dort findet sich auch das Postulat, man solle auf das Märtyrerblut verzichten: „Das Blut der Märtyrer nämlich, welches ein sehr zweideutiges Ding ist."

Auch der Tod Emilias, zwischen Tötung und Selbsttötung, ist ein zweideutiges Ding. Ein direkter Bezug zum Märtyrertod wird in der Schlußszene explizit durch den Dolch hergestellt. Als „blutiger Zeuge" bezeichnet, spielt er auf das Motiv des Blutzeugen an. So zweideutig wie das Märtyrerblut ist hier das Zeugnis des blutigen Dolches. Wenn die Waffe die Stelle des Blutzeugen annimmt, ist der Märtyrertod zur Waffe geworden, nämlich zur Waffe des ehrbaren Bürgers gegen den Fürsten – womit der tugendhafte Bürger dem Tyrannen ähnlich wird. – Doch erhält die Zweideutigkeit des Bluts im Falle der *Emilia Galotti* eine zusätzliche Dimension, die sie als Heldin der Epoche der *Sensibilité* charakterisiert. Problematisch wird der Bürgerstochter ihr Blut nämlich als „warmes Blut", als Zeichen ihrer Leidenschaften und Sinne. Als blutiger Zeuge ihres Todes ist der Dolch damit nicht mehr Blutzeuge einer Imitation der Passion CHRISTI (wie bei den christlichen Märtyrern), sondern der *Passio als Leidenschaft*, jener Affektkultur, die im Zuge der Säkularisierung entstanden ist.

Die Taten und Väter von ehedem, mit denen die Tochter den Vater herausfordert, zitieren den Vater der VERGINIA aus LIVIUS' drittem Buch der *Römischen Geschichte*. Der wollte, indem er seine Tochter von eigener Hand tötete, ihre Tugend retten und sie davor bewahren, in die Gewalt des Tyrannen und höchsten Richters Roms zu geraten. Lessings Emilia trägt aber eher die Züge einer LUCRETIA, die in Livius' Überlieferung ihr Schicksal selbst in die Hand genommen hat. Die Handlung des Trauerspiels ist in einen italienischen Kleinstaat – mit unverkennbaren Zügen zeitgenössischer deutscher Fürstentümer – verlegt. Dessen Prinz begehrt Emilia und hat sie durch eine Intrige, bei der ihr Verlobter getötet wurde, in seine Gewalt gebracht, während sein bürgerlicher Kontrahent, der Vater Emilias, als „Muster aller männlichen Tugend" charakterisiert wird – ein *pater familias*, der in jedem unbewachten Schritt der Tochter bereits „genug zu einem Fehltritt" sieht und sich den Schutz ihrer Tugend nur noch im Kloster, in der „Entfernung aus der Welt", vorstellen kann. Die Zuspitzung des Konflikts kommt dadurch zustande, daß Emilia, die als selbstbewußtes Subjekt auftritt – „Ich will doch sehen, wer mich hält – wer mich zwingt – wer der Mensch ist, der einen Menschen zwingen kann" – von ihrer eigenen Verführbarkeit zu sprechen beginnt: „Verführung ist die wahre Gewalt. – Ich habe Blut, mein Vater; so jugendliches, so warmes Blut, als eine. Auch meine Sinne sind Sinne."

Dieser Dialog zwischen Vater und Tochter – eine Abwägung zwischen „nur *einem* Leben" und „nur *einer* Unschuld", die Emilia zu verlieren habe – spielt auf die Geschichte der Lucretia-Kommentare an. Emilias Berufung auf jene Tausende, die sich in die Fluten gestürzt hätten, „um nichts Schlimmers zu vermeiden" (als ihr selbst im Lustschloß des Prinzen droht), und die dennoch Heilige sind, ist allerdings ein entstelltes Zitat aus AUGUSTINUS' *Gottesstaat*. Dessen absoluter Verurteilung des Selbstmords standen nämlich jene Märtyrerinnen im Wege, die sich „in der Verfolgungszeit, um den Nachstellern ihrer Keuschheit zu entgehen", in die Fluten stürzten: „Und ihre Martyrien würden in der katholischen Kirche verehrt und feierlichst begangen."

Als Legitimierung ihres Todesbegehrens – oder ihrer Flucht in den Tod – bezieht Emilia sich also sowohl auf eine christliche Überlieferungen (AUGUSTINUS) als auch auf die antike Verginia-Geschichte, deren Titelheldin bei LIVIUS allerdings kaum eigene Konturen gewinnt. Als Vorlage für das Sterben seiner Heldin, eines weiblichen Subjekts mit eigenem Willen und dem Wissen um die eigene, dem väterlichen Tugenddogma im Wege stehende Verführbarkeit und Sinnlichkeit, aber hat Lessing auf das Vorbild der Lucretia zurückgegriffen. Nicht nur wegen des untheatralischen Charakters ‚wahrer Christen' hat er in die Schlußszene seines Trauerspiels die Todesart des *noble death* – wieder – eingeführt – und mit ihm auch das Tragische, das dieser Art eines selbstgewählten Todes im Angesicht der Tyrannis eignet.

Wenn das bürgerliche Trauerspiel die Konstellation des barocken Trauerspiels, die Gegenstellung zwischen Souverän/Tyrann und Märtyrer überwinden wollte, um den Bürger zum Bühnenhelden zu emanzipieren, dann hat Lessing in der *Emilia* die diesem Akt eingeschriebene Tragik zur Darstellung gebracht. Als tragisches Subjekt beerbt die Heldin des bürgerlichen Theaters jene Heldinnen antiker Tragödien, die der Geschichte der Märtyrer vorausgegangen sind. Sie wird zum Opfer einer politischen Theologie des Bürgers, der sich als souverän erklärt und, indem er sich dem Tyrannen entgegenstellt, zu dessen verkleinerter Imitation wird. – Das barocke Trauerspiel handelte von der Souveränität des absoluten Herrschers, dessen Janusgestalt – uneingeschränkter Souverän und doch Kreatur – ihn im Ausnahmezustand der Affekte potentiell zum Tyrannen werden ließ. Noch der Fürst in Lessings Trauerspiel redet sich darauf heraus, „daß Fürsten Menschen sind", während er die Schuld auf den teuflischen Hof-Intriganten schiebt. In seinem Gegenspieler aber hat er ein Spiegelbild erhalten, den Bürger, der seine Souveränität mit den Mitteln einer „rauhen Tugend" behauptet und dafür das Leben seiner Tochter opfert. Wenn der Vater sich am Ende des Stücks zwar dem Fürsten als weltlichem Richter unterwirft, diesen zugleich aber vor dem „Richter unser aller" erwartet, dann wird der gewaltsame Tod Emilias von ihm als Opfer für eine höhere Gerechtigkeit beschworen.

Damit gestaltet das Stück eine Dialektik der Aufklärung, in der mit der *Säkularisierung* fürstlicher Souveränität die *Sakralisierung* der Familie einhergeht. Um Emilia als Heilige zu retten – schon in der Eingangsszene wird sie als Engel tituliert, der vornehmlich „heilige Stätten" besucht und „unfern der Kirche Allerheiligen" lebt –, muß sie ihr Leben lassen. Lessings Emilia ist damit gleichsam eine Nachfolgerin Lucretias im Kontext einer säkularisierten christlichen Kultur, die mit ihrem Generalverdacht gegen die Sinne das christliche Tugendkonzept der Erbsünde beerbt hat.

Sigrid Weigel

Literatur

Erich Auerbach: „Passio als Leidenschaft", in: ders.: *Gesammelte Aufsätze zur romanischen Philologie*, Bern u. a. (Francke) 1967, S. 161–175

Aurelius Augustinus: *Der Gottesstaat/De civitate dei*, lat.-dt., in: ders.: *Werke*, hg. u. übers. v. Carl Johann Perl, Bd. 18, Paderborn (Schöningh) 1979

Walter Benjamin: *Ursprung des deutschen Trauerspiels*, in: ders.: *Gesammelte Schriften*, hg. v. Rolf Tiedemann/Hermann Schweppenhäuser, Bd. 1/1, Frankfurt a. M. (Suhrkamp) 1974, S. 203–430

Gotthold Ephraim Lessing: *Emila Galotti*, in: ders.: *Werke*, hg. v. Herbert G. Göpfert, Bd. 2, München u. a. (Hanser) 1971, S. 127–204

Gotthold Ephraim Lessing: *Hamburgische Dramaturgie*, in: ders.: *Werke*, hg. v. Herbert G. Göpfert, Bd. 4, München u. a. (Hanser) 1973, S. 229–720

Gotthold Ephraim Lessing: „Rettung des Hier. Cardanus", in: ders.: *Werke*, hg. v. Herbert G. Göpfert, Bd. 7, München u. a. (Hanser) 1976, S. 9–32

Ivan Nagel: „Selbstmord und Emanzipation. Über Augustins Lucretia und Lessings Emilia", in: ders.: *Gedankengänge als Lebensläufe. Versuche über das 18. Jahrhundert*, München u. a. (Hanser) 1987

2. Agon, Forum, Rituale – der Schauplatz des Martyriums

Märtyrer im Judentum – Figurationen großen Sterbens

Abraham und Isaak, Ausschnitt aus *Isaaks Opferung*, Beginn des 6. Jh., Hefzibah, Fußboden der Beth-Alpha-Synagoge

Ob es im Judentum innerhalb der theologischen Spekulation Märtyrer überhaupt gibt, ist umstritten. Das hat mehrere Gründe. Zum einen fehlt eine eindeutige und umfassende Bezeichnung für alle in Frage kommenden Phänomene, wie sie mit griech. *martys* oder arab. *schahid* in Christentum und Islam gegeben ist. Zum anderen steht das Konzept selbst unter Verdacht, christlich zu sein, zumindest seinem Ursprung und seinen wichtigsten Ausprägungen nach. Würde es umstandslos auf die jüdische Überlieferung bezogen, so das theologische Argument, müßte es als Mißverständnis erscheinen, schlimmer noch: als Versuch, genuin Jüdisches zu enteignen und als Christliches auszugeben, sich also einer langen Geschichte einzuschreiben, in der das Judentum vom Christentum – als seinem Erben – überschrieben, verdrängt und ausgelöscht würde. Ohne diese Einwände als unberechtigt zurückzuweisen, können gegen sie doch historische Argumente erhoben werden. Die Abwesenheit einer einheitlichen Bezeichnung bedeutet nicht, daß eine eigene Praxis nicht existiert, denn diese mag zwar im herrschenden Diskurs als uneinheitlich, in ihren Teilen als nicht zusammengehörig gelten – und wäre doch in kulturwissenschaftlicher Sicht als Ensemble erkennbar. Begreift man die Szenarien und Überlieferungen großen, spektakulären Sterbens, zumeist öffentlich und angesichts tyrannischer Gewalt, als ein solches Ensemble, dann verfügt die jüdische Tradition über Märtyrer, die, wie Shmuel Shepkaru gezeigt hat, oft in Übergangszonen mit dem Christentum oder der paganen Antike auftreten. Diese Figuren sind im Zusammenhang (religions-)kultureller Verhandlungen entstanden, die später auch den Islam einbeziehen. Die Reihe der folgenden Schauplätze beschreibt keine Abfolge oder Entwicklung. Sie stellt vielmehr Konstellationen vor, die traditionsbildend gewirkt haben und in denen absolute Forderung und mörderische Gewalt, das Einwilligen darein und der Widerstand dagegen exemplarisch vorgeführt werden.

Die Bindung Isaaks – Im 22. Kapitel des biblischen Buches *Genesis* (Gen) wird im Rahmen der Geschichte der Weitergabe der Verheißung an Israel von einer Versuchung erzählt. Gott gebietet ABRAHAM, seinen Sohn ISAAK, „den einzigen, den du liebst" (Gen 22, 2), als *Brandopfer* darzubringen. Beide machen sich auf den Weg zum bezeichneten Ort, dem Berg Moria. Der Sohn trägt das Holz, der Vater Messer und Feuer. Auf Isaaks Frage, wo das Opferlamm sei, antwortet Abraham, Gott werde es sich selbst aussuchen (vgl. Gen 22, 7). Nach Ankunft wird der Altar errichtet, der Sohn gebunden daraufgelegt. Als der Vater das tödliche Messer schon erhoben hat, um ihn zu schlachten, gebietet ein Engel Einhalt: „Strecke deine Hand nicht gegen den Knaben aus, und tu ihm nichts zuleide. Denn jetzt weiß ich, daß du Gott fürchtest, du hast mir deinen einzigen Sohn nicht vorenthalten" (Gen 22, 12). Abraham wird eines Widders ansichtig, der sich mit seinen Hörnern im Gestrüpp verfangen hat, und opfert ihn als Brandopfer an Stelle des Sohnes. Darauf erneuert Gott die Verheißung (vgl. Gen 22, 17). Die rabbinische Auslegung hat sich – ebenso wie die von Christentum und Islam – eingehend mit dieser biblischen Passage beschäftigt, die sie *aqedat-jitzchaq*, die ‚Bindung Isaaks' oder kurz ‚Akeda' nannte. Sie findet sich in antiken Synagogen Palästinas wie Beth-Alpha oder Babyloniens wie Dura Europos auch bildlich dargestellt. Die Rabbinen hoben den hingebenden Gehorsam des Menschen an Gott und das Vertrauen auf dessen Allmacht hervor, die sich angesichts des Äußersten in eine Rettung wende, so wie hier das *Sohnesopfer* in ein Versprechen auf Nachkommen in Fülle umschlägt. Dabei wurde auf Wortlaut und Abfolge der Erzählung genau geachtet, wurden Lücken, Unregelmäßigkeiten, Widersprüche erspäht, die es exegetisch zu füllen und zu entfalten galt, wie es dem *Midrasch* (hebr. ‚Studium') eignet, der sowohl Prinzip der jüdischen Bibelauslegung als auch deren Produkt darstellt. Der Berg Moria sei der Tempelberg zu Jerusalem. Abraham habe Gott dort gebeten, ihn nicht weiter zu versuchen. Hätte er diese (traditionellerweise zehnte) Prüfung jedoch verweigert, so hätte er alles verloren. Schließlich griffen die Rabbinen in das Narrativ selbst ein. Warum dem biblischen Wortlaut nach nur Abraham zum Ausgangspunkt wieder zurückgekommen sei, nicht aber Isaak (vgl. Gen 22, 19), bedurfte für sie der Erklärung. Er sei bei SEM – seinem Urahn, dem frommen und gesegneten Sohn NOAHS (vgl. Gen 9, 26 f.) –, um von ihm die Tora zu lernen, gleichsam als Nobilitierung auch seines Gehorsams gegenüber dem Vater. Allerdings haben die Rabbinen auch die Auffassung geäußert, daß Isaak doch geopfert worden sei. In einem Midrasch des 8. Jh. wird dessen Tod und Auferstehung erzählt, als Gipfelpunkt menschlichen Gehorsams.

Noble death – Die Figur des heroischen Todes des Kämpfers, der auf dem Schlachtfeld fällt, des Philosophen, der für seine Überzeugung stirbt, ist pagan, wie u. a. eine systematische Übersicht antiker Quellen zeigt (Droge/Tabor): der HEKTOR der *Ilias* erleidet ihn ebenso wie der SOKRATES des PLATO; nichts davon hat mit Religion im modernen Sinn zu tun. Im Judentum begegnete der *noble death* als Ausdruck der Unbedingtheit Anfang des 2. Jh. v. Chr., im Kampf der Makkabäer. Als der Tempel in Jerusalem profaniert und die Befolgung der väterlichen Gesetze verboten wurde, entschlossen sich Teile der Priesterschaft zum Aufstand und wurden zu Freiheitskämpfern, zu Guerilleros gegen den hellenistischen Souverän und dessen religiöse Reformen. Deren heldenhafte Kämpfe, ihr Verlauf und Ausgang werden in drei apokryphen Büchern berichtet, die allesamt in der *Septuaginta* überliefert sind: das *Erste*, *Zweite* und *Vierte Buch der Makkabäer* (1, 2, 4 Makk), entstanden in den zweihundert Jahren um die Zeitenwende. Auf seiten der aufständischen Frommen gibt es zwei Parteien: einmal die Kombattanten, die für ihre Sache zu sterben bereit sind und zu siegen vermögen, dann die Zivilisten, die vom grausamen Gegner gefangengenommen, gequält, zum Abfall genötigt, schließlich, weil dies scheitert, getötet werden. Beide Fraktionen werden als Helden figuriert, die einen nicht weniger als die anderen. Doch sind beiderseits dieselben Tugenden gefragt: Ausdauer und Unbeirrbarkeit, Umsicht und Mut, wenngleich sie mit der Waffe in der Hand oder mit starkem Herzen ausgeübt werden. Der Freiheitskämpfer JUDAS MAKKABÄUS und seine Anhänger, die eine Dynastie begründen und – jüdischem Selbstverständnis nach – Israels letzte Souveränität vor einer 2000jährigen Unterbrechung gewährleisten, vertreten dies ebenso wie HANNAH und ihre sieben Söhne, von deren Martern und Sterben in 2 Makk 7 erzählt wird. Eine starke Hoffnung auf Auferstehung tritt hervor, explizit wie sonst nur noch im etwa zeitgleichen *Danielbuch* (vgl. Dan 12, 2). In einem anderen Bericht in 4 Makk erscheinen Hannah und ihre sieben Söhne als Ausdruck stoischer Vernunft und werden selbst zu wahren Philosophen. – Traditionen des *noble death* finden sich im antiken Judentum auch außerhalb der Geschichten der Makkabäer. In der Schilderung des Ersten Krieges gegen Rom 66–70 bzw. 74 etwa, die der jüdische Historiker FLAVIUS JOSEPHUS kurz nach den Ereignissen verfaßt hat, verlieh er dem *kollektiven Selbstmord* der Kämpfer in ihrer letzten Bastion, der Festung Masada am Westufer des Toten Meeres, solche Züge. Umstritten ist die Frage, auch wenn sie wiederholt gerade von jüdischen Gelehrten erhoben wurde, ob sich JESU Passio als eine Variante des *noble death* verstehen ließe.

Sterben aus Gottesliebe – In den späteren Traditionen über den Zweiten Jüdischen Krieg gegen Rom zur Zeit HADRIANS 132–135, dessen Folgen noch katastrophaler waren, stehen nicht so sehr Kombattanten und Zivilisten im Mittelpunkt des Interesses, sondern ein Schriftgelehrter, RABBI AKIBA, von dessen Leben und Sterben legendenhaft berichtet wird. Einer der größten Gesetzeslehrer seiner Zeit, der etwa die kanonische Ordnung der *Hebräischen Bibel* geschaffen habe, sei er zugleich Unterstützer des Aufstandsführers BAR KOCHBA gewesen, den er als Messias proklamiert habe. Er sei von den Römern gefangengenommen und hingerichtet worden. In den Überlieferungen der beiden Talmude aus dem 4. und 5. Jh.: im *Jerusalemer Talmud*, Traktat Berachot 9, 5 (9, 7) und im *Babylonischen Talmud*, ebd.

61b – deren Unterschiede in diesem Zusammenhang nicht ausgeführt werden müssen –, wird erzählt, Rabbi Akiba sei wegen seiner Treue zur Tora, die er trotz Verbots durch die römischen Besatzer nicht nur weiter befolgte, sondern auch öffentlich lehrte, auf grausame Weise gemartert worden. Dies geschah zur Stunde des *Schma Jisrael* (,Höre Israel'), des jüdischen Hauptgebets und Credo. Es ist zur Gänze aus Bibelversen zusammengesetzt und beginnt mit einem Abschnitt aus dem Buch *Deuteronomium* (Dtn): „Höre Israel, Jahwe unser Gott, Jahwe ist einzig. Darum sollst du den Herrn, deinen Gott, lieben mit ganzem Herzen, mit ganzer Seele und mit ganzer Kraft" (Dtn 6, 4 f.). Rabbi Akibas *Marter* wird im rabbinischen Verständnis zur performativen Auslegung dieses Gebets. Denn sein *Leiden* schmiegt sich dem Gottespreis gleichsam an, die gänzliche Hingabe der Seele im Tod sei Ausdruck höchster Gottesliebe und somit vollkommene Erfüllung des Gebetstextes. Rabbi Akibas Tod als Märtyrer stellt für das Judentum der Spätantike eine Urszene dar: der Fokus spektakulären Sterbens verschiebt sich im Text der traditionellen Erzählungen seines Sterbens von einem *dying for the law* zu einem *dying for God* – eine Konstellation, die eine Nähe zur christlichen Märtyrerfigur herstellt und die DANIEL BOYARIN deshalb zum Titel seines Buches über die Verbindungen und die Ausdifferenzierung der Märtyrerfiguren in christlicher Kirche und rabbinischem Judentum gemacht hat.

Heiligung des Namens – Die Rabbinen kannten auch Traditionen, die vom listigen Ausweichen vor dem Sterben für Gott wußten, das ihnen nicht als einziger religiöser Wert von Rang erschien. So wird in der *Tosefta* – einer Kompilation vermutlich vom Anfang des 4. Jh. und darum älter als die Talmude – von RABBI ELIEZER BEN HYRKAN aus der Zeit unmittelbar nach der Tempelzerstörung erzählt, er sei dem römischen Richter dadurch entgangen, daß er in der Antwort offen lies, ob er ihm oder eher dem Richter im Himmel vertraue (*Tosefta* Traktat Chullin 2, 24). In dieser Spannung des Lebens oder Sterbens für Gott wurde das Konzept des *Kiddusch ha-Schem*, der ,Heiligung des Namens (Gottes)' als Programm entwickelt. Es sollte in den Zeiten der Verfolgung Orientierung und Hilfe bieten. Bei der von Feinden des Judentums erzwungenen Entscheidung – ob man eine religionsgesetzliche Bestimmung übertreten und so sündigen, aber weiterleben, oder ob man dies verweigern und eher sterben solle – wurde dem Erhalt des Lebens in allen Fällen Vorrang gegeben, mit Ausnahme dreier kardinaler Übertretungen: Mord, Inzest und Götzendienst, so im *Babylonischen Talmud* Traktat Sanhedrin 74a. Erzielt wurde das Resultat in der abwägenden Auslegung zweier Bibelverse aus dem Buch *Levitikus*: zum einen Gottes Erklärung, „daß er (der Mensch) darin (der Tora) lebe" (Lev 18, 5) und nicht ihretwegen sterbe, zum anderen sein Gebot, „du sollst meinen Namen nicht entweihen, damit ich geheiligt werde unter den Kindern Israels" (Lev 22, 32), das diesem Entscheidungsprinzip auch den Namen gab. *Kiddusch ha-Schem* haben die Juden Europas in allen Verfolgungen geübt: von den Pogromen des Ersten Kreuzzuges Ende des 11. Jh., denen die Gemeinden im Rheinland zum Opfer fielen, bis zu jenen Frommen, die in die Gaskammern der Nazis gingen, Verse aus dem 44. Psalm singend, wie etwa diesen: „Um deinetwillen werden wir getötet Tag für Tag wie Schafe, die man zur Schlachtbank führt" (Psa 44, 23). Ihrer wird seit alters in den sogenannten Memorbüchern gedacht.

Refiguration des Märtyrers um 1900 – Im frühen Zionismus, der neben einer politischen vor allem auch eine kulturelle Erneuerung des Judentums erstrebt hat, erschien die Figur des Märtyrers erneut. Dazu gehört die (Wieder-) Entdeckung des Kämpfers und Pioniers, der den *Jischuv* – die Gesamtheit der jüdischen Bewohner in Palästina vor 1948 – und den Staat Israel in seinen Anfangsjahren wesentlich mitbestimmte (vgl. den Text über Trumpeldor in diesem Band). Zwei andere Positionen, die ihr Heil gerade im Ende des Märtyrers durch den Zionismus sehen, sind im Konzept des jüdischen Kollektivs als Märtyrervolk bei Martin BUBER und im Bild des Märtyrers als erlösten Erlösers bei Hugo BERGMANN zu sehen. Vorstellungen von den Juden als Märtyrervolk, die in ihrer Exil- und Verfolgungsgeschichte gründen, wie sie etwa Heinrich HEINE entwickelt hatte, nahm BUBER auf und erklärte, Zerstreuung, Verfolgung und die darüber empfundene tiefe Verzweiflung stellten das „Martyrium" dar, „das Leben in der Erniedrigung". Es schlüge freilich unvermittelt in Ekstase, einen Hang zur Mystik um und sei das Kennzeichen des „orientalischen" als des „motorischen Menschen", der im Judentum „seine größte Intensität gewonnen" habe mit dem Ziel der Vereinigung der entzweiten Welt. Diese mache eine Neuprägung jüdischen Lebens in Freiheit, das der Zionismus erstrebe, erst möglich. Hugo BERGMANN, Philosoph und als Mitglied des Vereins jüdischer Hochschüler *Bar Kochba* in Prag auch Schüler Bubers, knüpfte an diese Überlegungen an und erweiterte sie unmittelbar vor dem Ersten Weltkrieg zu einem Erlösungsversprechen, wobei er Motive aus der messianischen Kabbala, aber auch der Sittenlehre KANTS aufnahm. Denn die ‚Einung' des Menschen trage zur Vervollkommnung nicht nur des jüdischen Volkes und der Welt, sondern Gottes selbst bei. „Der Jude" sei dazu ausersehen, durch sein „heroisches Leben" die Realität selbst zu bezeugen und, wenn nötig, dabei der „Aufopferung des sinnlichen Seins" zuzustimmen: „So wird denn jedes sittliche Verhalten im Verkehr mit Nichtjuden zu einer Heiligung des Namens." Gewährleistet sei diese erst im Zionismus, der es einzig verstünde, „jede Halbheit, jeden Kompromiß und jede Opportunität" von Juden zu beenden. Am Ende erscheint bei Bergmann ein (ge)rein(igt)er Märtyrer, der allem *Martyrium* ein Ende setzt, eben ein ‚erlöster Erlöser' – eine jener herausragenden Figuren, die sich nicht umsonst, prominent gesetzt, in Spekulationen der antiken und modernen Gnosis finden.

Martin Treml

Literatur

Hugo Bergmann: „Die Heiligung des Namens", in: ders.: *Jawne und Jerusalem. Gesammelte Aufsätze*, Berlin (Jüdischer Verlag) 1919

Daniel Boyarin: *Dying for God. Martyrdom and the Making of Christianity and Judaism*, Stanford (Stanford University Press) 1999

Martin Buber: *Vom Geist des Judentums. Reden und Geleitworte*, Leipzig (Wolff) 1916

Arthur J. Droge/James D. Tabor: *A Noble Death. Suicide and Martyrdom among Christians and Jews in Antiquity*, San Francisco (Harper) 1992

Michael Krupp: *Den Sohn opfern? Die Isaak-Überlieferung bei Juden, Christen und Muslimen*, Gütersloh (Kaiser, Gütersloher Verlagshaus) 1995

Shmuel Shepkaru: *Jewish Martyrs in the Pagan and Christian Worlds*, Cambridge (Cambridge University Press) 2006

Corona aeternitatis – Der Wettstreit des Märtyrers

Christus als Krieger, 5./6. Jh., Erzbischöfliche Kapelle in Ravenna

In *Ad martyres*, Tertullians Brief an die Märtyrer aus dem 3. Jahrhundert, werden diese zu Gladiatoren. Der Kerker, in welchem die angesprochenen Märtyrer eingesperrt sind, wird zur Fechtschule, in der die Märtyrer für den kommenden Wettkampf trainieren: „wir [...] stellen uns den Kerker als unsere Fechtschule (*palaestra*) vor, damit wir wohlgeübt in allen Beschwernissen in die Rennbahn des Gerichtsaales (*stadium tribunalis*) vorgeführt werden können". Wie der Kämpfer als Belohnung für seinen Sieg zum Bürger der irdischen Welt wird, erhält der Märtyrer das Bürgerrecht in der himmlischen: „Ihr seid im Begriff, Euch einem herrlichen Wettkampf (*agonem*) zu unterziehen, wobei Preisrichter der lebendige Gott (*agonothetes Deus vivus*) ist, Kampfherold der Heilige Geist, Siegeskranz (*corona aeternitatis*) die Belohnung mit der engelhaften Substanz der Ewigkeit, das Bürgerrecht die himmlische Herrlichkeit von Ewigkeit zu Ewigkeit." Tertullian bezeugt damit einen Wettstreit, der in der Tradition des Paulus steht: Nicht die vergängliche Krone – *corona corruptibilitatis* –, sondern die ewige – *corona aeternitatis* – soll den *Briefen an die Korinther* und *an Timo-*

theus zufolge der Märtyrer gewinnen. In dieser paulinischen Geste der Verewigung wird das Martyrium zur christlichen Überbietung der römischen Vergänglichkeit. Die römische Tradition wird also durch die Praxis des christlichen Märtyrers überformt. Tertullians Martyrium ist ein Wettstreit (*agon*): ein Kampf zwischen ‚heidnischer' Antike und Christentum, bei dem der Märtyrer den Athleten nachahmt und danach strebt, ihn zu überbieten. Was aber heißt es, wenn der Märtyrer gleichzeitig Athlet und Christ ist? Und wie stehen heidnische Antike und Christentum zueinander?

In *De spectaculis* verurteilt TERTULLIAN die Praxis der Athleten und ihre römische Übersetzung in die Gladiatorenspiele als Verkehrung der göttlichen Ordnung: „du wirst nicht leugnen können, daß, was in den Fechtschulen geschieht, deines Anblickes nicht würdig ist". Mit dem Betonen der Differenz konstituiert Tertullian die christliche Haltung gegenüber der heidnischen als eine gänzlich andere: Während der Christ dem einen Schöpfer voll und ganz zugetan sein soll, beherrscht die römische Praxis die idolatrische Verfallenheit an sich und an die Welt. Verblendet vom Tumult und in Wut und Raserei geraten, gibt sich das heidnische Volk den Spektakeln ohne den Verdienst der Liebe hin. In seinen *Confessiones* greift AUGUSTINUS diese Kritik auf und stellt sie als Augenlust, *concupiscentia oculorum*, aus. Im sechsten Buch wird ALYPIUS, Schüler des Augustinus, gegen seinen Willen von der Leidenschaft der Gladiatorenspiele ergriffen. Seine römischen Freunde nehmen ihn in das Amphitheater mit. Er verschließt seine Augen mit den Händen, um sich nicht von dem blutrünstigen Spektakel affizieren zu lassen. Dennoch dringt durch seine Ohren das Gebrüll der Menge in ihn ein und er öffnet, von Neugierde getrieben, seine Augen. In seine Seele wird daraufhin „eine schwerere Wunde geschlagen als dem Leib dessen, den zu sehen er gelüstete"; so wird er Teil der wollüstigen Menge: „Denn sobald er das Blut sah, durchdrang ihn wilde Gier, konnte er sich nicht mehr abwenden, sondern war von dem Anblick wie gebannt, schlürfte Wut ein und wußte es selbst nicht, hatte seine Wonne an dem frevelhaften Kampf und berauschte sich an grausamer Wollust." Der in der Arena stattfindende Kampf wird hier übertragen auf einen Kampf mit sich selbst. Der Feind ist der Blutrausch, an dem sich das römische Volk ergötzt. Die Kritik scheint eindeutig: Verfall und Verführung liegen ganz und gar im heidnischen Spiel begründet. Warum aber empfiehlt TERTULLIAN gleichzeitig in *Ad martyres* den Märtyrern, von den Athleten zu lernen? Und wird er nicht gerade mit seiner Kritik zum präzisen Beobachter der römischen Praxis?

Die Märtyrer, die TERTULLIAN in seinem Brief angesprochen hat, waren vermutlich die HL. PERPETUA und ihr Gefolge, deren Martyrium in den Märtyrerakten, *Acta Sanctorum*, überliefert ist. Sie gelten als eine der schönsten Darstellungen frühchristlichen Martyriums überhaupt. Auch Perpetua wird in eine Kämpfende transformiert. Die im Kerker Eingeschlossene, die zusammen mit ihrer Sklavin FELICITAS zur Feier des Geburtstages des Caesars GETA den wilden Tieren in der römischen Arena vorgeführt und getötet werden wird, sieht sich in einer ihrer Visionen in die Arena geführt und entkleidet. Unter ihrem Kleid aber verbirgt sich ein männlicher Körper, der wie der Körper des Athleten vor dem Kampf mit Öl eingerieben wird. In dieser Vision kämpft Perpetua als Athlet; sie siegt und bekommt den Siegeskranz. Die Märtyrerin wird nicht nur männlich, sondern zudem athletisch. Das frühchristliche Martyrium steht damit ganz im Zeichen Roms: Der Erwerb der *corona aeternitatis* erfolgt mit den Mitteln der vergänglichen *corona*. Auf der einen Seite wird die römische Praxis verworfen, auf der anderen Seite wird sie für die Inszenierung des christlichen Martyriums benutzt.

Die in den beiden Texten konstruierten Perspektiven sind jedoch unterschiedlich: Während in *De spectaculis* der Blick des Zuschauers auf die Arena verurteilt wird, eine Perspektive, die AUGUSTINUS mit der ALYPIUS-Szene vertieft, ist die Situation der eingeschlossenen Märtyrer eine ganz andere: Sie sind nicht Zuschauer, sondern Akteure. TERTULLIANS *Ad martyres* ist zugleich Trostrede und Handlungsanweisung, und dies läßt für die Deutung des Christlichen im Verhältnis zum Römischen ganz andere Möglichkeiten zu. Die Welt erscheint als weitaus schlimmerer Kerker, aus dem ausgeschlossen zu werden besser wäre: „Denn, wenn wir uns daran erinnern, daß die Welt selbst vielmehr ein Kerker ist, so werden wir erkennen, daß Ihr vielmehr aus einem Kerker herausgegangen als in einen Kerker eingetreten seiet.“ Demgegenüber wird das Offene zu einem Attribut des Geistes: „Wenn auch der Körper eingeschlossen ist, wenn auch der Leib festgehalten wird, dem Geiste ist alles geöffnet.“ Und dennoch kommt der Märtyrer ohne seinen Körper nicht aus. Denn nur mit diesem kann er Zeugnis für sein Martyrium ablegen. Der Einschluß des Körpers im Kerker ist für den Märtyrer ein grundsätzliches Problem. Deshalb ist TERTULLIAN hier auf den Athleten angewiesen, den er andernorts verwirft. Wie ein Athlet nicht untrainiert in den Kampf zieht, so müsse auch der Märtyrer zuvor seine Kräfte stählen und sich, als Vorbereitung auf den Kampf in der Arena, in Abhärtung üben: „Denn auch die Athleten (*athletae*) sondern sich wohl zu einer strengeren Zucht ab, um in Ruhe der Vermehrung ihrer Kräfte zu obliegen. [...] Je mehr sie sich in den Vorübungen abgemüht haben, desto sicherer hoffen sie auf den Sieg.“ Der Körper steht hierbei im Dienst des Geistes: „Es möge der Geist zum Fleische reden über ihrer beider Heil, so zwar, daß er schon nicht sowohl an die Leiden des Gefängnisses, sondern an den Wettkampf und die Schlacht (*agone et proelio*) denkt.“ Der Gedanke an den kommenden Agon überhöht die Leiden des eingeschlossenen Märtyrers. Doch diese Möglichkeit des Offenen schließt das Römische ein: Das Athletische ist die Figur, die sich im Märtyrer erfüllt. Als Wettstreit in Szene gesetzt, kommt es zur Transformation des Gegenbildes in ein Vorbild und damit nicht zu einem Bruch oder einer Verwerfung des Römischen, sondern zu dessen Einverleibung.

Cornelia Wild

Literatur

Augustinus: *Bekenntnisse* (*Confessiones*), übers. v. W. Thimme, Stuttgart (Reclam) 1967

Bibliotheca Augustana: http://www.tertullian.org/latin/latin.htm

Passion de Perpétue et de Félicité suivi des Actes, hg. u. übers. v. Jacqueline Amat, Paris (Les éditions du Cerf) 1996 (*Sources chrétiennes*, 417)

Tertullian: *An die Märtyrer* (*Ad martyres*), in: ders.: *Private und katechetische Schriften*, übers. v. K. A. Heinrich Kellner, Kempten u. a. (Kösel) 1912, S. 215–223 (*Bibliothek der Kirchenväter*, 1, 7)

Tertullian: *Über die Schauspiele* (*De spectaculis*), in: ders.: *Private und katechetische Schriften*, übers. v. K. A. Heinrich Kellner, Kempten u. a. (Kösel) 1912, S. 101–136 (*Bibliothek der Kirchenväter*, 1, 7)

Der heilige Genesius – der Schauspieler als Märtyrer, der Märtyrer als Schauspieler

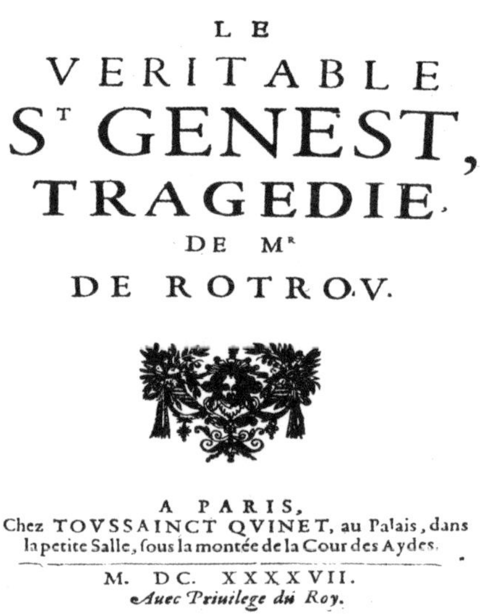

LE

VERITABLE

ST GENEST,

TRAGEDIE.

DE MR

DE ROTROV.

A PARIS,

Chez TOVSSAINCT QVINET, au Palais, dans la petite Salle, ſous la montée de la Cour des Aydes.

M. DC. XXXXVII.

Auec Priuilege du Roy.

Jean Rotrou: *Le véritable Saint Genest.* Titelseite der Ausgabe Paris 1647

Heiliger Genesius, Wandteppich an der Südwand im Chor der Katholischen Pfarr- und Wallfahrtskirche St. Genesius in Schienen, 1962

In der Frühen Neuzeit erlebte das Martyrium eine Renaissance. Die Glaubensspaltung und die auf sie folgenden Religionskriege brachten wieder massenhaftes Martyrium mitten in Europa hervor. Alle Konfessionen und die unterschiedlichen religiösen Gruppen bemühten sich, eigene Märtyrerkulturen zu entwickeln und gegen die Kritik der anderen zu verteidigen. Aber auch für die sich entwickelnde Repräsentationsform des *theatrum mundi* wurde der Märtyrer wichtig, weil sich in seiner Figur Darstellung und Wahrheit, körperliche Präsenz und geistlicher Sinn vermischen. Daher ist der Märtyrer auf dem Barocktheater allgegenwärtig, daher erlebt auch der Schutzheilige der Schauspieler eine kurze, aber intensive Konjunktur: der heilige Genesius, der nach den spärlichen Überlieferungen im Jahre 286 (oder 305) in Rom das Martyrium erlitten haben soll, nachdem er während einer Theateraufführung zum Christentum bekehrt worden war. Drei kurz aufeinander folgende Stücke reflektieren an dieser Figur die Theatralität des Märtyrers: Notwendigkeit und Unmöglichkeit seiner Darstellung sowie die Zweideutigkeit des Martyriums zwischen Theater, Ernst und höherem Spiel.

Das erste Genesius-Stück, Lope DE VEGAS *Lo fingido veradero*, *Der wahre Schein* oder *Sein ist Schein*, 1622 erstmals gedruckt, schildert zunächst welthistorisch weit ausholend den Aufstieg des Kaisers DIOKLETIAN, bevor er im dritten Teil schließlich zur Heiligenlegende kommt: Genesius, aufgefordert, dem Kaiser einen Christen vorzuspielen, probt seinen Text, bekennt im Spiel sein Christentum und beginnt dabei – schon aus der Rolle fallend, er soll ja schon Christ sein –, um die Taufe zu bitten: „So fleh ich Dich auf meinen Knien an: Gib du mir selbst die Taufe, Herr, mein Gott!" Prompt erscheint jetzt auf der Bühne hinter einem Schleier CHRISTUS im Kreise der Märtyrer – sichtbar für die Zuschauer, nicht aber für Genesius, der sich wundert, daß diese Stelle nicht in seinem Textbuch stand. Als er versucht, den Text zu wiederholen, ertönt eine Stimme „So spiel die Rolle Gott zum Preis, Genesius". Der Schauspieler ist überwältigt – aber schon beginnt das Spiel im Spiel, in dem Genesius dem Kaiser scheinbar ein Stück vorspielt, in Wirklichkeit aber schon bekehrt ist. Ist der Hofstaat zunächst begeistert ob der ‚Natürlichkeit' der Darstellung, so beginnt bald Verwirrung auf der Bühne, denn Genesius fällt immer wieder aus der Rolle. Vollends durcheinander gerät das Stück, als sich herausstellt, daß der Engel, der die Taufe auf der Bühne vollzog, nicht vom Schauspieler Fabius gespielt worden ist. Schließlich merkt der zornige Kaiser, was ‚gespielt' wird und beendet die Aufführung: „Dein Leben spieltest Du in der Komödie, nun sollst Du auch in der Komödie sterben". Genesius geht freudig in den Tod: „Jetzt spiel ich unter einem neuen Meister, sein hoher Name lautet Jesus Christus, und seine Bühne ist das Himmelreich, wo Gott der Herr auf hohem Thron regiert". Als Martyrium wird das Hoftheater zum Welttheater.

Mit seinem Spiel im Spiel reflektiert *Lo fingido veradero* in typisch barocker Form die Theatralität, weil die Theaterzuschauer sich in den Zuschauern auf der Bühne und ihren Illusionen gespiegelt sehen. Zugleich thematisiert das Stück die Wirkmächtigkeit der Taufe, die hier durch sich selbst wirkt, *ex opere operato*. Die heilige Faktizität des Sakraments verwandelt das theatrale Spiel in ein wirkliches Geschehen, wie ja das spanische Theater überhaupt stets auf das rituelle Geschehen der Kirche bezogen bleibt. In ihm wiederholt sich daher der Ursprung des Theaters aus kultischen Formen, der schon das antike Schauspiel prägt. Im barocken Schauspiel spielt dabei der Märtyrer die Schlüsselrolle, weil sich in ihm das Heilsgeschehen verkörpert und personalisiert. Diese Rolle wächst ihm um so mehr zu, wenn das eigentliche Wunder von der Bühne verschwindet. 1645 erschienen gleichzeitig zwei Adaptionen von DE VEGAS Stück in Frankreich, Jean ROTROUS *Le véritable Saint Genest* und *L'illustre Comedien* von Nicolas Mary, Sieur de DESFONTAINES. Beide beschränken sich auf die eigentliche Genesiushandlung, verbinden aber den Inhalt des Spiels im Spiel enger mit der Handlung des Dramas. Bei ROTROU spielt Genesius nicht irgendeinen Christen, sondern den heiligen ADRIANUS, der sich bereits vom Christenverfolger zum Christen bekehrte. Dementsprechend nimmt das sehr viel umfassendere Spiel im Spiel auch viel von der eigentlichen Handlung vorweg. Insbesondere die langen Dialoge des gefangenen Adrianus werden zur dramatischen Auseinandersetzung über das Christentum, seine Politik und seine Moral.

Sie schwanken zwischen *Verhör* und *Bekenntnis*, denn wo der Kaiser und seine Beamten Adrianus' Illoyalität vermuten und dessen Schuld nachweisen wollen, spricht dieser von einer höheren Pflicht und seinem Glauben. Das Wort des Märtyrers ist also umstritten, und dieser Streit kann auf dem Theater dargestellt werden – und ersetzt zunehmend das Wunder selbst. Zwar hört der probende Genesius auch bei ROTROU eine Stimme; diese verwirrt ihn aber mehr als daß sie ihn bekehrt; er vermutete sogar die Täuschung eines Kollegen. Auch die gespielte Taufe im Stück im Stück kommt ohne himmlisches Personal aus, und die Bühnenanweisung „Adrien schaut zum Himmel, von dem Flammen herabfallen" läßt offen, ob es sich um eine Inszenierung der Kollegen handelt oder um ein ‚wirkliches' Wunder.

Noch enger ist das Spiel im Spiel bei DESFONTAINES mit dem Spiel verbunden, denn sein Genesius spielt sich selbst: Schauspieler ist er geworden, nachdem er sich in seiner Jugend geweigert hatte, sich taufen zu lassen, und deshalb von seinen Eltern verstoßen wurde. Allerdings mußte er damals auch, so erfahren wir im jetzt aufgeführten Stück, seine Geliebte Pamphilie zurücklassen, worauf ihm sein Freund Aristide rät, den Vater zu täuschen, indem er sich zum Schein taufen lasse. Das sei ganz ungefährlich, denn nach den bizarren Ansichten der Christen würden deren Zeremonien ja nur wirken, wenn man daran glaubte. Genesius wird nicht nur den jungen Genesius spielen, sondern wie dieser spielt, sich taufen zu lassen – also Spiel im Spiel im Spiel. Der zuschauende Hofstaat ist in einer Pause ganz begeistert von der Handlung und freut sich schon auf die gespielte Taufe – als Genesius sichtlich verwirrt auf die Bühne tritt: „Wo war ich und was sah ich? Welche göttliche Flamme blendete meine Augen und erleuchtete meinen Geist? [...] Ich glaube, ich bin Christ, und diese äußerste Gnade, deren Wirken ich fühle, ist die der Taufe."

Die Zuschauer sehen hier noch weniger als bei ROTROU, denn selbst die gespielte Taufe findet hinter den Kulissen statt. Es ist schwer zu sagen, was passiert ist: Handelt es sich um den jungen Genesius, der den Effekt der Taufe vorspielt? Oder um den jungen Genesius, dem wirklich ein Wunder geschehen ist? Oder um den alten Genesius, der erst jetzt wunderbarerweise bekehrt worden ist? Scheinen die ersten beiden Interpretationen per se unmöglich – hätte der junge Genesius die Taufe gespielt, wäre er nicht verbannt worden; hätte er ein Wunder erlebt, wäre er Christ geworden –, so ist auch die dritte problematisch, weil sie ja bedeuten würde, daß die Schauspieler sich entschlossen hätten, die Taufe irgendwo hinter der Bühne zu spielen. Die paradoxe Rahmenstruktur scheint zur seltsamen Annahme zu zwingen, irgendwo ‚zwischen' den Auftritten und ‚hinter' der Bühne sei ein Wunder geschehen, das man dann eben nicht anders als ein ‚wirkliches' denken kann – wirklich nicht mehr auf der Ebene des Spiels im Spiel, aber auch nicht des Stücks selbst, sondern eben ‚außerhalb' des Stücks, in der Welt der Zuschauer – die damit an einem Wunder teilgehabt hätten, ohne etwas gesehen zu haben.

Der Rückzug des Wunders von der Bühne läßt den sakralen Untergrund des Theaters daher nicht vollständig verschwinden, sondern vermittelt ihn durch die Figur des Märtyrers. Denn je weniger das sakramentale Geschehen auf der Bühne selbst erscheint, je weniger die heiligen Handlungen gezeigt werden, desto wichtiger werden Figuren und Reden, die davon zeugen – und genau das sind eben die Märtyrer und ihr dramatischen Handlungen. Wie der Märtyrer Bühne oder Theater benötigt, um sein Zeugnis zur Schau zu stellen, so braucht auch dieses den Märtyrer, um seine eigene Wirklichkeit zu behaupten.

Daniel Weidner

Literatur

Sibylla Laemmel: „Zur Adaption einer ‚Comedia de Santo' in Frankreich. *Le véritable Saint Genest* von Rotrou und *Lo fingido veradero* von Lope de Vega", in: Friedrich Wolfzettel/Joachim Küpper (Hg.): *Diskurse des Barock. Dezentrierte oder rezentrierte Welt?*, München (Fink) 2000 (*Romanistisches Kolloquium*, 9), S. 463–490

Elida Maria Szarota: *Künstler, Grübler und Rebellen. Studien zum europäischen Märtyrerdrama des 17. Jahrhunderts*, Bern u. a. (Francke) 1967

Christopher Wild: „Fleischgewordener Sinn: Inkarnation und Performanz im barocken Märtyrerdrama", in: Erika Fischer-Lichte (Hg.): *Theatralität und die Krisen der Repräsentation: das 17. und das 20. Jahrhundert*, Stuttgart (Metzler) 2001, S. 125–154

Al-Husain – Stiftungsfigur der Schia

Die Tragödie von Kerbala, Kaffeehausmalerei, 20. Jh.

Flagellanten bei südlibanesischer Aschura-Prozession

Das Gründungsereignis der *Schia*, die „Tragödie von Kerbala", dramatisiert den gewaltsam erlittenen Tod Husains, Sohn des vierten Kalifen Ali und der Prophetentochter Fatima. Der Anwärter auf das Kalifat kam 680 im südirakischen Kerbala bei einem Scharmützel mit Truppen des bereits etablierten umayyadischen Kalifen um. Bereits wenig später, 684, unternahmen Gefolgsleute Husains, die ihn bei Kerbala im Stich gelassen hatten, die sog. „Büßer von Kufa", einen Todesmarsch zum umayyadischen Lager, um in der Nachfolge Husains selbst den Opfertod zu sterben. In der Tradition dieser Märtyrer-Imitatio stehen auch die sieben bzw. zwölf Imame der Schia, die fast durchweg Opfer von Verfolgung geworden sind, eine genealogische Sukzession geistiger Führergestalten des 7.–9. Jahrhunderts, deren letzter als in Verborgenheit entrückt gilt. Es wird erwartet, daß er als *Mahdi* (der Rechtgeleitete) dereinst zurückkehren wird, um eine gerechte Herrschaft zu errichten.

Schon kurze Zeit nach dem Tod Husains bildete sich ein zwar nicht mehr tödliches, aber doch blutiges schiitisches *Sühneritual* heraus, das auch in unserer Zeit praktiziert wird. Es besteht aus verschiedenen Trauerriten, Lamentationen und Selbstgeißelungen, die ausgiebiges Blutvergießen einschließen. Dieses öffentliche Ritual konnte an bereits bestehende Traditionen anknüpfen: Husains Tod fällt mit dem Tag von Aschura zusammen, der dem jüdischen Versöhnungstag *Yom Kippur* entspricht, einem Fest, das in seiner biblischen Ausgestaltung um das stellvertretende *Opfer* eines „Sündenbocks" kreist und ebenfalls mit massivem Blutvergießen verbunden ist. Ähnlich wie in der christlichen Umformung des Yom-Kippur-Opfers, in der CHRISTUS selbst zum Opferlamm wird, übernimmt auch Husain als unschuldig Leidender die Rolle des Opfers, das damit die Schuld seiner Gemeinde tilgt. Diese in der Literatur explizit dokumentierte Sinngebung wird aber flankiert von einem älteren Opferverständnis: An der Dramatisierung von Aschura sind Bilder beteiligt, die sich den kultischen Praktiken der Region verdanken. Denn im südlichen Irak lebten jene altmesopotamischen Rituale noch lange fort, die die Herbstwende als diejenige Zeit feiern, in der der Gott Tammuz gewaltsam stirbt, um durch das Ausgießen seines Blutes auf die Erde den Jahreszeitenzyklus zu erneuern. Auffallend sichtbares Blut – dem islamischen Religionsgesetz zufolge unrein und im Kult ein Anathema – ist in der Schia integraler Teil der Gedächtnisrituale für Husain.

Wie die Tammuz-Feiern, die laut den toten Gott beklagen, so sind auch die Trauerfeiern für Husain in den ersten zehn Tagen des Monats Muharram durch Manifestationen starker Emotionalität gekennzeichnet, wie sie im sunnitisch-orthodoxen Islam verpönt wären. Die sich im Laufschritt bewegenden Akteure der Geißlerprozessionen rufen in rhythmischen Folgen immer wieder laut die Namen der Märtyrer aus. Mit ihren – durch Schnitt in die Stirnhaut verletzten – blutüberströmten Gesichtern bilden die Zelebranten nicht nur den Zustands Husains vor seinem Tode ab, sie reinszenieren den Akt des von Husain erbrachten Opfers selbst. Das Vergießen menschlichen Blutes, in sunnitisch-islamischem Kontext ein Sakrileg, das nur durch eine – zumeist ebenfalls blutige – Vergeltung neutralisiert werden kann, die in der Regel weitere Bluttaten nach sich zieht, ist im Falle Husains nicht Anfang eines Talio-Zirkels, sondern eine bereits religiös legitimierte Handlung. Denn Gott selbst, so die Überlieferung, hat den Zirkel des Blutvergießens sogleich wieder geschlossen: Sein Ausspruch „Wer mich liebt, den liebe ich, wen ich liebe, den töte ich, wen ich töte, dessen Blutgeld bin ich!" führt das Opfer Husains letztlich auf einen göttlichen Willen zurück. Und es ist auch Gott selbst, der das Sakrileg des Blutvergießens sogleich „neutralisiert", indem er seine Selbsthingabe als Ausgleich verspricht. Husains Leiden gilt also als ein in mehrfacher Hinsicht sinnvolles Leiden, dessen Gedenken, das in Trauerriten wie Geißlerprozessionen mimetisch gefeiert wird, der Gemeinde ihrerseits Erfüllung verheißt. Insofern ist es nur konsequent, daß Husains Leiden bis in die Moderne hinein in der Schia die Grundstimmung einer erfüllungsstiftenden Trauer wachgehalten hat und sich die schiitische Gemeinde selbst als *bait al-ahzan* (Haus der Trauer) wahrnehmen konnte. Weinen und Seufzen um den Märtyrer, das *nafas al-mahmum* (Seufzen des Bedrückten), gilt in der Schia bis heute als religiös verdienstlich. Ein früher Imam-Ausspruch verspricht sogar: „Wer bei seinem Trauerpoesie-Vortrag fünfzig Hörer zum Weinen bringt, geht ins Paradies ein".

Denn neben den ostentativen *Leidensdemonstrationen* in den Flagellantenprozessionen steht zum Ausdruck der Trauer die sublimere Form der Rezitation von Trauergedichten zur Verfügung. Bedeutsamer noch ist ein Märtyrerdrama *ta'ziya*, das an den zehn Aschura-Tagen aufgeführt wird und den Märtyrertod Husains und seiner Gefährten in allen Details theatralisch darstellt. Dieses Passionsspiel hat in moderner Zeit eine visuelle Entsprechung in Passionsmalereien gefunden, die die Stationen des Leidens und Sterbens Husains in einem einzigen Tableau zusammenführen. Im Mittelpunkt des Bildes steht der herrschaftlich auf einem weißen Pferd sitzende Husain. Er hält seinen jüngsten Sohn im Arm, den er in der gegebenen Notlage – die Familie Husains ist durch Hitze und Trinkwassermangel erschöpft – mit Wasser aus dem nahen Euphrat wieder zu Kräften bringen will. Doch beginnt gerade damit das Martyrium: Das Kind wird von Pfeilen durchbohrt sterben, das Pferd wird ohne seinen Reiter aus der Schlacht zurückkehren. Die Absenz Husains, des kämpferisch für die Seinen einstehenden Führers, der Retterfigur, die – ähnlich wie der die Erde wiederbelebende Tammuz – „das Wasser bringt", kommt einer Verwandlung der Welt in eine Ödnis gleich. Sein weißes Pferd ohne Reiter wird zur Ikone für die Gesellschaft ohne gerechten Herrscher.

Trotzdem kreist die traditionelle Geschichte des Märtyrertums Husains um Sinnstiftung: Husain wird Recht und Gerechtigkeit wiederherstellen, wenn er, der durch sein Leiden zum *Sayyid schabab al-janna* (Fürst unter den Jünglingen des Paradieses) aufgerückt ist, dereinst vor dem Thron Gottes Fürsprache für die Gerechten einlegen wird, die in seiner Nachfolge gelitten haben. Noch zuvor wird der letzte der Imame, der nach einem Leben unter Verfolgung in der *Imitatio Husains* in die Verborgenheit entrückt ist, eine gerechte Herrschaft auf Erden aufrichten. Bis dahin – so sah es die schiitische Gemeinde bis in die Moderne – ist freiwillig ertragenes Leiden im Gedenken an die Märtyrervorbilder der sicherste Weg zur Erfüllung. Erst die neueste Entwicklung, die Errichtung eines innerweltlich etablierten Gottesstaates, hat die Akzente neu gesetzt. Seit die eschatologischen Prärogativen des Mahdi von Politi kern wahrgenommen werden, die in der Zeit wirken, verflüchtigt sich die transzendentale Dimension des mit Husains Märtyrertum begonnenen Heilswerks immer mehr: Sein Opfer wird heute zunehmend als eine innerweltliche, sozial motivierte Selbstaufopferung für Recht und Gerechtigkeit in seiner Gemeinde betrachtet.

Angelika Neuwirth

Literatur

Mahmoud Ayoub: *Redemptive Suffering in Islam. A Study of the Devotional Aspects of Ashura' in Twelver Shi'ism*, The Hague (Mouton) 1978

Navid Kermani: „Märtyrertum als Topos politischer Selbstdarstellung in Iran", in: Hans-Georg Soeffner/Dirk Tänzler (Hg.): *Figurative Politik. Zur Performanz der Macht in der modernen Gesellschaft*, Opladen (Leske + Budrich) 2002, S. 89–100

Sich selbst geißenlnde Christen, Holzschnitt aus dem 15. Jh.

Sich selbst geißelnde Christen auf den Philippinen

Ein „schreckliches Schauspiel" – so notierten zeitgenössische Beobachter des 13. und 14. Jahrhunderts – gaben die Flagellanten ab, die von Stadt zu Stadt zogen und sich auf öffentlichen Plätzen mit Peitschen den Rücken blutig schlugen. Theatralische Gesten (*magna spectacula*) charakterisierten die Auftritte, wenn die Geißler zu singen begannen, sich auf den Boden und in den Schmutz warfen, „ob es nun in Dornen, Gestrüpp, Nesseln oder auf steinigem Boden war", und sich mit Riemen auszupeitschen begannen, die „mit Knoten und scharfen Eisenspitzen" versehen waren. Das Bild geschundener Körper und fließenden Blutes, das sich hier bot, war indes nicht nur Anlaß des Schreckens und der Konversion oder reuevollen Hinwendung zu Gott. Es war auch exemplarische Verkörperung einer Reihe affekterregender Motive, die darauf abzielten, den Zuschauer selbst zum Teil der Bewegung zu machen. „Nur wer ein steinernes Herz hat," schreibt der Chronist HEINRICH VON HERFORD († 1370), „brach nicht in Tränen aus, wenn er dies sah." Und „nur wer ein steinernes Herz hat", griff nicht selbst zur Geißel, um seinen Körper zu malträtieren, sich dem Bild CHRISTI an der Geißelsäule anzugleichen und zum Märtyrer, zum Zeugen zu machen, der den Affekt der Gemeinschaft auf das gemeinsame Ritual auszurichten verhalf.

Was hier als spezifisch mittelalterliche religiöse Praxis erscheinen mag, ist mehr als das. Die Geißelung hat ihren festen Ort im christlichen Mönchsleben seit dem 11. Jahrhundert und in der privaten Frömmigkeitspraxis – oft inspiriert durch die Ikonographie der MARIA MAGDALENA – seit dem Spätmittelalter. Diese Praxis wird in öffentlichen Prozessionen vom Mittelalter bis in die Zeit der Gegenreformation gepflegt, und ihre oft spektakuläre Präsenz als Bußritual in zeitgenössischen katholischen Kulten

Spaniens, Mexikos und der Philippinen bildet eine wichtige Parallele zur Selbstgeißelung in den Aschura-Riten der Schia.

Daß es sich bei der Geißelung um beides zugleich handeln soll, um ein am eigenen Körper vollstrecktes Martyrium und um ein Exempel der Imitation vorbildhafter Märtyrerleben, war ein zentrales Motiv schon bei Petrus DAMIANI, einem Theologen des 11. Jahrhunderts. Er war der wichtigste Verteidiger dieser Praxis, die aus den Askesetechniken mittelalterlicher Mönche hervorgegangen war. Für Damiani ging es bei der Geißelung nicht so sehr um Reue, Buße und Schmerz, sondern um ein mimetisches Verfahren, das – vermittelt über die Märtyrerviten – eine Beziehung zur *Passion Christi* herzustellen erlaubte. Die überlieferten Viten von Märtyrern bilden die Folie, um die am eigenen Körper geübte Gewalt in konkreten Gesten zu wiederholen und als dramatische Performance zu verstehen, in der – wie eine Gruppe radikaler Geißler im Spätmittelalter vor der Inquisition bekannte – die „Taufe im Blut" vollzogen und so eine physische Verbindung zum Leiden CHRISTI hergestellt wird. Die Geißelung ist denn auch mehr als eine erinnernde Geste der Imitation, die das Vorbild Christi an der Geißelsäule nachahmt und den Affekt des Geißlers wie der Umstehenden evoziert. Sie ermöglicht die Teilhabe an der heilsstiftenden Passion in Form der Verkörperung einer rettenden Gewalt, welche die Märtyrer der frühen Kirche bezeugt und exemplarisch vor Augen geführt hatten.

Daß die Geißelung schließlich im 13. und 14. Jahrhundert zu einer Praxis wurde, die die Massen ergriff, überrascht nicht. Die Flagellation zielt zunächst darauf ab, dem einzelnen Mönch die Möglichkeit zu geben, in der Nachahmung des Martyriums zum Teil einer Kette zu werden, die physisch, über die inkorporierte Gewalt und das fließende Blut, seinen eigenen Körper mit dem Körper der ersten Märtyrer und dem Körper Christi zu einen und zu „vermischen" vermag. Auf diese Weise formiert sich in den Geißlerzügen ein Gemeinde-Körper, der affektiv und imaginativ die Passion immer neu inszeniert. Gezielt greifen daher auch die Verteidiger von Geißelungsprozessionen im Laufe der katholischen Gegenreformation auf diese Praxis zurück. Wie der katholische Theologe Jakob GRETSER 1609 schrieb, „formt der Mensch sich [...] zum Exempel des Leidens, das uns der leidende Christus zurückgelassen hat." Gottes Auge ruht auf dem Flagellanten wie auf seinem eigenen Sohn: „O was ein überauß süsser und tröstlicher Sentenz ist das allen Pönitenten und Bußwirckenden, welche ihre Leiber wissen zu mortifizieren unnd zu meistern, der Herr, dessen Majestät unendlich und unbegreiflich, also geneigt, daß er seine Augen gleichsam unverruckt auff sie, als seine Außerleßne und Allerliebste, wendet, daß es das ansehen hat, als wenn er inn solchem anschawen seiner so lieben Freund, nit köndte ersättiget werden." Woran sich hier das Auge Gottes und des Menschen gleichzeitig ergötzt, ist „das wunderliche Spectackel deß bitteren Leydens unnd Todts unsers Erlösers Jesu Christi", welches im „Spectackel" der Geißelungsprozession kollektiv vergegenwärtigt und neu produziert wird. Partizipation an diesem *Leiden* ist das zentrale Motiv der Geißelung, die damit den Horizont mimetischer Repräsentation überschreitet und in der Verkörperung der Gewalt eine Ebene der Identifikation mit CHRISTUS und den Märtyrern evoziert.

Die *eschatologische* Struktur solcher Verkörperung des Martyriums durch die Geißelung wird vor allem dort sichtbar, wo etwa DAMIANI in einem seiner Traktate darauf abhebt, daß der Mensch in dieser Form der Selbstinszenierung nicht nur an der Gewalt partizipiert, die CHRISTUS und die

Märtyrer erlitten haben, sondern damit auch das *Letzte Gericht* an sich vollzieht. Im Akt der Geißelung wird der Mensch gleichzeitig zum „Ankläger und Folterer, zum Angeklagten und zum Zeugen, zum Richter und zum Henker". Er antizipiert und vollzieht so das letzte große Schauspiel – das der richtenden, weltvernichtenden und rettenden Gewalt –, das Gericht und Passion in einem Akt zusammenführt: „Es ist nicht deine Aufgabe, Herr," schreibt Damiani, „mir mit deiner Gewalt zu befehlen, mich zu bestrafen, noch soll es so sein, daß du mich mit dem Schlag deines gerechten Urteils zu Boden wirfst. Ich selbst bringe mich vor Gericht, ich selbst spreche meine Strafe, ich selbst vergelte meine Untaten. [...] Dies ist das Opfer, das lebendig dargebracht und von den Engeln Gott überbracht wird – und so vermischt sich auf unsichtbare Weise das Opfer des menschlichen Körpers mit demjenigen einmaligen Opfer, das am Mal des Kreuzes dargebracht wurde. So wird an einem Ort das gesamte Opfer zusammengeführt, sowohl dasjenige des einzelnen Gliedes, wie dasjenige des Hauptes aller Erwählten."

In diesem eschatologischen Szenario werden das Auge des Geißlers, der sich selbst sieht, und das Auge Gottes, das sich an seinem Tun ergötzt, zusammengeführt. Die zentrale Rolle der Sichtbarkeit garantiert die affektiv-imaginative Wirkung, die von der Nachahmung des Martyriums ausgeht. Wie das Martyrium als Imitation der Passion Christi, so ist auch die Geißelung nicht bloß ein *Opfer* unter vielen, sondern mimetische Praxis *par excellence*. Sie macht es gleichzeitig sichtbar und vollzieht das Opfer auf eine Art, die denjenigen, der es sieht, im Affekt zu absorbieren sucht. Wenn der Zuschauer, von Tränen bewegt, die Geißel ergreift und sich selbst zum Märtyrer macht, wird er zum Bekenner, der an der rettenden Tat Christi partizipiert und gleichzeitig in der Verkörperung der Gewalt das Gericht über sich und die Welt vollzieht.

Niklaus Largier

Literatur

Arthur Hubner: *Die deutschen Geißlerlieder. Studien zum geistlichen Volksliede des Mittelalters*, Berlin u. a. (de Gruyter) 1931

Niklaus Largier: *Lob der Peitsche. Eine Kulturgeschichte der Erregung*, München (Beck) 2001

Kurt Reindel (Hg.): *Die Briefe des Petrus Damiani*, 4 Bde., München 1983–1993 (*Monumenta Germaniae Historica. Epistolae*, II/4)

Narren in Christo – Göttliche Maske der Torheit

Die Heiligen Vasilij und Maksim von Moskau, kolorierter Kupferstich, 1820–1830

Giotto (?): *Franz von Assisi verzichtet auf all seine Güter vor dem Bischof von Assisi*, Fresko, Assisi, Oberkirche, 13. Jh.

Nach dem Ende der Christenverfolgung mußte der *Selbstheiligung* Suchende sein eigener Verfolger und Peiniger werden. Dies führte zur Entwicklung masochistischer Exerzitien, wie sie die Styliten, Asketen, Anachoreten und Christusnarren durchführten. Bei letzteren handelt es sich um ein hagiographisch nachdrücklich beschriebenes Glaubensheldentum, das als neuer Modus der Passio-Mimesis auftritt. Damit kam es zur Ablösung des frühchristlichen Märtyrertums durch ein selbstauferlegtes Martyrium, das nicht zum Tode durch Foltern oder Hinrichtung führt, sondern Formen extremer *Entsagung*, *Selbsterniedrigung* sucht und durch massive Normverletzungen Bestrafung und Demütigung erheischt. Die Spezifik dieses Selbstheiligungsmodus besteht in der Simulation von Narrheit, der Strategien der Dissimulation sozialer Herkunft und die Absage an Eigen- und Familienname vorausgehen. Der sich Vervollkommnende mimt den Narren um Christi willen (*fou en Christ*, *pazzus in Cristo*, *jurodivyj*).

Der Heiligungstypus des Christusnarren ist ein ostkirchliches, aus Syrien, Antiochien und Ägypten (4. Jh.) stammendes Phänomen, das sich in Byzanz (5.–8. Jh. und 9.–12. Jh.), hernach nachhaltig in Rußland (13.–20. Jh.), besonders in der Volksfrömmigkeit Geltung verschafft und Elemente der kynischen Tradition aufgenommen hat. Vorbilder sind die *Saloi* SIMEON VON EMESA und ANDREAS VON BYZANZ. Die Christusnarren rekrutierten sich zunächst aus dem koinobitischen Mönchtum (der griechischen Gemeinschaftsklöster) und dem anachoretischen Mönchtum (der christlichen Einsiedler des 3. Jh.), hernach aus dem Laienmilieu. Der Ort, an dem ihre Selbstentsagung durch simulierte Narrheit vorgeführt wird, ist die Stadt. Das lateinische Christentum, an derselben frühchristlichen Tradition partizipierend, bildete eigene Formen des Christusnarrentums heraus, die zum einen mit der klösterlichen Bindung ihrer Vertreter, zum andern mit der stärkeren Betonung der mystischen Tradition zusammenhängen. (FELIX VON BESANÇON, SAINT SALAUN EN BRETAGNE, FRANZ VON ASSISI, JACOPONE DA TODI).

Es gibt keine theologische, auf Bibelstellen rekurrierende Absicherung des Christusnarrentums. Vielmehr läßt sich die Christusnarretei als Fortsetzung der paulinischen Weisheits/Torheits-Dialektik und deren Transposition in eine spirituelle Lebenspraxis bezeichnen, für die der erste *Korintherbrief* steht (1. Kor 1, 18 ff.). Die Metamorphose, zu der sich die Christus Nachfolgenden freiwillig entscheiden, erfordert den dauerhaften Verzicht auf die ‚gewachsene' Identität sowie peinvolle Formen der Camouflage. Die Anweisung „stirb für die Welt" verlangt die Entblößung als schwere Prüfung. Russische Hagiographien berichten von der Schamüberwindung und der Nacktheitsmarter ihrer Helden, die sommers und winters unbekleidet blieben. Der nackte Körper wird zum Skandalon, weil seine Entblößung zugleich die ‚Verkörperung' engelhafter Körperlosigkeit und die ‚Personifizierung' der Sünde darstellt. Diese Doppelbedeutung der Nacktheit wird auch in westlichen Quellen hervorgehoben. Der Hagiograph des FRANZ VON ASSISI, THOMAS VON CELANO, vermerkt, an seiner Nacktheit habe niemand „Anstoß" genommen, vielmehr habe sie eine „erbauliche Wirkung auf die Menge" gehabt. Andererseits schreibt er vom Entsetzen der Menge beim Anblick seines ausgemergelten, durch Askese entstellten Körpers. Ein russischer Ikonentyp ist der des nackten, als Körper entschwindenden Christusnarren. (PROKOP VON USTJUG, VASILIJ VON MOSKAU).

Als schwerste Prüfung des Christusnarren gilt allerdings das Sich-vom-Verstand-Lossagen, die Annahme „der Maske der Torheit" (*ličinu jurodstva*). Die gemimte Narretei wird auf städtischen Plätzen als Spektakel vorgeführt und provoziert, da sie lästerliche und schamlose Handlungen (öffentliches Defäkieren) einschließt, peinvolle Bestrafung. Das *Jurodstvo* verlangt doppelte Verstellung: die Simulation der Narretei und die Dissimulation der Heiligmäßigkeit. Im ostkirchlichen Christusnarrentum ist Selbsterniedrigung nicht nur Nachfolge der Passio Christi, sondern auch Nachfolge der *Kenosis*. Dieser für die ostkirchliche Theologie zentrale Begriff bezieht sich auf PAULUS' *Brief an die Philipper* (2, 6–7). In Analogie zu Christi „Ausleerung" seiner göttlichen Natur leert der Jurodivyj sein Menschsein aus, womit er das Martyrium totaler Selbstverleugnung auf sich nimmt.

Zur abgrenzenden Charakterisierung okzidentalischer und orientalischer Christusnarretei lassen sich die Begriffe von Roger CAILLOIS' Spieltheorie heranziehen. Die als *alea* (lat. Würfel) bezeichnete Spielform bezieht sich auf das Zerspielen gesellschaftlicher Beziehungen und dürfte für die Fälle gelten, von denen einerseits die Viten der *Jurodivye* und andererseits die Vita des hl. FRANZISKUS sowie die Viten der *pazzi* oder *fous* berichten: Ablegen des Vaternamens, Austritt aus der Gemeinschaft. Der *agon-*

Begriff führt in die Motivierungsgeschichten ein: der Kampf mit dem Dämon als eines der erklärten Ziele asketischer Entsagung gilt gleichermaßen für die okzidentalische wie für die orientalische Ausprägung, wobei für die erste ein Textkorpus überliefert ist, das Selbstaussagen der Christuskämpfer enthält. Der Kampf der Orientalen dagegen ist textlos und wird lediglich von den Hagiographen festgehalten. *Mimikry* durch Entkleidung oder Anlegen abstruser Kleidungsstücke ist die prominenteste Spielform der Verstellung, die für Franziskus und seine Nachfolger ebenso bekundet wird wie für die *Jurodivye*. Weil Mimikry auf das Spektakuläre abhebt und den auf öffentliche Reaktion angewiesenen Aspekt der Christusimitatoren herausstellt, werden die Verhaltensformen des Abweichenden, Schockierenden, das Normale Verstellenden zum Hauptstück hagiographischer Darstellung. Mit *Ilinx*, dieser öffentlichkeitsfernen Spielform des Rausches und des Außer-Sich-Seins, läßt sich ein wesentlicher Unterschied fassen: *Ekstasis* ist ein von den westlichen Viten eindrücklich beschriebener momentaner oder anhaltender Zustand, in den der *fou en Christ*, der *pazzus*, beseligt verfällt. Das westliche Martyrium wird gleisam durch mystische Entrückung ‚belohnt'.

Eine Koalition von seelischem Ausstand und *Jurodstvo* läßt sich nicht ausmachen; ebensowenig ist zu ermitteln, ob das simulierte Narrentum jene Züge des Ekstatischen aufweist, wie sie für den exemplarischen *pazzus* Franz von Assisi überliefert sind, weil es weder Ekstase-Theorien noch theologische Traktate, mystische Schriften oder christologisch-‚anthropologische' Kontemplationen gibt, wie sie die mönchischen *stulti in Deo* oft selbst verfaßt haben. Die *Jurodivye* sind ihre Religiosität Verschweigende. Ihr Schweigen verweist auf eine Spiritualität, die sich dem Aussagen verweigert. Das Schweigen selbst ist der Exzess, das Austreten aus der von der Sprache garantierten Ordnung oder das Aufsuchen einer sprachlichen Heterotopie. Das Schweigen gehört wie Nacktheit und Narretei zu den Marterexerzitien.

Renate Lachmann

Literatur

Roger Caillois: *Die Spiele und die Menschen: Maske und Rausch* (1958), Frankfurt a. M. u. a. (Ullstein) 1982

Jean-Marie Fritz: *Le discours du fou au Moyen-Age*, Paris (Presses universitaires de France) 1992

Sergej Ivanov: *Vizantijskoe jurodstvo* (Byzantinisches Christusnarrentum), Moskva (Meždunarodnye Otnošenija) 1994

Renate Lachmann: "Der Narr in Christo und seine Verstellungspraxis", in: Peter von Moos (Hg.): *Unverwechselbarkeit. Persönliche Identität und Identifikation in der vormodernen Gesellschaft*, Köln u. a. (Böhlau) 2004, S. 379–410

Muriel Laharie: *La Folie au Moyen Age. XIe–XIIIe siècles*, Paris (Le Léopard d'or) 1991

Dmitrij Lichačev/Aleksandr Pančenko: *Die Lachwelt des alten Rußland*, übers. v. Bernd Uhlenbruch, hg. und eingel. von Renate Lachmann, München (Fink) 1991

John Saward: *Perfect Fools. Folly for Christ's Sake in Catholic and Orthodox Spirituality*, Oxford u. a. (Oxford University Press) 1980

3. Heilige Krieger

Kreuzzug und heiliger Krieg – sakrale Gewalt im Christentum

Wilhelm von Tyrus: *Histoire d'Outremer*, 1337 (cliché Bibliothèque nationale de France, Paris, Ms. Fr. 22495, fol. 15r): *Papst Urban reist nach Clermont und predigt den Kreuzzug*

Die gegen Ungläubige und Häretiker geführten kriegerischen Unternehmen im Zeichen des Kreuzes stellen eine der Formen sakraler Gewalt des Christentums dar, das sich darin von anderen Religionen prinzipiell nicht unterscheidet, wie der Religionshistoriker Carsten Colpe an vielen Beispielen gezeigt hat. Der Kampf mit der Waffe schließt die Lizenz zum Töten ein, die in diesem Kontext wie in sonst nur wenigen anderen und genau festgelegten Fällen – denen des Opferns und der Kapitalstrafe – sogar als unbedingt geboten gilt. Der bewaffnete Kampf erscheint darum auch nicht als Exzeß, jedenfalls nicht aus kirchlicher Sicht. Die ums Leben gekommenen Kämpfer werden zu Märtyrern, die sich höchste Verdienste erworben haben, würdig himmlischen Lohnes; und eines Erlasses ihrer jenseitigen Bußstrafen dürfen sie sicher sein. Allerdings müssen sie in frommer Absicht, nicht aus Abenteuerlust, Beutegier, Ruhmsucht gehandelt haben.

Heilige in Uniform – Beispiele für Krieger, die in den Kanon der Heiligen eingegangen sind, gibt es in Ost und West. Die volkstümlichsten unter ihnen sind der hl.

GEORG (vgl. die beiden Texte über ihn in diesem Band) und der HL. DEMETRIUS. Beide hätten – so die Legende – den Märtyrertod Anfang des 4. Jahrhunderts erlitten, Georg in Nikomedia (heute İzmit) oder in Lydda (heute Lot), Demetrius in Saloniki oder Sirmium (heute das serbische Sremska Mitrovica). Ihre Ikonographie verweist auf den militärischen Ursprung genau und für lange. Die beiden Heiligen „zeigen in ihren Reliefs an der Westfassade von San Marco in Venedig noch immer die korrekte Rüstung der späteren Antike und die Offiziersschärpe, die im Herkulesknoten gebunden ist." Von Byzanz aus an die Adria gelangt, sind sie hier zu steinernen Wächtern geworden. Von GEORG, der auch im Westen sehr populär ist und in der katholischen Kirche zu den vierzehn Nothelfern zählt, weiß die *Legenda aurea* zu berichten, er sei in weißer Rüstung den Kreuzrittern vor Jerusalem erschienen und habe sie angespornt, die Sarazenen zu schlagen und das Heilige Grab zu erobern. Der eben zitierte Ernst KANTOROWICZ, dem viele Beobachtungen zu Figuren der Souveränität in Alteuropa und ihrer Rückführung auf hellenistische, römische und christliche Quellen zu verdanken sind, wies auch auf den umgekehrten Vorgang hin: daß nämlich im Abendland Heilige zu Soldaten gemacht, ja sogar zu Offizieren promoviert worden sind. So ernannte König PHILIPP V. den HL. ANTONIUS von Padua an dessen 500. Todestag 1731 „mit einem entsprechenden Gehalt zum Admiral der spanischen Flotte". Sein Sold wurde monatlich einem Kloster ausbezahlt. Unter dem Schutz dieses Heiligen, der einen Admiralshut mit Feder trägt und mit einer ordensgeschmückten Schärpe dekoriert ist, zogen die Tiroler Kaiserjäger, späte Erben des habsburgischen Spaniens, noch in den Ersten Weltkrieg. – Das kirchliche Ritual einer Segnung der Truppe hat bis ins 20. Jahrhundert, mancherorts bis in die unmittelbare Gegenwart Bestand, insbesondere dort, wo die Kirchen als gleichsam nationale Einrichtungen auftreten oder wo sie einen imperialen Charakter haben. Letzteres stellt *ein* bleibendes Erbe Kaiser KONSTANTINS dar, der das Kreuz als Feldzeichen führte, eine Tradition, die bis zum Ende des Byzantinischen Reiches lebendig blieb. Den Gründungsakt dieser Liaison von Kirche und Heer kommentierte der bedeutendste liberale Theologe der wilhelminischen Zeit, der Berliner Kirchenhistoriker und Wissenschaftsorganisator Adolf von HARNACK: „Der weltgeschichtliche Umschwung vom Heidentum zum Christentum hat sich also zuerst im Heere vollzogen. Von hier hat die öffentliche Anerkennung der christlichen Religion ihren Anfang genommen."

Vater aller Kriege – Der Krieg als heiliger Krieg hat, was das Christentum angeht, biblische Grundlagen, wurzelt es doch im Judentum. Der Alttestamentler Gerhard von RAD verweist dafür auf die sogenannte Landnahme der Israeliten. Dort trete Gott selbst als Kriegsheld auf, denn er werde die Völker „vor euren Augen verjagen und sie vor euren Augen vertreiben" (Jos 23, 5). „Im Vertrauen auf diese persönliche Hilfe Jahwes führte Israel seine heiligen Kriege. Es ist so gut wie sicher, daß der Glaubensgedanke, d. h. jenes getroste Vertrauen in das Handeln Jahwes, seinen eigentlichen Ursprung im heiligen Krieg hatte, und daß er von da her seine eigentümlich dynamische Prägung erhielt." Dies setzt sich fort in den Kämpfen der Reichsgründung durch König DAVID. Auch die Propheten aus den Büchern des *Alten Testaments* (wie die jüdische *Bibel* in christlicher Diktion heißt) gebrauchen mitunter martialische Bilder, so Jesaja (Jes 28, 21 f.). Er weiß aber auch, daß Schwerter zu Pflugscharen werden, freilich erst in messianischer Zeit (Jes 2, 4). – Im *Neuen Testament* wird, trotz der programmatischen Friedensbotschaft, mit dieser Tradition nicht einfach gebrochen, Gewalt nicht immer verboten oder spiritualisiert. Schon in den Gründungsszenen des Christentums erscheint der Kampf – bei PAULUS nach stoischem Vorbild – als Metapher: „Ich kämpfe mit der Faust, nicht wie einer, der in die Luft schlägt, sondern ich bezwinge meinen Leib und zähme ihn" (1 Kor 9, 26 f.). Hier und an anderen Stellen entsprechen die militärischen und athletischen Anstrengungen und Überwindungen den inneren so sehr, daß die einen für die anderen restlos einstehen können. Auch das Evangelium ist nicht pazifistisch. Zwar finden sich Worte JESU wie dieses: „Wer das Schwert nimmt, der soll durchs Schwert umkommen" (Mt 26, 52). Es wird aber auch berichtet, er habe den Jüngern beim Letzten Abendmahl geboten, den Mantel für ein Schwert zu verkaufen (vgl. Lk 22, 36). In der *Offenbarung des Johannes* (Off), nach Jacob Taubes das Grundbuch der *abendländischen Eschatologie*, wird am Ende des Tausendjährigen Reiches das Ende des Kosmos insgesamt durch eine Entscheidungsschlacht beschlossen, der endgültige Sieg über den zum Kampf losgelassenen Satan und die von ihm geführten Heerscharen GOG und MAGOG errungen, über Völker, die schon der Prophet EZECHIEL kennt und die von der Spätantike an in jüdischen *und* christlichen Apokalypsen begegnen (vgl. neben Off 20, 7–10 auch den *Babylonischen Talmud*, Traktat Sanhedrin 97b). Erreicht wird der Sieg durch Feuer, das vom Himmel fällt. – Vorstellungen wie diese haben die christliche Einbildungskraft stark angeregt und in Protest- und Erneuerungsbewegungen ebenso wie in Kunstwerken und geschichtsphilosophischen Traktaten ihre chiliastische Sprengkraft freigesetzt. Sie bilden auch den Untergrund realpolitischer Kriege, die vom 13. bis zur Mitte des 17. Jahrhunderts nicht nur von Päpsten förmlich oder in Bündnissen geführt wurden, sondern auch von Kaisern, Königen und anderen weltlichen Souveränen.

Idee und Bewegung der Kreuzzüge – In der langen Geschichte dieser Verbindung bilden die *Kreuzzüge*, vor allem die ins *Heilige Land*, eine eigene historische, symbolische und imaginative Einheit. Ihre Urszene bildet der Erste Kreuzzug gegen die Türken/Sarazenen als aggressive Ungläubige *par excellence*. Realhistorisch fand er seinen Einsatz im Aufkommen der sunnitischen Seldschuken, die sich 1076 Jerusalems gegen die schiitischen Fatimiden bemächtigten – wie schon fünf Jahre zuvor Kleinasiens in der Schlacht von Manzikert gegen den byzantinischen Kaiser ROMANOS IV. Durch ihre Eroberungen erschwerten sie den Christen die Pilgerfahrt zum *Heiligen Grab* und jene Reise nach Palästina, die seit Anfang des 11. Jahrhunderts vermehrt als kanonische Bußstrafe bei schweren Vergehen wie Inzest und Mord auferlegt worden war. – Die Kreuzzugs*idee* entstand im nördlichen Frankreich, dort, wo das Primogeniturprinzip, ein Erbprivileg des ‚Erstgeborenen', die jüngeren Nachkommen so stark benachteiligte, daß sie ihren Stammsitz verlassen und fortan ein Auskommen im Dienst als Kleriker oder Ritter finden mußten. Zur selben Zeit wirkten Bewegungen der Intellektualisierung, Modernisierung und Spiritualisierung der abendländischen Kirche, die u. a. das Papsttum stärkten. Es war Papst URBAN II., der auf dem Konzil von Clermont am 27. November 1095 – also noch vor der Eroberung Jerusalems durch die Seldschuken – die fränkischen Ritter zur Vertreibung der Ungläubigen aufrief. Umstritten ist, ob er dabei nicht eher an die Aufstellung einer Hilfstruppe für Kaiser

ALEXIOS I. dachte, auch als Versuch, das abendländische Schisma von 1054 zu kitten und die Trennung von byzantinischer Ost- und römischer Westkirche zu heilen. Ob URBAN II. im Aufruf von reicher Beute und dauerndem Besitz als Lohn gesprochen hatte, ist ebensowenig sicher bezeugt. Jedenfalls fand, was er sagte, ein gewaltiges Echo.

Erster Kreuzzug – Der Verlauf des Ersten Kreuzzugs zeigt die Janushäuptigkeit der Kirche: in Glanz und Misere, in militärischem Triumph und Ohnmacht gegenüber Pogromen. Der Kreuzzug war Elite *und* Massenbewegung, er zerfiel in einen der Ritter und einen des ‚Volkes', die einen zogen zu Schiff, die anderen zu Lande zum Bosporus. Letztere wurden von Predigern wie PETER DEM EINSIEDLER und Rittern wie WALTER OHNE HABE geführt, von Tribunen, die vor Häßlichkeit und Schmutz starrten und über Gewalt und Verwüstung geboten. Ihre marodierenden Scharen zogen rheinaufwärts, wo sie – wie dann in Regensburg und Prag – in den ersten *Pogromen* Europas die ansässigen Juden als angebliche Mörder CHRISTI zu vernichten suchten. Von dort aus zogen sie eine Spur von Vergewaltigung, Raub und Plünderung über Ungarn bis nach Konstantinopel und Nikaia (heute İznik), der neuen Hauptstadt der Seldschuken, wo ein Teil dieser Schar aufgerieben wurde. Daran aber schlossen sich, durch Eingreifen der Ritter, große Erfolge: so die Errichtung der Grafschaft Edessa und des Fürstentums Antiochia. Und am 15. Juli 1099 wurde unter schrecklichen Massakern Jerusalem erstürmt, wo der Lothringer GOTTFRIED VON BOUILLON zum *advocatus sancti sepulcri* (lat. Verteidiger des Heiligen Grabes) erhoben wurde. Das Unternehmen der Kreuzzüge war an sein Ziel gekommen. Die fränkische Hoheit über die Heilige Stadt sollte fast ein Jahrhundert lang bestehen. Doppelt so lange existierte *Outremer* (von frz. ‚Übersee' als Bezeichnung für die Herrschaft der Kreuzfahrer und ihre Gebiete im nun lateinischen Orient), das erst mit der Eroberung Akkos durch die Mameluken 1291 sein Ende fand. Die Kreuzzüge hatten nicht nur auf die Entstehung und Ausbreitung der abendländischen Heraldik eine große Wirkung, sondern auch auf die Weiterentwicklung grausamer Kriegs- und Belagerungstechniken wie des *Griechischen Feuers*, einer hochexplosiven Mischung aus Schwefel, Pech und Öl, das, eine Art Flammenwerfer und ursprünglich eingesetzt von der oströmischen Marine, besonders verheerende Wirkungen zeitigte.

Kreuzzüge in Historie und Gedächtnis – Die insgesamt sieben Kreuzzüge ins Heilige Land brachten auf beiden Seiten bedeutende Gestalten hervor. Genannt seien SALAH AD-DIN/SALADIN, vor dem am 2. Oktober 1187 die christlichen Herren Jerusalems kapitulieren mußten – LESSING hat ihn im dramatischen Gedicht *Nathan der Weise* (1779) als aufgeklärten Herrscher, Gesprächspartner von Christen und Juden, dargestellt –, aber auch der hl. FRANZ VON ASSISI, der 1219/1220 in den Orient reiste, um dem ägyptischen Sultan zu predigen, der ihn daraufhin beauftragt habe, „er möge Gott für ihn bitten, daß er derjenigen Religion angehören könne, die Gott am ehesten gefalle" (Helmut Feld), und schließlich Kaiser FRIEDRICH II., der 1229 mit eben diesem Sultan, Melek AL-KAMIL, einen Vertrag über die Rückgabe der christlichen Teile Jerusalems abschloß, die jedoch nicht lange währte. Als Kombattanten in militärisch-politischer oder spirituell-theologischer Mission griffen sie und viele andere in einen epochalen Konflikt ein, der zugleich einen Transfer von Kultur und Wissen zwischen Morgen- und Abendland in Gang setzte. – Mit den Kreuzzügen wurde

Europa in großen Zügen und auf bleibende Weise nach Osten verschoben: nicht was den territorialen Zugewinn angeht, sondern eher im Hinblick auf einen imaginativen Schub und einen kulturellen Eintrag bis hin zur vorgestellten Landnahme. So trugen die Habsburger Kaiser unter ihren zahleichen Titeln bis zuletzt den des Königs von Jerusalem. Im Verlauf der Kreuzzüge wurden nicht nur Güter, Kenntnisse und Praktiken der durchreisten, eroberten und wiederverlorenen Länder angeeignet; darüber hinaus wurden Jerusalem und die christlichen Königreiche samt ihren Feinden im *Okzident* in eine bleibende imaginäre Topographie des *Orients* eingezeichnet, der ein wunderbares Reich von Schätzen und Greueln bildete. Dieses prägt seither das kulturelle Gedächtnis Europas und bildet ein unerschöpfliches Reservoir an Schauplätzen und Plots für Epos und Oper, Roman und Malerei. – Wie wirkmächtig diese Form des Orientalismus bis heute ist, auch in der Politik, belegt die Äußerung des amerikanischen Präsidenten George W. BUSH kurz nach den Anschlägen von New York und Washington (auch wenn eine schnelle Korrektur der Wortwahl folgen sollte). In einer Ansprache vor dem Weißen Haus erklärte Bush den ‚Krieg gegen den Terrorismus' zum „Kreuzzug", der „eine ganze Weile dauern" würde. Umgekehrt bezeichnen arabische Politiker und Militante mitunter Israel als ‚zionistischen Kreuzfahrerstaat', der gewiß das Schicksal von *Outremer* teilen werde.

Martin Treml

Literatur

George W. Bush: „Today We Mourn, Tomorrow We Work", http://www.whitehouse.gov/news/releases/2001/09/20010916-2.html

Carsten Colpe: *Der ‚Heilige Krieg'. Benennung und Wirklichkeit, Begründung und Widerstreit*, Bodenheim (Hain) 1994

Helmut Feld: *Franziskus von Assisi*, München (Beck) 2001

Helmut Göbel (Hg.): *Lessings Nathan. Der Autor, der Text, seine Umwelt, seine Folgen*, Berlin (Wagenbach) 1977

Adolf von Harnack: *Militia Christi. Die christliche Religion und der Soldatenstand in den ersten drei Jahrhunderten*, Tübingen (Mohr) 1905 (ND Darmstadt [Wiss. Buchgesellschaft] 1963)

Ernst Kantorowicz: „Götter in Uniform", in: ders.: *Götter in Uniform. Studien zur Entwicklung des abendländischen Königtums*, hg. v. Eckhart Grünewald/Ulrich Raulff, Stuttgart (Klett-Cotta) 1998, S. 46–72

Gerhard von Rad: *Der heilige Krieg im alten Israel*, Göttingen (Vandenhoeck & Ruprecht) 1951

Jonathan Riley-Smith (Hg.): *Illustrierte Geschichte der Kreuzzüge*, Frankfurt a. M. u. a. (Campus) 1999

Steven Runciman: *Geschichte der Kreuzzüge*, München (Beck) 1995

Peter Thorau: *Die Kreuzzüge*, München (Beck) 2004

Alfried Wieczorek/Mamoun Fansa/Harald Meller (Hg.): *Saladin und die Kreuzfahrer*, Darmstadt (Wiss. Buchgesellschaft) 2005

Der heilige Georg – ein Held christlicher politischer Theologie

Anonym: *Der heilige Georg tötet den Kaiser Diokletian*, 11. Jh., Georgien

Die Beliebtheit des heiligen Georg ist in der gesamten christlichen Welt seit der Entstehung seines Kultes im 4. Jahrhundert bis heute unverändert stark. Trotzdem, vielleicht auch deswegen gibt es keine einheitliche Überlieferung über den Heiligen. Fehlende Belege machen es zudem unmöglich, die Bilder und Erzählungen auf eine historische Person zurückzuführen. Die rasche Verbreitung seines Kults und die hyperbolischen Darstellungen seines Martyriums haben diese Figur noch umstrittener werden lassen. Noch 494 zweifelte Papst Gelasius I. an der Echtheit der Georg zugeschriebenen Wunder. 812 hat der Patriarch Konstantinopels Nicephorus I. einige Motive aus Hagiographien des heiligen Georg für apokryph erklärt und verboten. Und 1969 schließlich wurde er von Papst Paul VI. aus dem katholischen Heiligenkalender entfernt. Doch hat all das seine Verehrung nicht beeinträchtigt; immer noch gilt er als bekanntester christlicher Sagenheld und wird als sogenannter Volksheiliger gefeiert. Schon im frühen Mittelalter wurde er für die gesamte christliche politische Theologie zu einem wichtigen Symbol. Dessen Transformationen bilden exakt die wichtigsten historischen Wandlungen in der Politik des Christentums ab. In Byzanz, woher seine Verehrung stammt, wurde er als *megalomartys* – also „Großmärtyrer" – und auch als *tropaiophoros* – „Bannerträger" – bezeichnet. Auf den ersten Blick mag es wie ein semantisches Paradoxon erscheinen, wenn Georg nicht nur durch seinen Märtyrertod und sein Selbstopfer, ganz im erzchristlichen Sinne, den Tod besiegt, sondern auch als siegreicher Reiter und Drachenkämpfer auftritt, wie man ihn aus der verbreitetsten Georg-Ikonographie kennt. Diese beiden Elemente – Martyrium und siegreiche Heldentaten – bilden aber genau dasjenige paradigmatische Ideologem, das die politische Theologie des Christentums kennzeichet. Dessen Geschichte kann man an der Geschichte der Georgsdarstellungen und -Erzählungen verfolgen.

Die älteste Georgslegende stammt aus dem 4. Jahrhundert. Sie erzählt von einem aus Kappadokien stammenden Truppenführer, der sich zum Christentum bekennt und deswegen vom persischen König DADIAN verhaftet wird, der von ihm verlangt, dem neuen Glauben abzuschwören. Nach mehreren unvorstellbaren Torturen erleidet Georg drei Tode, wird aber vom Herrn wieder zum Leben erweckt. Noch als Häftling bekehrt er zahllose Heiden, darunter einen Magier des Königs und die Königin selbst. Zum Schluß wird er zum Tode verurteilt. Vor seiner Enthauptung fleht er Gott an, den König durch Feuer zu töten. Durch seinen Märtyrertod wird ihm von Gott die Macht verliehen, all jenen zu helfen, die seinen Namen anrufen oder seine Reliquien verehren. Bald wurde in der Legende der erfundene Perserkönig Dadian durch den Christenverfolger Kaiser DIOKLETIAN (284–305) ersetzt; in der von der Kirche kanonisierten Fassung ist er es, der Georgs Martyrium verantwortet.

Die Georgslegende verbindet nach geradezu klassischem Muster die Verherrlichung der *Selbstopferung* mit unüberbietbaren Qualen des Martyriums: Georg, selbst Militär, lehnt die Gewalt, die Machtinstrument des Heiden-Königs bzw. -Kaisers ist, ab. Dadurch wird er zuerst zum Wundertäter und nach seiner Hinrichtung zum Schutzpatron aller, die ihn verehren. Das entspricht der Idee des Urchristentums: Von der irdischen Gewalt sich abwendend, sein eigenes Leben für den Glauben opfernd, erlangt er nicht nur das Himmelreich, sondern hat als Heiliger und Schutzpatron an der göttlichen Gewalt teil. Schon die ältesten Georgsbilder zeigen in detailliertester Form sein Martyrium, jede einzelne Folterszene darstellend. Diese Leiden des Märtyrers sind für sich genommen bereits ein Wunder, das desto größer wird, je mehr der Tod naht. Die Hinrichtungsszene folgt dem Vorbild aller christlichen Märtyrer; sie ist eine mimetische Wiederholung der Kreuzigung CHRISTI, d. h. Darstellung eines Vorbilds, das selbst zur Nachahmung auffordert. Wenn der Heiligenkult nach Hans Belting „als besondere Spielart des Toten- und Heroenkults an den Gräbern entstand", verdichtet sich in Georgs Martyrium die Sage eines christliches Helden, der durch seine Ohnmacht siegt.

Es existieren zwar keine Quellen für eine historische Vorlage der Georgslegende, ihr historischer Sinn läßt sich aber aus der geschichtlichen Konstellation ihrer Entstehung erklären. Kaiser DIOKLETIAN erließ im Jahre 295 ein Edikt, in dem er die Verehrung des Kaisergottes verlangte. In dessen Folge kam es zu massiven Verfolgungen von Christen, die sich trotz ihrer Loyalität gegenüber Imperium und Kaiser weigerten, einen anderen Gott als ihren ‚einzigen Gott' zu akzeptieren. Der aus dieser Zeit stammende Georgskult propagiert die Überlegenheit des Glaubens gegenüber der vergänglichen irdischen Macht. Das ist die erste Botschaft der christlichen Märtyrer. Als dann zwischen 313 und 325 das Christentum unter Kaiser KONSTANTIN zur Staatsreligion des Imperiums wurde, erhielten die Worte des Apostels PAULUS „Es gibt keine staatliche Gewalt, die nicht von Gott stammt" (Röm 13, 1) plötzlich einen neuen Klang. Seither übte das Imperium seine Gewalt *im Namen Christi* aus, nicht zuletzt auch gegen die Heiden, nachdem deren tradierte Kulte im Jahre 346 verboten worden waren. Die Ablehnung irdischer Gewalt hat damit ihre Grundlage verloren. Mehr noch, als Christ wird man künftig verpflichtet sein, den Glauben auch mit der Waffe zu verteidigen.

Eine weitere Etappe im veränderten Verhältnis von Christentum und Politik begann mit der Trennung von Staat und Kirche. Als Kaiser GRATIAN im Jahre 375 seine oberste priesterliche Würde *Pontifex Maximus* an die Kirche übergab, feierte die Kirche die rechtliche Trennung der irdischen und himmlischen Gewalt. Hiermit begann aber zwischen den beiden Mächten ein jahrhundertlanger Kampf um die Dominanz. Aus dieser Zeit soll ein Motiv stammen, das dem Kult des heiligen Georg hinzugefügt wurde, das aber nur in wenigen Ikonographien überliefert ist: Der reitende Georg tötet mit seinem Speer den Kaiser DIOKLETIAN. Hier wird der gegen den Kaiser rebellierende Georg also als Sieger, nicht als Opfer dargestellt. Wenn in der ältesten Überlieferung Georg seinen Gott bittet, den Kaiser zu töten, ohne von Gott eine direkte Antwort zu erhalten, dann greift der Held in dieser Version nun selbst zur Waffe und rächt sich am Herrscher. Insofern handelt auch dieses Bild von der Überlegenheit des Heiligen als Repräsentant einer sakralen Gewalt gegenüber der kaiserlichen Macht, wenn diese nicht von der Kirche abgesegnet ist. Insofern kann das Bild auch als Mahnung für die Obrigkeit, die nicht dem Gottesgesetz folgt, verstanden werden. – Allerdings kann diese Darstellung auch anders interpretiert werden: Es ist kein Zufall, daß gerade dieses Motiv auf einigen georgischen Georgsdarstellungen erhalten ist. In Georgien, dessen Patron der heilige Georg ist, hat der Georgskult zu derjenigen Zeit einen explizit politischen Charakter angenommen, als man im 11. Jahrhundert einen bewaffneten Kampf gegen Byzanz führte. Dabei wurde das Land mit seinem Schutzpatron identifiziert, der den mächtigen römischen (byzantinischen) Kaiser niederschlägt. Für Georgien verdichtete sich der Drachenkämpfer-Georg im Verlaufe der Jahrhunderte zum paradigmatischen Sinnbild nationaler Identität: Das kleine Land kämpft und besiegt das große Imperium.

Dieser heilige Georg, der Tyrannentöter, symbolisiert so die Darstellung eines heiligen Kriegers. Er schließt aber den Frevel eines Kaisermordes ein. Das konnte von der politischen Theologie des christlichen Imperiums nicht lange geduldet werden. Weil der Kaiser durch und mit göttlicher Macht auf Erden waltet, muß seine Ermordung als Angriff auf die göttliche Ordnung gedeutet werden. Dieses Motiv geht in das bekannteste und am meisten verbreitete Bild ein, welches im 9. und 10. Jahrhundert entstanden ist und nicht zuletzt durch die *Legenda aurea* kanonisiert wurde: Georg als Drachenkämpfer. Es wird erzählt, daß eine Stadt sich unter der Gewalt eines Drachens befindet, der die Stadtbewohner zum Opfer nimmt. Eines Tages trifft das Los die Königstochter. Da erscheint Georg, rettet die Prinzessin, tötet den Drachen und bekehrt die befreite Stadt zu CHRISTUS. Es ist auffällig, daß in diese Version der Georgslegende etliche vorchristliche, mythologische Elemente aufgenommen sind und umgeformt wurden. Daß der Drachenkämpfer in archaisch-mythologischem Gewand auftritt, bedeutet eine Wiederkehr des Demiurgen, der – nach semitischer und indogermanischer kosmogonischer Tradition – das Ungeheuer getötet und dadurch die Welt erschaffen hat. Im *Alten Testament* und in der *Offenbarung* referiert der Drachenkampf auf den eschatologischen Kampf zwischen Gut und Böse. Seine Übertragung in die christliche politische Theologie kann man an einem nicht erhaltenen Bild des Kaisers KONSTANTIN verfolgen. EUSEBIUS von Caesaria erzählt in *Über das Leben des Kaisers Konstantin* (Buch 3, Kap. 3), daß Konstantin der Große befohlen habe, ihn in Gestalt eines Drachentöters zu verewigen: „Das Zeichen der Erlösung war auf dem Bilde über seinem [Konstantins – G. M.] Haupte angebracht, während er das feindliche und verderbliche Ungeheuer, das durch die gottlosen Tyrannen die Kirchen Gottes bedrängt hatte, in der Gestalt eines Drachens in den Abgrund der Hölle stürzen ließ." Eusebius verbindet diese Szene mit dem Erlösungsbild des Propheten JESAJA: „Bringen wird Gott das Schwert,[...] und töten wird Er den Drachen im Meere" (Jesaja 27, 1). So wird das alttestamentliche Ungeheuer als Symbol der „gottlosen Tyrannen" ausgelegt, die nun mit dem Schwert des Kaisers vernichtet werden. Dieses Bild, vielleicht die älteste Darstellung des Drachenkämpfers im Christentum, zeigt eine heilsgeschichtliche Reformulierung christlicher Politik, die nicht wenig zur Vorbereitung der Kreuzzugsmentalität beigetragen hat. Da die kirchliche Theologie aber die Gleichsetzung des Kaisers mit Gott ablehnte, wie Erik Peterson in *Der Monotheismus als politisches Problem* (1935) ausführt, wurde das alttestamentliche Erlösungsmotiv auf den ‚heiligen Krieger' übertragen. Doch gab es auch andere christliche Monarchen, die ihr eigenes demiurgisches Spiegelbild im heiligen Georg als Drachentöter erblicken wollten. So ließ sich beispielsweise Kaiser MAXIMILIAN I. (1486–1519) als Sankt Georg portraitieren. Als aber 1222 der englische König und Kreuzfahrer RICHARD II. den heiligen Georg zum Patron von England erklärte, verkündete er damit für sein Land eine messianische Bestimmung. Ein ganzes Volk sollte sich nun identifizieren mit seinem Schutzheiligen im Kampf gegen die ‚Ungläubigen'. Während der Kreuzzüge verfestigte sich dann die Vorstellung vom heiligen Georg als Anführer des christlichen Heeres, Erretter und Erlöser des ‚christlichen Bodens' aus fremder Gewalt. Auf diese Weise wurden ihm messianische Züge zugeschrieben. Und genau in dieser Symbiose von Märtyrer und Bannerträger ist der heilige Georg zu einem Symbol des christlichen Volkes geworden, das sich als auferstandenes Opfer begreift und für den ‚wahren Glauben' siegreich mit Waffen kämpft.

Giorgi Maisuradze

Literatur

Michail Alpatow: „Die Gestalt des heiligen Georg in der Kunst von Byzanz und in der alten Rus“, in: ders.: *Über westeuropäische und russische Kunst*, Dresden (Verlag der Kunst) 1982, S. 248

Hans Belting: *Bild und Kult. Eine Geschichte des Bildes vor dem Zeitalter der Kunst*, München (Beck) 1990 (^{6}2004)

Peter Brown: *The Cult of Saints: Its Rise and Function in Latin Christianity*, Chicago (Chicago University Press) 1981

Karl Krumbacher: *Der heilige Georg in der griechischen Überlieferung*, München (Franz) 1911 (*Abhandlungen der Königlich Bayerischen Akademie der Wissenschaften: Philosophisch-Philologische und Historische Klasse*, 25, 3)

Erik Peterson: „Der Monotheismus als politisches Problem“, in: ders.: *Theologische Traktate*, München (Kösel) 1951, S. 45–149, hier S. 102

Otto Treitinger: *Die oströmische Kaiser- und Reichsidee nach ihrer Gestaltung im höfischen Zeremoniell*, Darmstadt (Wissenschaftliche Buchgesellschaft) 1956, S. 44

Der ‚Märtyrer auf dem Schlachtfeld' – Urszenen des sunnitischen Islams

Schlacht von Uhud (625), türkische Miniatur, um 1590

Die ersten Märtyrer des Islams waren Opfer von religiösen Verfolgungen in Mekka, doch reagierten die frühen Muslime auf diese Repressionen nicht mit dem freiwilligen Erleiden von *Folter und Tod als Zeugnis des Glaubens*, sondern mit der Auswanderung und der Errichtung eines eigenen Gemeinwesens in Medina im Jahre 622. Im weiteren Verlauf der Auseinandersetzung mit den paganen mekkanischen Stämmen kam es bald zu zwei wichtigen Schlachten, 624 bei Badr und 625 bei Uhud, den Urszenen des „Märtyrers auf dem Schlachtfeld" (*schahid al-ma'raka*). Für die sunnitische Tradition ist der *Schlachtfeldmärtyrer* sehr viel einflussreicher geworden als die mekkanischen *Glaubenszeugen*. Seine Figur begleitete während der Konstituierungsphase des Islams und der muslimischen Gemeinde bedeutende Umschläge und Registerwechsel im Verständnis von Krieg und Tod.

Der Islam und die neue Gemeinschaft der Muslime entwickelten sich in einer tribalistisch geprägten Umwelt, in der „Krieg und Kampf nicht nur als Selbstverständlichkeit, sondern als außerordentlich hohe Werte" angesehen wurden (Albrecht Noth). Durch den *Koran* erfuhr das Konzept des verdienstlichen Kampfes jedoch eine neue

Begründung – so in der Sure 22, 39 f., die muslimische Kommentatoren als erste Offenbarung einer göttlichen Legitimation zur Aufnahme des Kampfes (hier: *qital*) betrachten: „Und hätte Gott nicht die einen Menschen durch die anderen abgewehrt, wären Klöster, Kirchen, Synagogen und Moscheen, in denen Gottes Name häufig gedacht wird, bestimmt zerstört worden." Gewalt wird also als unumgängliches, von Gott gebilligtes Mittel gesehen, das in den Dienst der Religion und der Gemeinschaft der Gläubigen gestellt werden kann oder muß. Die koranischen Aussagen zum Krieg haben ebenso wie die dem Propheten zugeschriebenen Aussprüche vor allem den Zweck der Werbung zur Teilnahme am Kampf, liefern jedoch keine kohärente Theorie zum Krieg, dem – semantisch polyvalenten – *dschihad* (Bemühung, Kampf), im engeren Sinne als „Kampf mit dem Schwert" gedeutet. Es waren die Rechtsgelehrten, die später dschihad-Theorien entwickelten, die vor dem Hintergrund veränderter historischer Situationen bis in die heutige Zeit vielfache Modifikationen erfahren haben.

Für die frühislamischen Schlachten ist bedeutsam, daß sie in eine Zeit fallen, in der sich neue Loyalitäten erst herausbildeten und noch gefährdet waren. Die Notwendigkeit des Kampfes wird an mehreren Stellen (etwa 2, 191–193; 2, 217; 8, 39) mit der Gefahr der Versuchung (*fitna*), „das Abwendigmachen von Gottes Weg" (2, 217) durch die polytheistische Umgebung begründet. Hatten in vorislamischer Zeit die kriegerischen Auseinandersetzungen zwischen verschiedenen Stammesverbänden stattgefunden, so waren es nach dem Auftreten des Islams Angehörige unterschiedlicher religiöser Orientierung, die gegeneinander antraten. Nicht selten trafen dabei Mitglieder einer Familie oder eines Stammes als Gegner aufeinander, so daß klare Fronten besonders wichtig wurden: „Wer da glaubt, kämpft auf Gottes Weg, und wer nicht glaubt, kämpft auf dem Weg der Götzen" (4, 76), lautet ein weiterer Vers, dessen Offenbarungsanlaß auf die frühen Schlachten bezogen wird. Derjenige, der bereit ist, im Kampf „auf dem Wege Gottes" (3, 169 u. a.) sein Leben einzusetzen – der potentielle Märtyrer – verkörpert die ideale Haltung des ungeteilten Einsatzes für die Sache des Islams und die Zugehörigkeit zur Gemeinschaft der Muslime. Die erste der genannten Schlachten, die Schlacht bei Badr, verlief für die Muslime erfolgreich, in der zweiten mußten sie eine Niederlage hinnehmen. Bei Uhud waren die Verluste ungleich höher, so daß hier der Diskurs über den Märtyrer in den Überlieferungen einen sehr viel breiteren Raum einnimmt. Während der Sieg als selbstevident gilt, bedürfen Niederlage und Tod einer Erklärung: „Es war ein Tag der Heimsuchung, des Unglücks und der Prüfung, mit dem Gott die Gläubigen auf die Probe stellte und die Heuchler in Versuchung führte [...]. Und es war ein Tag, an dem Gott diejenigen mit dem Märtyrertod auszeichnete, die er damit ehren wollte", heißt es in der Prophetenbiographie von Ibn Ishaq (gest. 761).

Für die vorislamischen Araber, die keine Jenseitsvorstellung kannten, bedeutete der Tod des Kämpfers ein Sakrileg, das es durch Blutrache zu sühnen galt. Dieser Tod wurde nun umgedeutet in die Folge einer verdienstvollen Tat, die durch jenseitigen Lohn vergolten wird. Eine der Koranstellen, auf die die Figuration des Märtyrer-Kämpfers maßgeblich zurückgeführt wird, findet sich in einer Passage, die nach den muslimischen Exegeten auf die Ereignisse der Schlacht von Uhud Bezug nimmt (3, 121–175). Sie erscheint im Zusammenhang einer Debatte der Gemeinde über die Gefallenen: „Die daheim geblieben waren, sagen von ihren Brüdern: ‚Hätten sie uns gehorcht, wären sie nicht erschlagen worden'. Sprich: ‚So wehrt doch den Tod von Euch ab, wenn ihr glaubt, was ihr sagt.' Und haltet die auf Gottes Weg Gefallenen nicht für tot, nein, sondern für lebend, bei ihrem Herrn, gut versorgt und froh über das, was Gott in Seiner Huld ihnen gab [...]." (3, 168 f.) In der Auslegung wird ‚der Gefallene' mit dem Märtyrer (*schahid*, Pl. *schuhada*) identifiziert, wobei das Wort *schahid*, ähnlich dem griechischen *martys*, eine Bedeutungsentwicklung vom ‚Zeugen' zum ‚Märtyrer' durchmacht. Diese eschatologische Auszeichnung des gefallenen Kämpfers ermöglicht die Werbung für einen Kampf, der für die Teilnehmer – in jedem Falle – erfolgreich ausgeht: „Und wer auf Gottes Weg kämpft, ob er nun fällt oder siegt, wahrlich, dem geben Wir gewaltigen Lohn." (4, 74). Gleichzeitig bietet der Märtyrerstatus den Hinterbliebenen eine Möglichkeit, den Verlust dadurch zu kompensieren, daß der Gefallene zum Auserwählten wird: „Und solche Tage [des Sieges und der Niederlage] lassen wir unter den Menschen abwechseln, damit Gott die Gläubigen erkennt und sich aus ihnen *schuhada* auserwählt [...]." (3, 140). Auch wenn in der Frage, ob *schahid* schon im Koran in der Bedeutung von ‚Märtyrer' erscheint, keine Einigkeit herrscht, ist bemerkenswert, daß dies die einzige *Koran*-Stelle ist, die durch ihren Kontext die Lesart für *schuhada*, für die die klassischen muslimischen *Koran*-kommentatoren optieren, nämlich ‚Märtyrer' anstatt ‚Zeugen', nahelegt.

Das Verständnis vom Tod auf dem Schlachtfeld als Auszeichnung ist eng verbunden mit dem *Heroismus des Kämpfers* und trägt daher die Züge eines *noble death*. In den biographischen Lexika – das früheste ist das von IBN SA'D (gest. 845) – wird der Tod derjenigen Kämpfer besonders ausführlich beschrieben, die sich durch ihre edle Abkunft und durch Kampfkraft und Mut hervortaten. Als idealtypischer Märtyrer ist HAMZA, der Onkel des Propheten – doppelt ausgezeichnet durch seine Verwandtschaft mit dem Propheten und als unerschrockener Krieger und „Löwenjäger" – zum *sayyid al-schuhada* (Fürst der Märtyrer) geworden, ein Titel, der in der *schiitischen* Tradition dem Prophetenenkel HUSAIN zukommt. Bei Badr hatte HAMZA durch einen für sich entschiedenen Zweikampf maßgeblich zum Sieg beigetragen; in der Schlacht bei Uhud fiel er erst, nachdem er eine große Anzahl von Feinden überwunden hatte. Er verkörpert nicht nur das Ideal eines Einsatzwillens für die neue Religion, sondern auch die Werte der altarabischen Stammesgesellschaft, in der Ehre (*ird*) zuallererst auf dem Schlachtfeld zu erlangen war. Der Schlachtfeldmärtyrer erweist sich damit als eine Figur des Übergangs: Im Verlauf der Umdeutung des Märtyrers vom duldsamen Glaubenszeugen zum aufopfernden Kämpfer wurden Elemente der vorislamischen altarabischen Kultur in eine religiöse Figuration aufgenommen, deren Anfänge auf das frühe Christentum zurückgehen. Im Unterschied zum christlichen Märtyrer aber fehlt dem frühen sunnitischen Schlachtfeldmärtyrer jegliche entsühnende oder vermittelnde Funktion für die Gemeinschaft. So fungiert auch der Prophetenonkel Hamza zwar als Rollenmodell, erfährt jedoch als Märtyrer keine kultischen oder rituellen Formen des Gedenkens oder der Verehrung.

Silvia Horsch

Literatur

Fred Donner: „The Sources of Islamic Conceptions of War", in: John Kelsay/James Turner Johnson (Hg.): *Just War and Jihad*, New York (Greenwood Press) 1991, S. 31–69

Ibn Ishaq: *Das Leben des Propheten*, übers. v. Gernot Rotter, Kandern (Spohr) 1999

Der Koran, übers. v. Max Henning, überarb. u. hg. v. Murad Wilfried Hofmann, München (Diederichs) 2001

Angelika Neuwirth: „From Sacrileg to Sacrifice. Observations on Violent Death in Classical and Modern Arabic Poetry", in: Friederike Pannewick (Hg): *Martyrdom in Literature. Visions of Death and Meaningful Suffering in Europe and the Middle East from Antiquity to Modernity*, Wiesbaden (Reichert) 2004, S. 259–281

Albrecht Noth: „Der a priori legitime Krieg im Islam: Hauptaspekte des islamischen Rechts zum Thema ‚Krieg und Frieden'", in: Heinrich von Stietencron/Jörg Rüpke (Hg.): *Töten im Krieg*, Freiburg u. a. (Alber) 1995, S. 277–295

Stephan Rosiny: „Der jihad: eine Typologie historischer und zeitgenössischer Formen islamisch legitimierter Gewalt", in: Hildegard Piegeler/Inken Prohl/Stefan Rademacher (Hg.): *Gelebte Religionen: Untersuchungen zur sozialen Gestaltungskraft religiöser Vorstellungen und Praktiken in Geschichte und Gegenwart*, Würzburg (Königshausen & Neumann) 2004, S. 133–150

Abu Abdallah Muhammad Ibn Sa'd: „Hamza", in: Ibn Sa'd: *Kitab al-tabaqat al-kabir*, Bd. 3, Teil 2, Leiden (Brill) 1904, S. 3–11

Ridwan al-Sayyid: „Dar al-Harb and Dar al-Islam: Traditions and Interpretations", in: Thomas Scheffler (Hg.): *Religion between Violence and Reconciliation*, Beirut (Orient-Institut)/Würzburg (Ergon) 2002, S. 123–133

Die Gilde der Ugandischen Märtyrer – Kreuzzugspraktiken im postkolonialen Afrika

Fotocollage des „Mini-Studio", Fort Portal, Uganda, 2002

Nicht nur im Zentrum des Christentums, im sogenannten Abendland, sondern gerade auch an seinen Peripherien wurden im Zuge von Kolonisierung und Missionierung neue Märtyrer produziert, die wesentlich zur Lokalisierung der christlichen Religionen, insbesondere des Katholizismus, beitrugen. So sind die Ugandischen Märtyrer heute in Westuganda zu Ikonen eines Machtkampfes zwischen der katholischen Kirche und (protestantischen) Pfingstkirchen geworden. Dieser lokale Machtkampf muß jedoch auch im Zusammenhang einer globalen Renaissance des Religiösen gesehen werden, in deren Zuge sowohl christliche als auch islamische Bewegungen in den öffentlichen Raum drängen und – vor dem Hintergrund des Verfalls des postkolonialen Staates – politische Positionen besetzen.

Im Jahre 1874 schickte der Forschungsreisende und Journalist Henry M. Stanley nach seinem Besuch des Königtums Buganda (im heutigen Uganda) einen folgenreichen Brief zum *Daily Telegraph*, in dem er – einer Bitte König Mutesas von Buganda entsprechend – um die Entsendung von christlichen Missionaren nach Uganda bat. Trotz der Ermordung des belgischen Kuriers erreichte der Brief England und wurde 1875 veröffentlicht. Nach zwei Tagen erhielt die *Church Missionary Society* eine anonyme Spende von 5000 englischen Pfund für die Missionierung Ugandas, und achtzehn Monate später erreichten die ersten anglikanischen Missionare Buganda. Als 1879 auch katholische Missionare, sogenannte Weiße Väter der Comboni-Mission, in Buganda eintrafen, begann vor Ort zwischen den beiden Missionen und den bereits länger anwesenden Muslimen ein intensiver Machtkampf, der zu einer kurzen, aber heftigen Wiederholung der aus der europäischen Geschichte bekannten Religionskriege im kolonialen Kontext führte.

Nach dem Tod von König MUTESA trat dessen Sohn MWANGA die Nachfolge an. Aufgrund seiner homosexuellen Neigungen erschien er insbesondere christlichen Missionaren als der Teufel in Person. Da er auch seine Pagen, von denen einige zu den christlichen Religionen konvertiert waren, zum Objekt seines Begehrens machte, ermutigten die Missionare ihre Zöglinge zum Widerstand. Ausführlich schilderten sie ihnen die Qualen und die Pein, die sie in der Hölle erwarten würden, wenn sie weiterhin dem König zu Willen seien. Daraufhin verweigerten sich 22 katholische und 23 protestantische Pagen dem König und wurden in den Jahren 1885 und 1886 geköpft, erstochen, in Stücke gehackt und verbrannt. Nach diesen Ereignissen erklärte die katholische Kirche – allein – die 22 ermordeten Katholiken zu Märtyrern, sprach sie 1920 seelig und 1964 heilig. Als ‚Ugandische Märtyrer' traten sie die Nachfolge von früheren afrikanischen Märtyrern wie PERPETUA, FELICITAS oder ZYPRIAN, dem Bischof von Karthago, an. Bis heute wird heftig darüber debattiert, ob König MWANGA oder aber der homophobe Diskurs der christlichen Missionare für das Schicksal der Ermorderten verantwortlich zu machen ist.

Bereits 1897 gründete Bischof STREICHER die *Gilde der Ugandischen Märtyrer*, eine Laienorganisation der katholischen Kirche, um an das Martyrium zu erinnern und die Missionierung Ugandas voranzutreiben. Obwohl die katholische Kirche sich bemühte, einen Märtyrerkult zu etablieren und eine pompöse Kultstätte nahe der Hauptstadt errichtete, gelang es ihr nicht, den Kult in der populären Kultur zu verankern. Erst gegen Ende der 1980er Jahre, als auch die katholische Kirche in Westuganda von einer globalen Welle christlicher Erneuerung – vor allem aus den USA kommend – erfaßt wurde, gelang es der Gilde, eine neue Form des populären (charismatischen) Katholizismus einzuführen. ‚Gegen den toten Buchstaben' trieben insbesondere Laien die christliche Fundamentalisierung voran. Sie aktivierten ‚den lebendigen Geist' und griffen dabei sowohl auf christliche ekstatische Praktiken wie Zungenreden, Visionen, Auditionen und die Heilung durch Exorzismus zurück als auch auf lokale afrikanische Praktiken der Geistbesessenheit. Die Anführer der Gilde, darunter auch ein katholischer Priester aus Texas, betonten das apostolische Anliegen, CHRISTUS zu folgen, sein Wort zu verbreiten und den Satan zu bekämpfen. In Nachfolge und Nachahmung der ugandischen Märtyrer sollten die Mitglieder sich ‚eher kreuzigen lassen als eine Sünde zu begehen'. Sie erklärten die Gilde zu einer militanten Bewegung, die sich in einem permanenten Kriegszustand befinde. Jedem Mitglied wurde einer der 22 Märtyrer zugeordnet, der sich im Traum oder einer Vision offenbart hatte und als Schutzengel diente. Die Identifikation mit diesem Märtyrer sollte sicherstellen, daß das eigene

Leben zu einer Extension des Lebens des erwählten Märtyrers wurde. Es bildete sich eine detaillierte Hagiographie heraus, die die einzelnen Märtyrer mit einer bestimmten Geschichte, Herkunft und Berufsgruppe, mit Fähigkeiten, Liedern und Emblemen verband.

Wie in vielen Pfingstkirchen so mobilisierten auch die Mitglieder der Gilde vor allem den ‚heiligen Geist' (und die Märtyrer) im Kampf gegen Hexerei. Seit Anfang der 1990er Jahre organisierten sie ‚Kreuzzüge' in verschiedene Regionen Westugandas, um das Land vom Bösen zu reinigen, einen inneren Feind in Gestalt von Hexen und Heiden zu bekämpfen und damit die moralische Ordnung wiederherzustellen. Während in vorkolonialer Zeit dem König das Privileg zukam, einmal im Jahr das Land von Hexen zu reinigen, übernahmen nun Katholiken aus der Gilde der Ugandischen Märtyrer diese Aufgabe in hybriden Formen des ‚heiligen Kriegs', die ebenso an die europäische Inquisition wie auch an afrikanische Hexenjagden anschlossen.

Weil die ersten dieser Kreuzzüge gewalttätig waren, verbot die katholische Kirche – nach Protesten – den Anführern zunächst die Fortführung ihres ‚heiligen Kriegs'. Zwei Jahre lang lernten Mitglieder der Gilde in Workshops Bibelfestigkeit und einen gewaltfreien Umgang mit denjenigen, die sie als Hexen betrachten. Auch erfanden sie ein Heilungsritual, in dem die als böse identifizierten Personen durch eine umfassende Beichte und einen Exorzismus gereinigt werden, um sie in die Gemeinschaft zu reintegrieren. Indem sie zum Mittel der Hexenjagd griffen, nutzten sie das politische Potential, das Hexenjagden innewohnt: Sie erschufen einen neuen öffentlichen, politischen Raum und brachten zahlreiche, an rivalisierende Kirchen ‚verlorene Seelen' zurück in die katholische Kirche.

In diesen Kreuzzügen ermächtigten sich Frauen und Männer, die selbst zu denen zählten, die weitgehend von politischer und ökonomischer Macht ausgeschlossenen sind, dadurch, daß sie sich als Nachfolger der ugandischen Märtyrer definierten und andere (oft ältere Frauen), die sie mit Hilfe des heiligen Geistes als Hexen identifizierten, ihrerseits ausschlossen. Sie erzeugten neue Märtyrer, die als das Andere des Christentums bestimmt wurden. Gefangen in der Dialektik von Terror und Heil, reproduzierten sie, was sie bekämpften. Doch obwohl die Gilde unschuldige Frauen und Männer als Hexen identifizierte, auf diese Weise die Realität von Hexen und anderen okkulten Mächten nochmals bestätigte und zur Krise, die sie bekämpfte, somit letztlich selbst beitrug, gelang es ihr, mit Hilfe von Praktiken der Katharsis der Gewalttätigkeit zwar kein Ende, aber Grenzen zu setzen. Tatsächlich muß der Märtyrerkult sowohl als Ursache als auch als Heilmittel gegen Gewalt gesehen werden.

Heike Behrend

Literatur

Heike Behrend: „‚Satan gekreuzigt': Interner Terror und Katharsis in Tooro, Westuganda", in: *Historische Anthropologie*, 12 (2004) Heft 2, S. 211–227

John Francis Faupel: *African Holocaust. The Story of the Uganda Martyrs*, New York (P. J. Kenedy) 1962

Ronald Kassimir: „Complex Martyrs. Symbols of Catholic Church Formation and Political Differentiation in Uganda", in: *African Affairs*, 90 (1991) Nr. 360, S. 357–382

‚Kommando Holger Meins‘ – zur Serienstruktur der RAF-Aktionen

Otto Schily und Rudi Dutschke
auf der Beerdigung von Holger Meins 1974

„Holger, der Kampf geht weiter!“ versprach Rudi Dutschke, die geballte Faust erhoben, am Grab des RAF-Mitglieds Holger Meins, der am 9. November 1974 an den Folgen eines Hungerstreiks gestorbenen war. In seinem Tagebuch hatte Dutschke zuvor von einem „Halb-Mord“ gesprochen. Otto Schily, damals einer von Meins Anwälten, bezeichnete die Haftbedingungen auf einer Pressekonferenz am 10. November als „Hinrichtung auf Raten“, während der Anwalt Klaus Croissant nur ein markerschütterndes „Mörder!“ in den Saal schrie. Noch vor dem Begräbnis wurde das Bild des Toten in das Märtyrermodell eingepaßt. Der Leichnam von Meins, einem ehemaligen Studenten der Film- und Fernsehakademie, der sich in seiner Jugend bei den christlichen Pfadfindern engagiert und Bibelstunden abgehalten hatte, war auf einer Unterlage von weißer Spitze aufgebahrt. Und die Zeitschrift *Der Stern* bildete den auf 39 kg abgemagerten, bärtigen Meins am 21. November auf einer Doppelseite in der ikonographischen Tradition des Asketen und Heiligen – wenn nicht in der Ikonographie der *Imitatio Christi* – ab.

Derart stilisiert, befeuerte der Tote die weitere Radikalisierung der RAF und bewirkte eine erhebliche Ausweitung ihres militanten Umfeldes: „Holger Meins und wir sind eins“, wurde auf der Beerdigung skandiert; und die RAF ließ kurz darauf verlauten, „ganz sicher hat Holgers Tod die Resonanz der Geschichte". Peter-Jürgen BOOCK berichtete später, daß diese Szenen zu einer wichtigen Etappe seiner „sehr langen Einstiegsphase" in die RAF geworden waren. Der an der Organisation der Beerdigung beteiligte Stefan WISNIEWSKI bezeichnete dies als seine „letzte legale politische Tätigkeit" und sprach vom „Überschreiten einer Schwelle"; Volker SPEITEL, Mitarbeiter in der Kanzlei von Croissant, brachte das Schlüsselerlebnis auf die Formel „Der Tod von Holger Meins und der Entschluß, die Knarre in die Hand zu nehmen, war eins." Nicht nur Hans-Joachim KLEIN, der als Mitglied der ‚Revolutionären Zellen' (RZ) 1975 am Überfall auf die Wiener OPEC-Zentrale beteiligt war, vermutete später, daß man es damals gezielt auf einen Märtyrer angelegt hatte. Meins habe von der RAF den „Befehl" erhalten „abzukratzen" mit der Begründung: „Wir brauchen einen Toten im Knast."

Im folgenden rekurrierten die Aktionen der RAF auf den Märtyrer als Wiederholungs- und Fortsetzungsfigur. Bereits die Benennung der ‚Bewegung 2. Juni', die später zum großen Teil in der RAF aufgegangenen ist, nach dem Todestag Benno OHNESORGS, der 1967 von dem Polizisten Karl-Heinz KURRAS in Berlin erschossen worden war, entsprach diesem Muster. Die Legitimation des eigenen Handelns wurde aus der Beschwörung von Opfern eines Systems, das aus der Binnensicht der RAF als ‚Schweinesystem' erschien, abgeleitet. Als am 24. April 1975 Mitglieder der RAF die deutsche Botschaft in Stockholm überfielen und zwölf Geiseln in ihre Gewalt nahmen, um in deutschen Gefängnissen einsitzende Terroristen freizupressen, nannten sie die Aktion ‚Kommando Holger Meins'. Die Attentäter töteten zwei Botschaftsattachés, bevor sie das Gebäude sprengten, wobei zwei RAF-Mitglieder ums Leben kamen. Einer von ihnen, Siegfried HAUSNER, der drei Wochen danach an den Folgen der Verletzungen in Stammheim starb, ein ehemaliger Mitbewohner des bereits genannten Volker Speitel, wurde wiederum zum Namensgeber für das RAF-Kommando, das im Herbst 1977 den damaligen Arbeitgeberpräsidenten Hanns-Martin SCHLEYER entführte. Und als am 13. Oktober Mitglieder der ‚Volksfront zur Befreiung Palästinas' (PFLP) die Lufthansa-Maschine Landshut entführten, bezeichneten sie sich als ‚Commando Martyr Halimeh' und erinnerten damit an Brigitte KUHLMANN, die im Juni 1976 unter dem Decknamen Halimeh in Entebbe an der Flugzeugentführung durch ein gemeinsames Kommando der RZ und der PFLP beteiligt gewesen und bei der Stürmung durch eine israelische Spezialeinheit umgekommen war. Drei Jahre nach DUTSCHKES Ausruf bei der Beerdigung von Meins wurde auch seine Parole wiederholt. Auf den Transparenten der Demonstranten, die sich am Rande der Beerdigung von Andreas BAADER, Gudrun ENSSLIN und Jan-Carl RASPE am 27. Oktober 1977 auf dem Stuttgarter Waldfriedhof versammelten, war zu lesen: „Der Kampf geht weiter".

Der Märtyrer als Legitimationsfigur entsprach der spezifischen Gruppendynamik der RAF. Besonders die Aktionen der zweiten Generation zielten fast ausschließlich nach innen. Politisch definierte Ziele rückten zugunsten der Befreiung der in Stammheim einsitzenden RAF-Mitglieder in den Hintergrund, man kreiste mehr und mehr um sich selbst. In einer solchen Atmosphäre sich ständig weiter befeuernder Paranoia entfaltet die Figur des Märtyrers ein ihr eigenes Sinnstiftungspotential und die ihr eigene Eskalation. Durch die Binnenstruktur der RAF, die auf Konspiration und extremer

Abschottung fußte, wurde der Glaube an die ‚Sache' absolut gesetzt und über das eigene Leben gestellt. „Es werden", schrieb Andreas BAADER im Zusammenhang mit dem Hungerstreik von 1974, „Typen dabei kaputt gehen". Auch wenn von einer vordergründig religiösen Argumentation keine Rede sein kann und die betont respektlose Sprache der Protagonisten dies vordergründig verdeckt, ist dennoch deutlich erkennbar, wie stark die RAF sich auf den Märtyrer als militanten, willentlich das eigene Leben einsetzenden *Kämpfer* – im Gegensatz zum passiv unterlegenen *Opfer* – bezog und damit auf religiöse Deutungsmuster zurückgriff. So ist es nur plausibel, wenn der mittlerweile auf die extreme Rechte gewechselte Horst MAHLER rückblickend bekannte: „Wir, die RAF, waren eine zutiefst religiöse Gruppe."

Wie zentral die Unterscheidung von Opfern und Märtyrern für das Selbstverständnis der RAF und ihres Umfeldes war, zeigte sich nicht zuletzt an der Vehemenz, mit der der Selbstmord von BAADER, ENSSLIN und RASPE in Stammheim angezweifelt wurde. Der *noble death* des heroischen Selbstmörders paßte offenbar nicht ins kämpferische Selbstbild; wer den Selbstmord auch nur für möglich hielt, galt als „Counter-Schwein". Die extreme Freund-Feind-Logik der RAF führte zu einer Kompromißlosigkeit, die als letzte Konsequenz nur noch die Unterscheidung zwischen zwei Todesarten zuließ: Menschen, die kämpfen, hatte Holger Meins in seinem letzten Brief vom 31. Oktober 1974 den Sozialrevolutionär Louis Auguste BLANQUI (1805–1881) paraphrasiert, „gewinnen entweder oder sie sterben, anstatt zu verlieren und zu sterben". Der Revolutionär kämpfe „bei aller Liebe zum Leben: den Tod verachtend". Dieser den aktiven Kampf betonenden Logik folgend, konnten und durften die Toten von Stammheim nur Märtyrer ihres militanten Kampfes sein.

Andreas Pflitsch

Literatur

Gerd Conradt: *Starbuck Holger Meins. Ein Porträt als Zeitbild*, Berlin (Espresso) 2001

Wolfgang Kraushaar (Hg.): *Die RAF und der linke Terrorismus*, Hamburg (Hamburger Edition) 2006

Tobias Wunschik: *Baader-Meinhofs Kinder. Die zweite Generation der RAF*, Opladen (Westdeutscher Verlag) 1997

Wafa Idris – eine Selbstmordattentäterin zwischen Nationalheldin und Heiliger

Wafa Idris, Plakat zur Demonstration am Qalandia Checkpoint

Übersetzung des Textes auf dem Plakat:

Anläßlich des Gedenkens ihres fünften Todestages geben die PLO, die Fatah und die al-Aqsa-Brigaden mit Stolz und Ehre und Würde bekannt: Eure heroische Märtyrerin, die erste Ausführerin einer Märtyreroperation inmitten des zionistischen Gebildes: die Märtyrerin Wafa Ali Idris

Als am 28. Januar 2002 die erste Frau einen Selbstmordanschlag im Namen der palästinensischen Befreiungsbewegung ausgeführt hatte, wurde sie in einem ägyptischen Zeitungskommentar in bildreicher Sprache hymnisch gefeiert:

„Die allerschönste unter den palästinensischen Schönheiten, ein wunderbares Vorbild der Aufopferung, tat, was die starken, stolzen Männer tun. Wafa Idris, gerade mit der Uni fertig, dachte nicht, wie andere Angehörige ihres Geschlechts; sie legte an das Gewand der Märtyrer und führte eine Operation durch, als Antwort an den Blutvergießer Sharon. Wie ihr Name Wafa – Loyalität – besagt, war sie loyal in ihrem Opfer für die palästinensische Nation. Die Braut des Himmels zog den Tod den Vergnügungen des Lebens vor, um eine mächtige Botschaft an die arabische Nation auszusenden.“ (Wagdi Zein al-Din in *al-Wafd*)

Vor Wafa Idris hatten 47 palästinensische Männer sich für denselben Weg entschieden. Noch am Abend der Tat übernahmen die der Fatah zugehörigen al-Aqsa-Brigaden (Brigaden der al-Aqsa-Märtyrer) die Verantwortung für den Anschlag, doch schon am nächsten Morgen wurde dies der *säkular orientierten* Fatah streitig gemacht: mit Hilfe des Entwurfs einer Heiligen. Im Flüchtlingslager al-Am'ari bei Ramallah, in dem Wafas Familie lebte, tauchten Poster auf, auf denen der eben erkorenen Märtyrerin *religiöse* Attribute zugeschrieben wurden. In einem retuschierten Foto wurde die junge Frau mit einem grünen Stirnband mit der Aufschrift „Gott ist die Antwort" gezeigt, die Kalaschnikow im Anschlag, vor dem Hintergrund einer Flagge, mit den Worten *Allahu akbar* (Gott ist überaus groß) verziert. In ersten Stellungnahmen der islamistischen Hamas wurde Wafa zur Märtyrerin erklärt: Es gebe keinen Unterschied zu männlichem Märtyrertum, denn auch an der Seite des Propheten MUHAMMAD hätten tapfere Frauen gekämpft (*haGalil* online 16. 3. 2002).

Dieser Ausschnitt aus der Symbolpolitik im gegenwärtigen Palästina zeigt, welche Bedeutung dem Kampf um die Deutungshoheit über die Selbstmordanschläge zukommt. Es besteht ein regelrechter „Wettbewerb" säkularer und islamistischer Kräfte um das Monopol über das propagandistisch so erfolgreiche Modell heiliger nationaler Märtyrerinnen. So betonten Mitglieder der säkularen Fatah-Partei die nationalistischen Motive der jungen Frau, die weder aus Verzweiflung noch aus religiösem Eifer gehandelt, ja nicht einmal ein Kopftuch getragen habe. Und in Ägypten gab es kurz nach dem Anschlag eine Sympathiekundgebung linksnationalistischer Gruppierungen und säkularer Feministinnen, die Wafa Idris als nationale Heldin feierten, die der laizistischen Emanzipation ein leuchtendes Vorbild sei. Ein Kommentator der ägyptischen Tageszeitung *al-Ahram* bezeichnete sie als JEANNE D'ARC Palästinas. In ihrem Trauerzug skandierten junge Mädchen enthusiastisch: „Der Dschihad ist nicht nur für Männer!" Ein jordanischer Kommentator feierte die Tat als Wendepunkt der feministischen Emanzipation, als „ostliche Antwort" auf die ständige Frage westlicher Kritiker nach der Gleichberechtigung in der nahöstlichen Gesellschaft: Das sei nun die Antwort der heiligen Märtyrerin Wafa, die anstelle von Kosmetik eine Bombe in der Handtasche getragen habe! Mag dieser Kommentar auf den ersten Blick zynisch wirken, so versagt eine rasche Urteilsbildung angesichts der Tatsache, daß bereits während der ersten Intifada in den achtziger Jahren palästinensische Aktivistinnen ihre Forderung nach gesellschaftlicher Anerkennung tatsächlich dadurch zum Ausdruck brachten, daß sie Gleichberechtigung als gleiches Recht auf den eigenen Tod im bewaffneten Kampf definierten: „Wir leiden wie Männer, wir sollten auch die gleichen Rechte haben", forderte eine Frau, die während ihrer Haftzeit schwer gefoltert worden war. Ein ähnlich tragisches Konzept weiblicher Emanzipation wurde vertreten von einem weiblichen Opfer des Massakers von Sabra und Schatila 2003. Von der amerikanischen Journalistin Barbara VICTOR interviewt, sagte sie: „You American women talk constantly of equality. Well, you can take a lesson from us Palestinian women. We die in equal numbers to the men." (Victor: *Army of Roses*). In die Lage eines potentiellen passiven Opfers verwiesen, scheint die Verwandlung der weiblichen Position in ein aktives Opfer bzw. in eine Opfertat zum Bild einer Emanzipation im buchstäblichen Sinne zu werden: *e-mancipo*, wörtlich: entlassen aus den Händen der (väterlichen) Gewalt, – was im Fall der Verheißung einer nachträglichen Verehrung als Märtyrerin mit dem symbolischen Surplus eines Aufstiegs zur *Heldin* oder *Heiligen* verbunden ist.

Die islamisch ebenso wie die säkular orientierten Gruppierungen arbeiteten mit fiebrigem Eifer daran, Wafa Idris zur nationalen Heiligen zu stilisieren. Jedes rhetorische Mittel war dazu recht, wobei die Übergänge zwischen säkularem und religiösem Diskurs häufig fließend waren. So sah der Herausgeber der säkular-nasseristischen Wochenzeitschrift *al-Arabi,* Abd AL-HALIM QANDIL, in der jungen Attentäterin nicht nur ein Ideal menschlicher Schönheit, sondern auch eine weibliche Erlöserfigur, die die erniedrigte palästinensische Nation ins Paradies erhob und die Menschen von ihren Sünden erlöste. Die individuellen Hintergründe spielen dabei keine Rolle. Die erfolgreiche Studienabsolventin Wafa Idris hatte es in ihrem irdischen Leben in einer streng patriarchal orientierten Gesellschaft, die durch die Besatzung zusätzlich in die Enge getrieben ist, nicht gerade leicht gehabt. Da sie keine Kinder bekommen konnte, hatte ihr Mann sie verstoßen und zu ihrer Familie zurückgeschickt, wo ihr als geschiedener Frau kaum noch gesellschaftliche Perspektiven offenblieben. Als freiwillige Sanitäterin wurde sie immer wieder Augenzeugin der blutigen Folgen der Besatzung. Erst ihr Tod machte aus der sozial marginalisierten jungen Frau plötzlich eine Heilige. Sie wurde zum Modell idealer Weiblichkeit, zur JEANNE D'ARC am Kreuz der Besatzung, perfekt inszeniert an der Schwelle von Erniedrigung und Heiligkeit.

Der Direktor der Psychatrischen Fakultät der Ain-Schams-Universität in Kairo zieht eine Parallele zwischen Wafa Idris, der heiligen Märtyrerin Palästinas, und JESUS CHRISTUS, dem gebürtigen Palästinenser und ‚Freiheitskämpfer', den seine Mutter vom Heiligen Geist empfing: „Vielleicht wurdet ihr in derselben Stadt geboren; vielleicht sogar in derselben Nachbarschaft und im selben Haus. Vielleicht aßet ihr von derselben Dattelpalme und trankt von demselben reinen Wasser, das die Adern der Heiligen Stadt durchfließt [...] Wenn der Heilige Geist ein Kind in Marias Leib pflanzte, vielleicht war es dann derselbe Heilige Geist, der die Bombe ins Herz der Wafa pflanzte, und ihren reinen Körper mit Dynamit umwickelte. Aus Marias Leib entsprang ein Kind, das die Unterdrückung beseitigte, doch der Körper Wafas wurde zum Schrapnell, das die Verzweiflung beseitigte und Hoffnung entstehen ließ." (*al-Quds al-arabi*)

Das bemerkenswerte Bild eines weiblichen CHRISTUS fügt sich in eine arabische Tradition der symbolischen Erweiterung der Jesusfigur: als gebürtiger Palästinenser, seinen heutigen Landsleuten im Kampf für Freiheit und Gerechtigkeit verbunden. Dieses Bild wurde vor allem in der palästinensischen Dichtung besungen. So stellte sich der Dichter Mahmud DARWISCH schon in den 1960er Jahren in die poetisch-ikonographische Tradition des Messias am Kreuz. Im Gedicht „Der 151. Psalm" (1984) finden sich die Verse: „Die Stimme meiner Freiheit kommt aus dem Gerassel der Ketten, / und mein Kreuz kämpft!" Diese Zeilen des palästinensischen Nationaldichters schlechthin entstanden im Kontext einer linksrevolutionären Widerstandsbewegung gegen die israelische Besatzung. Die religiöse Symbolik, in der islamische, christliche und altorientalische Vorstellungen und Bilder synkretisch überlagert werden, verweist auf die *kulturelle* und gemeinschaftsstiftende Kraft dieser Symbole. In ihr mischen sich Motive, die einer *religiösen Sprache* angehören (Erlösung) mit politischen Begriffen (Nation) und solchen, die säkularen Argumenten entstammen wie etwa dem Konzept der Menschenrechte (Gleichberechtigung).

Friederike Pannewick

Literatur

Miriam Cooke: „Zaynab al-Ghazali: Saint or Subversive?“, in: *Die Welt des Islams*, 34 (1994), S. 1–20

Mahmud Darwisch: *Belagerungszustand. Gedichte*, arab.-dt., übers. v. Stephan Milich, Berlin (Schiler) 2005

Pénélope Larzillière: „Le ‚martyre‘ des jeunes Palestiniens pendant l'intifada al-Aqsa“, in: *Politique étrangère*, 66 (2001) Heft 4, S. 937–951

Julie Peteet: „Male Gender and Rituals of Resistance in the Palestinian Intifada. A Cultural Politics of Violence“, in: Mai Ghoussoub/ Emma Sinclair-Webb (Hg.): *Imagined Masculinities*, London (Saqi) 2000, S. 103–126

Barbara Victor: *Army of Roses. Inside the World of Palestinian Women Suicide Bombers*, [Emmaus, PA] (Rodale) 2003

4. Sakrale Topographien und Lieux de mémoire

Wenn Gott weint – Yitzhak Katzenelsons *dos lid vegn radziner* und die Begründung von Kiddusch ha-Schem

װער װײנט דאָרט? זאָג װער? און ז׳אַרײַן אין װאַגאָן,
געשטעלט אין דעם פֿינצטערסטן װינקל זיך דאָרט,
פֿאַרשװיגן אין װײטאָגן, אײַין זיך געהאָרכט
צו דעם רבונו־של־עולמס געװײן,
דער רבי איז לאַנג נאָך געבליבן דאָרט שטײן,
אין לײדיקן, פֿינצטערן טיפֿן װאַגאָן –
דער רבי ער האָט זיך קײן ריר ניט געטאָן
צום אײבערשטנס װײנען זיך צוגעהערט דרײסט
געשװיגן און ניט מיט קײן װאָרט אים געטרײסט [.]

Yitzhak Katzenelson: 16. Strophe des 3. Gesangs aus „dos lid vegn radziner"

Zwischen dem 18. April und dem 1. Mai 1944 wurde Yitzhak Katzenelson (1886–1944) nach einjährigem Aufenthalt im Konzentrationslager Vittel, wo er sein bekanntestes Poem *dos lid funem oysgehargetn yidishn folk* (jidd. Das Lied vom ausgerotteten jüdischen Volk) schrieb, zusammen mit seinem ältesten Sohn über Drancy nach Auschwitz deportiert und dort umgebracht. Kurz zuvor hatte er den Aufstand im Warschauer Ghetto, dessen restloses Niederbrennen durch die deutschen Nazis und die Deportation seiner Frau mit den beiden jüngeren Söhnen nach Treblinka erlebt. Während all dieser Ereignisse schrieb er nahezu ohne Unterbrechung, vor allem Gedichte und Dramen. Deren Themen und sprachliche Gestalt standen in engem Wechselverhältnis zu seinem verschlungenen Lebensweg. Eine religiös-säkulare Ausbildung hatte den Dichter schon früh aus dem orthodoxen Milieu heraus auf die Bühnen der zeitgenössischen politischen und literarischen Avantgarde geführt. Geboren im weißrussischen Karelicz, verbrachte er die meisten Jahre seines Lebens abwechselnd in Łodz und Warschau, einem der bedeutendsten Zentren der jungen jiddischen Literaturszene der 1920/30er Jahre. Seine poetische Sprache bewegte sich zwischen Jiddisch und Hebräisch, zwischen Alltagssprache und der Sprache der Tora. Die zu jener Zeit intensiv diskutierte Idee einer autarken jüdischen Kultur, die in der Diaspora vorbereitet, aber erst in Eretz Jisrael durch die kommenden Generationen ihre volle Entfaltung erfahren würde, ließ auch in Katzenelson den zionistischen Traum entstehen: Der Galut-Wirklichkeit aus Pogromen und Verfolgung den Rücken kehren und ein Leben in nationaler Autonomie und Freiheit beginnen. Doch obwohl er vor Beginn des Zweiten Weltkrieges zweimal ins Land seiner Träume reisen und seine berühmten Cousins Yitzhak Tabentkin und Berl Katznelson besuchen konnte, kehrte er jedes Mal nach Polen zurück. Nachdem im Herbst 1940 in Warschau das Ghetto errichtet worden war, unterrichtete er in privaten Hausversammlungen und im Waisenhaus, organisierte für die Untergrundbewegung postalische Verbindungen über die Ghettomauern hinweg, richtete ein Lehrerseminar ein und gründete ein jiddisches *Drama Studio* – bis er im Zuge einer von Himmler initiierten Menschenhandelsaktion am 22. Mai 1943 nach Vittel kam.

Ein wiederkehrendes Motiv in Katzenelsons Dichtung jener Zeit ist der zentrale Ausdruck für das Martyrium im Judentum seit frührabbinischer Zeit, wie er sich im Talmudtraktat *Sanhedrin* formuliert findet: *Kiddusch ha-Schem* (hebr. *Heiligung des göttlichen Namens*). Hier wird für den *Tod* als letzte Möglichkeit plädiert, sofern der einzelne der Bedrohung der jüdischen Gemeinschaft durch Assimilationsdruck und physischen Terror nicht mehr anders als durch (öffentliche) Übertretung der Gebote standhalten könne. Mit dem Akt untrennbar verbunden ist der *Kadosch* (hebr. Heiliger), derjenige, der sein Leben und Sterben gemäß dieser halachischen Bestimmung heiligt. Spätestens seit der Verfolgung unter HADRIAN wurde ‚die Heiligung' zum Aktionsfeld der Angehörigen des Volkes Israel selbst, anstatt in erster Linie für Gott: Denn im Gegensatz zu HANANIA, MISCHAEL und AZARIA im *Buch Daniel* wird Rabbi AKIVA nicht durch Gottes wunderbares Eingreifen gerettet. Auch stirbt er nicht, um Gottes Allmacht sichtbar werden zu lassen; statt dessen erträgt er das absolute *Leiden* in absoluter Hingabe zu Gott als vollendete Praxis von *Kiddusch ha-Schem.*

Im Verlauf der Jahrhunderte und unter zunehmendem Verfolgungsdruck wurde die Begründung von *Kiddusch ha-Schem* allerdings stetig neu erörtert. So kreisten in den Jahren der Schoa die Debatten der rabbinischen Autoritäten um die Frage, wie die Heiligung überhaupt noch zu praktizieren sei. Als im Juli 1942 die Deportationen aus dem Warschauer Ghetto nach Treblinka begannen, entband R. Shimon HUBERBAND *Kiddusch ha-Schem* weitgehend von der Einhaltung der Gebote. Seit jenen Jahren gilt jeder von einem Nichtjuden ermordete Jude als *Kadosch*. Andere wie R. Menachem ZEMBA gingen weiter, indem sie den Aspekt der Selbst- und Fremdtötung vollständig suspendierten: Der Totalität der Vernichtungspläne könne allein die „Heiligung des *Lebens*" – *Kiddusch ha-Chajim* – entgegengestellt werden.

Die Verlagerung der Heiligung von der göttlichen in die menschliche Sphäre gründet jedoch in den Überlieferungen der jüdischen Tradition. So berichten *Bibel* und *Midrasch* davon, daß der Gott der Israeliten vor der ersten Tempelzerstörung die Stadt Jerusalem mitsamt seinem Volk sich selbst überlassen habe. Im Midrasch *Echa Rabbati* wird darüber hinaus erzählt, daß jener Gott, nachdem die Tat vollbracht war, derart von Reue geplagt wurde, daß er an den Ort der Zerstörung zurückkehrte, begleitet von seinen Dienstengeln und dem Propheten JEREMIA. Da sitzt er nun zwischen den verlassenen Ruinen: ein untröstlicher Gott, der angesichts des in Trümmern liegenden Heiligtums seine Trauer mit niemanden zu teilen vermag. Aus diesem Grund befiehlt er seinem Propheten, ihm ABRAHAM, ISAAK, JAKOB und MOSES herbeizubringen, „denn sie verstehen zu weinen". Obwohl Jeremia sich nicht dazu durchringen kann, ihnen das Ausmaß der Zerstörung zu berichten, ruft er sie aus ihren Ruhestätten herbei, erst die Urväter, dann Moses: „‚Sohn Amrans, Sohn Amrans! Steh auf, denn gekommen ist die Zeit, wo du vor den Hl., gepr. sei Er, gebeten wirst!' (Da) fragte er [Moses – Chr. P.] ihn: ‚Wodurch unterscheidet sich der heutige Tag von den (anderen) Tagen, an denen ich vor den Hl., gepr. sei Er, gebeten wurde?' Jeremia antwortete ihm: ‚Ich weiß es nicht'." – Schließlich überbringen die Engel die

Botschaft und evozieren damit eine schier unglaubliche Szenerie. Die Schrift berichtet von einer Trauergemeinschaft, bestehend aus den himmlischen Nachrichtenüberbringern, Gott, den Urvätern und Jeremia: „[...] wenn es nicht ein geschriebener Schriftvers wäre, dann dürfte man es nicht aussprechen. Sie zogen weinend von einem Tor (des Tempels) zum anderen wie bei einem Menschen, dessen Toter vor ihm liegt, und der Hl., gepr. sei Er, sprach trauernd: ‚Weh dem König, der in seiner Jugend Glück hatte, doch in seinem Alter kein Glück mehr hat!'"

Mit der ausführlichen Erzählung der gemeinsamen Klage gibt der *Midrasch* eine Antwort auf die Frage nach Trost und Trauer angesichts von Tod und Zerstörung. Damit steht er in der Tradition tannaitischer Schriften des *Babylonischen Talmud*, insbesondere des Traktats *Semachot*, in dessen Zentrum die Fragen nach dem Umgang mit Trauer und Trost stehen, eingebettet in exemplarische Darstellungen von *Kiddusch-ha-Schem*-Ereignissen. Die midraschische Antwort auf die Zerstörung erscheint indes selbst in Gestalt einer Zerstörung, – nämlich des Bildes vom gütigen, allmächtigen Gott, an den die Propheten sich noch vertrauensvoll wendeten. Durch die Übertragung menschlicher Eigenschaften auf dieses Gottesbild reagiert der rabbinische Text nun seinerseits mit Blasphemie auf die blasphemische Zerstörung des Heiligtums als Anlaß für die Degradierung der göttlichen Allmacht. Die Demontage der vertrauten Vorstellung radikalisiert die Erfahrung einer Gottverlassenheit, während sie die Stellung der Menschen als Handelnde innerhalb der traditionellen Bundestriade Gott–Tora–Israel stärkt. Damit wird eine Bedeutungsverschiebung in Gang gesetzt, ganz ähnlich wie sie sich von der „Heiligung des Namens Gottes" zu der „Heiligung des Lebens" vollzogen hat.

In den Jahren 1942 bis 1943 entstand nun im Ghetto von Warschau eine jiddische Dichtung, in der die Verschiebung von *Kiddusch ha-Schem* zu *Kiddusch ha-Chajim* einen *backlash* erfährt. Denn wie kann die Heiligung des Lebens noch vollzogen werden, wenn es künftig kein jüdisches Leben mehr gibt? *Eine* Antwort gibt *dos lid vegn radziner* (jidd. Das Lied vom Radzyner), das Katzenelson innerhalb eines halben Jahres verfaßt hat, unterbrochen von der großen Deportation im Sommer 1942. Quellen für das Poem sind im Ghetto kursierende *Kiddusch-ha-Schem*-Geschichten um Shmuel Shloyme LEYNER, denn im selben Sommer erschien in den *yedies* (jidd. Nachrichten), dem Organ der jüdischen Untergrundorganisation im Ghetto, eine Notiz über den Mord der Gestapo an dem letzten Nachkommen der chassidischen Dynastie des polnischen Städtchens Radzyn. Dieser hatte schon zu Beginn der Okkupation Polens zum bewaffneten Widerstand aufgerufen. Als er schließlich der Gestapo in die Hände fiel, so wird berichtet, spuckte er den Verfolgern ins Gesicht. Alle diese Ereignisse, aber auch die zirkulierenden Legenden über Leben und Sterben Leyners, bilden Referenzen in Katzenelsons Dichtung, in der er den Rebbe an seinem letzten Aufenthaltsort, im polnischen Vlodave, wiederauferstehen läßt. Eine Rettung durch die organisierte Flucht in ein Versteck in Warschau hatte er abgelehnt, da das Zentrum der polnischen Juden wegen seiner überaus starken Gemeinde im Gegensatz zum kleinen, buchstäblich gottverlassenen Vlodave seiner spirituellen Unterstützung nicht bedürfe. Noch mehr: Im Verlauf der Strophen spricht Leyner davon, daß der Fortbestand des Bundes zwischen Gott, Tora und Israel abhängig sei von der Kraft des pulsierenden jüdischen Lebens in Warschau und nicht von der schwindenden Potenz eines Gottes, dessen Lethargie von Beginn an die Ereignisse begleitet.

Die Unterbrechung der Arbeit am Text während der großen Deportation markiert die Wende im Gedicht: Weil im Verhältnis zur Auslöschung der Gemeinschaft die Passivität ihres Gottes an Gewicht verliert, sind es die restlichen noch Lebenden, die jetzt den Bund eben noch aufrechterhalten. So ist im letzten Gesang die Rede von einem Güterzug, abgestellt am Ende eines blinden Gleises in einem Wald bei Vlodave, in dessen Waggons eine ganze jüdische Gemeinde eingepfercht ist. Mit dem Geld, das eigentlich für seine Flucht bestimmt war, besticht LEYNER ein paar polnische Bauern, die ihm dabei helfen, die Türen aufzubrechen, die wenigen Überlebenden zu bergen und die unzähligen Leichen zu begraben. Nach dem Begräbnis des „letzten Kadosch" spricht der Radzyner Rebbe *Kaddisch* und erinnert damit an eine ältere Bedeutung des traditionellen Trost- und Trauergebetes: die Heiligung des göttlichen Namens, der trotz des erlittenen Unglücks weiter verehrt wird. Als Antwort vernimmt er das Schluchzen des Geheiligten, das den untröstlichen Gott zwischen den Tempelruinen vergegenwärtigt. *Hier* ist es jedoch lediglich die *Erinnerung* an die tröstende Kraft des alten Ritus und der Gemeinschaft, welche den Bund weiterhin aufrechterhält. Dessen schwächstes Bindeglied wird dennoch geheiligt: ein einsam trauernder Gott, der während der lyrischen Erzählung ein einziges Mal aus seiner Verborgenheit heraustritt:

ver veynt dort? zog ver? un z'arayn in vagon,	Wer weint dort? Sag wer? Und er ging in [den Waggon
geshtelt in dem fintsterstn vinkl zikh dort,	Stellte sich dort in die dunkelste Ecke,
farshvign in veytogn, ayn zikh gehorkht	Stumm vor Schmerz und horchte
tsu dem reboyne-sheloylems geveyn,	auf Gottes Schluchzen
der rebe iz lang nokh geblibn dort shteyn,	Der Rebbe stand noch lange so
in leydikn, fintstern tifn vagon –	Im leeren, dunklen tiefen Waggon -
der rebe er hot zikh keyn rir nit geton	Der Rebbe, er war vollkommen reglos
tsum eybershtns veynen zikh tsugehert dreyst	Und lauschte nur dem schrecklichen [Weinen des Höchsten
geshvign un nit mit keyn vort im getreyst[.]	Schwieg und tröstete ihn mit keinem Wort.

Weder die *Heiligung des göttlichen Namens* noch die *Heiligung des Lebens* können hier angesichts der Toten vollzogen werden. Statt dessen handeln die Menschen entschiedener als je zuvor unabhängig von der Befehlskraft ihres Gottes: Während dieser im *Midrasch* in Gemeinschaft diejenige Zerstörung des Heiligtums beweint, die er selbst zugelassen hat, ereignet sich jetzt die Vernichtung seines Volkes außerhalb seiner Gewalt, und keine Engel und keine Zeugen der Bundesschließung begleiten ihn in seiner entsetzlichen Trauer. Und: Jetzt ist es der Rebbe, der seinem Gott zu schweigen befiehlt, während sich die restlichen Überlebenden *dieser* Katastrophe zum diesmal *gemeinsamen* Kaddisch versammeln: *Kiddusch ha-Schem* wird *Kiddusch Jisrael* – der abwesenden Gemeinschaft zum Gedenken. Auch wenn der Ritus die überlieferten Sinnsicherheiten nicht mehr ungebrochen weiterträgt, so garantiert doch seine *Ausü-*

bung den Fortbestand des alten Bundes und damit den Fortgang der jüdischen Geschichte überhaupt. Bevor LEYNER im Gedicht von den Deutschen ermordet wird, betet er darum, Rabbi AKIVA in seiner Ausübung von *Kiddusch ha-Schem* unter der römischen *Tortur* nachfolgen zu können – auch wenn im Jahr 1942 die Heiligung dem Namen eines Gottes gilt, der absolut machtlos geworden ist. Dem Abstand der Zeit entspringt die stetige Verlängerung der Bewegung: von der Sicherheit des überlieferten Grundes zur Infragestellung des Sinns, von der grenzenlosen Überlegenheit des Schöpfergottes Israel zur nicht endenden Erneuerung des Bundes durch sein verschwindendes Volk, von der lebendigen Gegenwärtigkeit zur irreversiblen Abwesenheit.

Christina Pareigis

Literatur

Shimon Huberband: *Kiddush Hashem. Jewish Religious and Cultural Life in Poland during the Holocaust*, Hoboken, NJ (Ktav Pub. House)/New York (Yeshiva University Press) 1988

Yitzhak Katzenelson: „dos lid vegn radziner", in: Yechiel Szeintuch (Hg.): *yidishe geto-ksovim.* [Jiddische Ghetto Schriften] *varshe 1940–1943*, Beit Lohamei Haghetaot (Israel) 1984, S. 663–706

Peter Kuhn: *Gottes Trauer und Klage in der Rabbinischen Überlieferung (Talmud und Midrasch)*, Leiden (Brill) 1978, S. 232–234

David Roskies: *Against the Apokalypse. Responses to Catastrophe in Modern Jewish Culture.* Cambridge, MA (Harvard University Press) 1984

Santiago de Compostela, die Frontera und der hl. Jakobus – Pilgerreise und Geopolitik

Santiago de Compostela, Archiv der Kathedrale: Miniatur aus dem Tumbo B, um 1300

Im äußersten Nordwesten der Iberischen Halbinsel, in der Provinz Galizien, liegt Santiago de Compostela, das seit dem 10. Jahrhundert neben Rom und Jerusalem den dritten großen Wallfahrtsort der westlichen Christenheit darstellt. Dem HL. JAKOB(US), spanisch *Santiago*, geweiht, wurde die Stadt zum Ziel frommer Pilger, das sie nach wochenlangen Märschen über den *Camino de Santiago* (Jakobsweg) erreichten, meistens den *Camino Francés* von den Pyrenäen her wählend. Dafür erlangten sie Ablaß, durften fortan die Jakobsmuschel als Zeichen tragen und gründeten Bruderschaften in ganz Europa. – Im Evangelium (nach Matthäus 4, 21 f.) wird berichtet, Jakobus sei der Sohn des Zebedäus und der Salome, ein Fischer vom See Gennesaret. Dort habe JESUS ihn wie seinen Bruder JOHANNES zum Jünger in den Kreis der Zwölf berufen. Doch schon in der Antike war von seinem Leben wenig bekannt. Er sei im Jahr 44 auf Befehl von HERODES, dem König von Judäa, enthauptet worden (Apostelgeschichte 12, 1 f.), nachdem er „bei den Juden gepredigt" habe, so der Kirchenvater CLEMENS VON ALEXANDRIEN in einem Bericht, den EUSEBIUS in seiner *Kirchengeschichte* überliefert.

Aus dem Apostel und Evangelienverkünder Jakobus ist schließlich ein *miles Christi,* ein Soldat Christi geworden – ursprünglich ein Titel, den der Kirchenvater ORIGENES im 3. Jahrhundert jenen wüstenbewohnenden Asketen vorbehalten wissen wollte, die gegen die Versuchungen der Dämonen als Herren dieser Welt kämpften. Jakobus erscheint als Patron von Glaubenskriegern, er ist nobelstes Produkt der *frontera*, des von Christen und Muslimen umkämpften Grenzlandes Spanien. Dessen Topographie hat sich virtuos in das Leben des Heiligen eingeschrieben, daraus sind ihm Ruhm und Legende erwachsen.

Daß Jakobus vor seinem Tod das Evangelium in die römische Provinz Hispania gebracht habe, ist apokryph und taucht als Interpolation in einer lateinischen Übersetzung des griechischen Bibeltextes auf, die um 700 in Spanien entstanden war, nachdem die arianischen Westgoten zum Katholizismus konvertiert waren – sie unterschieden sich von diesem vor allem in ihren abweichenden Auffassungen über Trinität und Christologie. Durch Rückgriff auf die Zeit der Urkirche ließ sich im traditionsbildenden Narrativ der Mission die arianische Häresie heilen und aus der Kirchengeschichte Spaniens überhaupt austragen. In ihr erscheint Jakobus seit dem 8. Jahrhundert als Landespatron.

Diesen Status konnte er nur erhalten durch die in der Legende erzählte Translation seines Leichnams von Jerusalem übers Meer nach Galizien ins Königreich Astrurien: Ein armer Hirte sei durch eine nächtliche Vision zu einer verlassenen Stätte auf freiem Feld unter bestirntem Himmel (*campus stellae/campo de la estrella*: Compostela) geführt worden, die der herbeigeholte Bischof als Ort der Überreste des Jakobus und seiner Begleiter erkannt habe. Diese wären, so ein in Umlauf gesetzter Bericht, nach dem Martyrium des Apostels aus Palästina mit dem Boot hierher gekommen, weder von einem Kapitän noch Matrosen, sondern allein von Engeln geführt. Auf diese Weise waren die kostbaren Reliquien, deren Translation am 30. Dezember als Jakobstag gefeiert wird – der 25. Juli ist der Feiertag des Heiligen selbst –, an der *frontera* lokalisiert.

Die spanische Route der Jakobslegenden verläuft insgesamt auf den Schauplätzen der Reconquista, der 800 Jahre währenden Befreiung und Wiedereroberung der christlichen Reiche aus der Herrschaft der Araber. Der *Camino Francés* hat als einen seiner Ausgangspunkte in den Pyrenäen den Ort Roncesvalles, wo 778 die Nachhut von KARL DEM GROSSEN unter ROLAND angeblich von den Mauren – tatsächlich aber von baskischen Marodeuren – zerrieben worden war. Dieser Kampf beschreibt eine Urszene europäischer Literatur, die Begebenheiten des mittelalterlichen *Rolandsliedes*. An der *frontera* herrschte ständiger Krieg oder brüchiger Waffenstillstand, bewaffnete Banden verübten im Zeichen der Religion Übergriffe und Razzien, raubten unterschiedslos Güter, Tiere, Menschen. Zugleich wurden dort, worauf Gottfried Liedl aufmerksam gemacht hat, aber auch Institutionen der Verhandlung und Auslösung etabliert, deren Personal sich auf beiden Seiten frei bewegen konnte.

In der spanischen Tradition der *romances fronterizos* seit dem 12. Jahrhundert wird auch die Jakobslegende kommentiert. Von Santiago heißt es, er heile Kranke und erwecke Tote wieder zum Leben. Immer dann, wenn gegen Mauren gekämpft werde – oder später in der Neuen Welt gegen Indios –, dann erscheine er über dem Schlachtfeld mit gezücktem Schwert, auf einem Schimmel reitend. In seinem Namen wurde ein geistlicher Ritterorden gegründet, dessen Großmeister heute der spanische König ist, mit Filiationen in Portugal und Brasilien (*São Thiago*). Aus dem Märtyrer war schließlich ein Krieger geworden. Als Glaubensritter trat Santiago zum ersten Mal in den Berichten über die für die Christen siegreiche Schlacht um Coimbra (1064) unter FERDINAND I. in Erscheinung. Darüber berichtet der Autor der *Historia Silense* 1130: „In Coimbra kämpft König Ferdinand mit dem Schwert aus Eisen, während der heilige Jakobus, der Ritter Christi, nicht aufhört, für den König einzugreifen, damit dieser den Sieg erringt." Jakobus wird zum Inbegriff Spaniens – in deutschen Landen trug Spanien im Mittelalter die Bezeichnung ‚Jakobsland' –, metaphorisch transzendiert im Schlachtruf „¡Santiago y cierra España!" In dem spanischen Nationalepos *Poema de Mio Cid* (*Der Cid*, von arabisch *sejjid/Sidi*: ‚Herr') aus dem Jahre 1140, das sich auf die kaum fünfzig Jahre zurückliegenden Ereignisse unter der Herrschaft ALFONSOS VII., Königs von Kastilien und León (1126–1157), bezieht, treten Santiago und MOHAMMED als homologe Figuren auf, die – als Personifikation der kämpfenden ‚Mohren' und ‚Christen' – einander gegenüberstehen: „*los moros llaman Mafómat – e los cristianos santi Yague*" (in der Übersetzung von Fred Eggarter: „Und Mahoma und Santiago / rief man an im heißen Ringen").

Als Figur des kriegerischen Märtyrers wandert Santiago der *Matamoros* (Mohrenschlächter) durch die national-imperialen Repräsentationen der spanischen Geschichte. Im 16. Jahrhundert, nach Entdeckung, Conquista und Kolonisierung Amerikas und den Comuneros-Aufständen der Städte gegen die Zentralgewalten, geriet auch der Jakobskult in die Kritik und wurde fortan als Mythos behandelt. So etwa bei einem Protagonisten des spanischen Erasmismus, ALFONSO DE VALDÉS – der sich *capitán de Lutero*, ‚Luthers Hauptmann', nannte – im *Diálogo de las cosas ocurridas en Roma* (1529). Im 16. Jahrhundert verschwanden auch die Gebeine des Heiligen, die 1879 wiederentdeckt wurden und dann 1885 ihre päpstliche Bestätigung als Reliquien erhielten. Das vom Geist der Aufklärung geprägte repräsentative *Diccionario de Autoridades* (1726–1739) hatte zuvor (1737) jedoch den Santiagokult aus der Bindung an die Schauplätze der Reconquista gelöst und ihm eine nahezu universale Bedeutung verliehen. In seiner kanonischen Version ist er unter Napoleon dann nahezu ganz versiegt.

Im 20. Jahrhundert hat Santiago ein doppeltes Nachleben erfahren. Das betrifft zum einen seine Rolle für die spanische Geschichte. So berief sich Miguel de UNAMUNO am Beginn einer spanischen Moderne auf ihn als Helden einer *anderen* Grenze, wenn er Santiago de Compostela als besonderen Raum interkultureller Begegnungen betonte und Santiago zum Multikulturalisten *avant la lettre* erhob, befreit aus der imperialen Tradition: „Patron Spaniens, dessen Schlachtruf *¡Santiago y cierra España*! unsere mittelalterliche Devise war, hieß Abgrenzung nach außen, Öffnung und Zerstörung seiner inneren Grenzen und Verpflichtung aller seiner Völker auf den gemeinsamen Kampf gegen das Maurentum." An die Stelle dieses Kampfes sollte das friedliche Zusammenleben treten. Die Zweite Spanische Republik (1932–1939) beendete den offiziellen Jakobskult, der unter der Diktatur FRANCOS dann per Dekret wieder eingeführt wurde. Im demokratischen Spanien wurde der Jakobsweg 1987 zum europäischen Kulturweg ernannt und 1993 in die Liste des Weltkulturerbes der UNESCO aufgenommen. – Zum anderen hat in den vergangenen Jahrzehnten die Wallfahrt selbst einen Aufschwung erfahren. Neben erklärten Christen wird sie von Menschen unternommen, die Erlösung *do-it-yourself* suchen. So hat der Brasilianer Paulo COELHO als erster Moderner 1987 seine Pèlerinage für ein breiteres Publikum als Introspektion beschrieben und für die jeweiligen Abschnitte der Wanderung Exerzitien formuliert. Im Anschluß an ihn hat der deutsche Film- und Fernsehschauspieler Hape KERKELING – auch er legte den Weg zurück und verfaßte darüber einen Bestseller – seinen Antrieb als „Mischung aus Buddhismus mit christlichem Unterbau" bezeichnet. Die Jakobsmuschel, die die Pilger traditionell an ihrem Ziel erwarben, ist durch ein Abzeichen mit einer stilisierten gelben Muschel auf blauem Grund ersetzt worden. Um es erhalten zu können, müssen auf spanischem Boden mindestens 100 km zu Fuß oder 200 km mit dem Fahrrad zurückgelegt worden sein. Über die Legende gebietet immer noch die Topographie.

Karlheinz Barck und Martin Treml

Literatur

Paulo Coelho: *Auf dem Jakobsweg. Tagebuch einer Pilgereise nach Santiago de Compostela*, übers. v. Maralde Meyer-Minnemann, Zürich (Diogenes) 1999

Hape Kerkeling: *Ich bin dann mal weg. Meine Reise auf dem Jakobsweg*, München (Malik) 2006

Gottfried Liedl: „Übersetzungen zwischen den Kulturen im Spanien der Reconquista", in: Daniel Weidner (Hg.): *Figuren des Europäischen. Kulturgeschichtliche Perspektiven*, München u. a. (Fink) 2006, S. 23–41

Serafín Moralejo: „Der Heilige Jakobus und die Wege seiner Ikonographie", in: Paolo Caucci von Saucken: *Santiago di Compostela. Pilgerwege*, Augsburg (Pattloch) 1993, S. 75–90

Joyce E. Salisbury: *The Blood of Martyrs. Unintended Consequences of Ancient Violence*, New York u. a. (Routledge) 2004

Claudio Sánchez Albornoz: „En los albores del culto jacobeo", in: *Compostellanum* 16 (1971), S. 37–72

Miguel de Unamuno: „Santiago de Compostela", in: ders.: *Obras completas*, Bd. 1: *Paisajes y ensayos*, Madrid (Escelicer) 1974, S. 377–382

DER KOSOVO-MYTHOS –
ODER DIE ‚RETTUNG DES ABENDLANDES' AUF DEM AMSELFELD

Kosovo, 28. Juni 1989

Am 28. Juni 1389 führte der serbische Fürst LAZAR ein christliches Koalitionsheer gegen die vordringenden Osmanen auf die Hochebene westlich von Priština, das legendäre ‚Amselfeld' (*Kosovo polje*). Die eintägige Schlacht gegen das überlegene osmanische Heer unter Sultan MURAD I. endete mit einer militärischen Niederlage für Lazar. Dieses Ereignis ging als Entscheidungsschlacht in das kollektive Bewußtsein ein. Dabei hatte die in historischer Sicht bedeutsamere Schlacht, die den Osmanen die Tür nach Europa öffnete, bereits im Jahre 1371 an der Marica stattgefunden. Warum wurde aber gerade die Schlacht auf dem Amselfeld (*Kosovska bitka*) wie kein anderes Ereignis aus der serbischen Geschichte derart herausgehoben, immer wieder neu beschrieben, kommentiert und umgedeutet?

Auf dem Amselfeld fanden die Heerführer beider Seiten den Tod. Die Osmanen rächten sich grausam an den serbischen Attentätern, denen MURAD I. zum Opfer gefallen war, indem sie aus den Köpfen der vielen Gefangenen, darunter vermutlich auch dem von Fürst LAZAR, Schädelpyramiden errichteten. Nach der Schlacht zogen sich die Sieger nach Adrianopel, dem heutigen Edirne, zurück, um erst 70 Jahre später ihren Expansionskurs nach Europa fortzusetzen. Aus dieser Tatsache begründet sich die Überzeugung der Serben, bei der Schlacht auf dem Amselfeld das Abendland vor den Türken gerettet und sich für die Verteidigung Europas geopfert zu haben. Jene dagegen, die Lazars Aufruf gegen die Osmanen nicht gefolgt waren, werden seither als Verräter der Christenheit betrachtet.

In der nachfolgenden Umformung des Schlachtgeschehens zum Mythos überlagerten sich mehrere, unterschiedlich motivierte Erzählungen. Die Heiligsprechung LAZARS durch die serbische Kirche begründete einen Kult, der angesichts der Krisensituation die innere nationale Stabilität sichern und das ethnisch-religiöse Bewußtsein stärken sollte. Denn der Tod des Zaren STEFAN IV. DUŠAN UROŠ (um1308–1355) hatte den Untergang der Dynastie der Nemanjiden besiegelt – der Name geht auf STEFAN NEMANJA (1114–1200), Großžupan von Raška, zurück, unter dem das Kosovo Teil des serbischen Reiches und über Jahrhunderte zum Zentrum der Serbisch-Orthodoxen Kirche geworden war. Nemanjas jüngster Sohn RASTKO, der heilige Sava (1169–1236), hatte sie begründet und Byzanz deren Autonomie im Jahre 1219 anerkannt. Als das in kleine Fürstentümer zerfallene Reich sich nicht geschlossen gegen die Osmanen stellte, war es LAZAR (1329 als Sohn eines Hofbeamten und einer entfernten Verwandten der Nemanjiden geboren), der aus den Nachfolgekämpfen als mächtigster Feudalherr hervorging. Sein Opfertod auf dem Schlachtfeld besiegelte seinen Status als legitimer Herrscher, so daß sein Sohn STEFAN LAZAREVIĆ (1377–1427) Thronfolger werden und von Kruševac aus den serbischen Vasallenstaat regieren konnte.

Die Kirche erinnerte an Lazars Martyrium mit dem Veitstag (*Vidovdan*), einem Tag – nach Julianischem Kalender der 15., umgerechnet der 28. Juni – zum Gedenken an den sizilianischen Märtyrer VITUS, der den gleichlautenden heidnischen Gott der Slawen, SVETOVIT, verdrängen sollte. Es sind zahlreiche liturgische, memoriale und epische Texte der serbischen Barden (*Guslari*) überliefert, die Lazars Tod verklären. Da heißt es z. B., am Tag vor der Schlacht sei LAZAR vor die Wahl zwischen vergänglichem Sieg und ewigem Ruhm gestellt worden. Mit der Überlieferung, Lazar habe sich für den Märtyrertod entschieden, erhält nicht nur die Niederlage auf dem Amselfeld eine nachträgliche Erklärung und einen Sinn. Sie wird zugleich zum Ursprung der populären Vorstellung, die Serben seien als ‚himmlisches Volk' auserwählt, um für das Reich Gottes zu streiten und die Christenheit zu verteidigen. Dabei werden die historischen Ereignisse dem Leidensweg und dem Verratszenario der Passio CHRISTI aus dem Neuen Testament nachgestaltet: Lazar trägt Züge Christi, die Lagerbesprechung vor der Schlacht kommt dem Abendmahl gleich, bei dem der Verrat prophezeit wird; und schließlich wird auch die Auferstehung von Lazars abgeschlagenem Kopf bezeugt. Die Nachgeschichte lieferte dann fehlende Details: Im 16. Jahrhundert beispielsweise nahm der eigentliche Held der Schlacht, der Murad I. tötete, unter dem Namen Miloš OBILIĆ Gestalt an. Und Vuk BRANKOVIĆ, unter dessen Nachkommen Serbien seine Unabhängigkeit verlor, wurde als Gestalt eines serbischen JUDAS figuriert. Im Mythos wurde die Mahnung zur Einigkeit ebenso verankert wie die Hoffnung auf Befreiung von der Fremdherrschaft, in die Serbien nach einer zweiten Schlacht auf dem Amselfeld im Jahre 1448 und weiteren Kämpfen 1459 geraten war. Um 1690, mit den Auswanderungen aus südserbischen Gebieten, brachten Mönche des Klosters Ravanica, LAZARS eigener Stiftung und letzter Ruhestätte, die Reliquien des Märtyrerfürsten in die Vojvodina nördlich der Donau, in ein

Gebiet, das nach dem Türkenkrieg von 1683–1699 den Österreichern zufiel. Hier lebte der Kult um Lazar erneut auf. Zahlreiche Darstellungen zeigten den Fürsten in zeitgemäßer barocker Manier. Auf Kultbildern wurde Lazar, der orthodoxen Ikonographie von JOHANNES DEM TÄUFER folgend, zudem als *Kephalophor* verehrt, der das abgeschlagene Haupt in den eigenen Händen hält.

Die mythischen Überlieferungen, die um die Schlacht auf dem Amselfeld rankten und die zunehmend an überregionaler Bedeutung gewannen, gingen in der Nationalromantik auf. Die Heldengesänge, die der Ethnograph und Philologe Vuk Stefanović KARADŽIĆ (1787–1864) sammelte und veröffentlichte, riefen Anfang des 19. Jahrhunderts auch in Westeuropa ein positives Echo hervor. Als „Serbische Volkslieder" erregten sie insbesondere das lebhafte Interesse der Brüder GRIMM, der Übersetzerin TALVJ (Therese Albertine Luise von Jakob-Robinson), aber auch GOETHES und HERDERS. Dies bestärkte die serbischen Eliten, die epische Deutung der Geschichte als allgemeines Bildungsgut weiterzuverbreiten. Zitate der literarischen und religiösen Tradition dienten fortan auch zur ideologischen Legitimation politischer Entwürfe.

Im 19. und 20. Jahrhundert kann immer dann, wenn Serbien in den Kampf zog, eine Wiederbelebung des Kosovo-Mythos beobachtet werden: während der Aufstände 1804–1806 und 1814–1816 gegen die Osmanen, in den Balkankriegen 1912/13, in den Weltkriegen und im Kosovo-Konflikt der 1990er Jahre. 1889 kulminierte die Kosovo-Begeisterung in den Feierlichkeiten zum 500. Jahrestag der Schlacht auf dem Amselfeld, die von staatlicher Seite im gesamten Land geplant und durchgeführt wurden. Das Kosovo avancierte auf diesem Wege zum Symbol nationaler Befreiung für alle südslawischen Völker. Seit 1914, nach der Schlacht von Kumanovo, ist der Veitstag offizieller Feiertag. In diesem Jahr, d. h. 525 Jahre nach der legendären Schlacht auf dem Amselfeld, ermordete der Anarchist Gavrilo PRINCIP (1894–1918), ganz in der Tradition des Tyrannenmörders OBILIĆ, in Sarajewo den österreichischen Thronfolger FRANZ FERDINAND. Inspiriert zu dieser Tat war er durch das Versepos *Gorski vijenac* (1847, dt. Der Bergkranz): Darin verleiht der montenegrinische Fürstbischof (*Vladika*) PETAR II. PETROVIĆ NJEGOŠ (1813–1851) dem fiktiven Helden der Schlacht auf dem Amselfeld, Miloš Obilić, die letzte literarische Weihe als christlicher Heros und als Symbol der serbischen Freiheit. Es gibt nicht wenige geschichtsträchtige Daten – auch außerhalb des Kosovo – die auf den Veitstag fallen: so etwa das Attentat auf König ALEXANDER I. und den französischen Außenminister Louis BARTHOU in Marseille 1934.

Heute erhebt sich auf dem Schauplatz der Schlacht ein turmartiges, aus groben Quadern zusammengefügtes Monument. Nicht weit entfernt erinnert die Türbe des Sultan MURAD I., eine traditionelle Pilgerstätte für die Muslime des Kosovo, an das längst untergegangene Osmanische Reich. 1989 wurde der Gedenkort neu belebt. Der Sarkophag mit den heiligen Gebeinen LAZARS, 1942 aus der Vojvodina nach Belgrad überführt, wurde in einer großen Prozession zur ‚urspünglichen' Ruhestätte ins Kloster Ravanica gebracht. Am 600. Jahrestag pilgerten etwa eine Million Serben zum Amselfeld. Die pathetische Rede, die Slobodan MILOŠEVIĆ hier hielt, beschwor die mythischen Zeiten der Schlacht, die Sonderrolle der Serben bei der Verteidigung der Christenheit und in den Befreiungskämpfen gegen die Fremdherrschaft; sie war zugleich ein Anzeichen für die bevorstehenden Kämpfe. Als die internationale

Gemeinschaft auf den Kosovo-Konflikt, die allgemeine Mobilisierung der heroischen Vergangenheit und das serbische Missionsbewußtsein mit der Unterstützung der Kosovaren antwortete, wurde dies als ein erneuter Verrat an den Serben interpretiert. Bei der Umcodierung von Feindbildern und zur Bekräftigung ideologischer Konzepte hat sich der Kosovo-Mythos über Jahrhunderte hinweg als äußerst wirkungsvolle und anpassungsfähige Folie zur Legitimierung je aktueller Ideologien erwiesen.

Tatjana Petzer

Literatur

Uwe Becker: „Die Entwicklung des kulturellen Gedächtnisses: Das Amselfeld", in: Lidwina Meyer (Hg.): *Wie kann Gestern morgen besser werde? Jüdisch-christlich-muslimische Geschichte(n). 4. Interreligiöse Sommeruniversität*, Rehburg-Loccum (Evangelische Akademie Loccum) 2005, S. 165–177

Maximilian Braun: *„Kosovo". Die Schlacht auf dem Amselfeld in geschichtlicher und epischer Überlieferung*, Leipzig (Markert & Petters) 1937

Frank Kämpfer: „Der Kult des heiligen Serbenfürsten Lasar", in: *Südost-Forschungen*, 31 (1972), S. 81–139

Siegfried Kapper: *Fürst Lazar. Epische Dichtung nach serbischen Sagen und Heldengesängen*, Leipzig (Friedrich Ludwig Herbig) ²1853

Reinhard Lauer: „Das Wüten der Mythen. Kritische Anmerkungen zur serbischen heroischen Dichtung", in: Reinhard Lauer/Werner Lehfeldt (Hg.): *Das jugoslawische Desaster. Historische, sprachliche und ideologische Hintergründe*, Wiesbaden (Harrassowitz) 1995, S. 107–148, insbes. S. 139–146

Die Schlacht bei Wittstock – ein Schauplatz des Martyriums im Dreissigjährigen Krieg

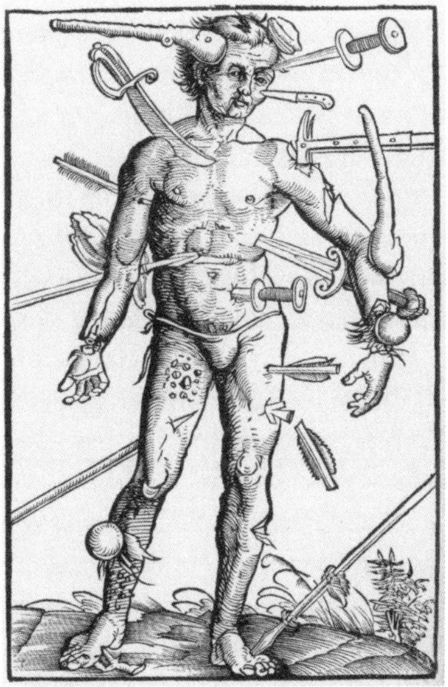

Wundenmann; aus: Hans von Gersdorff: *Feldtbuch der Wundartzney*, Strassburg 1517

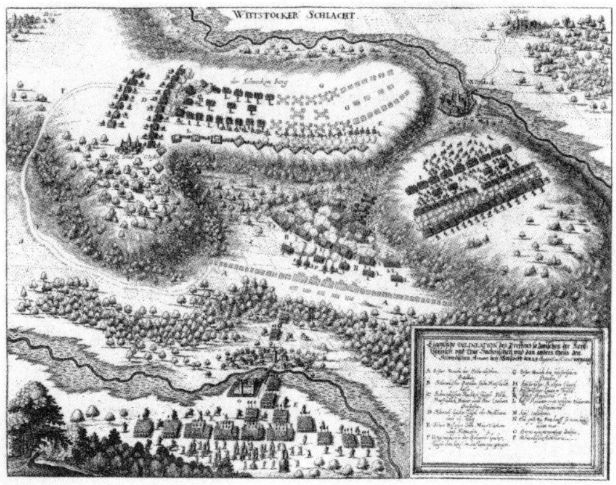

Schlachtaufstellung bei Wittstock 1636

Vom Turmfenster der Bischofsburg aus blickt man auf den Scharfenberg, der auf militärischen Karten des 17. Jahrhunderts auch als „Schreckensberg" bezeichnet wird. Hier ereignete sich im Jahr 1636 eine der verlustreichsten Schlachten des Dreißigjährigen Krieges, die zu einer Chiffre für die unermeßliche Grausamkeit des Krieges geworden ist. „Ein so crudeles fechten, das ich die zeit meines lebens dergleichen nicht beygewonet", schrieb der schwedische Oberbefehlshaber Johan Banér später. Zugleich ging die Schlacht bei Wittstock aber auch als überraschender Triumph der schwedischen Truppen unter Johan Banér über die kaiserlichen Truppen ins kulturelle Gedächtnis ein. Der Sieg des protestantischen schwedischen Heers über das katholische veränderte das Kräfteverhältnis der kämpfenden Parteien entscheidend. Das quantitativ unterlegene schwedische Heer besiegte durch militärische Taktiken – Banér teilte seine Armee und lockte so die kaiserlichen Truppen aus ihrer Stellung – die habsburgische Großmacht. Die militärischen Details, das gegenseitige Kräftemessen der Kriegsparteien, die die Universalmacht anstrebten, und die rhetorischen Argumentationsmuster zur Bekämpfung des Gegners scheinen aus heutiger Sicht oft austauschbar.

Zeitgenössisch spielte die religiös eingefärbte Rhetorik jedoch eine entscheidende Rolle in der Konstruktion von Feindbildern wie auch für die Herausbildung der Vorbildfigur des Märtyrers, der sich für das Kollektiv und die Konfession opfert. Heute erinnert in Wittstock ein Museum an die Schlacht und die Verwüstung weiter Landstriche in Brandenburg. Nicht weit entfernt von der Bischofsburg steht der ‚Schwedenstein', ein Denkmal für den triumphalen Sieg des schwedischen Heers unter Banér und für GUSTAV II. ADOLF von Schweden, der als ‚Retter des Protestantismus' geehrt wurde. Der auch als ‚Löw' aus Mitternacht' bezeichnete Schwedenkönig – der Name geht auf eine Prophezeiung aus dem 16. Jahrhundert zurück, nach der ein Löwe aus Mitternacht (aus dem Norden) kommen werde, um den Adler (den Kaiser) zu bekämpfen – wurde zu einer messianischen Figur überhöht, die Deutschland vom Joch des Katholizismus befreien sollte. Auf zeitgenössischen Flugblättern wurde er deshalb im Sinnbild eines Löwen mit Schwert dargestellt.

Die Schlacht bei Wittstock war ein *Ereignisort des Märtyrertums* in dem Sinne, daß sich das Sterben für Gott und die Konfession mit dem Sterben für das Kollektiv der Kriegspartei verband. Zugleich ging die Schlacht durch Medien wie die zeitgenössischen Flugschriften und die literarische Verarbeitung, etwa in GRIMMELSHAUSENS Roman *Der abenteuerliche Simplicissimus Teutsch* (1668), schon bald ins kulturelle Gedächtnis ein und wurde so zu einem *Erinnerungsort des Märtyrertums*, aber auch des Triumphs des Protestantismus über den Katholizismus. So wurde im *Simplicissimus*, der rund 30 Jahre nach der historischen Schlacht bei Wittstock erschien, die Schlacht als Schauplatz körperlicher Torturen beschrieben: Er offenbart eine *verkehrte Welt*, die dem christlichen *Ordo*-Gedanken zuwiderläuft. Für die Verkehrung der Weltordnung durch die Kriegsgreuel steht exemplarisch eine Szene, in der die Inversion der Werte am Motiv der ‚Erde' erörtert wird: „Die Erde, deren Gewohnheit ist, die Toten zu bedecken, war damals an selbigem Ort selbst mit Toten überstreut, welche auf unterschiedliche Manier gezeichnet waren, Köpf lagen dorten, welche ihre natürlichen Herren verloren hatten, und hingegen Leiber, die ihrer Köpf mangleten; etliche hatten grausam- und jämmerlicherweis das Ingeweid heraus, und andern war der Kopf zerschmettert, und das Hirn zerspritzt [...]." Die Aufzählung einzelner Körperteile symbolisiert nicht nur den Verlust einer sinnstiftenden Ordnung, sie erinnert zugleich an die *Vanitas*-Ikonographie im barocken Märtyrerdrama. So wird in Andreas GRYPHIUS' barockem Trauerspiel *Catharina von Georgien* beispielsweise die Angleichung der historischen an die theatralische Szenerie am Beispiel einzelner ‚Requisiten' sinnfällig: „Der Schauplatz lieget voll Leichen-Bilder / Cronen / Zepter / Schwerdter etc. Vber dem Schau-Platz oeffnet sich der Himmel / vnter dem Schau-Platz die Helle. Die Ewigkeit kommet von dem Himmel / vnd bleibet auff dem Schau-Platz stehen." Die Figur des Märtyrers versinnbildlicht das *Leiden* an der verkehrten Welt, sie ist aber auch eine Figur, durch die dem Leiden gleichsam ein höherer Sinn verliehen wird. Insofern verdichten sich im Märtyrer zwei Betrachtungsweisen, die die literarische Bearbeitung des Dreißigjährigen Krieges prägen.

Inwiefern ist es überhaupt sinnvoll, im Fall der Schlacht bei Wittstock von Märtyrern zu sprechen und nicht etwa von Kriegstoten? Wenn der Begriff des Märtyrers auf den Typus des frühchristlichen Märtyrers im kaiserlichen Rom des zweiten bis vierten Jahrhunderts zurückgeführt wird und zuerst jenen ‚Blutzeugen' aufruft, der in der Konfrontation mit der *Tyrannis* (hier: dem militärischen Gegner, der eine andere Konfession vertritt) für das Bekenntnis seines Glaubens einsteht und dafür den Tod in Kauf nimmt, dann fand im Unterschied dazu der Märtyrer hier den Tod auf dem *Schlachtfeld*, in der *kriegerischen Auseinandersetzung*. Aufgrund dieser militärischen Komponente fügt sich die Märtyrergestalt des Dreißigjährigen Krieges nicht ins Bild eines stoisch unter der *Tyrannis* leidenden Christen, der den eigenen Tod hinnimmt. Eher handelt es sich um eine Aktualisierung des Gotteskriegers und *Schlachtfeldmärtyrers* aus der Geschichte der Kreuzzüge – nur daß sich die Schlachtfelder dieses Mal mitten in Europa befinden. Insofern verkörpern die Opfer des Dreißigjährigen Krieges den frühneuzeitlichen Märtyrer als Glaubenskämpfer. Bedenkt man jedoch, daß viele der Söldner weniger ihres Glaubens wegen, sondern aufgrund ökonomischer Zwänge in den Krieg zogen, dann wird erkennbar, daß der Typus des konfessionellen Märtyrers ein Produkt des Krieges war, das nicht zuletzt von seiten der kriegsführenden Parteien als Figur ‚erfunden' wurde, die gleich doppelt zum Einsatz kommen konnte: im Interesse einer sinnstiftenden, versöhnenden Bewältigung der Kriegstoten, aber auch als Figur einer Rhetorik, die einer gegen den Feind gerichteten Polemik dient.

Der Märtyrer des Dreißigjährigen Krieges ist nur aus einem Geflecht aus religiösen, staatspolitischen und ökonomischen Motiven zu erklären. Die Geschichtsschreibung geht davon aus, daß die Religion nicht allein *Motivation* für die kriegerischen Auseinandersetzungen, sondern auch *Legitimation* von kriegerischen Handlungen war (Burkhardt) bzw. daß sich die Religionskriegsfrage von einer ‚Motivationsfrage' zu einer ‚Legitimationsfrage' gewandelt habe (Repgen). Von der schwedischen Armee ist überliefert, daß sich die Söldner vor jeder Schlacht zum gemeinsamen Gebet trafen – so auch in Wittstock. Und in den Flugblättern wurden die Schlachten des Krieges mit der Waffe der Feder weitergeführt. Insbesondere das Propagandainstrument der Flugschriften hatte eine wichtige Funktion in der Legitimierung des Krieges durch Opfer- und Märtyrererzählungen. Der Dreißigjährige Krieg war so gesehen auch der erste Krieg, der massenmedial begleitet wurde, indem dessen kriegerische Auseinandersetzungen flankiert wurden durch den politischen Einsatz von Märtyrerberichten.

Ein Beispiel dafür sind die im Medium der Drucke verbreiteten Berichte über die Zerstörung Magdeburgs im Jahr 1631, dessen Bewohner von einer entfesselten Soldateska getötet wurden. Mit Bezug auf dieses traumatische Ereignis wurde die Schlacht bei Wittstock später vor allem als thriumphaler Vergeltungsschlag für das Massaker betrachtet. ‚Magdeburgisieren' wurde zur Metapher des größtmöglichen Schreckens, während die protestantische Stadt Magdeburg als geschändete LUCRETIA verbildlicht wurde. So heißt es in dem Gedicht eines unbekannten Verfassers: „Die Magd und Burg, die feste Stadt / An Gott durch eine römische Tat / Ihr Jungfrauschaft geopfert hat. / So Luthrische Lucretia, / Aufrechte deutsche Constantia / Bin ich in ewiger Gloria." Parallel dazu wird in einer zeitgenössischen Flugschrift die Ankunft GUSTAV ADOLFS in der verheerten Stadt Magdeburg beschrieben. Er trifft dort auf die allegorisch dargestellte Jungfrau von Magdeburg, die ihm von ihrer Schändung berichtet und ihn als messianischen Retter empfängt. So heißt es dort: „Vom Frieden ihm viel wurd gesagt / da er auffbrach / Doch merckt er wol / daß sich nicht so verhielt die Sach / Da er das vorig Weib am Weg weinend hört flehen / Wircklich zu trösten Sie / Er keins wegs kundt vmgehen. / Weil zur bedrengten Schutz / Gott ihm segnet sein Schwerdt."

Diese Beschwörung des heroischen Opfers im LUCRETIA-Topos zeigt, daß das Deutungsmuster des *Selbstopfers* ex post in der Absicht einer Überhöhung der Toten genutzt wurde. Die Sakralisierung und Heroisierung der Toten der eigenen Konfessionsgemeinschaft kann dabei einerseits als eine Bewältigungsstrategie im Umgang mit unermeßlichem *Leiden* verstanden werden, andererseits als rhetorische Form der Selbstbehauptung gegen den überlegenen Gegner oder die *Tyrannis*. *Constantia,* Beständigkeit, eine zentrale Tugend der stoischen Philosophie, ist das Mittel, mit dessen Hilfe der Märtyrer oder das Märtyrer-Kollektiv sich in die Lage versetzt fühlt, seine Gegner – wenn nicht auf dem Schlachtfeld, dann im Geiste – zu besiegen und auf diesem Weg selbst an dem Versprechen der Ewigkeit teilzuhaben. – Wittstock steht als Chiffre für einen vormodernen Krieg in der Mitte Europas, der mit Torturen, Marter, Tod (ca. 6000 Tote allein in der Schlacht) und maßlosen, Jahrzehnte währenden Zerstörungen verbunden war. Der Gedenkort will daran erinnern, daß jede Kriegspartei durch eine Politisierung des Religiösen zahllose und sinnlose Kriegsopfer zu verantworten hatte. Als ‚Märtyrer' verehrt, sollte ihnen ein höherer Sinn verliehen werden.

Sabine Berthold

Literatur

Johannes Burkhardt: *Der Dreißigjährige Krieg. Moderne Deutsche Geschichte*, Bd. 2, Frankfurt a. M. (Suhrkamp) 1992

Peter Englund: *Die Verwüstung Deutschlands. Eine Geschichte des Dreißigjährigen Krieges.* Stuttgart (Klett-Cotta) 1998

Hans Jacob Christoph von Grimmelshausen: *Der abenteuerliche Simplicissimus* (1668), Hamburg (Nikol-Verlag) 2004

Andreas Gryphius: *Catharina von Georgien*, hg. v. Alois M. Haas, Stuttgart (Reclam) 1995 (Erste Druckfassung 1657)

Lothar Höbelt: „Wittstock und die Folgen. Vom Prager Frieden zur Wende des Krieges", in: Kreis Ostprignitz-Ruppin (Hg.): S. 56–66

Hans-Christian Huf: *Mit Gottes Segen in die Hölle. Der Dreißigjährige Krieg*, Berlin (List) 2006

Kreis Ostprignitz-Ruppin (Hg.): *Museum des Dreißigjährigen Krieges Wittstock/Dosse*, Wittstock/Dosse (Röderaue Broschüren GmbH) 1998

Konrad Repgen: „What is a ‚Religious War'?", in: Tom Scott/E. I. Kouri (Hg.): *Politics and Society in Reformation Europe. Essays for Geoffrey Elton on his 65th Birthday*, London (Macmillan) 1987, S. 311–328

Der islamische Märtyrerfriedhof in Berlin – Jenseits von Tempelhof

Abteilung für Polizei-Märtyrer auf dem Edirnekapı-Friedhof Berlin

Am 29. Oktober 1798 verstarb in Berlin der erste in Preußen ansässige Botschafter des Osmanischen Reiches, Ali Aziz Efendi. Er wurde in Berlin bestattet, da es zu dieser Zeit keine Möglichkeit zur Überführung des Leichnams gab. Um sein Grab herum entstand später im Süden Berlins der heutige „Märtyrerfriedhof" (türkisch *şehitlik*), wenig beschaulich direkt am Columbiadamm gelegen, zwischen der vielbefahrenen Autostraße, dem Sommerbad Neukölln und der nördlichen Begrenzung des Flughafens Tempelhof. Unweit davon gibt es eine Moschee, die ebenfalls das Märtyrertum in ihrem Namen trägt, die *Şehitlik Camii*.

Gemäß der Darstellung der heutigen Friedhofsverwaltung hat die Bezeichnung *Şehitlik* sich in der Zeit des Ersten Weltkriegs durchgesetzt, als in Tempelhof osmanische Soldaten begraben wurden, die als Kriegsverwundete nach Berlin transportiert worden und dort verstorben sind. Die im Krieg für das Osmanenreich gefallenen Soldaten werden im Türkischen *şehit* genannt. Davon abgeleitet, ist *şehit-lik* ein ‚Ort, wo es *şehit*s gibt'. Ein *şehit* kann sowohl ein Märtyrer im religiösen Sinne sein als auch jemand, der in Ausübung seiner Pflicht das Leben verliert, beispielsweise, indem er für sein Land in den Krieg zieht.

Der Tempelhofer Friedhof ist ein einzigartiger *lieu de mémoire* der muslimischen Community Deutschlands, direkt vor den Toren der deutschen Hauptstadt. Da der Friedhof Besuchern offensteht, stellt dieser Gedenkort nicht nur einen begehbaren Zugang zur Geschichte des orientalischen Märtyrertums, einer der kulturellen Schlüsselpraktiken des Orients, dar. Seine Geschichte verweist darüber hinaus auf ein Kapitel aus der deutsch-türkischen Vergangenheit jenseits von Kopftuch und Döner. Die Entstehung des *şehitlik* von Tempelhof ist lesbar als historische Spur aus der Geschichte der preußisch-osmanischen bzw. deutsch-türkischen politischen Zusammenarbeit. Die militärische Dimension dieser Beziehung, die nicht selten mit der Pathosformel der ‚türkisch-deutschen Freundschaft' beschworen wird, die tatsächlich aber vor allem dem geostrategischen Utilitarismus im *Great Game* des 19. Jahrhunderts geschuldet war, reicht insoweit in der Gegenwart hinein, als die Ruhestätte heutzutage dem türkischen Verteidigungsministerium unterstellt ist. Darin versinnbildlicht sich gleichsam die Bindung der Figur des Märtyrers an politische und militärische Machtinteressen: Der Friedhof als Ort des individualisierten religiösen Gedenkens und der spirituellen Einkehr ist zugleich eine Manifestation des kollektiven Gedächtnisses der Nation.

Diese Funktion teilt der Berliner Märtyrerfriedhof mit anderen türkischen *şehitliks*. Kaum einer davon besitzt im türkischen Bewußtsein wohl eine so große Symbolkraft wie der *Edirnekapı şehitliği*, direkt vor den Toren der Altstadt Istanbuls gelegen. Dort waren unter anderem die während der Belagerung und Einnahme Konstantinopels 1453 gefallenen türkischen Angreifer begraben. Der Märtyrerstatus, der ihnen in der osmanischen und später türkischen Tradition zugewiesen wurde, verknüpft das Martyrium, als ererbte islamische Konzeption mit einem der zentralen symbolischen Wendepunkte in der Geschichte der Osmanen, aber auch des sogenannten Abendlandes. Die Eroberung der Stadt am 29. Mai 1453 geschah unter islamischen Vorzeichen und hinterließ mit den Grabsteinen auch sichtbare religiöse Zeichen; die Folgen dieses Ereignisses gehen jedoch weit über die religionsgeschichtliche Dimension hinaus: Durch den endgültigen Untergang des ‚Zweiten Roms' wurden geopolitische Verschiebungen in der europäisch-vorderasiatischen Geschichte bewirkt, die die Topographie der Neuzeit entscheidend geprägt haben. Die Stilisierung Moskaus zum ‚Dritten Rom' und somit zur Schutzmacht der seines politischen Zentrums Byzanz verlustig gegangenen orthodoxen Welt, aber auch das weitere Vordringen der Osmanen bis zur Belagerung von Wien 1683 folgten auf diese Peripetie.

Aus der Perspektive des *Edirnekapı*-Friedhofs lassen sich nicht nur historische und interkulturelle, sondern auch bis in die türkische Gegenwart reichende Aspekte des türkischen Märtyrerverständnisses beleuchten. Das zugleich religiöse und politisch-militärische Deutungsmuster des Martyriums blieb nämlich auch dann bestimmend, als im Laufe des 19. Jahrhunderts westliche Konzepte wie Säkularisierung und Nation in immer stärkere Konkurrenz zu den traditionellen osmanischen Vorstellungen traten. Weltliche Herrschaft und islamische Religion stellten bis zur Gründung der Türkischen Republik durch Mustafa KEMAL (den späteren ATATÜRK, 1881–1938) im Jahre 1923 nicht zwangsläufig einen Widerspruch dar, vereinte der Herrscher des osmanischen Reiches doch die Funktion des obersten religiösen Führers, *Kalifen*, und diejenige des politischen Führers, des *Sultans*, in seiner Person. Auch wenn es in der laizistischen

Türkischen Republik zu einer starken Säkularisierung des *şehit*-Begriffs gekommen ist, sind dessen religiöse Ursprünge noch vielfach spürbar. So wird der osmanischen „Märtyrer der Dardanellen" (*Çanakkale şehitleri*) aus dem Ersten Weltkrieg bis heute mit Gedenkzeremonien auf eben jenem *Edirnekapı*-Friedhof gedacht.

Michael Reinhard Heß

Das Hotel Madimak in Sivas – Kampf um einen Gedenkort der Aleviten

Hotel Madımak, Sivas

Während eines alevitischen Kulturfestes am 2. Juli 1993 im ostanatolischen Sivas zündete eine aufgehetzte Menge das Hotel Madımak an. 37 Menschen starben in den Flammen. Seither ist das Hotel für die Aleviten ein Ort des Martyriums. Die literarischen, visuellen, filmischen, musikalischen, tänzerischen u. a. Reaktionen auf dieses traumatische Geschehen sind mittlerweile unüberschaubar. Sie bilden ein zentrales Element im alevitischen Identitätsdiskurs und sind zum Symbol für den Kampf einer religiösen Minderheit, die in der Türkei mit ca. 20 % immerhin die nach den Sunniten zweitgrößte Religionsgruppe bildet, um Anerkennung geworden. Die Aleviten sind eine weniger bekannte Religionsgemeinschaft, die schiitische Züge und mystische Elemente aus dem Sufismus aufgenommen hat. Dabei ist die Geschichte von Verfolgung und Massakern an Schiiten und Aleviten unter der Alleinherrschaft der Sunniten, insbesondere im Osmanischen Reich, zu einem bedeutsamen Bestandteil der alevitischen Religion geworden, die sich damit als Kultur des *Opfergedenkens* darstellt.

Die Umformung eines Ortes in eine Märtyrergedenkstätte und in ein identitätsstiftendes Erinnerungssymbol wird auf digitalen Bildmontagen visualisiert, wie sie auf alevitischen Webseiten zu finden sind: In den Mittelpunkt des Feuers, das im Begriff ist, das Hotelgebäude zu zerstören, sind mittels computergestützter Bildbearbeitung die Umrisse zweier Figuren gestellt, die ihre Hände gen Himmel recken – genauso wie beim rituellen Tanz der Aleviten, dem *Semah*. Symbolisch drückt eine solche Montage ein Grundprinzip der alevitischen Märtyrerkultur aus, das der sprititueller Wiedergeburt: Aus den mörderischen Flammen erhebt sich die Kraft der alevitischen Kultur zu neuem Leben.

In der Erinnerungskultur der Aleviten stehen die Ereignisse von Sivas in einer langen Reihe von Verfolgungen, die genealogisch auf die *Schlacht von Kerbala* (680 n. Chr.) zurückgeführt werden und dem immer gleichen Muster folgen: Eine kleine Schar von Unschuldigen wird von der tyrannischen Übermacht vernichtet. Als Ortsnamen symbolisieren Kerbala und Sivas ein Kontinuum des Märtyrertums. Die Konstellation von Kerbala, die den historischen Gegensatz zwischen Sunniten und Schiiten versinnbildlicht, erfährt dabei Modifikationen, die sie an die türkische Situation anpassen. Diese betreffen den von Mustafa Kemal Atatürk (1881–1938) initiierten Prozeß der Säkularisierung, den die Aleviten begrüßen, besondere ethnische und sprachliche Merkmale, das Verhältnis von türkischem Nationalismus, Staat und Gesellschaft sowie die Nachwirkungen des Gegensatzes zwischen politischer Linker und Rechter aus der Zeit des Kalten Krieges. Der Prozeß einer umdeutenden Erinnerungspraxis unter dem Zeichen von *Kerbala-Sivas* zeigt sich u. a. daran, daß die gewaltsamen Zusammenstöße in der Stadt Kahramanmaraş in den Jahren 1978 und 1980, denen mehrere Hundert Menschen zum Opfer fielen und die damals als Teil des politischen Konflikts zwischen Linken und Rechten wahrgenommen wurden, heute aus alevitischer Sicht jedoch als Ausdruck einer unter *religiösen* Vorzeichen ablaufenden alevitisch-sunnitischen Auseinandersetzung betrachtet werden.

Die Bedeutung des Madımak-Hotels hat sich dabei dadurch verstärkt, daß die Aleviten bis heute vergeblich darum kämpfen, das Gebäude in eine Gedenkstätte und ein Museum zu verwandeln. Die Tatsache, daß in der Türkei – mit ihren nahezu 80 000 Moscheen – den Aleviten keine staatliche Unterstützung bei der Einrichtung von *Cemevi* (alevitischen Kulträumen) zugestanden wird und auch ihrer Forderung einer Gedenkstätte in Sivas nicht entsprochen wurde, bewerten sie als Zeichen ihrer Nichtanerkennung als religiöse Gruppe in der Türkei. Aus alevitischer Sicht stellt der bis heute ununterbrochene Hotelbetrieb eine unerträgliche Profanierung eines Märtyrergedenkortes dar. Sie sehen darin einen Akt der Mißachtung und Unsichtbarmachung, in dem sich die allgmeine Situation der Aleviten in der Türkei spiegelt.

Ein zusätzlicher Konfliktpunkt des alevitischen Märtyrergedenkens besteht darin, daß die Aleviten dem türkischen Staat und den von ihm gesponserten Organisationen nicht einheitlich gegenübertreten. So beteiligt sich ein Teil der Aleviten an mit staatlichen Mitteln organisierten religiösen Zeremonien, die von anderen als Assimilation an einen universalistischen, einheitlichen Islam und als Entstellung ihrer Tradition kritisiert werden. Diese Kritik richtet sich vor allem gegen das „Amt für Alevitisch-Islamische

Religionsdienste" (*Alevi İslam Din Hizmetleri Başkanlığı*), dessen Name eine Gleichstellung zwischen Islam und Alevitentum suggeriert und mit dem türkischen Ministerium für Religiöse Angelegenheiten (*Diyanet İsleri Başkanlığı*) assoziiert wird, das die sunnitische Mehrheitsreligion vertritt. Wenn in einer Broschüre des Alevitisch-Islamischen Amtes die alevitische Märtyrer-Chiffre Kerbala-Sivas durch eine andersgeartete Genealogie ersetzt wird – „Ein Gruß an alle unsere Märtyrer, und von Badr bis nach Kerbala, von Kerbala bis an die Dardanellen, ein Gruß ergehe!" –, dann wird das als Angriff auf die Identität der Aleviten gewertet. Die hierin erwähnte Schlacht von Badr läßt sich nämlich nicht mit der alevitischen Märtyrerverehrung vereinbaren, da sie historisch erheblich vor der Entstehung des Gegensatzes Schia-Sunna und vor der Schlacht von Kerbala, mithin vor dem Gründungsereignis der Schia, stattfand. Zudem endete sie für den Propheten und Heerführer MUHAMMAD, siegreich, weshalb sie in der Geschichte des Islams eine der entscheidenden Etappen auf dem Wege seiner Expansion symbolisiert und damit dem Symbol von Kerbala diametral entgegengesetzt ist.

Mit der durch das „Amt für Alevitisch-Islamische Religionsdienste" konstruierten Märtyrergenealogie wird eine unteilbare islamische Geschichte beschworen, um den Preis der Ausblendung jener religionsgeschichtlichen Spaltung in Schiiten bzw. Aleviten und Sunniten, die nahezu anderthalb Jahrtausende islamischer Geschichte geprägt hat. Wobei die Nichterwähnung der Namen Maraş und Sivas von den Aleviten als Kränkung empfunden wird. Durch die Zitierung der Kämpfe an den Dardanellen (1915) wird zudem ein zentraler Mythos des türkischen Nationalismus in das Kontinuum integriert, das damit eine Synthese aus Islamismus und türkischem Patriotismus darstellt.

Michael Reinhard Heß

Das ‚Darih‘ des Rafiq al-Hariri in Beirut – Memoria und Heldenkult

Blick auf die Grabstätte Rafiq al-Hariris

Poster mit Märtyrermonument

Märtyrermonument

Am 14. 2. 2005 fiel der libanesische Politiker Rafiq AL-HARIRI, der sich nach einer Parlamentssitzung in seiner Wagenkolonne auf dem Heimweg befand, einem Autobombenattentat zum Opfer. Zweiundzwanzig weitere Personen starben mit ihm. Vier Monate vorher war er aus Protest gegen die immer weiter reichende syrische Einmischung in libanesische Politik von seinem Amt als Ministerpräsident des Libanon (2000–2004) zurückgetreten. Gegen Hariri, der bereits in seiner ersten Amtsperiode (1992–1998), in der er den Wiederaufbau des Landes in kürzester Zeit weit vorantreiben konnte, als couragierter Gegner der seit Bürgerkriegszeiten (1987) andauernden syrischen Präsenz im Libanon hervorgetreten war, gab es seit 2004 Morddrohungen. Das Attentat tötete nicht nur einen der einflußreichsten libanesischen Politiker, sondern gefährdete damit auch großangelegte Wiederaufbauprojekte. Hariris Programm galt einem unabhängigen Staat Libanon. Nach seinem Tod machte sich eine Volksbewegung dieses Ziel als Mission zu eigen, die bis zum Ausbruch des Krieges zwischen Israel und Hizbollah 2006 eine Hoffnung für die gesamte Region verkörperte. Prominente Exponenten wie der Zeithistoriker Samir KASSIR, der Publizist Gebran TUENI und die Politiker Georges HAWI und Pierre GEMAYYEL haben ihren Einsatz für diese Bewegung ihrerseits mit dem Leben bezahlt.

Die einen Monat nach Hariris Tod aus einer Massendemonstration hervorgegangene sog. *14.-März-Bewegung*, später als der ‚Beiruter Frühling‘ bekannt, hat Hariris

Grabstätte im Vorhof der von ihm selbst für seinen Vater im Stadtzentrum errichteten Moschee zu ihrem Wallfahrtsort bestimmt. Das *Darih*, das Areal um sein Grab und die Gräber der mit ihm ermordeten Bodyguards, hat sich zu einem multimedialen Attraktionsort für die Öffentlichkeit entwickelt, wo *Visuelles* – zahllose Fotos und Poster mit brennenden Kerzen, Installationen wie eine Buchpyramide – und Olfaktorisches – duftende, regelmäßig erneuerte weiße Blumenteppiche über den Gräbern – *akustisch* durch kontinuierliche leise-getragene Koranrezitation orchestriert wird. Der inszenierten Festlichkeit, die – mit den Blumen, Koranen als Manifestationen Gottes und der Allpräsenz der auf den Fotos integer präsenten, wie lebend wirkenden Verstorbenen – *islamische Paradiesvorstellungen* evoziert, wurde durch das Kerzenlicht eine zusätzliche *christliche* Note hinzugefügt. Damit wurde ein sakraler Gedenkort geschaffen, der symbolisch verschiedene Religionen integriert und an dem sich Nonnen verschiedener Orden ebenso wie turbantragende muslimische Religionsgelehrte versammeln. Selbst für säkulare Kreise besaß der Ort genug Anziehungskraft, um in den als snobistisch bekannten frankophon-maronitischen Kreisen den Slogan zu provozieren: *Ce soir – au cinema ou au darih?*

Daß der sunnitische Politiker Hariri Opfer einer politischen Intrige wurde, steht außer Frage. Im Alltag wird seine Namensnennung dennoch stereotyp vom Märtyrertitel begleitet. Sein Märtyrertum wird dabei in die Tradition der *nationalistischen Märtyrer* des Libanon gestellt, der 1915 und 1916 auf dem nachmaligen *Place des Martyrs* von der Osmanischen Staatsmacht hingerichteten Unabhängigkeitskämpfer, womit Hariri in den Rang eines Erben und Fortsetzers dieses Kampfes tritt. Ein Poster im Innern des Darih hält diese Deutung fest: Als Opfer seiner Unabhängigkeitspolitik wird der bürgerliche Politiker Hariri neben die Helden jenes Befreiungskampfes plaziert, aus dem der Staat Libanon hervorgegangen ist. Ihr Monument, das einen aufrecht stehenden Krieger, gestützt von der fackeltragenden Siegesgöttin, und einen am Boden liegenden, sterbenden Krieger zeigt – oder ist er derselbe, bevor ihn die Siegesgöttin wegführt? – ist auf dem in der Nähe gelegenen neugestalteten *Place des Martyrs* wieder aufgestellt. Das Poster im Darih, das das ikonographische Programm des historischen Märtyrermonuments nachstellt, zeigt den sterbenden Kämpfer, wie er – anders als auf dem Monument, wo das Detail der Flagge fehlt – nun Hariri die Fahne des Libanon übergibt. Hariri empfängt den Libanon gewissermaßen aus den Händen des sterbenden Kämpfers, des Märtyrers: die Fahne als Medium in der Genealogie der Märtyrer. Auffallenderweise ist Hariri nicht nur auf dem Poster, sondern in dem gesamten Memorialkomplex auf zahlreichen Fotos und Postern als leiblich integre Person zu sehen. Im Einklang mit der islamischen Märtyrervision, die nicht um ein Opfer, sondern um einen Triumph kreist, affiziert sein Tod das von ihm zu bewahrende Bild nicht negativ. Er erscheint – anders als der Kämpfer des 1920 errichteten Märtyrermonuments, das einem klassisch-europäischen Bildprogramm folgt und einen sterbenden Krieger porträtiert – als ein im Leben stehender Mann, wodurch seinem Bild eine enorme Präsenz verliehen wird.

Das Schlachtfeld der Märtyrer hat sich damit offensichtlich verlagert: Ein politisches Programm, vertreten von einem ehemaligen Beton-Tycoon – Hariri hatte sein später weitgehend in den Wiederaufbau Beiruts investiertes Vermögen mit Betonverarbeitung in Saudi-Arabien verdient – kann an die Stelle der physisch ausgetragenen, kämpferischen Auseinandersetzung treten, der eigentlichen Voraussetzung für das islamische Märtyrertum. Politische Märtyrer, sog. ,Märtyrer des Wortes' oder ,Märtyrer der Feder', *schahid al-kalima*, *schahid al-qalam*, sind im Nahen Osten seit langem vertraut. Es ist dieser Typus, dem auch die aus ideologischen Gründen ermordeten Sprecher des Beiruter Frühlings wie Samir KASSIR, Georges HAWI und Gebran TUENI, sämtlich Christen, zugerechnet werden. An diesen Figuren zeigt sich nun aber gerade die Problematik des für solche Opfer reklamierten Märtyrertitels. Denn wie sich im nachhinein herausgestellt hat, hat ihr Tod, der bald von neuen politischen Entwicklungen wie der israelischen Bombardierung Beiruts eingeholt wurde, keine moralische oder intellektuelle Erneuerung bewirken können.

Das gilt nachträglich auch für den Tod von Hariri selbst. Hariri war zwar nicht freien Willens gestorben, aber doch im Dienste einer Wahrheit: der Klärung der dem Schein nach solidarischen Absichten des syrischen Nachbarstaates, der faktisch mit Hilfe seines Geheimdienstnetzes das libanesische System paralysierte. Deswegen ist Hariri zum Märtyrer erklärt worden. Porträts von Hariri und den später Ermordeten finden sich auf zahllosen Postern über die ganze Stadt verstreut, oft flankiert von dem Slogan *„al-haqiqa!"* (die Wahrheit!), d. h. Aufdeckung der verschwiegenen Verbrechen. Eine öffentlich aufgestellte Digitaluhr mit einem Haririporträt hält sogar die täglich aktualisierte Anzahl der seit dem Mord verstrichenen Tage fest; sie zählt die Tage, die ohne die geforderte Wahrheitsfindung, ohne die Haftbarmachung der für den Tod Hariris und der oppositionellen Intellektuellen verantwortlichen Kreise verstrichen sind. Jahre nach dem Geschehen ist der Tod Hariris im Begriff, seinen Märtyrernimbus zu verlieren; zusammen mit den oppositionellen Intellektuellen scheint er sich nun einzureihen in die Masse von *Opfern* politischer Gewalt, wie sie im Nahen Osten nur allzu geläufig sind. Die öffentliche Verdrängung ihrer Todesursachen hat ihr Sterben diskrediert, aus Märtyrern, heroischen Verfechtern nationaler Würde sind sie zu Symbolen verlorener kollektiver Würde geworden.

Angelika Neuwirth

Literatur

Nicolas Blanford: *Killing Mr. Lebanon: The Assassination of Rafik Hariri and Its Impact on the Middle East*, London u. a. (I. B. Tauris) 2006

Jens-Peter Hanssen/Daniel Genberg: „Beirut in Memoriam. A Kaleidoscopic Space out of Focus", in: Angelika Neuwirth/Andreas Pflitsch (Hg.): *Crisis and Memory in Islamic Societies*, Beirut (Orient-Institut)/Würzburg (Ergon) 2001, S. 231–262

René Naba: *Rafic Hariri. Un homme d'affaires premier ministre*, Paris (L'Harmattan) 2000

5. Die Kunst des Märtyrers – Pathosformeln

Schauplatz von Martern und politischer Provokation – der kultische Körper der Performance-Kunst

In der Body-Art der Performance-Kunst, die in den 1960er Jahren entstand, dominieren autoaggressive Körperinszenierungen, in denen die Körper der Künstler – in gleichsam rituellen Handlungen – zum Einsatz kommen bzw. aufs Spiel gesetzt werden: verletzt, ausgesetzt, zur Schau gestellt. Nicht wenige der dabei geschaffenen Körperbilder erinnern an Darstellungen von Torturen und Martern aus der religiösen Ikonographie der Märtyrertradition: manchmal als provokantes Zitat christlicher Symbole wie der Kreuzigung, manchmal durch eine Art kultischer Dramaturgie. Doch wollen die Künstler der Performance-Kunst sich gerade nicht als Märtyrer verstehen, sondern mit ihren extremen Aktionen die alltägliche Opferstruktur der modernen Gesellschaft darstellen und am eigenen Leib bezeugen. Denn die Performance-Kunst war durch eine kritische Haltung gegenüber politischen und gesellschaftlichen Prozessen sowie dem Kunstmarkt motiviert. Ihrem selbstgestellten Anspruch gemäß sollte Kunst – wieder – zu einer politischen Manifestation werden. Hinzu kamen die Integration der Zuschauer in die Aktionen und die Konzentration auf den Körper – des Performers sowie der Zuschauer – als Ort und Aktionsfeld künstlerischer Interventionen.

Ein unverzichtbares Element der performativen künstlerischen Praxis ist zudem die Bedeutung der *Geste* als Ausdrucksvermögen. Durch sie wird jede Performance zu einem *Tableau vivant*. Galten die Aktionen der Performance-Kunst einer Sichtbarmachung des Bildhaften der menschlichen Kultur, so kamen dafür lebende Körper zum Einsatz, als Inszenierung von Verkörperungen und Bildbedeutungen *in actu*. Im allgemeinen werden der Performance-Kunst Charateristika zugeschrieben wie: ephemer, aktionistisch, schnell, temporär, prozessual, ohne konkreten Ort. Jenseits solcher Merkmale erst rückt jedoch ihr Zusammenhang zu Bildvorstellungen in den Blick, die einen Begriff des Bildes als materiellen Trägers einer zweidimensional dargestellten Szenerie überschreiten und an ältere Bildkonzepte erinnern, vor allem an die Bedeutung eines räumlichen, sich in der Zeit und am Körper entfaltenden Bildes, das zwischen Statik und Transitorik oszilliert. Die emphatische Bezugnahme auf das ‚Lebendige', die viele Performance-Künstler intendieren, erinnert dabei an älteste Konnotationen des Bildes: daß nämlich Bilder Anteil am leiblichen bzw. biologischen Leben haben, daß sie ‚belebt' sind – so wurde das Bild von den Griechen u. a. ein *zōon*, ein Lebendiges, genannt – oder auch, daß von Bildern eine magische Wirkung ausgeht, weil das dargestellte Leben in sie eingegangen, darin aufgehoben oder eingeschlossen sei.

Versteht man Körperbilder im Sinne Aby Warburgs als „Ausdrucksformen des maximalen inneren Ergriffenseins" (Einleitung zum *Mnemosyne-Atlas*), so läßt sich das von der Performance-Kunst genutzte Repertoire mit dem Warburgschen Konzept

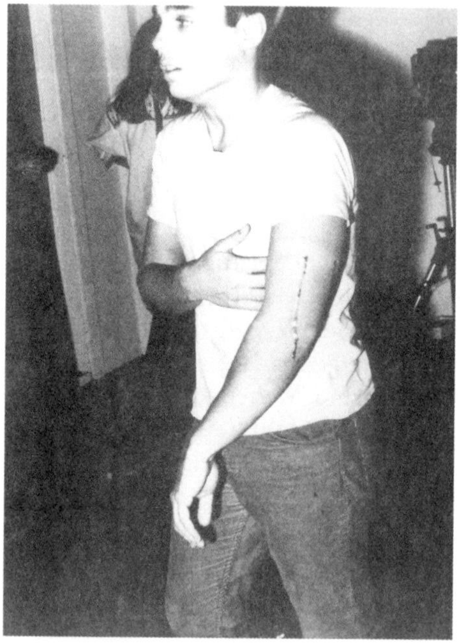

Chris Burden: *Shoot*, 1971, Santa Ana, California

Chris Burden: *Five Day Locker Piece*, Los Angeles, 1971

Chris Burden: *Through the Night Softly*, Los Angeles, 1973

Trans-fixed
Venice, California: April 23, 1974

Inside a small garage on Speedway Avenue, I stood on the rear bumper of a Volkswagon. I lay on my back over the rear section of the car, stretching my arms onto the roof of the car. The garage door was opened and the car was pushed half-way out into the Speedway. Screaming for me, the engine was run at full speed for two minutes. After two minutes, the engine was turned off and the car pushed back into the garage. The door was closed.

Chris Burden: *Trans-Fixed*, 1974, Venice, California

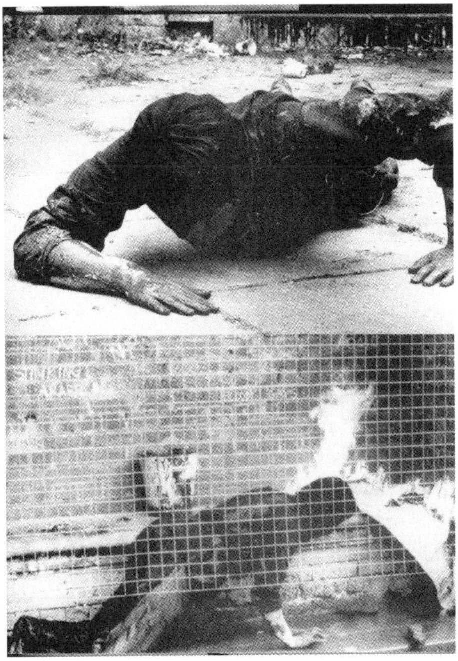

Mona Hatoum: *Them and Us ... and Other Divisions*, 1984, 50-min. performance, South Hill Park Arts Centre, Bracknell, Berkshire

Mona Hatoum: *Variation on Discord and Divisions*, 1984, 40-min. performance, The Western Front, Vancouver

Stelarc: *Event for Stretched Skin*, 1976, Maki Gallery, Tokyo

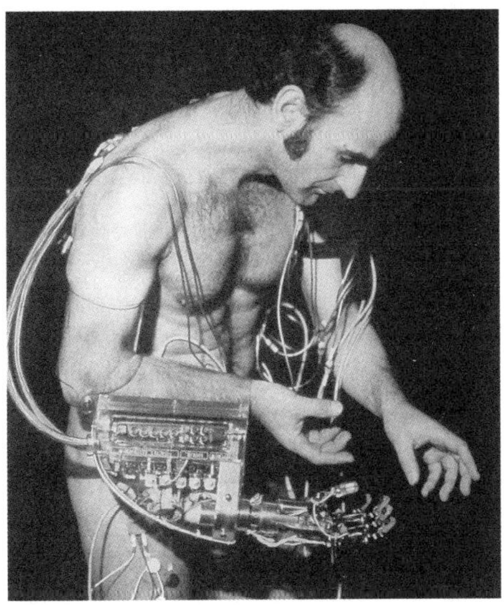

Stelarc: *The Third Hand*, 1976–80, Tokyo

der *Pathosformel* betrachten. Denn die Pathosformel leistet nicht nur die Darstellung von Leidenschaften und Affekten, sondern sie trägt selbst ein affektives Moment: jenes bewegte Detail, eine Ausdrucksgebärde, die die Bewegung der Affekte artikuliert als Bildformel festhält. Auch in der Performance-Kunst geht es um die die Bannung eines vormals Ungebändigten, um die Bewahrung eines Transitorischen im Bild – allerdings mit dem Ziel, es wieder *unmittelbar* erfahrbar zu machen. Es geht also um die Freisetzung der Bewegungen – und damit der Affekte – aus dem Bild. Erst die Aufmerksamkeit für diese Art Bildpraxis und für die Kunst des Ausdrucksvermögens ermöglicht es, ein Potential der Performance-Kunst zu betrachten, das über die reine Beschreibung spektakulärer Körper-Aktionen hinausgeht.

„At 7:45 P.M. I was shot in the left arm by a friend. The bullet was a copper jacket. 22 long rifle. My friend was standing about fifteen feet from me". – So lautet die Beschreibung Chris BURDENS zu seiner Performance *Shoot*, die am 19. November 1971 in Santa Ana in Kalifornien stattfand (Abb. 1). *Shoot* gehört zu einer Serie von Performances aus den frühen 1970er Jahren, in denen sich Burden Situationen aussetzte, die gefährlich und für ihn von einem bestimmten Zeitpunkt ab unkalkulierbar waren. So ließ er sich in der Performance *Five Day Locker Piece* (1971, Abb. 2) für fünf Tage in einem kleinen Schließfach einsperren, über ihm eine Flasche mit Wasser, unter ihm eine leere Flasche für den Urin. Für die Performance *Through the Night Softly* (Abb. 3) kroch er 1973 unbekleidet, die Hände auf dem Rücken verschränkt, auf einer Parkparzelle über Glassplitter und ließ sich Treppen hinunterstoßen. Oder er lag, so in der Performance *Doomed*, 45 Stunden und 10 Minuten unbeweglich unter einer angeschrägten Glasplatte auf dem Fußboden des Museum of Contemporary Art in Chicago, bis ein junger Museumsangestellter die Performance dadurch beendete, daß er auf Burdens Aktion reagierte, indem er ihm ein Glas Trinkwasser in erreichbare Nähe stellte.

Als spektakulärer, enigmatischer und extremer Provokateur einer – in den 1970er Jahren generell – politisch hochmotivierten und empfindlichen Kunstszene verstand Burden seine Aktionen als künstlerische Rebellion in der Tradition einer Kunst, die ihre Aufgabe (noch) in Agitation und politischer Stellungnahme zu gesellschaftlichen Entwicklungen gesehen hatte. Damit opponierte er gegen eine von ihm diagnostizierte Immunisierung der amerikanischen Gesellschaft gegen Empfindungen von Mitleid, sozialer Verantwortung und Empathie. Die in seinen Performances zur Schau gestellte Autoaggressionen wollten die – moralischen, ethischen und gesellschaftlichen – Grenzen der Betrachter provozieren. Zu seinen bekanntesten Aktionen gehört *Trans-Fixed* aus dem Jahr 1974 (Abb. 4). Für diese Performance ließ sich Burden – in der Pose des Gekreuzigten – auf das Heck eines VW-Käfers fixieren, der für einen kurzen Moment aus einer Garage heraus- und sodann wieder hineingerollt wurde, während die Spikes, mit denen sein Körper auf dem Fahrzeug befestigt wurde, im Anschluß an die Performance als ‚Reliquien' aufbewahrt wurden.

Mit dieser und anderen Posen von Martyrien wird in Burdens Kunst die tradierte Rolle des Künstlers als eines – exemplarisch und stellvertretend – an der Welt Leidenden zitiert und aktualisiert. Allerdings beläßt er die Elemente religiöser Ikonographien nicht in ihrem angestammten Kontext, sondern verschiebt sie in ein politisches, soziales und kommunikatives Umfeld, in dem sie zur Konfrontation mit den Zuschauern gelangen. Indem der Körper auf diese Weise gleichsam die Körperschaft, nämlich die Gemeinschaft provoziert, beziehen sich BURDENS Performances auf die Rolle des Körpers als Allegorie des Gemeinwesen. Insofern kommt es bei ihm zur Verschränkung von religiösen und politischen Konnotationen des Körperbildes. Mit seiner Zur-Schaustellung bedrohlicher mentaler und physischer Zustände und prekärer psychologischer Experimente mit Ausnahmesituationen von Angst, Bedrohung, Schmerz und Gefahr, die den eigenen Körper in aggressiver Weise auf ein Kunstobjekt reduzieren, geht es Burden weniger um die Auseinandersetzung mit einer konkreten Schmerzerfahrung. Vielmehr wollen seine Performances eine im sozialen Raum inszenierte extreme Erfahrung auf die Betrachter übertragen und diese für krisenhafte Zustände sensibilisieren. Am Körper des Künstlers werden die Symptome der Krise re-inszeniert.

Über die Re-Inszenierung markanter, religiös konnotierter Posen stellt sich Burdens Kunst als Praxis ausgeübter Gewalt dar, die die Gewalt der Gesellschaft reflektiert. Mehr noch: Mit der latenten Aggressivität bedrängt und fordert BURDEN seine Zuschauer heraus, ihre eigene Passivität oder Immunität gegenüber gewalttätigen Situationen zu überdenken. In diesem Sinn versteht er seine Performances als Auseinandersetzung mit politischen Ereignissen wie: dem Vietnamkrieg, der Eskalation von Gewalt in den USA der 1960er Jahren, dem alltäglichen Gebrauch von Schußwaffen, deren inflationäre, geradezu normalisierte Verwendung mit unterdrückten Ängsten und Phantasien einhergeht – so Burden im Kommentar zu seiner Performance *Shoot*: „Es ging eher darum, daß in Amerika jeder von Zeit zu Zeit im Schlaf träumt, angeschossen zu werden. Wie in den Fernsehserien und den Nachrichten. Angeschossen zu werden oder auf Leute zu schießen – das ist in Amerika wie apple pie.“

Die Radikalität, mit der in der zweiten Hälfte des 20. Jahrhunderts der reale Körper in die künstlerische Praxis integriert wurde, verweist auf eine fundamentale Veränderung seiner Stellung in der Kunst: nicht mehr Repräsentation einer Person, sondern das Körperbild als Symbol einer problematisch gewordenen Mimesis – mehr noch der unmöglichen Übereinstimmung von Körper und Person. In der künstlerischen Praxis der Gegenwartkunst wird der Körper als Artefakt behandelt, er wird als ästhetisches Objekt zu einer Projektionsfläche, zur Matrix von Einschreibungen und Spuren, zum Schauplatz von Verhandlungen und zum Austragungsort symbolischer Prozesse. Gerade über diese Arte-Faktizität des Körpers in der Performance-Kunst werden Bezüge zu gesellschaftlichen, sozialen und politischen Phänomenen hergestellt, wird der Körper zum Symbol, mit dem ästhetische Dimensionen der Kunst sich als kritisches epistemisches Vermögen entfalten können.

In diesem Horizont sind die Arbeiten von Mona HATOUM besonders interessant. Diese loten an der Materialität des Körpers bestehende Spannungen aus: so etwa das Verhältnis von Macht und Verletzbarkeit, Fremdheit und Bekanntheit, Freiheit und Ohnmacht, Penetration und Distanz, Auflösung und Verdichtung, Agitation und Verhaltenheit, Präsenz und Verborgenheit, Gegenwärtigkeit und Abwesenheit. Dabei erzielt ihr virtuoser Umgang mit Körpermaterialien für ihre Betrachter einen beunruhigenden Effekt, einen unüberwindbaren Affekt, der zwischen Anziehung und Abstoßung gefangen bleibt – z. B. in Werken wie *Recollection*, einer akribischen Sammlung und Präsentation ihrer ausgefallenen Haare. Oder in *Corps Étranger*, einer Arbeit, bei der der Rezipient eine Reise durch ihr Körperinneres miterlebt, mit der Kamera in jede Körperöffnung eindringt, um das im Körper Verborgene mit surreal-phantastischen Bilderfolgen und -geräuschen wahrzunehmen. Damit thematisiert Hatoum die elementare Erfahrung der Körpergrenzen, die das ‚Innen' und ‚Außen' des Körpers voneinander scheiden und gemeinhin eine mit Tabus belegte Demarkationslinie zwischen sozialem Körper und Intimität bilden.

Das zentrale Thema ihrer Kunst und ihrer im öffentlichen Raum inszenierten Performances ist der verletzte Körper in seiner doppelten Codierung zwischen Symptom und Symbol: verletzbares Objekt und symbolische Verletzung. Solche Körper-Verletzungen werden einerseits durch Erfahrungen von Entfremdung durch politische und gesellschaftliche Ereignisse motiviert, beispielsweise durch die Intifada, die politische Situation in Beirut und Jerusalem, durch den Krieg im Libanon oder genereller durch Erfahrungen des Exils, andererseits dadurch, daß der zunehmend invasive, skopophile Blick der Macht und Kontrolle, des einzelnen wie auch des Staats, die Tabus der Intimität verletzt. In der 50minütigen Performance *Them and US...and Other Divisions* (1984, Abb. 5) kroch Mona HATOUM, mit einem Arbeitsoverall bekleidet und einer Haube, die den ganzen Kopf und das Gesicht bedeckt, zur Lunch-Zeit durch den South Hill Park in Bracknell. Mit extrem langsamen und scheinbar unerhört schmerzenden Bewegungen bewegte sie sich entlang einer imaginären geraden Linie mitten durch die Passanten hindurch, zum Ziel der Nische in einer Gartenwand des Parks, wo sie die Stufen der Nische mit einer Bürste zu reinigen schien. Da die Borsten jedoch mit roter Farbe getränkt waren, waren die Stufen alsbald von blutroter Farbe überzogen. Im Anschluß daran entzündete sie Blätter von Tageszeitungen, die an der Wand der Nische angebracht waren und deren Verbrennung den Blick freigab auf rassistische, faschistische Graffiti-Sprüche.

In der 40minütigen Performance *Variation on Discord and Divisions* (1984, Abb. 6), die der Ausübung einer rituellen Handlung glich, trat sie schwarzgekleidet auf mit einer opaken, über den Kopf gezogenen Strumpfhose. Unsicher bewegte sie sich durch die Menge der Zuschauer zum Raum der Performance, der mit Zeitungspapier und Vinyl-Plastik ausgekleidet war. Ihre Bemühung, den Raum zu säubern, mußte auch hier mißlingen, weil das Wasser rot gefärbt war. Sie wusch sich selbst mit dem gefärbten Wasser und versuchte, die Maskierung ihres Gesichts zu entfernen, indem sie sich mit einem großen Messer Schlitze in Augen- und Mundhöhle zufügte. Sodann bandagierte sie ihren Kopf einhändig mit Verbandsmull, um diesen mit der anderen Hand wieder zu entfernen. Sie deckte einen Tisch mit Tellern, holte unter ihrer Kleidung Kidneybohnen hervor, die sie auf den Tellern drapierte und ihrem Publikum servierte. Zum Abschluß saß sie auf dem Tisch und zerriß die Zeitung in Streifen.

Wenn sie ihre Bewegungen zelebriert, wird deutlich, daß es nicht um zweckgerichtete Handlungen geht; vielmehr sind die Aktionen Teil einer performativen Verdichtung symbolischer Aktionen, deren kultischer oder ritueller Charakter ihre Handlungen als Zeugnisse inszenieren. Dadurch werden die Zuschauer zur Zeugenschaft genötigt: zur Augenzeugenschaft (*autoptēs*) über die persönliche Inaugenscheinnahme (*Autopsie*) des Ereignisses, deren gesellschaftliche Relevanz sie als Zuschauer bekunden. Damit wird die Performance zur Manifestation der künstlerischen Intention, die die Aufmerksamkeit des Publikums auf politische Akte lenken will. Die Zuschauer werden zu Teilnehmern, die das Gesehene zu verbürgen haben. Insofern referieren die Performances von Mona HATOUM in doppelter Weise auf das Konzept des Märtyrers: auf den m*artys* in der ursprünglichen Bedeutung des Zeugen, eine Position, die hier vom Publikum übernommen wird, und auf die Bedeutungsverschiebung zum Märtyrer als leibliches Zeugnis, das von der Akteurin selbst ‚gespielt' wird, wenn sie das symbolische Ritual des Blutzeugnisses am eigenen Körper, der Maske und dem Raum vollzieht und mit der roten Farbe – als Simulakrum des Blutes – zugleich dekonstruiert.

Es sei „the realm of posthuman speculation", in dem sich jene seiner Performances und Aktionen ereignen, die zur Body-Art gehören, so STELARC im Interview mit der Verfasserin. Arbeiten der *Body-Art* lassen sich als eine Radikalisierung des direkten Umgangs mit dem Körper beschreiben, in denen dieser zum Material der Kunst wird und in der Aktion zwischen Objekt und Medium des Kunstprozesses oszilliert. Die Künstler der Body-Art fügen sich häufig selbst Verletzungen und Verstümmelungen zu, sie stellen ins Extreme getriebene Schmerzerfahrungen zur Schau, die bis zur brutalen Selbstverstümmelung gehen können. Schock- und Ekelreaktionen des Publikums sind häufig konstitutiver Bestandteil solcher Kunstaktionen, denen es darum geht, die in der Performance gemachte Erfahrung auf die Rezipienten zu übertragen. Mehr noch: Ziel ist der bewußte Angriff auf die Zuschauer, nämlich die Adressierung, Bloßstellung und Zur-Schau-Stellung ihres Ekels, ihrer Abwehr, Angst, Neugier und Anziehung während der Wahrnehmung der künstlerischen Aktion. Durch die Inszenierung einer zweifachen existentiellen Erfahrung – des Künstlers wie der Zuschauer – gerät die Aktion der Body-Art zu einer Art Initiationsritus.

In *Event for Stretched Skin* (Abb. 7) aus dem Jahr 1976 hängte Stelarc den eigenen Körper mit Seilen und Geschirren auf. Diese waren an seinem Körper mit Fleischerhaken befestigt, die durch sein Fleisch getrieben waren. In der Auslotung der Anordnung dieser schmerzhaften Aktion entdeckte der Künstler, daß er die Zugspannung auf seine Haut dann auf ein Minimum reduzieren kann, wenn diese Haken gleichmäßig über den ganzen Körper verteilt werden – mit dem Effekt, daß sein Körper im Raum zu schweben scheint und sich der Schwerkraft entzieht. 27 dieser Körper-Aufspannungen, in denen der Körper zu einer strukturalen und architektonischen Form gestaltet wird, führte STELARC an unterschiedlichen Räumen und Orten auf. Diese *Body-Pieces* operieren mit Erfahrungen der Verwundbarkeit und Schutzbedürftigkeit, der Vieldeutigkeit und der Unsicherheit. – In dem Projekt *The Third Hand* (Abb. 8) ließ sich Stelarc dagegen von japanischen Technikern die elektronische Prothese einer dritten Hand entwickeln, die an seinem Körper angebracht wurde. Gesteuert ist diese Hand durch von seinen Bein- und Unterleibsmuskeln ausgelöste elektronische Signale, und so kann sie verschiedene Bewegungen ausführen. Nach mehreren Monaten Übung war der Künstler in der Lage, diese Art elektronischer Körperextension zu beherrschen und mit seiner „dritten Hand" zu schreiben.

Stelarcs Kunstaktionen bewegen sich zwischen Extension – Erweiterung des Körpers bzw. der Körperoberfläche in den Raum – und Inkorporation – Einsatz von Technologie zur Erweiterung der Sinneswahrnehmungen. In beiden Fällen inszeniert sich STELARC als Medium, und dies in einer mehrfachen Codierung: zum einen in Gestalt einer Erweiterung des ‚natürlichen' Körpers durch Instrumente, Materialien und Medien, die der Optimierung physischer Funktionen dienen; zum anderen als Ort der Transformation, als Organon der Übermittlung und als Schnittstelle. Damit inszenieren seine Performances den eigenen Körper als Hybride zwischen Natur und Technik, wie das Projekt *Third Hand* exemplarisch zeigt. Die Inszenierung der Mensch-Maschine führt zu einer Auflösung der klassischen Distinktionen zwischen Mensch und Technik, zwischen Organischem und Anorganischem und nutzt neue Kollaborationen zwischen Technik, Informatik und Biologie, zwischen künstlichem und natürlichem Leben.

Darüber hinaus wird der Künstler selbst zum Medium, indem er durch diese mehrfache praktische Durchkreuzung unterschiedlicher Felder zu einem experimentellen Körper wird, der die Fortschritte von Technik und Wissenschaft leibhaftig bezeugt – oder in STELARCS Worten: „A body is an evolutionary architecture for operation and awareness in the world. But having evolved as hominids with bipedal locomotion, two limbs become manipulators. We begin to construct artifacts, tools, instruments, machines and computers. In that way we have always been prosthetic bodies. Technology determines what it means to be human. It is not the alien other. It measures information and images beyond the human scale, it allows us to fabricate new paradigms of the world. Technology with biology produces extended perceptual and operational systems both with physical and virtual interfaces. We have always been cyborgs. We have always been what we fear to become..." – Der Künstlers als Zeuge des elektronischen und genetischen Zeitalters: Um den Fortschritt von Technologie und Wissenschaft zu verkörpern, setzt er den eigenen Körper aufs Spiel und verwandelt ihn in ein Bild, in dem das virtuelle und implizite Wissen der Epoche zum Ausdruck kommt.

Sabine Flach

Literatur

Sabine Flach: *Körper-Szenarien. Zum Verhältnis von Körper und Bild in Video-Installationen*, München (Fink) 2003

Christian Janecke (Hg.): *Performance* und *Bild. Performance* als *Bild*, Berlin (Philo & Philo Fine Arts) 2004

Stelarc/Sabine Flach: „In the Realm of Posthuman Speculation [Interview]", in: *Trajekte*, 2 (2001) Heft 3, S. 32–37

Aby Warburg: „Einleitung" (1929), in: ders.: *Der Bildatlas Mnemosyne*, hg. v. Martin Warnke u. Claudia Brink, in: *Gesammelte Schriften. Studienausgabe*, hg. v. Horst Bredekamp u. a., Abt. 2, Bd. 2/1, Berlin (Akademie) 2000, S. 3–6

Der heilige Georg – die Umformung des menschlichen Fleisches in ein Bild

Anonym: *Martyrium des heiligen Georg*, 11. Jh., liturgisches Kreuz, Mestia, Georgisches Museum

Wer in den ältesten Legenden über den heiligen Georg den Archetyp eines siegreichen – heroischen und erbaulichen – Kampfes gegen dunkle und unheilvolle Mächte suchte, wie sie im Drachen dargestellt sind, der wäre bald enttäuscht vom erzählerischen Material der ersten, orientalischen Überlieferungen dieser Legenden. Der heilige Georg tritt darin auf ohne all das, was einige Jahrhunderte später sein Prestige und auch seine Bedeutung ausmachen wird: kein Pferd, keine Lanze, kein Degen, keine Rüstung, kein aufzupflanzendes Banner … Es gibt nicht einmal einen zu bekämpfenden Drachen, auch keine jungfräuliche Prinzessin, die aus einer lebensbedrohlichen Gefahr gerettet werden muß. Auch beherrscht er die Klinge der Stichwaffen nicht, sondern bekommt sie zu spüren. Denn die Fabel des heiligen Georg beginnt – das ist ihr erstes Paradoxon – mit dem Ende des heiligen Georg.

Sein Tod wird also seine erste wirkliche Heldentat gewesen sein. Ein heroischer Tod, ein erbaulicher Tod gewiß, der darum zur Legende geformt wird: weil es der Tod eines Märtyrers des christlichen Glaubens war. Eine erbauliche und abschreckende Erzählung, die sich rasch durch alle möglichen Stile zieht, vom tragischen Suspens bis zur aufsehenerregenden Entfaltung und Austreibung des Makabren, von der rhetorischen Höhe der patristischen *Exempla* bis zur Entfesselung in *Gore*-Szenen[1], die ans Burleske grenzen. Den Grund für diese stilistische Vielfalt muß man nicht nur in der beeindruckenden Anzahl der Legendenversionen sehen, die chronologisch nur schwer zu ordnen sind, vom Manuskript kappadozischen Ursprungs, dem sogenannten ‚Wiener Palimpsest' (aus dem 5. Jahrhundert, sehr lückenhaft), bis zu den Übersetzungen und Abwandlungen seiner lateinischen Fassungen. Denn diese Vielfalt und diese Komplexität kennzeichnen schon die ältesten uns bekannten Erzählungen, so daß der nach Archetypen suchende Forscher durch ein zweites Paradoxon desorientiert wird: Hier ist bereits der „Ursprung" komplex, nahezu unentwirrbar. Die einfachen Versionen der Legende sind auch die spätesten, weil der Tod, der heroisch und einer Legende würdig ist, das Gegenteil eines Augenblicks sein muß: Er muß Stoff *auf Dauer* liefern, mit Peripetien und Erzählungen ausgestattet sein. Dieser Tod dauert: Wenigstens sieben Jahre lang wiederholt er sich in drei Akten, in drei aufeinander folgenden Toden, vom göttlichen Siegel gezeichnet (die mirakulöse Auferstehung), gezeichnet aber auch von einer extravaganten Überbietung des Schreckens.

Georg ist ein Militärangehöriger kappadozischen Ursprungs, ein Tribun, den seine Karriere reich gemacht hat. Am Anfang seiner Geschichte finden wir ihn in der Umgebung des Kaisers DATIANUS (auf griechisch Dadianos; aber Namen wie Orte passen sich natürlich jeder der späteren Versionen an), der sich gerade mit einer beeindruckenden Auslage von Folterwerkzeugen darauf vorbereitet, es mit den Christen des Königreichs aufzunehmen. Ohne zu zögern, konvertiert Georg – man sagt uns nichts über seine Gründe, die Konversion erscheint wie eine unmittelbare, abrupte Gegebenheit des Berichts –, legt dann die Waffen nieder, setzt sich selbst als ‚Soldat Christi' ein und verteilt sein ganzes Vermögen (nach einigen Versionen zwei Drittel davon) unter die Armen. Daraufhin tritt er vor den Kaiser und bekennt seinen Glauben. Von da an besteht das Wesentliche der Erzählung aus einer Art langer *Disputatio* über die Macht der Religion CHRISTI wie auch derjenigen des APOLL – über die Idolatrie und den Paganismus im Allgemeinen. Doch die einzigen Argumente dieser *Disputatio* bestehen aus den körperlichen Torturen, die der Kaiser auferlegt, einerseits und der rätselhaften *Duldsamkeit* desjenigen, der sie im Namen Christi erleidet, andererseits.

Unzählige Torturen: die eines ganzen Volkes, zugefügt einem einzelnen. Georg wird auf eine Folterbank gespannt, zerrissen, „bis sich seine Eingeweide auf den Boden verteilen", gezwungen, seine Füße in Schuhe zu stecken, die mit spitzen Nägeln gefüllt sind; sein Kopf wird mit Hammerschlägen traktiert, bis „milchweißes" Hirn austritt, während sein ganzer Körper „mit geronnenem und wie zu Blei gehärtetem Blut bedeckt ist". In diesem Zustand läßt man ihn eine ganze Nacht liegen, mit einer riesigen Säule auf seinem Bauch, in Erwartung der Fortsetzung. Im folgenden wird versucht, die Torturen zu verfeinern, indem der Märtyrer einer ganzen Serie von Zerstückelungsprozeduren ausgesetzt wird, die ebenso viele Metaphern bilden – Metaphern, die bereits erhellen, was die Zerstö-

1 *Gore* ist ein aus der amerikanischen Filmsprache kommender Anglizismus. Die ursprüngliche Bedeutung ‚geronnenes Blut, mit Hörnern durchbohrter Körper' wurde auf Formen des Phantastischen im Film übertragen, mit einer Nähe zum Pornographischen: „Das *gore* verhält sich zum Phantastischen wie der Porno zum Erotischen." (Anm. des Übersetzers)

rung, genaugenommen das ‚In-Stücke-Reißen' eines Körpers, in diesem Erzählgenre zu bedeuten hat. Der heilige Georg wird Schritt für Schritt in Stücke gerissen *wie ein Tier* und zerstückelt *wie ein Bild*. Sein Fleisch erleidet eine *Öffnung*, durch die er sogleich zwei grundlegenden Parametern verschrieben wird, die – sagen wir es gleich – von seinem späteren legendären Schicksal – in umgekehrtem Sinne – wiederholt werden (das Vieh, das er in Stücke schlägt; das Bild, das er selbst darbieten wird von allen Siegen über das Böse).

Da haben wir also Sankt Georg, der dem Animalischen verschrieben ist: Hier zunächst einem Magier ausgeliefert und fähig, einen Stier in zwei Stücke zu hauen, wird er einige Kapitel später selbst von seinen Henkern wie im Schlachthaus in zehn Stücke zerteilt; doch wird er wiederauferstehen. Verdammt in eine, wie man sagen könnte, christliche ‚Opferküche', wird er in kochendes Wasser geworfen; oder mit Salz bestreut, bis „sein Fleisch sich in Fetzen von ihm löst"; zersägt in zwei Teile, „bis das Schwert zwischen seine beiden Beine fällt"; und sieben wilden Tieren zum Fraß vorgeworfen (die ihn nicht verschlingen, sondern ihren Nacken zum Zeichen der Unterwerfung beugen). Da haben wir ihn schließlich, eine oder zwei Auferstehungen später, in Stücke zerlegt, seine Körperteile, zusammen mit einer Mischung aus Blei, Ochsenfett und Pech in einen großen Kessel geworfen. „Ist die Brühe fertig" (so der Ausdruck der Henker selbst), wird sie dem Tyrannen offeriert, der sie vergraben läßt. Doch eine himmlische Stimme befiehlt: „Erhebe Dich und verlasse den Kessel" – und der Märtyrer steht wieder auf, um weitere Torturen zu erwarten.

Diese weiteren Torturen bestehen zu einem gut Teil darin, ihn zum Bildnis werden zu lassen, eine tote und erstarrte Materie – die geknetet, die verändert, dann zerbrochen und zertreten werden kann. Da liegt er also, hingestreckt auf einem Bett, eine glühende Eisenschale im Mund und sechzig Nägel im Kopf. Er wird behandelt wie das Wachs der Statuen, die man in Bronze schmelzen will, das heißt eingeschlossen in einer steinernen Form von seiner eigenen Gestalt und dem Guß des schmelzenden Metalls ausgesetzt. Da haben wir ihn, eingeschlossen in einer anderen Statue – einem Stier aus Erz –, dann zerrieben darin „wie Staub in der Sommerluft." ... Warum beharrt der ruchlose Kaiser darauf, diesen armseligen Militär in ein Bildnis zu verwandeln, ihn vor allem wie das Material für eine Skulptur zu behandeln? Ist das seine Art und Weise anzuerkennen, daß seine eigenen Bronzegötter nichts als tote Materie sind, dazu bestimmt, zerstückelt zu werden? Das könnte sein, wenn man bedenkt, daß bei diesen Torturen der heilige Georg eine APOLLO-Statue von ihrem Sokkel reißt und daß er buchstäblich eine HERKULES-Statue foltert, die er auf den Boden zerrt und „in Stücke zerschlägt", wie es in griechischen und koptischen Texten heißt. Er wird auch totes Holz (Stuhlbeine oder Säulen) in lebendes Holz (Obstbäume) verwandeln – einer doppelten Allegorisierung zufolge, die sich auf die Zerstörung der Idole wie auch auf die Erlösungsgewalt des christlichen Opfers bezieht. Handelt es sich dabei, sei es umgekehrt oder komplementär, um eine Art anzuerkennen, daß Sankt Georg, „der sehr schön anzusehen war", *bereits ein Bild* war, das heißt kein paganer Halbgott, sondern ein christlicher Heiliger; daß er kein Idol war, sondern *bereits eine Ikone*?

Georges Didi-Huberman
Übersetzt von Karlheinz Barck

Literatur

Acta Sanctorum, Aprilis, Bd. 3, hg. v. Gottfried Henschen/Daniel Papebroch, Antwerpen (Cnobarus) 1675, S. 119–133

Émile. Amélineau: *Contes et romans de l'Égypte ancienne*, Paris (Leroux) 1888, Bd. 2, S. 173–174

W. Arndt (Hg.): „Passio Sancti Georgii", in: *Berichte über die Verhandlungen der königlichen sächsischen Gesellschaft der Wissenschaften zu Leipzig*, 26 (1874), S. 43–70

F. Cumont: „La plus ancienne légende de saint Georges", in: *Revue de l'histoire des religions*, 114 (1936), S. 5–51

Hippolyte Delehaye: *Les Passions des martyrs et les genres littéraires*, Brüssel (Société des Bollandistes) ^{2}1966, S. 283–285

Hippolyte Delehaye: *Les légendes grecques des saints militaires*, Paris (Picard) 1909

E. Galtier: „Contribution à l'étude de la littérature arabe-copte", in: *Bulletin de l'Institut français d'Archéologie orientale*, 4 (1905), S. 162–163

Paul Guérin: „Saint Georges, martyr", in: ders.: *Vie des saints*, Bd. 4, Bar-le-Duc 1870 (6. Aufl.), S. 414–415 (die Passion des hl. Georg auf vier Fälle reduziert)

Caravaggios *Enthauptung des Johannes* – der Täufer als Märtyrer, der Maler als Ordensritter

Caravaggio: *Die Enthauptung des Johannes*, 1608, La Valletta, St. John

Caravaggio: *Die Enthauptung des Johannes*, 1608, La Valletta, St. John (Detail)

Im *Neuen Testament* erscheint Johannes der Täufer als letzter der alttestamentarischen Propheten, zugleich aber als Wegbereiter und Bekenner Christi schon im Mutterleib (Lk 1, 39–56). Damit besetzt er eine Schlüsselrolle am Übergang vom Alten zum Neuen Bund. In seinen Predigten sagt er unter Berufung auf den Propheten Jesaja das Nahen des Herrn voraus (Mt 3, 1–12); nachdrücklicher noch präfiguriert er leibhaftig Wirken und Passion Jesu: Seine Empfängnis wird seinem Vater Zacharias von einem Engel verkündet und erfolgt gleichfalls entgegen allen biologischen Wahrscheinlichkeiten. Von Jugend an spricht auch er zum Volk und gewinnt so eine große Anhängerschaft; er zieht sich vor den Versuchungen der Welt in die Wüste zurück, um dort zu büßen, tauft mit Wasser, wo Christus mit dem heiligen Geist taufen wird, und fällt schließlich ebenso einem willkürlichen Urteilsspruch zum Opfer: Herodes läßt ihn auf Geheiß von Frau und Stieftochter enthaupten, noch bevor Jesus den Kreuzestod stirbt.

Johannes ist eine biblische Figur, deren Sakralität sich also in einem überkreuzten Wechsel von Vorgängigkeit und Nachträglichkeit entfaltet. Er bereitet Christus den Weg, seine Heiligkeit ist aber um so nachhaltiger, als sie zugleich in Vorwegnahme das Leben und Tun des Gottessohnes spiegelt. Eine solche Spiegelung, im Sinne einer erstrebten Annäherung an das Ideal über Nachahmung (*Christoformitas*), wird zum höchsten Ziel der Christen und vor allem auch der christlichen Märtyrer werden, die in der Nachfolge Christi ergeben ihren Opfertod auf sich nehmen. Selbst wenn sich dies so für Johannes nicht reklamieren läßt, kann man sein Sterben trotz der zeitlichen Verschiebungen als Konsequenz seiner biographischen Koinzidenzen mit dem Gottessohn sehen und ihn retrospektiv als ersten Märtyrer der Christenheit bezeichnen.

Die Kunst hat den Umstand temporaler Disparität, der die Vita des Johannes kennzeichnet, nicht selten einzuholen versucht, indem sie dessen Christusähnlichkeit explizit verbildlichte, um damit diese schwierige Konstellation eines Vorgängertums plausibel zu machen, das zugleich alle Kriterien idealer Nachfolge erfüllt. Ein hervorragendes Beispiel dafür ist die 1608 von Michelangelo Merisi da CARAVAGGIO für das Oratorium der Malteserritter in San Giovanni (heute: St. John, La Valletta) gemalte *Enthauptung des Johannes*, die zudem den Tod des Täufers explizit als Martyrium ausstellt. Das großformatige Gemälde (361 x 520 cm), das sich noch immer an seinem Bestimmungsort befindet, zeigt den auf dem Boden eines kargen Innenhofes hingestreckten, aus einer Halswunde blutenden Heiligen. Ein Henker beugt sich über ihn, drückt seinen Kopf brutal zu Boden und zieht ein Messer, um dem Sterbenden die Kehle zu durchtrennen.

Wenn uns Johannes in einigen anderen Gemälden Caravaggios als Knabe begegnet, so sehen wir ihn hier als Mann mit christomorpher Physiognomie. Im Moment seines Märtyrertodes ist dies nicht der einzige Verweis auf die nahende Erlösung durch das *Opfer* des Gottessohnes. Johannes trägt einen roten Mantel – einen ebensolchen werden die Schergen in der Passion dem *Rex Regum* zum Hohn um die Schultern legen. Sein Fellkleid, des Täufers Attribut, ragt unter dem Mantel hervor und verstärkt den Eindruck einer rituellen Opferung, assoziiert es doch das Lamm Gottes, *agnus dei*. Zudem ist es so drapiert, daß es auf die Lache verweist, die aus dem Blut der Wunde gerinnt und das sichtbare Zeichen des Opfers darstellt. Dieses betrachternah am unteren Bildrand plazierte Detail ist um so wichtiger, als es auf das Martyrium des Johannes zurückweist, ihn als einen ‚Blutzeugen' zeigt, der wahrhaftig mit seinem Blut Bekenntnis abgelegt hat.

Die Malteser lassen sich auf die Johanniter zurückführen, den Orden vom Hospital des heiligen Johannes, der 1099 nach der Eroberung Jerusalems im ersten Kreuzzug gegründet wurde und eine seiner vorrangigsten Aufgaben in der Verteidigung der christlichen Welt sah.

Bereits im 11. Jahrhundert hatte BONIZO VON SUTRI in seiner *Vita christiana* gefordert, daß sich der christliche Ritter Gott bedingungslos zu unterstellen habe, was nichts weniger bedeute, als diesem in Entsprechung der Eucharistie Leib *und* Blut hinzugeben. Auch Heldenepen dieser Zeit wie etwa das *Rolandslied* feiern die Opferbereitschaft der Kreuzfahrer ebenso als Auszeichnung gegenüber den ‚Ungläubigen' wie als Ausdruck der Devotion.

In diesem Sinn mahnt das von Caravaggio verbildlichte Blut des Johannes die Ordensritter, dem Beispiel ihres Patrons zu folgen und jederzeit für ihren Glauben ihr Blut zu geben. Die Ritterbrüder inszenierten sich über die Identifikation mit Johannes als *milites Christi*, die Hingabe *ihres* Blutes sollte auch in dessen Nachfolge gesehen werden.

Da es – anders als von CHRISTUS – keine Blutreliquie des Johannes gibt, war es für das Selbstverständnis der Bruderschaft wohl zentrales Anliegen, sein Blut zumindest *in effigie* im Oratorium zur Anbetung auszustellen. Die Verbildlichung des Martyriums schuf also insofern Abhilfe, als die reale Blutgabe durch eine in die Malerei übertragene substituiert wurde und solcherart sowohl als Gegenstand der Verehrung als auch als bildliche Aufforderung zur *imitatio* diente. – Die später vorgenommene Umgestaltung des Oratoriums stellte das Gemälde denn auch gezielt in den Dienst einer Propagierung ritterlicher Tugenden. In den 1620er Jahren wurde in der Lünette über Caravaggios Bild die Darstellung einer Schlacht gegen das türkische Heer während der Belagerung von St. Elmo (1565) angebracht, die als traumatische Niederlage in die Annalen des Malteserordens eingegangen war. Sie zeigt die getöteten, enthaupteten Ritter zu Füßen der Gottesmutter liegen. Die Gegenüberstellung der beiden Bilder setzte die Gefallenen nachträglich in Relation zu ihrem Ordenspatron, adelte dadurch ihr Sterben und bestätigte über die Bezugnahme zugleich Johannes als ersten für CHRISTUS gefallenen *miles*, dessen Vorbildhaftigkeit sich auf die ihm nachgefolgten Ritter überträgt.

Caravaggio, der die Enthauptung während der Zeit seiner – kurzzeitigen – Aufnahme in den Orden malte, verstand es, sich selbst in ein besonderes Nahverhältnis zu dem Ordenspatron zu setzen und solcherart die ritterlichen Tugenden auch für sich zu beanspruchen. Aus der Blutlache heraus ließ er seinen Namenszug entstehen, so daß er gleichsam mit dem Blut des Täufers signierte.

Der sterbende Johannes, Leitfigur des Malteserordens, ernennt in einer Folge unauflösbarer Verschränkungen den Maler zum Ritter, dem er als *fra Michelangelo* eine neue Identität verleiht. Er tauft diesen durch das gemalte Blut, also vermittels der Farbe im Medium des Bildes, und gibt ihm einen Namen, der, von Caravaggio als Signatur gesetzt, zugleich dessen ‚Unsterblichkeit' als Künstler garantieren soll. Der Ordensanwärter wäscht sich letztlich mit dem gemalten Blut des heiligen Vorgängers ‚rein' und unterzeichnet nicht nur sein Werk, sondern ebenso seine Zugehörigkeit zum Orden, den er mit einem die höchsten Ideale repräsentierenden Bild bedenkt. In dieser Selbststilisierung inszeniert sich Caravaggio nicht nur gemäß dieser Ordensideale, er rekurriert zudem auf ein für die Künstlerbiographik traditionelles Motiv der Aufopferung des schöpferischen Menschen. In diesem performativen Nachvollzug hat der Maler am Martyrium teil, auch wenn – oder eher gerade weil – es sich für ihn in der Kunst vollziehen muß.

Karin Gludovatz

Literatur

Caravaggio al Carmine. Il restauro della Decollazione del Battista di Malta, Ausstellungskat. Santa Maria del Carmine, Florenz 1999

Caravaggio da Malta a Firenze, Ausstellungskat. Palazzo Vecchio, Florenz 1996

Dominic Cutajar: „Caravaggio in Malta. His works and his influence", in: Ph. Farrugia Radon (Hg.): *Malta and Caravaggio*, Malta 1986, S. 25–41

Karin Gludovatz: „Caravaggios Blutsbrüderschaft. Der Subtext der Signatur in der *Enthauptung des Johannes* von 1608", in: *Kunsthistoriker*, 15/16 (1999/2000) (Tagungsband des 10. Österreichischen Kunsthistorikertages, 30.09–03.10.1999, Universität Innsbruck), S. 141–147

Keith Sciberras/David M. Stone: „Caravaggio in Black and White: Art, Knighthood, and the Order of Malta (1607–1608)", in: *Caravaggio. The Final Years*, Ausstellungskat. National Gallery, London 2005, S. 61–79

David M. Stone: „The Context of Caravaggio's ‚Beheading of St. John' in Malta", in: *Burlington Magazine*, 139 (1997), S. 161–170

Karin Wieland: *Worte und Blut. Das männliche Selbst im Übergang zur Neuzeit*, Frankfurt a. M. (Suhrkamp) 1998

Der Kult Sebastians – ein christlicher Märtyrer als Kunst-Werk der Renaissance

Andrea Mantegna: *San Sebastiano*, um 1470, Wien, Kunsthistorisches Museum

Andrea Mantegna: *San Sebastiano*, um 1480, Paris, Louvre

Sebastian , dem die Pfeile seiner Peiniger nichts anhaben konnten, ist unter den Märtyrern eine prominente Figur. Er wurde als Helfer angerufen, als 1348 in Europa die Pest ausbrach, mehr als tausend Jahre nach seinem legendären Tod im Jahre 287. Aber er war inzwischen auch als Schutzpatron der Künstler, der Gärtner und schon vorher der Kreuzritter beliebt. Andrea Mantegna, der Hofmaler der Gonzaga in Mantua, stellte ihn mehrfach in großformatigen Gemälden dar, welche heute als Meisterwerke seiner Kunst gelten. Sie deuten an, daß Sebastian inzwischen das Motiv für ein ästhetisches Projekt geworden war und zu einem vielfachen und vieldeutigen Blick auf seine Gestalt einlud. Dabei erschien die Antike nicht mehr nur als Zeit der Christenverfolgungen, sondern auch als Epoche der klassischen Kunst. Aber dazu später.

Wie die Mehrzahl der christlichen Märtyrer, war Sebastian auch Gegenstand einer eminent christlichen Nostalgie. Denn es wurde vom Himmel belohnt, daß Märtyrer ihr Leben für den Glauben hingaben. Das war aber nur möglich, solange der Glaube unterdrückt wurde. Mit dem Sieg des Christentums unter Kaiser KONSTANTIN im Jahre 315 ging das Privileg ein für alle Mal verloren, als Blutzeugen den obersten Rang in der Hierarchie des Heiligenhimmels einzunehmen. Man kann deshalb im Kult des christlichen Märtyrers eine unerfüllte und unerfüllbare Sehnsucht erkennen, denn eine dominant christliche Gesellschaft konnte keine Märtyrer mehr hervor bringen, es sei denn solche, welche die offizielle Kirche nicht als Märtyrer anerkannte.Die einstige Verfolgung der Christen wandelte sich in eine Verfolgung von Ketzern und Herätikern. Die Verklärung der Märtyrer entwikkelte sich im Licht eines *Heroentums*, das keine – tätliche – Gelegenheit mehr fand. Allenfalls „Bekenner“ und „reine Jungfrauen“ konnten weiterhin in den Heiligenhimmel versetzt werden.

Leben und Sterben Sebastians sind legendär und vor allem durch die *Legenda aurea* aus dem 13. Jahrhundert neu verbreitet worden. Er war am kaiserlichen Hof ein hoher Militär und wurde dort, wie es heißt, auch seiner Schönheit wegen geschätzt. Bevor er selbst zum Märtyrer wurde, bestärkte er andere Christen darin, standhaft zu bleiben und ihren Glauben sogar mit dem Tode zu besiegeln. Als Kaiser DIOKLETIAN seinen „Verrat“ erfuhr, ließ er ihn, wie die *Legenda aurea* überliefert, „mitten auf dem Feld an einen Pfahl binden, und sollten die Kriegsknechte auf ihn mit Pfeilen schießen. Da schossen sie so viele Pfeile auf ihn, daß er stund gleich einem Igel, und wähnten, er wäre tot.“ Als er dennoch wenige Tage später wieder gesund vor dem Kaiser stand, ließ ihn dieser „so lange mit Stöcken schlagen, bis er seinen Geist aufgab, und ließ seinen Leichnam in eine Kloake werfen, daß ihn die Christen nicht als einen Märtyrer ehren möchten.“ Der Versuch, Begräbnis und Verehrung des Leichnams zu verhindern, reagiert auf das Dilemma, das für alle Zeit mit dem Märtyrertum verbunden ist: Erst die nachträgliche Verehrung schafft Märtyrer. Noch heute sagen wir leichthin, man müsse unter allen Umständen vermeiden, „Märtyrer zu machen“, ohne dabei an christliche Heilige zu denken.

Der Kult unseres Heiligen erfuhr einen neuen Aufschwung, als die Pest im späten Mittelalter Europa heimsuchte. Man stellte sich vor, daß hierbei unbekannte Mächte, Dämonen oder der Tod selbst, ihre Opfer wie mit Pfeilschüssen überfielen. Da bot die Legende des Heiligen eine neue Hoffnung, in seiner Person einen Schutzpatron gegen die Pest zu finden, denn schließlich hatte er den Pfeilbeschuß der numidischen Bogenschützen unbeschadet überlebt. Vielleicht ist dies der Grund, warum Sebastian im Zustand des Martyriums dargestellt wurde, während er bis dahin, wie alle übrigen Heiligen, in leuchtenden Gewändern als Himmelsbewohner aufgetreten war. Die Märtyrer pflegten das Instrument des Martyriums in ihren Darstellungen wie ein Attribut mit sich zu führen. Das hätte bei Sebastian der Pfeil sein können, wie bei KATHARINA das Rad, an das sie geflochten wurde. Aber er wurde, bevor sich das in der Ikonographie ganz allgemein durchsetzte, als Opfer und Märtyrer mit dem ganzen Körper, im Zustand der Nacktheit, dargestellt, obwohl man damit gegen die Regel verstieß, einen Heiligen im Augenblick des Todes (und der

Verherrlichung) abzubilden. Offensichtlich zog der Heilige einen neuen Blick auf sich, der in ihm den Triumph über den Beschuß der Pest sah.

Andrea MANTEGNA malte Sebastian zuerst in einem Jugendwerk von 1459, das für einen privaten Kunstsammler bestimmt war und sich heute im Kunsthistorischen Museum in Wien befindet. Hier ist das *Heiligenbild* ein Thema der Kunst geworden. Der Heilige steht als attraktive Aktfigur, in der Schönheit der Jugend und nur mit einem Lendentuch bekleidet, an der Säule eines antiken Triumphbogens, der zur Ruine geworden war, so wie die Antike selbst inzwischen zerfallen war. Die Fesselung an die Säule symbolisiert die Anbindung an die antike Welt, aus welcher der Heilige stammte, auch wenn er ein Opponent gewesen war. Die Pfeile lösen lange Blutfäden an seinem Körper aus, mit denen Sebastian sich als *Blutzeuge* im wörtlichsten Sinne präsentiert. Im Blick zum Himmel kommt eine christliche Ansicht des Martyriums zum Zug. Die *Marter* wurde um des Glaubens willen erlitten und fand die sprichwörtliche Krone des Märtyrertums als himmlischen Lohn.

Aber der Maler nimmt das Thema zugleich als Vorwand, um einen *erotischen Blick* auf den Körper des Heiligen zu werfen, dessen Ästhetik in einem antiken Schönheitskanon gründet. Die Torsion des Körpers ist ebenso Ausdruck des Leidens wie Schaustellung körperlicher Schönheit und Ausdruck seines Heldentums. Da die Darstellung des nackten Körpers in der Renaissance noch Beschränkungen unterworfen war, bot der jugendliche Märtyrer dafür eine Legitimation, die für weibliche Betrachter besonders willkommen war. Zugleich ergriff MANTEGNA die Gelegenheit, die eigene Kunst im Wettstreit der Künste zu positionieren. Durch einen Blickwechsel verwandelt sich der Körper des Märtyrers in eine antike Statue, die zu einem neuen – gemalten – Leben erweckt wird. Das Thema bot sich geradezu an, um daran den berühmten *Paragone* zu demonstrieren, in welchem Malerei und Skulptur miteinander wetteiferten. Wir werden eigens aufgefordert, von diesem Wettstreit Kenntnis zu nehmen, wenn wir, in einem anderen Werk, der Tafel im Louvre, neben dem leiblichen Fuß des Heiligen einen Marmorfuß bemerken, der den Torso einer antiken Statue bildet. Auf diese Weise konkurriert der Märtyrer mit einem antiken Körperideal. Setzt auch Mantegna notgedrungen die Überwindung der heidnischen Antike ins Bild, so fordert er im Gegenzug die Rückkehr zur Kunst der Antike. Zwar hatte das Christentum über die Antike gesiegt, aber es war in der gleichen Zeit die Kunst verloren gegangen, wie schon PETRARCA mit gewissem Unbehagen bemerkte. Die Signatur des Künstlers erscheint neben dem Körper des Märtyrers, als ob sie dem antiken Triumphbogen in griechischen Lettern eingeschrieben wäre „Das Werk des Andreas" (ERGON TOU ANDREOU) verweist auf ein „Kunst-Werk". Damit hat der Maler die Distanz zum christlichen Märtyrer in der Distanz der Kunst gegenüber der Religion vergrößert.

Hans Belting

Pier Paolo Pasolini – ‚Märtyrer-Regisseur aus eigener Entscheidung'

Pasolini bei den Dreharbeiten zu *Medea*, 1969

Der Tod liegt nicht im Sich-nicht-mitteilen-können, sondern im Nicht-mehr-verstanden-werden-können", schrieb Pier Paolo Pasolini im Jahre 1964 in *Eine verzweifelte Vitalität*, einem seiner zentralen Gedichte. Er nannte dort Ostia als Ort des eigenen Todes. Das lateinische Wort *hostia* bedeutet ‚Opfertier'. In Ostia, der römischen Kolonie an der Mündung des Tiber, wurden in vorchristlicher Zeit Menschenopfer vollzogen. In Ostia wurde Pasolini am Morgen des 2. November 1975 ermordet aufgefunden – „an den Ufern des Meeres, / in dem das Leben wieder beginnt". So hatte er den Ort seines Todes in dem genannten Gedicht beschrieben, einem Gedicht, in dem der Autor so spricht, „wie einer der sein eigen Unglück träumet". Der Künstler Pasolini, der sich selbst „Märtyrer-Regisseur aus eigener Entscheidung" nannte, rekurriert damit auf eine zweifache Bedeutung des Begriffs ‚Martyrium': ‚ein Opfer auf sich nehmen' und ‚ein Zeichen setzen'. Als Regisseur hat er seinen eigenen Tod als Opfertod entworfen und seit Beginn der sechziger Jahre immer wieder beschrieben. Der Maler Giuseppe Zigaina, seit 1946 mit dem Regisseur befreundet, hat nach Pasolinis Tod das geschriebene, filmische und theatrale Werk akribisch analysiert und jene fragwürdigen Passagen dechiffriert, in denen der Autor seinen Tod und sein ‚ewiges Leben' ankündigt. ZIGAINA geht so weit, Pasolinis Tod als dessen eigene Inszenierung zu begreifen, als Darstellung eines ‚Mysteriums', von ihm konzipiert, in seinem Werk reflektiert und schließlich von ihm selbst organisiert: ein häretischer, ein künstlerischer, ein Akt absoluter Grenzüberschreitung.

Pasolinis Idee des Todes gilt nicht dem Jenseits, nicht dem, was nach dem Tod geschieht, sondern dem, was ihm vorausgeht, dem „Verhalten und der Moral der Menschen". Bezogen auf den Tod, versteht er das Leben „als Erfüllung, als verzweifelte, ungewisse und ständig um Stabilisierungen, Vorwände und Beziehungen bemühte Suche nach einer expressiven Vervollkommnung". (*Lebendige Zeichen und tote Dichter*, 1967) Um sein Leben expressiv zu gestalten, entwarf Pasolini eine Art des Todes, der die Kraft innewohnen möge, ein Zeichen zu setzen. Im *Opfertod* sah er eine extreme Form des Ausdrucks; in seinen Schriften hat er darauf bestanden, den Tod als ‚höchsten Ausdruck' eines Menschen und eines Werks zu begreifen. In der Metaphorik der Filmarbeit sprach er davon, der Tod bearbeite das Leben wie der Schnitt das Filmmaterial. Insofern kann Pasolinis Tod als Schlüssel zu einem Leben betrachtet werden, das untrennbar mit seinem Werk verbunden war. Um sein Leben zu einem kulturellen Zeichen zu machen, hat er den eigenen Tod als Opfertod entworfen.

Pasolinis Vision des „Märtyrer-Regisseurs aus eigener Entscheidung" in dem Text *Das unpopuläre Kino* (1970) entwirft eine Position absoluter Freiheit, die mit einer Neu-Erschaffung der Sprache einhergeht (einer „nicht-verbalen" Sprache, die der verbalen vorausgeht und zugrunde liegt) und die den Akt einer absoluter Transgression beschwört. In diesem Sinne wird der eigene Tod zum Medium einer expressiven „Sprache der Wirklichkeit". Da die Sprache für Pasolini die Gewalt von Konvention, Kommunikation und Konsumtion verkörpert und mit einer „Liquidierung des Anderen" verbunden ist, richtet sich seine Arbeit auf die Zerstörung der konventionellen Codes. Dagegen setzt er eine Sprache des „bloßen menschlichen Daseins", die sich auf seine archaischen Schichten bezieht, auf eine geschichtslos-natürliche Welt, die in der gesprochenen Sprache gründet und aus dem Mythos schöpft. Im Interesse eines expressiven Ausdrucks des bloßen Daseins kommt vor allem das eigene Leben – und der eigene Tod – zum Einsatz: „Die Märtyrer-Regisseure befinden sich also, durch ihre eigene Entscheidung, stilistisch stets in der Feuerlinie, das heißt an der Front der sprachlichen Übertretungen."

Damit der Tod in Pasolinis ‚Sprache der Wirklichkeit' zum Zeichen werden konnte, mußte er aus den üblichen Formen des Sterbens herausfallen, durfte kein Tod durch Alter, Krankheit oder Unfall sein. Aus seiner Sicht kommt auch der Selbstmord nicht in Frage, denn der Selbstmord „schafft eine Leere, die vom Leben in seiner schlechtesten Form sogleich wieder ausgefüllt wird". Der Tod muß vielmehr zu einem spektakulären Akt werden, der auf die Verletzung des (sprachlichen) Codes zielt. Da aber Sprache und Leben für ihn identisch sind, schließt dies die Verletzung der Selbsterhaltung ein – womit er das Motiv vom Künstlers als Märtyrer fort- und umschreibt: Für ihn ist „jede Verletzung des Kodes (ohne die es keine stilistische Neuerung gibt) eine Verletzung der Selbsterhaltung und folglich ein ostentativer Akt der Selbstverletzung: die Entscheidung für etwas Tragisches und Unbekanntes anstelle von etwas Alltäglichem und Bekanntem." Die Dynamik seines Lebens-Werks steuerte auf jenen Moment zu, in dem die Zerstörung der Selbsterhaltung in einen Akt absoluter Freiheit transzendiert werden soll – was nichts anderes heißt, als die „Freiheit den Tod zu wählen". Diese ‚Freiheit' manifestiert sich in einem Martyrium, dem derjenige, der sie fordert und behauptet, sein leibliches Leben unterwirft. Eine zeichenhafte Gegenwelt zu der herrschenden gesellschaftlichen Gewalt, die er als „Liquidierung des Anderen" deutet, wird in einem ‚demonstrativen' Martyrium hergestellt und für den Zuschauer ausgestellt – was auf die Liquidierung des eigenen Lebens hinausläuft.

Sein Tod wirkt wie die letzte Szene eines seiner Filme. In der Nacht vom 1. auf den 2. November 1975, einem Sonntag, der im Kirchenjahr als Allerseelen verzeichnet ist, wurde Pasolini auf einem Fußballplatz in Ostia ermordet. Im Morgengrauen wurde sein massakrierter Körper von einer Anwohnerin gefunden. Das Allerheiligenfest am 1. November, das GREGOR IV. 834 für die ganze Kirche verbindlich machte, geht auf ein im Orient am Sonntag nach Pfingsten gefeiertes Fest für alle Märtyrer zurück. Die römische Kirche hatte es bereits am 13. Mai 607 übernommen, als das Pantheon zur Basilika von Santa Maria ad Martyres geweiht wurde. GREGOR III. verlegte es 731 auf den 1. November. Das Allerseelenfest am 2. November ist dem Gedenken der Verstorbenen gewidmet; an diesem Tag werden die Totenmessen gefeiert. – Aus den Prozeßakten geht hervor, daß Pasolini, nachdem er schon von zahllosen Schlägen mit einer Holzlatte lebensgefährlich verletzt war, an der Zerquetschung des Thorax verstarb. Zweimal wurde er mit seinem eigenen Auto überfahren. Am Steuer saß vermutlich Pino PELOSI, ein 17jähriger ‚ragazzo di vita', der den Mord gestand und eine neunjährige Haftstrafe verbüßte. Am 7. Mai 2005, fast dreißig Jahre nach Pasolinis Tod, widerrief Pelosi jedoch im italienischen Fernsehen auf spektakuläre Weise sein Geständnis. Drei Männer hätten Pasolini aus dem Auto gezerrt und bestialisch getötet. Er, Pelosi, habe den Mord auf sich genommen, da die Unbekannten ihm und seinen Eltern gedroht hätten. Da seine Eltern nun tot seien, könne er reden. Die Staatsanwaltschaft Rom, die sich vor dreißig Jahren nicht nur mit Pelosis Geständnis zufrieden gegeben hatte, sondern weitere Untersuchungen verhinderte, mußte das neue Geständnis zu den Akten nehmen – bisher ohne Folgen.

Folgt man der Sicht beziehungsweise der Analyse Giuseppe ZIGAINAS, so hat Pasolini an einem gewissen Punkt seines Lebens begonnen, „die *Inszenierung* seines Opfertodes wie ein antikes griechisches *théatron* zu denken: der Ort (*tron*) an dem sich die *denkwürdige Aktion* (*théa*) ereignet." Diese Aktion findet im Gegenüber des Zuschauers ihre Vollendung, in der Beziehung zwischen dem Autor und dem Zuschauer, den Pasolini als zweiten Autor verstanden hat. Was durch die Aktion entsteht, ist eine „dramatische Beziehung zweier Individuen, zwischen denen demokratische Gleichheit herrscht", wie er in *Das unpopuläre Kino* schreibt: Der Zuschauer, der „begreift, sympathisiert, liebt und sich begeistert", ist ebenso skandalös wie der Autor: „Beide verletzen die Ordnung der Selbsterhaltung, die zwischen ihnen entweder ein Schweigen oder eine Beziehung in einer allgemeinen und durchschnittlichen Sprache will". So verstanden, nimmt also der Zuschauer den uncodifizierbaren Akt an, den der Autor vollzogen hat: den Akt der Selbstverletzung und damit der Bekräftigung seiner Freiheit. „Durch beständiges Provozieren des Kodes (das heißt der Welt, die ihn gebraucht), durch beständiges *Sich-Exponieren*“ bekommen die Märtyrer-Regisseure schließlich, „worauf ihr aggressiver Wille aus ist: verletzt und getötet zu werden mit den Waffen, die sie selbst dem Feind anbieten.“ An dieser Front behaupten sie ihre Freiheit, wie der Zuschauer dort auch seine Freiheit einklagt, indem er die Freiheit des anderen respektiert. Durch diesen Akt objektiviert der Zuschauer den freiheitlichen Akt und übersetzt ihn in die verbale Sprache. Der ‚skandalöse' Zuschauer im Sinne Pasolinis wäre derjenige, der den Opfertod des Märtyrer-Regisseurs beglaubigt. Das Ergebnis ist eine interessante – aber in der Märtyrerkultur durchaus auch traditionelle – Arbeitsteilung: der Künstler als *Opfer*, der Zuschauer als *Zeuge*.

Karlheinz Barck und
Klaudia Ruschkowski

Literatur

Pier Paolo Pasolini: „Lebendige Zeichen und tote Dichter“, in: ders.: *Ketzererfahrungen. Schriften zu Sprache, Literatur und Film*, übers. u. hg. v. Reimar Klein, München u. a. (Hanser) 1979 (*Empirismo eretico*, Milano [Garzanti] 1972)

Pier Paolo Pasolini: „Das unpopuläre Kino“, in: ders.: *Ketzererfahrungen. Schriften zu Sprache, Literatur und Film*, übers. u. hg. v. Reimar Klein, München u. a. (Hanser) 1979 (*Empirismo eretico*, Milano [Garzanti] 1972)

Giuseppe Zigaina: *Pasolini und der Tod. Ein rein intellektueller Krimi*, übers. v. Klaudia Ruschkowski, Frankfurt a. M. (Dt. Filmmuseum) 2005 (*Pasolini e la morte. Un giallo puramente intellettuale*, Venezia [Marsilio] 2005)

Pietà und *Mater dolorosa* – Trauer, (Selbst-)Mitleid und die Universalisierung der Opfer

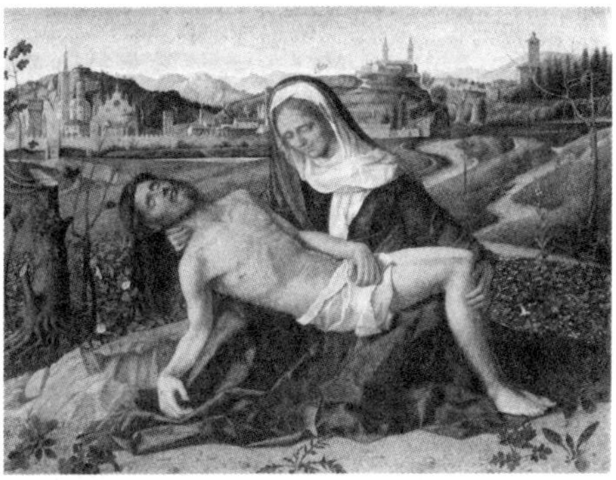

Giovanni Bellini: *Pietà*, um 1500, Accademia, Venedig

Käthe Kollwitz: *Mutter mit totem Sohn (Pietà)*, 1937, Neue Wache, Berlin

Als im Gebäude von SCHINKELS ‚Neuer Wache' in Berlin nach der Wiedervereinigung eine „Zentrale Gedenkstätte der Bundesrepublik Deutschland für die Opfer des Krieges und der Gewaltherrschaft" eingerichtet wurde, orientierte man sich an der Umgestaltung des Innenraums durch Heinrich TESSENOW 1931, als der Bau zum „Ehrenmal für die Gefallenen des Weltkrieges" bestimmt worden war. In die Mitte des leeren, fensterlosen Raums wurde allerdings nicht ein schwarzer Granitblock, sondern eine ‚aufgeblasene', um ein vielfaches vergrößerte Kopie der Skulptur von Käthe KOLLWITZ aufgestellt, die eine um ihren toten Sohn trauernde Mutter darstellt. Diese an eine *Pietà* erinnernde Figur und die Gedenkformel „für die Opfer des Krieges und der Gewaltherrschaft" riefen die Kritik und Proteste vieler Intellektueller, insbesondere Historiker und Kunsthistoriker hervor. Der *Spiegel* verdichtete die Kritik in der Formel „Für ermordete Juden ein christliches Kriegerdenkmal" (Heft 46, 1993). Sind bereits in der universellen Gedenkformel alle Unterschiede der Opfer nivelliert, so wird darin insbesondere das zentrale Verbrechen des Dritten Reiches, das gegen die Juden gerichtete nationalsozialistische Vernichtungsprogramm, unkenntlich. Die Wahl der Kollwitzschen *Pietà* wirft – in ihrer Symptomatik für die deutsche Gedächtnispolitik nach 1945 – zusätzliche Probleme auf.

Offensichtlich ist der ikonographische Fehlgriff, der darin besteht, das Gedenken an die Opfer des Zweiten Weltkriegs, das (nach dem Willen der Initiatoren) auch die Juden einschließen sollte, in einem Symbol christlicher Ikonographie darzustellen. Denn die ermordeten Juden werden nicht allein durch das genuin christliche Symbol *ausgeschlossen*, sondern zusätzlich noch durch die konkrete Ausdrucksgebärde der trauernden Mutter mit Sohn – geht es doch um Opfer, die „nicht bei ihrem Tod ihrer Mutter übergeben wurden, denn in Auschwitz ‚tötet man die Mutter gleich mit'", wie Sarah KOFMAN in *Erstickte Worte* (1988) formuliert, wo sie die grundsätzliche Untauglichkeit der *Passion* für ein Gedächtnis nach der Schoa erörtert. Die Einwände gegen die Skulptur zielten aber auch auf eine Bedeutung, die über diesen Ausschluß hinausgeht und ihn in einer Pathosformel nationalen Selbstmitleids verankert. Diese Bedeutung kommt durch eine zweifache Übertragung der Figur der *Pietà* zustande: zum einen durch die enorme Vergrößerung einer kleinen (im Original gerade mal 38 cm hohen) Skulptur, in der die Künstlerin ihre *persönliche* Trauer um den gefallenen Sohn und das Gefühl ihrer Schuld daran bearbeitet hat – wie im Falle von Kollwitz' *Mutter mit totem Sohn* (1937/38) –, und deren Nutzung als Symbol im *politischen* Kontext einer nationalen Gedenkstätte; zum zweiten durch eine dem vorausgegangene *Sakralisierung*, in Form der Gestaltung eines im Ersten Weltkrieg Gefallenen im Bild der *Pietà*. Dadurch erscheint der Tod des Sohnes als Opfertod – Opfer wofür? –, während sich mit der zitierten Gebärde der Trauernden die Verwandlung von Schmerz in Trost verbindet. Daß mit der Plazierung einer Muttergestalt im Zentrum einer nationalen Gedenkstätte zugleich die Tradition nationaler Allegorien aufgerufen und die Trauernde auf diese Weise zur Personifikation des wiedervereinigten Deutschland wird, bringt eine weitere Dimension ins Spiel. Durch sie werden die „Opfer des Krieges und der Gewaltherrschaft" zu Gründungsopfern der versöhnten, wiedervereinigten Nation.

Bildliche Darstellungen der schmerzerfüllten, trauernden Mutter Gottes, die den vom Kreuz genommenen Leichnam CHRISTI auf dem Schoß hält, sind seit dem Mittelalter bekannt und durch Andachtsbilder, Skulpturen und Gemälde insbesondere aus dem 14. bis 16. Jahrhundert überliefert. Die Szene wird auch als ‚Vesperbild' bezeichnet, weil sie sich zur Vesperstunde des Kreuzigungstages begeben haben soll. Als Ausschnitt aus der Gruppenszene der *Beweinung Christi* wurde aus der *Pietà* die Figur der *Mater dolorosa* herausgelöst, wodurch ihr eine herausgehobene Stellung zukam. Dies geschah zur gleichen Zeit, als auch das poetische Motiv *Stabat Mater dolorosa* entstand, das europäische Musikgeschichte geschrieben hat: „Es stand die Mutter schmerzensreich". Die Figur der *Mater dolorosa* ist in dem Lied die Ausgangsfigur, die zum Gegenstand und zugleich zum Vorbild für die Ausdrucksgebärde der Beweinung wird. Mit ihr wird eine Kette von Trauer und Trost in Gang gesetzt, die eine Affektkultur der *compassio* begründet. In der dritten Strophe nämlich geht der Jammer der Mutter angesichts der Pein des Sohnes, dem die ersten beiden Strophen gewidmet sind, über in die Beweinung der Mutter durch ‚die Menschen': *Quis est homo qui non fleret* ... „Wer ist der Mensch, der nicht weinte, / sähe er die Mutter Christi / in solchen Schmerzen. / Wer wäre nicht betrübt, / Wenn er Christi Mutter ansieht, / schmerzensreich mit dem

Sohn." Und weiter: „Für die Sünden seines Volkes / sah sie Jesus Martern / und Geißeln unterworfen. / Sah sie ihren süßen Sohn / sterbend einsam, während er aufgab den Geist." Dem musikalischen Pathos von *Stabat Mater* entspricht die ikonographische Formel der *Pietà*.

Da sich in der Ausdrucksgebärde der *Pietà* die *compassio* der Mutter mit dem Leiden CHRISTI auf die Bedeutung der *Passion* als Sühneopfer und erlösender Tod bezieht, verbinden sich in ihr Schmerz, Trauer und liebende Zuwendung mit Trost und Erlösung. Damit führt die *Pietà* in die Tradition der Märtyrerkultur eine andere Form der *imitatio* ein, die sich nicht im Physischen, sondern im Reich der Gefühle abspielt. Anstelle der *Imitatio Christi*, mit deren Hilfe sich die christlichen Blutzeugen in eine leibliche Verbindung zum Opfertod Christi stellen, steht hier eine Genealogie von Affekten: Indem die Mutter den Sohn beweint, motiviert sie das Mitleiden der Betrachter und die Verwandlung von Schmerz in Trost und Erlösung auch bei ihnen.

Die Durchsetzung des Titels *Pietà* (ital. Erbarmen, Mitleid) für die Szene verdankt sich vor allem den Gemälden von Giovanni BELLINI (1430–1516) und den Skulpturen von MICHELANGELO Buonarotti (1475–1564), von dem drei verschiedene Varianten in Florenz, Mailand und Rom zu sehen sind. Seine *Marmorpietà* im Petersdom, bei der die (auffallend jugendliche) Maria den halb liegenden Leichnam quer auf dem Schoß hält (und wie einen Geliebten anschaut), hat die ikonographische Tradition geprägt – obwohl auch andere Haltungen überliefert sind: so beispielsweise der lang ausgestreckt Leib, den die sitzende Mutter quer auf dem Schoß hält, oder auch der zusammengesunkene, halb am Boden liegende, von der Mutter gestützte Leichnam. Zu der Gebärde von Michelangelos *Marmorpietà* hat Rainer Maria RILKE in *Marien-Leben* (1912) einen bemerkenswerten poetischen Kommentar verfaßt: „Jetzt liegst du quer durch meinen Schoß, / jetzt kann ich dich nicht mehr / gebären." Diese Verse bringen jene verschwiegene Bedeutung zur Sprache, die durch die Beziehung der *Pietà* zur Szene der *Madonna mit dem Kinde* zustande kommt: dort die Mutter mit ihrem einer jungfräulichen Geburt entsprossenen Kind, die *Madonna* heißen muß, um den leiblichen Aspekt der Geburt auszuschließen; hier die Trauernde, die den Toten beweint und *Mutter* heißen muß, um nicht mit einer Geliebten verwechselt zu werden. Indem die Mutter den Toten auf dem Schoß hält, erscheint die Szene der *Pietà* wie eine Rückführung des Sohnes in den Mutterschoß, wie eine Inversion der Geburt: als Rücknahme des geopferten Lebens durch diejenige, die ihm einst das Leben schenkte.

In dieser Bedeutung hat Käthe KOLLWITZ sich die Pathosformel der *Pietà* angeeignet, um ihre gemischten Gefühle aus Trauer und Schuld in dem Bild eines Opfertods aufzuheben, mit dem auch die Trauernde selbst auf Mitleid durch die Betrachter rechnen darf. Käthe Kollwitz' Sohn war 1914 gefallen, nur wenige Wochen, nachdem er 18jährig als Freiwilliger in den Krieg gezogen war – gegen den Willen des Vaters, aber mit Unterstützung der Mutter. Deren Zustimmung ist in ihrem Tagebuch dokumentiert. Am 6. August 1914: „Ich erlebte die Möglichkeit des freien Opfers." Am 4. Oktober, als der ins Feld ziehende Sohn vom Feldgottesdienst erzählt hat: „So sind sie nun auch kirchlich eingesegnet zu ihrem Opfer." Und einen Tag später: „Als ob das Kind einem noch einmal vom Nabel abgeschnitten wird. Das erstemal zum Leben, jetzt zum Tod." Auch nach dem Tod des Sohnes greift sie auf die religiöse Opfersemantik zurück; so findet sich Karfreitag 1918 der Eintrag: „Hanna opfert ihren Sohn, nachdem er entwöhnt ist." Und selbst als Kollwitz sich zwei Jahrzehnte später noch einmal mit dem Verlust des Sohnes auseinandersetzte und das künstlerisch bearbeitete, griff sie, obwohl sich ihre politische Haltung in der Zwischenzeit gewandelt hatte, wieder auf das Motiv des sakralen Opfers zurück. Es entstand die kleine Skultpur einer am Boden sitzenden Mutter, die im Schoß den Körper ihres toten Sohnes birgt. Anders als bei der *Pietà* hält sie ihn nicht liegend oder sitzend quer auf dem Schoß, sondern – wie eine Gebärende – *im* Schoß. Diese Gebärde einer Wiederinbesitznahme des narzißtischen Liebesobjekts verbindet sich mit der Präsentation der Mutter als *Mater dolorosa*. Mit der rechten Hand, die an den eigenen Mund geführt ist, erhält der Ausdruck der Trauer eine Selbstbezüglichkeit, durch die das Mitleid zum Selbstmitleid wird. – Stellt die säkularisierte *Pietà* als zentrales Symbol einer nationalen Gedenkstätte sich als Existenzmetapher einer allgemeinmenschlichen Leiderfahrung dar, in der die konkrete Geschichte unkenntlich wird, dann wird sie durch die besondere Kollwitzsche Ausdrucksgebärde als Pathosformel eines selbstmitleidigen Opfergedenkens lesbar.

Sigrid Weigel

Literatur

Akademie der Künste (Hg.): *Streit um die Neue Wache. Zur Gestaltung einer zentralen Gedenkstätte*, Berlin 1993

Sarah Kofman: *Erstickte Worte*, Wien (Passagen) 1988

Wilhelm Pinder: *Die Pietà*, Leipzig (Seemann) 1922

Viktoria Schmidt-Linsenhoff: „Kohl und Kollwitz. Staats- und Weiblichkeitsdiskurse in der Neuen Wache 1993", in: Anette Graczyk (Hg.): *Das Volk. Inszenierung, Imagination, Phantasma*, Frankfurt a. M. u. a. (Campus) 1996

Marina Abramovićs *Balcan Baroque* – Das Zeugnis der Knochen und die Sorge um die Opfer

Marina Abramović: *Balcan Baroque*, 1997

Uroš Predić: *Das Kosovomädchen*, Belgrad, 1919

Für die Performance *Balcan Baroque* erhielt die aus Serbien stammende, seinerzeit in Deutschland lebende Marina Abramović 1997 auf der Biennale in Venedig den internationalen Preis der Jury und erregte ungewöhnliches Aufsehen. Die Künstlerin saß in einem gruftartig dunklen Raum inmitten einer Halde blutiger Knochen, die sie vier Tage lang mit einer Stahlbürste bearbeitete, um sie von Blut-, Fleisch- und Sehnenresten zu säubern. *Balcan Baroque* wurde von der Kunstkritik als Werk gefeiert, das die überzeugendste Auseinandersetzung mit den jüngsten Balkankriegen darstelle.

Knochen, noch dazu blutige, sind zugleich Relikte und Zeichen des Todes. Sie besitzen einen unübertroffenen Authentizitätswert, der sich jahrhundertelang im Gebeinhandel und der Reliquienverehrung von Märtyrern und Heiligen niederschlug. Ihr Auftreten im Kunstkontext ist Ausdruck einer in den sechziger Jahren des 20. Jahrhunderts einsetzenden Verschiebung von der *Repräsentation* eines Ereignisses hin zur *Präsentation* von Relikten und Andenken. Die Dinge und Materialien beanspruchen unmittelbare, von der individuellen künstlerischen Gestaltung unabhängige Zeugen zu sein. Abramović nutzte dieses Pathos des Authentischen, hielt aber durch die allegorische Überformung die Unmittelbarkeit des Körpers mit seiner überwältigenden Präsenz auf Distanz, während sie Videobilder einsetzte, denen die Macht des Kommentars zukam. Eine historische Verankerung aber blieb dem Betrachter überantwortet, der dafür am Ort der Aufführung, dem Italienischen Pavillon der Biennale, keine Bezugspunkte fand.

Mit der Auflösung des Ostblocks hatten sich Teile des Vielvölkerstaats Jugoslawien, zunächst Kroatien und Bosnien, unabhängig erklärt von der serbischen Vorherrschaft, die zunehmend nationalistische Züge trug. Zwar konnten die daraus entstandenen

Kriege, die von ethnischem Nationalismus geprägt sind, 1995 beendet werden, doch verschärfte sich der schwelende Kosovokonflikt, der seit 1996 zu den blutigsten Auseinandersetzungen auf dem Balkan geführt hat. Serbien betrachtet das Gebiet des Kosovo, das seit dem 17. Jahrhundert von einer weitgehend islamisierten Bevölkerung bewohnt wird, als „Wiege der Nation". 1389 war dort unter serbischer Führung die im Laufe der Zeit mythisch aufgeladene Schlacht auf dem Amselfeld gegen die Türken verlorengegangen, in deren Folge der Balkan unter osmanische Herrschaft kam. Mit den zu Märtyrern Europas stilisierten Toten des Amselfelds wurden die gewaltsamen Versuche einer Erneuerung der Einheit Jugoslawiens unter serbischer Führung legitimiert.

In ihrer Performance hat Abramović einen Berg von Schlachthofabfällen zu blutigen Zeugen eines Kriegs ohne Sieger transformiert: Umgeben war sie von triptychonartig angeordneten Videobildern. Auf der Wand hinter der Knochenhalde mit der leibhaftigen Künstlerin erschien Abramović ein zweites Mal lebensgroß und ganzfigurig als Videoprojektion, flankiert von den Porträts ihrer Eltern auf den seitlichen Wänden des Raums. Die Künstlerin begegnete den Besuchern also in zweifacher Gestalt, als physischer Körper und als quasi stoffloses Medienbild. Das Verblüffende an dieser Gegenüberstellung war eine eigentümliche Inversion. Der natürliche Körper aus Fleisch und Blut übernimmt als lebendes Bild eine allegorische Bedeutung, während die Videobilder die natürliche Person in verschiedenen Rollen thematisieren. Im Videobild doziert die Künstlerin, ausgestattet mit der Autorität des weißen Kittels, die Parabel von der Wolfsratte, oder „wie wir auf dem Balkan Ratten töten". Mit wissenschaftlich anmutender Akribie erläutert sie, wie man Ratten dazu bringe, sich gegenseitig zu vernichten. Dann legt sie den weißen Kittel ab und tanzt in einem knappen schwarzen Kleid, aus dessen Dekolleté sie – wie aus ihrem Körperinnern – ein blutrotes Tuch hervorzieht. Der inkarnierten Objektivität der Naturwissenschaftlerin steht das feurige Balkanmädchen gegenüber.

Die Videobilder kontrastieren ihrerseits aufs äußerste mit dem Performance-Körper der Künstlerin inmitten des blutigen Knochenbergs. Zunächst ist der Kontrast medial begründet: Gegenüber den sauberen Oberflächen der Videobilder, ihrer Stilisierung und hierarchischen Ordnung erscheint die Performance nicht allein chaotisch, schmutzig und unübersichtlich, sondern auch erklärungsbedürftig. Denn das Schrubben eines Knochenbergs wirkt wie eine absurde Handlung. Hinzu kommt das, was fotografische Reproduktionen nicht vermitteln können: Die Performance wird von dem süßlichen Geruch des verwesenden Fleischs begleitet. Durch diese Sinneswahrnehmung, die „kardinale Ekelerfahrung des Gestanks" (Menninghaus), werden die Besucher zu unfreiwilligen Teilnehmern. Sie tauchen in einen vom Verwesungsprozeß kontaminierten Raum ein.

Mit der Performance knüpft die Künstlerin mit neuen Mitteln an eine Bildtradition an, die in ganz Europa mit der Nationalstaatenbewegung populär wurde: die Personifikation des Landes trauert um ihre Söhne. Typisch dafür ist die Gegenüberstellung einer einzelnen weiblichen Figur mit der Repräsentation mehrerer oder vieler Toter – wie etwa auf der serbischen Medaille von Ivan MESTOVIĆ, die den „Rächern des Kosovo" gewidmet ist und sich auf den Balkankrieg 1912/13 bezieht; sie zeigt eine Landespersonifikation, die Siegerkränze verteilt. Auch auf Georg Friedrich KER-

STINGS Memorialbild für die Völkerschlacht bei Leipzig 1815 bindet ein weißgekleidetes Mädchen den Eichenkranz für drei gefallene Helden, die ein Pendantbild als Lützower Jäger ausweist, die im Eichenwald dem Feind auflauern. An ihrer Statt sieht man nun die Namen der Gefallenen mit goldnen Lettern in die Eichenstämme des Waldes eingeschrieben. Zwischen ihnen erscheint das Mädchen mit der blonden Haarkrone und dem weißen Kleid als bürgerliche Germania, um derentwillen gekämpft und gestorben wurde und die nun die Gefallenen ehrt. Zwar entsprach dieser Germania noch kein Territorium, doch erschien im sittsamen weiblichen Körperbild das angestrebte Ideal begehrenswert.

In *Balcan Baroque* gibt es zwar keine Ehrenkränze und keine verewigten Namen, und selbst das weiße Gewand wurde durch die Knochenarbeit beschmutzt. Dennoch lassen sich Vergleichbarkeiten ausmachen. Die blutigen Knochen, die zunächst einen formlosen Haufen bildeten, entsprechen der Ästhetik des *l'informe*, die mit dem Schlachthof verbunden ist – wie Georges Bataille in seinen Einträgen *Abattoir* und *Informe* für ein *Dictionnaire critique* in Verbindung mit den Schlachthausfotos von Eli Lothar gezeigt hat. Durch Abra-movićs Arbeit wurden die Knochen geradezu individualisiert: Stück für Stück nahm die Künstlerin jeden einzelnen der 1500 Rinderknochen unter rhythmischem Wiegen des Oberkörpers und dem repetitiven Summen von Liedern unterschiedlicher Regionen des Balkans in die Hände und reinigte ihn mit nicht nachlassender Intensität. Dadurch gerieten ihre Bewegungen zu einer unendlichen Repetition, die an rituelle Handlungen erinnert. Durch die geradezu liebevolle Zuwendung gewannen die namenlosen Knochen den Status individueller Opfer. Dadurch trat jeder in seiner eigenen Gestalt in Erscheinung – strukturell vergleichbar mit der Identifikation der Opfer in geöffneten Massengräbern im Kontext der jüngsten Balkankriege. Allerdings führte Abramovićs Individualisierung zu keiner ethnischen, nationalen oder religiösen Zuordnung. Intim und fast erotisch erscheint Abramovićs Knochenarbeit aber auch, weil der allegorischen Konstellation einer trauernden Personifikation – handele es sich um die eines Landes oder die einer Nation – die Geschlechterdifferenz eingeschrieben ist. Im Unterschied zu Klageweibern oder dem auf Kriegsdenkmälern verbreiteten Thema der trauernden Mutter, das seinerseits das Pietà-Motiv fortführt, trug Abramović ein *weißes* Gewand, das gegenüber dem Laborkittel im Videobild zeitlos erschien. Daß es durch die Reinigungsarbeit besudelt wurde, ließ die „reinen“ Ideale, um derentwillen es zu sterben lohne, fragwürdig werden. *Balcan Baroque* nutzte die Bildtradition der trauernden Landespersonifikation, um deren Funktion zu negieren.

Darüber hinaus dürfte sich zumindest für Kenner der Geschichte des Balkans der Bezug zu einem außerordentlich populären Gemälde, dem sogenannten *Kosovomädchen*, herstellen, das sich auf die legendäre Schlacht auf dem Amselfeld im Jahr 1389 bezieht. Das Bild des serbischen Malers Uroš PREDIĆ aus dem Jahr 1919 zeigt ein in Landestracht gekleidetes Mädchen, das der Legende entsprechend verletzten bzw. sterbenden Kämpfern auf dem mit Leichen übersäten Schlachtfeld einen Trank bietet. Ein Bezug von *Balcan Baroque* zum Amselfeld wird auch dadurch nahegelegt, daß die Performance in Venedig am 15. Juni begann, dem Tag, an dem nach Julianischem Kalender jene Schlacht datiert, die von den Serben als ihr Opfer für Europa und das Christentum memoriert wird. Allerdings vermied Abramovićs Performance im Gegensatz zu Predićs Bild, in dem die serbischen Nationalfarben (rot, weiß, blau) dominieren, jede nationale Charakterisierung. Vielmehr unterlief die Inszenierung der Schlachthofabfälle als Blutzeugen das singuläre Ereignis im Sinne eines Historienbildes mit seinen namhaften Akteuren.

Monika Wagner

Literatur

Georges Bataille: [*Dictionaire critique*:] „Abattoir“, in: *Documents*, 1 (1929) Heft 6, S. 329

Georges Bataille: [*Dictionaire critique*:] „Informe“, in: *Documents*, 1 (1929) Heft 7, S. 382

Thomas A. Emmert: *Serbian Golgotha: Kosovo, 1389*, New York (Columbia University Press) 1990

Winfried Menninghaus, *Ekel. Theorie und Geschichte einer starken Empfindung*, Frankfurt a. M. (Suhrkamp) 1999

Bojana Pejić: „Bodyscenes: An Affair of the Flesh“, in: Marina Abramović: *artist body. Performances 1969–1997*, Mailand (Charta) 1998, S. 26–40

Erich Witschke: „‚Balkan Baroque‘. Marina Abramović auf der 47. Biennale in Venedig“, in: *Kunst und Kirche*, 4 (1997), S. 234–235

6. Liebes-Opfer und der Eros der Märtyrerin

Gottesliebe, Visionen, süsse Pein – die imaginierten Martyrien der Mystikerinnen

Jesus reicht der heiligen Mechthild von Magdeburg die heilige Hostie aus seiner Seitenwunde, Ovalfresko über dem nordöstlichen Freipfeiler der Konviktskirche Ehingen

Gian Lorenzo Bernini: *L'estasi di Santa Teresa*, 1647–1652, Rom, Santa Maria della Vittoria

„Ich war eine Märtyrerin in der feurigen Liebe, so daß häufig mein Herzblut über mein Haupt strömte." Dieses Bild einer schwärmerisch leidenden Braut entstammt einer mystischen Vision Mechthilds von Magdeburg. Die Liebe zu Gott wird dort als „überwältigend" und als „verborgen in meiner Seele und in meinen Sinnen" charakterisiert. Damit benennt die Mystikerin wesentliche Merkmale ihres mystischen Martyriums: ekstatische Erregung und Imagination leidvoller gewaltiger Liebe. Mechthild von Magdeburg (1208–1282) erfuhr ihren ersten „Gruß", wie sie ihr mystisches Initiationserlebnis nennt, bereits im Alter von 12 Jahren und entschied sich acht Jahre später dafür, dem ‚Ruf Gottes' zu folgen. Nachdem sie fast vier Jahrzehnte als Begine gelebt und damit begonnen hatte, ihre mystischen Erfahrungen und Visionen aufzuschreiben, ging sie in das Zisterzienserinnen-Kloster Helfta, wo sie ihr siebenbändiges, in (nieder-)deutscher Sprache verfaßtes Werk *Das fließende Licht der Gottheit* in der Zurückgezogenheit des Klosterlebens vollendete.

Drei Jahrhunderte später, in der *Vida* der spanischen Mystikerin TERESA VON ÁVILA (Teresa von Jesús, 1515–1582), ist die unstillbare und schmerzvolle Gottesliebe zu süßer Pein und einem endlos wiederholten Todesverlangen gesteigert: „Ich sah mich hinschmachten vor Verlangen, Gott zu schauen, und wußte nicht anders dieses glückliche Leben zu finden als durch den Tod. [...] Man kann unmöglich schildern, in welcher Weise Gott die Seele verwundet, noch wie außerordentlich groß die Pein ist, die sie dabei leidet. Sie weiß nicht, wie ihr geschieht, und doch ist die Pein so süß, daß es in diesem Leben kein wonnevolleres Vergnügen gibt. An dieser Krankheit möchte die Seele immerfort sterben." Solche und ähnliche Formeln für das Verlangen nach einem mystischen Tod (*mors mystica*) finden sich in endlosen Variationen in der Lebensgeschichte der Teresa de Ávila, die sie nach ihrem mystischen Initiationserlebnis in Gestalt einer Begegnung mit dem ‚leidenden Christus' aufschrieb. Da war sie beinahe vierzig und nach einer langen Krankengeschichte wieder gesundet. Die „Krankheit" aber, von der ihre *Vida* erzählt, ist eine andere. Es ist eine „Pein der Seele", in der „wonnevolles Vergnügen" und Todesverlangen verschmelzen: „Nur eines kann die Pein der Seele mäßigen und sie ihr in etwa erträglich machen, wenn sie nämlich Gott bittet, er möge ihr durch ein Mittel dagegen helfen; sie selbst weiß kein anderes als den Tod, durch den allein sie zum vollkommenen Genusse ihres höchsten Gutes zu gelangen hofft." Eine Steigerung erfahren die schmerzvoll-süßen Leidensbilder in imaginierten körperlichen Martern. Das Bild des Pfeils, der ihr brennendes Herz durchbohrt, ist denn auch zum ikonographischen Attribut der ekstatischen Mystikerin geworden, wie sie in BERNINIS Marmorskulptur *L'estasi di Santa Teresa* (1647–1652) in Santa Maria della Vittoria in Rom Gestalt gewonnen hat. Als Gründerin des Klosters der barfüßigen Karmeliterinnen und als Initiatorin zahlloser weiterer Klostergründungen hat Teresa de Ávila Kirchengeschichte geschrieben (*Libro de las fundaciones*, dt. *Klostergründungen*), doch dürfte ihre Verehrung als Heilige sich mehr der Nachwirkung der metaphernreichen ekstatischen, imaginierten Martyrien verdanken, von denen ihre *Vida* erzählt.

Mystik, die eine Umkehr und Hinwendung zu Gott intendiert, ist in ihrer christlichen Ausprägung immer eine Form der Liebesmystik, weil sie der Liebe zu Gott und seinem Sohn gewidmet ist. Sie konnte sich nur im Fahrwasser des „ganz Neuen, bis dahin Unerhörten" bilden, als das Erich AUERBACH in seinem Beitrag über *Passio als Leidenschaft* (1941) die Genese „christlicher Weltflucht" und eines spezifischen „leidenschaftlichen Leidens in der Welt" bewertet hat: jener „*gloriosa passio* aus glühender Gottesliebe". Die spezielle Form der *Brautmystik* entstand über die Vorstellung einer Vermählung der Jungfrauen mit CHRISTUS. Die Verbindung zu ihm wird, anders als in der *Imitatio Christi* des Blutzeugnisses frühchristlicher Märtyrer, durch das Band der göttlichen Liebe gestiftet, während die Blutmarter in den imaginativen Akt eines ‚weißen Martyriums' transformiert wird, bei dem die Gewalt der Liebe die blutige Marter ersetzt. – Der kontemplative Ausgangspunkt dieses Geschehens ist das *Gebet*: „Das Gebet hat große Kraft, / das ein Mensch voller Inständigkeit vorbringt: / Es zieht den großen Gott herab in ein kleines

Herz, / es treibt die ausgehungerte Seele empor zum Gott der Fülle, / es bringt die beiden Liebenden, Gott und die Seele, / zusammen an einem lustvollen Ort; da sprechen sie viel von Liebe." Die Imagination wird noch deutlicher, wenn mit der tötenden Liebe zugleich die Heiligkeit des Märtyrers verbunden wird. „Ich kann dich gar nicht sehr zärtlich berühren, ohne dir unvorstellbar weh zu tun an deinem armen Leib. [...] Je größer die Liebe, desto heiliger der Märtyrer", so spricht bei MECHTHILD der Liebende zur Seele.

Das Martyrium der Mystikerin gründet in der „überwältigenden" Liebe zwischen Gott und der Seele. In der Liebe kann sich das Geschöpf dem Schöpfer annähern, um sich damit zur verlorengegangenen Gottesebenbildlichkeit des Menschen zurückzuwenden. BERNHARD VON CLAIRVAUX (1090–1153) ebnete den Brautmystiker*innen* diesen Weg, indem er in seinen *Hohelied*-Kommentaren die Gottesbraut als Seele interpretierte. Damit war ein individualisierter Zugang geschaffen, über die Einkehr ‚bei sich selbst' einen Weg zu Gott zu eröffnen. Diese verinnerlichte Gotteserfahrung, Bernhard nennt sie *cognitio Dei experimentalis*, provoziert einerseits ein Verstummen angesichts des Unsagbaren, wird andererseits aber in ekstatischen Erlebnissen zum Ausdruck gebracht. Bernhards Lehre aktualisierte auf diese Weise Elemente der antiken Mysterienkulte (*mystērion*, gr. Geheimnis, Geheimlehre; *mystikos*, gr. geheimnisvoll), in deren Mittelpunkt religiöse Feiern, sogenannte *Orgia* (gr. heiliges Tun) standen und die ebenfalls dem Verschließen des Mundes (gr. *myein)* die ekstatische Schau gegenüberstellten. Auf solchen Gotteserlebnissen beruht auch MECHTHILD von Magdeburgs siebenbändiges Werk *Das fließende Licht der Gottheit.*

Die Blütezeit der Brautmystik (12.–14. Jh.) korrespondiert mit den historisch gleichzeitigen Phänomenen der weltlichen Minneliteratur und der geistlich-theoretischen Mystik. Sie verbindet gewissermaßen Elemente aus beiden Vorstellungswelten, zeichnet sich aber durch die sprachliche Unmittelbarkeit aus, mit der die Gotteserlebnisse zum Ausdruck gebracht werden. Diese sind Manifestationen höchster Erregung, für die der Topos entbrannter, brennender oder feuriger Liebe steht. Auch die erotische Konkretion der imaginierten Vermählung ist durch die Liebesrhetorik BERNHARDS von Clairvaux vorbereitet. In der Deutungsgeschichte zum *Hohelied*, das Bernhard als *liber experientiae* betrachtet, hat er für die strittige Auslegungsfrage der Liebesbilder zwischen buchstäblicher Bedeutung und Allegorese eine ‚Lösung' gefunden, in der die kontemplative Versenkung ins Gebet Bilder evoziert, deren sinnliche Direktheit nichts zu wünschen übrig läßt: „Der heilige Kuß ist nämlich von solch wirksamer Kraft, daß die Braut, sobald sie ihn empfangen hat, durch ihn sogleich schwanger wird und zum Beweis dafür ihre Brüste anschwellen und von Milch strotzen." An eine solche Bilderwelt konnten die Mystikerinnen anschließen und sie als Imagination – im mehrfachen Sinne – fortschreiben: sei es als Visionen, imaginiertes Leiden, das in Leidenschaft umkippt, als phantasmatisches Martyrium, sei es als poetische oder autobiographische Schriften.

Die Schriften MECHTHILDS von Magdeburg sind überwiegend dialogisch strukturiert. Sie nutzen die Form des Dialogs, z. B. zwischen der Seele und Gott, um ihre Erlebnisse sinnlich faßbar zu machen: „Herr, es heißt ‚Meines Herzens Lust'! Diese habe ich der Welt entzogen, in mir selbst bewahrt und allen Kreaturen vorenthalten; nun kann ich sie nicht weiter tragen! Herr, wohin soll ich sie legen?" – „Die Lust deines Herzens sollst du nirgendwo anders hinlegen als in mein göttliches Herz und an meine menschliche

Brust. Dort allein wirst du getröstet und von meinem Geist geküßt." Die in Rede und Gegenrede gestalteten Gespräche – zwischen Gott und der Seele oder auch zwischen Seele und Leib – als allegorische Reflexionen zu interpretieren ist allerdings nur möglich um den Preis, deren Unmittelbarkeit in der imaginierten Beziehung zu Gott zu mißachten. Denn die Stimme der Mystikerin ist gleichsam die Seele, die in ihrem Text spricht. Diese Bedeutung der Seele als Sprachrohr zum Gespräch mit dem Göttlichen hat antike Wurzeln. Nicht selten wurde die Seele – metaphorischer Verweis auf das Transzendente – als Vogel symbolisiert, so auch bei MECHTHILD: „Wann wirst du mit den Federn deines Verlangens in die freudvolle Höhe fliegen zu Jesus, deiner ewigen Liebe?" fragt bei ihr „der gequälte Leib" die „elende Seele". Die Seele, hier als Mittlerin zwischen dem Leib und ‚dem Herrn', hat einen weiteren wichtigen Gesprächspartner: die Liebe. Sie ist die *vis unitiva* der christlichen Mystik, die für die Erhitzung im Verhältnis zwischen Gott und Seele sorgt. Sie wird als Kraft betrachtet, die die Seele aus dem göttlichen Urgeschehen heraus erschaffen hat – womit die Seele als Abkömmling der Liebe erscheint, während sie zugleich auch nur von dieser erlöst zu werden vermag: „Ich bin an ebendiesem Ort aus Liebe geschaffen. Deshalb kann mich keine Kreatur so, wie es meiner edlen Natur entspricht, trösten oder befreien, außer der Liebe allein."

Erinnert diese innige Verbindung von Seele und Liebe an den Mythos von AMOR und PSYCHE, so ist sie hier doch gänzlich anders begründet, nämlich als *Imitatio* jener gewaltigen Liebe Gottes, die er durch das *Opfer* und die *Passion* seines Sohnes den Menschen erwiesen hat, „denn er will sie seinem leiblichen Sohn anverwandeln, der an Leib und Seele gepeinigt wurde". Insofern wird das CHRISTUS-Opfer, das als Produkt göttlicher Liebe und als ihr Urbild zugleich erscheint, zum Inbegriff eines „Ineinander von Liebe und Leid": „O süßer Jesus, allerschönstes Urbild, / meiner armen Seele im Leiden und in der Freude gegenwärtig! / Ich preise dich in der Liebe, die du selbst bist, / im Leid und in der Freude in Gemeinschaft mit allen Geschöpfen." – Als ‚Urbild' göttlicher Liebe eröffnet und provoziert die Passion Christi über die Nachahmung – im Falle der christlichen Märtyrer des Menschen, im Falle der Mystikerin der Seele – die Möglichkeit, zur Gottesebenbildlichkeit zurückzukehren – und das heißt: „zu sterben aus Liebe in der Liebe!"

Für den Abstand der imaginierten Martyrien der Mystikerinnen zu den christlichen Märtyrern ist die veränderte Symbolik des Blutes symptomatisch. Während das Blut Christi, dem vor allem eine sakramentale Bedeutung zukommt, als göttliches Opfer für die Menschheit interpretiert wird, in dessen Folge das Blutzeugnis der Märtyrer deren Tod in ein heiliges Opfer verwandelt – während das Blut im Zusammenhang der Märtyrerkultur also in eine eindeutig sakrale Symbolik eingebunden ist, hat es spätestens im 4. Jahrhundert durch AUGUSTINUS' Konzept der Erbsünde eine deutlich andere Bedeutung erhalten: als Zeichen sündhafter sinnlicher Leidenschaft wird das Blut zum Symbol einer Schuld, die der Erlösung durch das Sühneopfer Jesu vorausgeht. Zusammen mit dem Leib wird das Blut bei den Mystikerinnen, als Symbol wallender Leidenschaft, zum Grund und Ziel der Gewalt. Während schon in den Märtyrerakten eine Verschiebung des äußeren Kampfes in einen gleichsam inneren Kampf zu beobachten ist, wird im Kampf zwischen Körper und Seele, wie er im imaginierten Martyrium der Mystikerinnen gestaltet ist, der Leib zum Feind und zur Waffe zugleich: „Als ich mich für ein geistliches Leben entschied und von der Welt Abstand nahm, da sah ich meinen Leib an; da war er eine einzige Waffe, auf meine arme Seele gerichtet, mit der ganzen Fülle seiner starken Macht und mit ungebrochener natürlicher Kraft. Da begriff ich wohl, daß er mein Feind war, und begriff auch das: Wollte ich dem ewigen Tod entgehen, dann müßte ich ihn niederringen, dann müßte gekämpft werden. Darauf betrachtete ich auch die Waffen meiner Seele; das war die erhabene Marter unseres Herrn Jesu Christi. Damit verteidigte ich mich."

Der Topos von der Passion Christi als Waffe, die der Seele zu Hilfe kommt, geht vermutlich ebenfalls auf BERNHARD von Clairvaux zurück. Seine Deutung der *Imitatio Christi* als Nachvollzug der Liebe, Demut und Geduld Jesu entspricht dem Verständnis der Seele als Braut Gottes. Die daran anschließende mystische, unblutige Variante eines Martyriums erfordert nicht das Opfer des leiblichen Lebens, sondern des lebenden Leibes, es fordert: Gehorsam und tägliche Abtötung des Fleisches sowie des Eigenwillens: „Die geistlichen Menschen opfern Gott in seinem Dienst ihr Fleisch und Blut, vor allem (aber) opfern sie Gott voller Gehorsam ihren eigenen Willen", so MECHTHILD. Die Waffen dieses mystischen Martyriums sind Jungfräulichkeit, Keuschheit und Enthaltsamkeit: Askese (*askēsis*, gr. Übung). Darin gesellt sich dem entkörperten Leib allerdings eine verleiblichte Seele bei; und ihr ist jede Form von Vereinigung und Umarmung gestattet. Der Seele in der Umarmung kommt in den Bildern der Mystikerin gleichsam eine höhere Art von Sinnlichkeit zu – jene *gloriosa passio*, die das Christentum in die Kulturgeschichte eingeführt hat und für die die Imaginationen der Mystikerinnen unzählige, immergleiche Bilder produziert haben. Noch einmal Mechthild von Magdeburg: „Mein Leib lebt in dauernder Qual, meine Seele lebt in großer Seligkeit, denn sie hat ihren Geliebten geschaut und ganz mit ihren Armen umfangen. [...] So ist sie gänzlich hineingenommen in das Wunder der Dreifaltigkeit in erhabener Vereinigung. Dann gibt er sie ein wenig frei, damit sie (von neuem) begehren könne."

Das Erleben von Gottnähe und Gottferne erscheint derart als Spiel des Eros und als Ökonomie des Begehrens: „Zur Qual bin ich bereit, doch übertrifft die Macht der Liebe jede Kasteiung", spricht die Seele, „denn daß Gott sich der liebenden Seele entzieht, das ist größere Qual als der leibliche Tod und als alle Qual (überhaupt), das glaubt mir". Wird die Präsenz des Körpers – bzw. die Existenz im Körper – als Marter der Gottferne erlebt, so wird sie doch auch herbeigesehnt, weil sie – als Inbegegriff der Gottesferne – die Liebe der Seele erstarken läßt: „O selige Gottesferne, welch liebenswerte Fessel bist du mir! Du stärkst meinen Willen in der Pein und machst mir das beschwerliche, lange Ausharren in diesem elenden Leib lieb. Je mehr ich mich dir – auf welche Weise auch immer – verbinde, um so gewaltiger und wunderbarer senkt sich Gott auf mich herab." Die ‚Einkehr in sich selbst', eine Entkörperlichung um der Verwandlung willen, ist dem Eintritt des Göttlichen in das Irdische gewidmet. Das Göttliche der Mystikerin ist das Produkt eines hermetischen, selbstreferentiellen Systems, in dem eine phantasmatische *Imitatio* die Differenz zwischen Körper und Zeichen tilgt und den – durch Askese und durch imaginierte Martern – gequälten Körper zum Zeugen der Liebe Gottes macht. Wenn bei dieser Art Martyrium das Blutopfer der *Passion* durch die Passion – im Sinne von Leidenschaft – für eine imaginierte Tötung ersetzt wird, dann gipfelt dies bei MECHTHILD im Bild einer Tötung des Todes: „Die leuchtende Liebe in schimmernder Flut bereitet der Seele süße Pein, sie tötet sie auch ohne Tod."

Sosehr die Schriften der Mystikerinnen als in sich kreisendes System erscheinen, so sind sie doch auch Teil einer anderen Imitationskultur, nämlich der Nachahmung in Schrift und Bild, als die die Kultur der Märtyrerverehrung in Mittelalter und Renaissance sich darstellt. Die drei Jahrhunderte nach MECHTHILD aufgeschriebenen Visionen der TERESA de Ávila sind bereits als Echo von Märtyrerbildern lesbar, die aus der wechselseitigen Zitation von visuellen Darstellungen und Sprachbildern entstanden sind. So ist der Pfeil, der in Teresas berühmter Vision vom Engel die entscheidende Rolle spielt, bereits als Marterinstrument des schönen Märtyrers SEBASTIAN aus zahlreichen Bildern bekannt. Allerdings wird er in der Vision der Mystikerin zum Instrument, das das Herz, metaphorischer Sitz der Liebe, durchbohrt. Und diese Penetration des Herzens löst jene Mischung aus Leid und Lust aus, die für die Mystikerinnen symptomatisch ist: „In den Händen des mir erschienenen Engels sah ich einen langen goldenen Wurfpfeil, und an der Spitze des Eisens schien mir ein Feuer zu sein. Es kam mir vor, als durchbohrte er mit dem Pfeile einigemale mein Herz bis aufs Innerste, und wenn er ihn wieder herauszog, war es mir, als zöge er diesen innersten Herzteil mit heraus. Als er mich verließ, war ich entzündet von feuriger Liebe zu Gott. Der Schmerz dieser Verwundung war so groß, daß er mir Klageseufzer ausprefßte: aber auch die Wonne, die dieser ungemeine Schmerz verursachte, war so überschwenglich, daß ich unmöglich von ihm frei zu werden verlangen, noch mit etwas geringerem mich begnügen konnte als mit Gott." – Wenn in den Visionen der Mystikerinnen Leiden und Leidenschaft, Lust und Schmerz miteinander verschmelzen, dann wird die Imitation der Passion zur Passion der Imitation.

Aus der Imitatio CHRISTI ist eine Imitationskultur bildlicher Vorstellungen entstanden. Insofern ließen sich die Schriften der Mystikerinnen – aus einer modernen Perspektive – auch als artifizielles Sprachspiel beschreiben, in dem die Bilder und Affekte sich wechselweise generieren: entkörperter Leib und verkörperte Seele, Gottesferne und Gottesliebe, qualvolle Lust und süße Pein. Die Engführung von Eros und Martyrium stellt dabei eine raffinierte Ökonomie des Imaginären dar, die sich für literarische Adaptionen zur Nachahmung und Fortschreibung anzubieten scheint. Und tatsächlich wurde deren Literarizität in der Moderne von einigen Schriftstellern, vor allem Schriftstellerinnen reaktiviert – nicht zuletzt in jenem ‚Eros der Ferne', dessen Magie die platonische Liebe und die mystische Tradition gleichermaßen beerbt. Dabei ist in den Texten moderner Mystikerinnen der göttliche Geliebte zumeist durch einen irdischen Geliebten ersetzt, auch wenn dem – wie etwa in Unica ZÜRNS Aufzeichnungen *Der Mann im Jasmin* (1977) – nahezu göttliche Züge eignen. Vor dem Horizont der Imaginationen der Brautmystik wird die Gestalt des nahezu unberühbaren, weißen Geliebten, der in ihren Texten in unterschiedlichsten Metamorphosen und Chiffren auftritt, als später Erbe des ‚weißen Martyriums' erkennbar. Ihre Prosatexte *Les Jeux à deux* und *Erdachte Briefe* zitieren die Form des fiktiven Dialogs zwischen Liebenden und entwerfen geschriebene, imaginierte Liebesszenen, die von einer gegenseitigen phantasmatischen Einverleibung, die als Entleiblichung beschrieben wird, handeln: Entweichen des Knochenmarks, Verströmen der Adern, Schwinden der Sinne und das Gefühl der Abwesenheit. Im Falle von Unica Zürn ist die tödliche Dynamik, die in der der Märtyrerkultur entlehnten Kunst der Imitation aufgehoben war, zurückgekehrt, als sie – Angleichung des Lebens an die Kunst – den in ihren Texten wiederholt dargestellten Tod mit vierundfünfzig Jahren leibhaftig nachahmte und sich im

Oktober 1970 aus dem Fenster ihrer Pariser Wohnung stürzte. „Der Körper hat es dann auszubaden", so Zürn in einem ihrer Texte.

Romy Marschall und Sigrid Weigel

Literatur

Erich Auerbach: „Passio als Leidenschaft", in: ders.: *Gesammelte Aufsätze zur romanischen Philologie*, Bern u. a. (Francke) 1967, S. 161–175

Carolyn Walker Bynum: *Fragmentierung und Erlösung. Geschlecht und Körper im Glauben des Mittelalters*, übers. v. Brigitte Große, Frankfurt a. M. (Suhrkamp) 1996 (*Fragmentation and Redemption: Essays on Gender and the Human Body in Medieval Religion*, New York [Zone Books]/ Cambridge, MA [MIT Press] 1991)

Bernhard von Clairvaux: *Predigten über das Hohe Lied*, in: ders.: *Sämtliche Werke*, Bd. 5 u. 6, hg. v. Gerhard B. Winkler, Innsbruck (Tyrolia) 1994 u. 1995

Bernhard von Clairvaux: *Der Weg der Liebe. Aus der geistlichen Lehre des Bernhard von Clairvaux*, hg. v. Bernardin Schellenberger, Leipzig (St. Benno) 1990

Niklaus Largier: *Die Kunst des Begehrens. Dekadenz, Sinnlichkeit und Askese*, München (Beck) 2007

Mechthild von Magdeburg: *Das fliessende Licht der Gottheit*, hg. v. Gisela Vollmann-Profe, Frankfurt a. M. (Dt. Klassiker-Verlag) 2003 (*Bibliothek des Mittelalters*, 19)

Santa Teresa de Jesús: *Libro de la vida*, hg. v. Otger Steggink, Madrid (Castalia) 1986

Hl. Theresia von Jesu: *Das Leben von ihr selbst beschrieben*, übers. v. Aloysius Alkofer, München u. a. (Kösel) 1952 (*Sämtliche Schriften der hl. Theresia von Jesu*, Bd. 1)

Unica Zürn: *Der Mann im Jasmin. Dunkler Frühling*, Frankfurt a. M. u. a. (Ullstein) 1982

Das mehrfache Nachleben der hl. Cäcilie – Vollkommenheit, Aufbegehren, rettender Untergang

Stefano Maderno: *Heilige Cäcilie*, 1600, Marmor, Rom, Santa Cecilia in Trastevere

Raffael: *Die heilige Cäcilie*, 1514/1515, Öl auf Leinwand, von Holz übertragen, Bologna, Pinacoteca Nazionale

Zu den bekannten und seit dem frühen Mittelalter geschätzten Märtyrern und Heiligen der katholischen Kirche zählt auch C(A)ECILIA/CÄCILIE. Wiewohl seit alters in den Meßkanon aufgenommen, sind die Ursprünge ihrer Verehrung ebenso dunkel wie ihr Leben; beides entfaltet sich um so üppiger in der Zeit. Ihr Nachleben hat ihre Passionsgeschichte weniger verfälscht als ausgeschrieben. Es kreist um den Eros der Märtyrerin, der sich entfaltet und dabei mehrdeutige Figuren von Vollkommenheit und Intaktheit, unterschiedliche Formen des Protests und der Gewalt, strittige Fragen von Repräsentation und Öffentlichkeit verhandelt und zur Darstellung bringt. Allein der erste Aspekt soll hier ausführlicher besprochen, auf die anderen nur hingewiesen werden.

Von Cäcilies Leben und Sterben berichtet die *Legenda aurea*, jene Sammlung von Heiligenviten und biblischen Ereignissen, die der Dominikaner und Genueser Erzbischof JACOBUS DE VORAGINE Mitte des 13. Jh. erstellte und die rasch zum Volksbuch wurde. Einem vornehmem Geschlecht Roms entstammend, jung und schön, sei Cäcilie von der Wiege an Christin gewesen.

Der von ihren Eltern festgesetzten Ehe mit dem Patrizier VALERIAN habe sie sich weder widersetzen können noch verweigert. „Doch trug sie unter ihren goldenen Gewändern ein hären Hemd auf dem bloßen Leib. Und dieweil die Orgeln klungen, sang sie in ihrem Herzen allein dem Herrn." In der Brautnacht wußte sie sich, so wird berichtet, dem Gatten zu entziehen, denn sie habe „einen Engel vom Himmel zu einem Liebhaber, der hütet meinen Leib mit großer Strengigkeit". Valerian begehrte zum Beweis der Intaktheit ihrer Jungfräulichkeit (und seiner Mannesehre) diesen Nebenbuhler zu sehen, was nach einigen Verwicklungen auch geschah. Überwältigt wurde er Christ, ebenso sein herbeigeeilter Bruder. Die drei spenden reichlich Almosen und begraben die „Leiber der Heiligen" Roms. Das mißfällt dem Präfekten, der die beiden Männer hinrichten läßt und Cäcilie unter Kuratel stellt. Doch sie will sich weiterhin nur höchster Autorität beugen, derjenigen Gottes, und widersetzt sich öffentlich. Vierhundert Jugendliche aus der römischen *jeunesse d'orée* folgen ihrem Beispiel und werden Christen. Daraufhin soll sie enthauptet werden, was dem Henker trotz dreimaligen Versuches nicht gelingt. Mehr Schläge sind ihm freilich *ex lege* nicht gestattet; so muß er sie halbtot liegen lassen. Sie stirbt nach drei Tagen am 22. November – ungeklärt ist, ob in den 170er Jahren, während der Christenverfolgung unter dem Philosophenkaiser MARK AUREL, oder um 220, unter der des SEPTIMIUS SEVERUS. Auf der Stätte ihres Wohnhauses habe man eine Kirche gebaut und ihr Mitte des 5. Jh. geweiht: Santa Cecilia in Trastevere.

In der Legende wird die absolute Unversehrtheit, ja Unberührtheit Cäcilies trotz größter Attraktion figuriert – höchst paradox für eine Märtyrerin wie für eine Verheiratete. Sie erscheint als verschlossene Jungfrau, sprossende Nymphe und spendende Matrone zugleich – was nur gelingen kann mit Hilfe eine Reihe gegensätzlicher Attribute: Unter dem goldenen Brautkleid trägt sie ein härenes Büßergewand. Dem Anschein nach ist sie fügsame Tochter, ihren Taten nach Wortführerin unbotmäßiger Jugend. Ihr Bekenntnis, daß der Liebhaber in ihrer Kammer himmlisch sei, gleicht Ausreden, von denen später ein BOCCACCIO reichlich Gebrauch machen wird. Doch bleibt sie treu und ihre Virginität über die Brautnacht hinaus bewahrt; freilich reißt sie andere mit sich in den vorzeitigen Tod. Ihr Körper, von verschiedenen Männern in unterschiedlicher Absicht begehrt, scheint im Zentrum der Sorge zu stehen, denn in mehreren Überlieferungsvarianten droht er, verdorben zu werden und verlorenzugehen.

Mehrmals fürchtete man, Cäcilies Leichnam sei geraubt, oder wußte, er sei verschwunden. Um in der Stadt die päpstliche Macht zu festigten, wollte Papst PASCHALIS I. sich 820 auf den Märtyrerkult stützen und beabsichtigte darum, Kirchen zu gründen und zu erneuern. Ihm sei im Traum der Ort bezeichnet worden, an dem der Leichnam Cäcilies unter blutigen Tüchern unverwest lag. Ihre Reliquien ließ er nach Trastevere überführen, wo sie später abermals verlorengingen oder aber ihr genauer Aufbewahrungsort in Vergessenheit geriet. In den großen innerkirchlichen Disziplinierungsbewegungen von der Mitte des 16. Jh. an wurden Name und Körper der Märtyrerin dann noch einmal wiederentdeckt. Jetzt wurden Töchter vornehmer römischer Familien bevorzugt nach ihr benannt. Hohe Kleriker um Papst CLEMENS VIII. entdeckten 1599, kurz vor dem Heiligen Jahr, ihren immer noch unverwesten Leib, nach Rosen und Lilien duftend. Umgehend beigesetzt, wurde der Cäcilie ebenso rasch, bereits im Jahre 1600, eine Effigie aus Marmor bereitet: jene Plastik von Stefano MADERNO, die sich noch heute in der Nische einer Kapelle von Santa Cecilia in Trastevere befindet.

MADERNOS Statue reinszeniert ihre Todesstunde, in derselben Haltung, in der sie auch gefunden worden sei: Cäcilie liegt auf den Boden hingestreckt, die Knie zusammengezogen, die Arme nach vorne übereinandergelegt, das Haar von einem Schleier bedeckt – wie es einer Verheirateten gebührt –, das Gesicht abgewandt. Während sie selbst in dieser Haltung niemanden zu erblicken vermag, sieht der Betrachter in ihrem nach vorne gedrehten Nacken deutlich die vom Henkersbeil zugefügte *Wunde* mit dem Blutstropfen. Die Gestalt, die keine Gesichtszüge trägt, stellt um so einprägsamer die eigene Geschichte aus. Die Statue muß als deren Kommentar gelten: unbewegte Verschlossenheit. So unterscheidet sie sich von den affektuös höchst aufgewühlten Plastiken des Gianlorenzo BERNINI, des meisterlichen Szenographen des hochbarokken Rom, etwa seiner *Ekstase der hl. Teresa* in der Cappella Cornaro von Santa Maria della Vittoria (1647–1652) oder der *Seligen Ludovica Albertoni* in der Cappella Altieri von San Francesco a Ripa (1674). Beide sind nicht nur auf der Bühne in einem Ensemble von Architektur, Figuren und Malerei unter Einbeziehung von Lichteffekten ausgestellt. Sie erscheinen auch in einem Meer von Falten wie zerknüllt. Ihre Gesichtszüge drücken ergriffene Hingabe aus, barocke Pathosformeln weiblicher Ekstase, weshalb Georges DIDI-HUBERMAN sie als Figurationen der Ninfa betrachtet. Dagegen ist MADERNOS Cäcilie naiver, jünger: stets unbewegt, ist sie unberührt jedoch nicht mehr. Hält man sich an die psychoanalytische Regel der ‚Verschiebung nach oben', so erscheint das verschlossene Geschlecht des Schoßes verkehrt in die offen klaffende, blutende *Wunde* im Nacken. Es ist nicht ausgemacht, wer sie ihr zugefügt hat: Gott oder Henker.

Ein anderes Nachleben Cäcilies beginnt mit einem Bild RAFFAELS, gemalt 1514/15 im Auftrag von ELENA DALL'OLIO, geb. Duglioli – sie wurde später seliggesprochen, unter anderem, weil sie während ihrer Ehe enthaltsam zu leben verstanden habe: *Caecilia rediviva*. Sie bestellte das Bild für ihre Familienkapelle von S. Giovanni in Monte in Bologna, wo es heute in der dortigen Pinakothek zu sehen ist. RAFFAEL zeigt Cäcilie mit vier Heiligen, Paulus, Johannes d. Evangelisten, Augustinus und Maria Magdalena, im Stil der *sacra conversazione*; zu ihren Füßen liegen defekte Musikinstrumente als Vanitas-Gerümpel. Dargestellt sei der Triumph der himmlischen über die irdische Musik. Zu den Häuptern kann man in einer Gloriole singende Engel erblicken. Durch Raffael wird Cäcilie als Heilige der Musik fest etabliert, davor war sie lediglich mit den Attributen von Palmenzweig und Buch ausgestattet. „Am häufigsten wurde sie mit dem Portativ dargestellt, den Blick zum Himmel gerichtet" (Maier). In ihrem Namen wurden europaweit geistliche Gesangsvereine und Kirchenchöre gegründet, und nicht nur PURCELL und HÄNDEL haben ihr Kompositionen gewidmet.

GOETHE wollte in RAFFAELS Bildern „eine gesunde sichere Jungfräulichkeit, doch ohne Kälte und Rohheit" erkennen, die er zum Vorbild für die Gestaltung seiner Iphigenie nahm, der Priesterin als Amazone. Von ihm und HERDER befeuert, fand Cäcilie in Deutschland um 1800 ein intensives Nachleben: nicht nymphenhaft-aufbegehrend, sondern musisch-bezaubernd. Höchst verstörend hat dies KLEIST in seiner kurzen Erzählung *Die heilige Cäcilie oder Die Gewalt der Musik* (1810) gefaßt. In Aachen vor der Bewegung militanten Bildersturms kurz nach der Reformation angesiedelt, die durch ein Quartett von Brüdern aus den Niederlanden repräsentiert wird, nimmt Cäcilie bei Kleist die Gestalt einer Klosterschwester an. In höchster Gefahr erscheint sie, um auf der Orgel eine „uralte italienische Messe“ zu intonieren. Nicht nur vermag sie so den jungen hitzköpfigen Ikonoklasten Einhalt zu gebieten, sondern sie treibt sie auch in einen lebenslangen Irrsinn, denn sie müssen von nun an allmitternächtlich aus vollen Kehlen das *Gloria in excelsis* intonieren. Kleists Erzählung unternimmt mehrere Übergänge und Transformationen magischer Macht: von der Legende zur Literatur, von der Reliquie zur Musik, von drohender männlicher zu exekutierter weiblicher Gewalt, vom Liebes- zum Sangeswahn. Im Zeichen der Cäcilie wird von ihm die Schwäche preußisch-protestantischer Repräsentationsmacht thematisiert, die außerhalb der Predigt nicht zu berücken und außerhalb des Schlachtfeldes nicht das Leben zu verändern verstünde. Auf der Bühne, wo Kleist sich ihre Wirksamkeit dringend erhoffte, verlieh er dieser transformatorischen Gabe vor allem in Frauenfiguren einen Ausdruck: naiv decouvrierend im *Zerbrochenen Krug*, selbstzerstörerisch rasend in *Penthesilea*, unschuldig aufopfernd im *Käthchen von Heilbronn*.

Martin Treml

Literatur

Georges Didi-Huberman: *Ninfa moderna. Über den Fall des Faltenwurfs*, Zürich u. a. (Diaphanes) 2006

Johann Wolfgang Goethe: *Italienische Reise*, in: ders.: *Werke*, hg. v. Erich Trunz (*Hamburger Ausgabe*), Bd. 11, München (Beck) 1981

Heinrich von Kleist: *Die heilige Cäcilie oder Die Gewalt der Musik*, in: ders.: *Sämtliche Werke und Briefe*, hg. v. Helmut Sembdner, München u. a. (Hanser) 1982 [Ausg. in 4 Bdn.], Bd. 3, S. 216–228

Die Legenda aurea des Jacobus de Voragine, übers. v. Richard Benz, Heidelberg (Schneider) 1984

Hans Maier: „Cäcilia unter den Deutschen: Herder, Goethe, Wackenroder, Kleist“, in: ders.: *Cäcilia. Essays zur Musik*, erw. Neuausg., Frankfurt a. M. u. a. (Insel) 2005, S. 11–35, 197–199

Rudolf Wittkower: *Art and Architecture in Italy 1600–1750*, erw. Ausg., hg. v. Joseph Connors u. Jennifer Montagu, 3 Bde., New Haven u. a. 1999

Claire Démar – Heroine der Moderne und Opfer des Saint-Simonismus

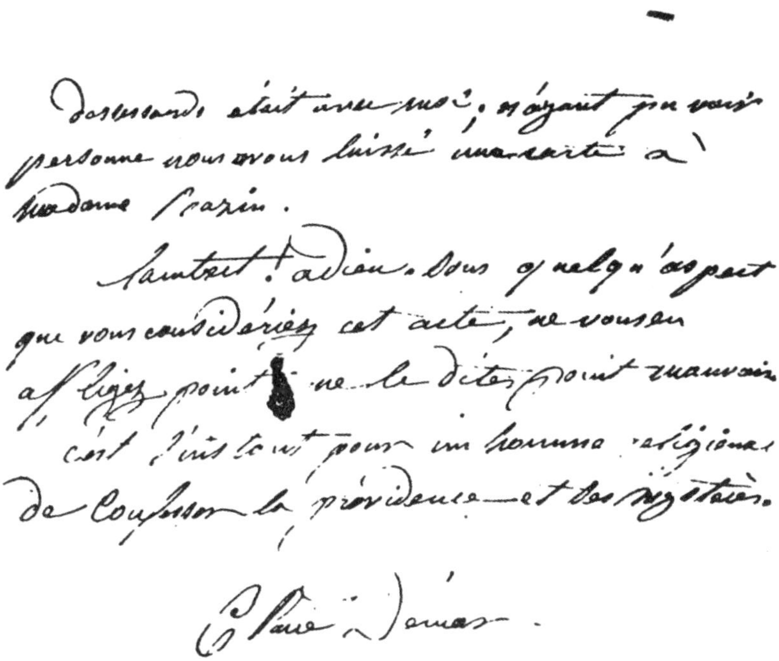

Autograph des letzten Briefs von Claire Démar

Die *égalité* der Französischen Revolution und das Saint-Simonistische Postulat einer ‚Emanzipation des Fleisches' waren zwei Versprechen, die den revolutionären Aufbruch im Frankreich der 1820er und 1830er Jahre prägten. Zugleich waren dies Versprechen, an denen sich die Friktionen der Geschlechterfrage artikulierten. Gleiche Rechte für Männer und Frauen hatte schon die Aufklärerin Olympe DE GOUGES eingeklagt, die dafür im Jahre 1793 guillotiniert wurde. Vierzig Jahre später tötete sich die Saint-Simonistin Claire DÉMAR (ca. 1800–1833) selbst. Hatte ihre Kritik dem Status quo gegolten, der von politischer wie erotischer Gleichberechtigung weit entfernt war, so formulierte sie dagegen mit *Ma loi d'avenir* ihr eigenes Programm – das ihr letztlich unlebbar wurde.

Der Saint-Simonismus bildete sich nach dem Tod des Sozialwissenschaftlers und Reformers Graf Claude-Henri de SAINT-SIMON (1825) als Bewegung und Lehre, die von seinen Schülern ausgearbeitet wurde. Mit anderen Sozialtheorien wie etwa derjenigen von Charles FOURIER und Pierre Joseph

PROUDHON, die dem utopischen oder Frühsozialismus zugerechnet werden, machte es sich der Saint-Simonismus zum Ziel, eine Theorie der modernen industriellen Gesellschaft zu entwickeln. Darin sollte der neue Klassengegensatz zwischen Bourgeoisie und Proletariat ebenso überwunden werden wie der Gegensatz von Fleisch und Geist; es sollten die Materie rehabilitiert, die Frauen emanzipiert und die Liebe frei werden – dies alles zugunsten einer besseren Gesellschaftsordnung. – Unter dem Ingenieur Barthélémy Prosper ENFANTIN wurde aus der politischen Bewegung des Saint-Simonismus eine christliche nach-revolutionäre Sekte, die ihre Lehre als Religion, sich selbst als Kirche und ihre Führer als Priester bezeichnete. Heinrich HEINE besuchte, als er 1834 nach Paris ging, sogleich Saint-Simonistische Treffen und widmete sein Buch *De l'Allemagne* (1835) Enfantin. Allerdings strich er diese Widmung bei der Neuauflage zwanzig Jahre später durch – denn die Märtyrer der avanciertesten Partei der menschlichen Emanzipation hätten nun wie alle anderen auch geheiratet und seien mit ihrer industriellen Fortschrittsdoktrin inzwischen Neureiche geworden, die nicht mehr vom goldenen Zeitalter träumten, sondern sich mit dem silbernen Zeitalter des Geldes zufrieden gäben.

Die späten 1820er und frühen 1830er Jahre Frankreichs waren geprägt von sozialen Unruhen, von zwei Revolutionen (1830 und 1832) und einer Krise moralischer, religiöser und politischer Werte, durch die eine gleichsam apokalyptische Atmosphäre heraufbeschworen wurde. Vor diesem Hintergrund formierte sich der Saint-Simonismus als Bewegung und wurde zu einem Podium für theoretische und tätige Gesellschaftskritik. Ein beträchtlicher Anteil seines Publikums waren Frauen und Arbeiter. ENFANTIN griff eine Politik an, die zu Gewalt und Krieg führt, und propagierte stattdessen ein harmonisches Zusammenleben zwischen unterschiedlichen, aber gleichwertigen Klassen. Der Weg hin zu dieser friedlichen Gesellschaft sollte nicht über Vernunft, sondern über Liebe führen – und genau in diesem Punkt wurden die Frauen für die saint-simonistische Theorie wichtig. Im Sinne einer ‚natürlichen' sexuellen Differenz mit entsprechenden Qualitäten – männliche Reflexion und weibliches Gefühl – wurde nicht nur das Geschlechterbewußtsein begünstigt; die Frauen wurden auch angesprochen und scheinbar aufgewertet, wie der programmatische Entwurf eines Papst-Paares und eines weiblichen Messias anzeigt. Zugleich aber begrenzte der Saint-Simonismus, auch wenn Enfantin die ‚freie Liebe' propagierte, die weibliche Selbstemanzipation, weil er autoritär normative Vorstellungen von menschlichen und sexuellen Verbindungen einführte, in denen die Beziehung zwischen den Geschlechtern komplementär ist und der Frau stets der mütterliche, liebende Part zukommt, der die ‚bessere Seite des Mannes' verkörpert. Insofern steht das Programm ganz in der Tradition des romantischen Liebeskonzepts, in dem Liebesemphase und die Asymmetrie der Geschlechter zusammengehören (Luhmann) und in dem nur dem männlichen Part der Status eines bürgerlichen Individuums zukommt.

Genau das ist der Punkt, an dem Claire Démar ansetzte. Wie FOURIER reflektierte sie die gesellschaftlichen Verhältnisse und beschrieb die weibliche Sozialisation als strukturellen Prozess, der die Frauen entmündige, verdumme und versklave. Im Unterschied zu Fourier aber schrieb sie aus der Perspektive einer am eigenen Leib erfahrenen Ohnmacht und existentiellen Verzweiflung. Gegen eine normierte Weiblichkeit in ehelicher und familiärer Beständigkeit, aber auch gegen das neue saint-simonistische Moralgesetz gerichtet, forderte sie das Recht der Frau auf sexuelle Selbstbestimmung und gab sich mit *Ma loi d'avenir* (1834) ihr eigenes erotisches Gesetz, in dem sie das Postulat von der Emanzipation des Fleisches wörtlich nahm: „Auch wenn man die Existenz der intimen, geheimen und mysteriösen Beziehungen der zwei Seelen erkennt, auch wenn man das Gefühl einer perfekten Einheit der Gefühle, der Gedanken und des Wollens hat. Dies alles kann gut noch zerbrechen gegenüber einer letzten entscheidenden, aber notwendigen, unerläßlichen Probe. *Die Probe der Materie durch die Materie; der Versuch des Fleisches durch das Fleisch!!!*" – Démar erteilt in ihrem ‚Gesetz' der friedlichen weiblichen Harmonie von Enfantin eine Absage und spricht sich zudem für politische Aktivität und Gewalt aus, wenn sie die sexuelle Emanzipation der Frau mit ihrer politischen verknüpft: „ich bin immer noch die Frau der Barrikaden; [...] ich bin noch nicht genug religiös, um Wohl von denen zu erhoffen, die das Volk *leiden* machen gemäß dem Recht des *Stärkeren. Nein! tausend Male nein. Barrikaden!* ... *Geschosse* in ihre Schlösser! ... *Kugeln* in ihre Gehirne!"

Der Dissens in den Fragen des Politischen und des Begehrens machte Démar nicht nur zur Dissidentin, sondern auch zur Häretikerin. Sanktioniert wurde dies nicht religiös und formell mit Inquisition oder Exkommunikation, sondern profan und informell – doch mindestens ebenso wirkungsvoll, nämlich als soziale Isolierung – auch seitens anderer saint-simonistischer Feministinnen im Umfeld von Zeitschriften wie *La Femme libre* und *Tribune de Femmes*, denen sie zu radikal war. Gegen die herrschende Inégalité auch der Sozialutopien, mehr noch der zeitgenössischen Praxis begehrte Démar auf; dabei brachte sie ihre eigenen persönlichsten Erfahrungen als Wahrheitsbeweis und Zeugnis ein. Insofern geriet ihr ‚Gesetz' in eine vertraute Konstellation, die Gegenstellung zwischen einem Gesetz der Autorität und einem der Wahrheit – nach der bekannten Formel von Thomas HOBBES: *Auctoritas, non veritas facit legem* (die Autorität, nicht die Wahrheit macht das Gesetz), die Carl SCHMITT zur ‚Kampfparole' seiner politischen Theologie gemacht hat. – Démar trat für eine profane Übung der Sinne ein, die sie mit Leben und Tod bezeugte. Sie betonte die Materie Mensch und machte damit deutlich, daß das Begehren nicht notwendigerweise von einer spirituellen Bedeutung begleitet wurde; vielmehr verbündete es sich systematisch mit einer politischen Praxis.

Bei Démar zeigt sich auch eine Allianz des Eros mit dem Experiment, sogar mit dem Schlüsselexperiment: Der letzte entscheidende Versuch ist derjenige der Materie durch die Materie, des Fleisches durch das Fleisch. Indem sie versuchte, ihr zukünftiges eigenes moralisches Gesetz zu leben, ist sie – als Lebende – gescheitert. Ihre Briefe zeugen von der Verzweiflung angesichts ihrer gesellschaftlichen Isolierung sowie der Sehnsucht nach Ruhe. Der Abschiedsbrief gibt Einblick in eine schwierige Liebesbeziehung – es ist auch dieser Mann, mit dem zusammen sie sich gleichzeitig tötete.

In der Passage zur aussichtlosen Tat liegt gerade das Paradoxe der utopischen Praxis, gesteigert im Martyrium und im gewaltsamen Tod. Obwohl eine derartige Tat mißlingt, ist sie gemäß dieser Logik nicht vergeblich. Sie wird wirksam in ihrer gesellschaftlichen Rezeption als Zeugnis, und sie bestätigt sich in der Wirkung, die sie entfesselt. Und auch hier macht sich die Intensität des mit dem Eros verbündeten Experiments bemerkbar: Indem Démar sich ein neues

Gesetz gab und es als ‚anthropologische Utopie' (Buci-Glucksmann) zu leben versuchte, erweiterte sie strategisch die Erfahrung in einen ‚anthropologischen Raum', außerhalb der historischen Geschichte und der körperlichen Linearität. Eine Gesellschaft, die den Frauen nur ein Leben als Hausfrau oder Hure zugestand, machte es den Saint-Simonistinnen nicht leicht, sich als ‚freie Frauen' zu behaupten. Démar verwarf auch diese Kategorie inklusive der leiblichen Mutterschaft zugunsten einer radikalen und absolut freien Individualität. Dieses Programm isolierte sie und ließ sie soziale Bindungen nicht als tragfähig erleben. Ihre Forderung wurde ihr zur Überforderung. Ihre Selbsttötung erscheint als Opfer einer radikalen, grenzenlosen Emanzipation des Fleisches jenseits jeglicher sozialer Bindungen.

Radikalfeministin, bürgerliches Schreckgespenst, Hysterikerin, Sünderin – so geisterte Démar durch das 19. Jahrhundert. Im 20. Jahrhundert wurde Démar zweimal wiederentdeckt, einmal von Walter BENJAMIN, dann von der Frauenbewegung. Benjamin stieß bei seinen labyrinthischen Lektüren über das Paris des 19. Jahrhunderts auf ihre Texte und hat ihr in seinem *Passagen*-Projekt ein Denkmal gesetzt. Das Konvolut p stellt Claire Démar unter der Rubrik „Anthropologischer Materialismus, Sektengeschichte" als eine Heroine der Moderne vor und deutet sie als eine Art weibliches Pendant zu Charles BAUDELAIRE. Das begehrende Subjekt sucht in einem selbstbestimmten Leben seine Wahrheit zu manifestieren – im Falle Baudelaires als ästhetisches Programm, im Falle Démars in Gestalt einer anthropologischen Reflexion über den Status der Frau. In der feministischen Genealogie nimmt sie einen eigenen Platz als Denkerin und Akteurin ein, deren Nachleben sich als Opfer für ein radikales erotisch-politisches Lebensexperiment darstellt.

Christine Blättler

Literatur

Walter Benjamin: *Das Passagen-Werk*, in: ders.: *Gesammelte Schriften*, Bd. 5, Frankfurt a. M. (Suhrkamp) 1982

Christine Buci-Glucksmann: *La raison baroque. De Baudelaire à Benjamin*, Paris (Galilée) 1984

Claire Démar: *Appel au peuple sur l'affranchissement de la femme. Aux origines de la pensée féministe*, hg. v. Valentin Pelosse, Paris (Albin Michel) 2001

Astrid Deuber-Mankowsky: „Weibliches Interesse an Moral und Erkenntnis. Am Beispiel der Feministin und St.-Simonistin Claire Démar (ca. 1800–1833)", in: Herta Nagl-Docekal/Herlinde Pauer-Studer (Hg.): *Denken der Geschlechterdifferenz. Neue Fragen und Perspektiven der feministischen Philosophie*, Wien (Wiener Frauenverlag) 1990, S. 173–194

Dictionnaire des utopies, hg. v. Michèle Riot-Sarcey/Thomas Bouchet/Antoine Picon, Paris (Larousse) 2002

Heinrich Heine: *De L'Allemagne* [Nouvelle Edition, 1855]: „Avant-Propos", in: Heinrich Heine, *Sämtliche Schriften in zwölf Bänden*, hg. v. Klaus Briegleb, München u. a. (Hanser) 1976, Bd. 11, S. 437–442

Niklas Luhmann: *Liebe als Passion. Zur Codierung von Intimität*, Frankfurt a. M. (Suhrkamp) 1995

Eleni Varikas: „‚A Supremely Rebellious Word'. Claire Démar: A Saint-Simonian Heretic", in: Inge Stephan/Sigrid Weigel (Hg.): *Die Marseillaise der Weiber. Frauen, die Französische Revolution und ihre Rezeption*, Hamburg (Argument) 1989, S. 89–103

Charlotte Stieglitz' Sterben für die Literatur – eine ‚Culturtragödie'

Theodor Mundt (Hg.): *Charlotte Stieglitz, ein Denkmal*, Berlin 1835 (Titelblatt)

Zwei Tage nach der schockierenden Selbsttötung seiner Frau im Alter von 28 Jahren notierte Heinrich Stieglitz in der Silvesternacht des Jahres 1834 in sein Tagebuch: „Der Dolch, der in ihr edles Herz gedrungen, wird mir fortan zum Kreuz heiligster Andacht, mein ewiger Lebensgefährte [...]. Es darf ihr großer Opfertod, der Sinn der Erlösung, den sie gewollt, kein verlorener Moment sein." Die Umwidmung des Dolches zum *Kreuz*, des Schocks zur *Andacht*, des Selbstmords zum *Selbstopfer* zielt auf eine Deutung, die Charlotte Stieglitz' Tod so Heinrichs Formulierung drei Wochen später – „als heiligen Opfertod, als edelstes Märtyrerthum" für die poetische Schaffenskraft ihres Mannes begreift. Um ihn aus seiner lähmenden Schwermut zu reißen, habe sie als „Opferlamm" ihr Leben gegeben und ihm ein „heiliges Vermächtniß" hinterlassen, in dem sie ihn zum Weiterleben und Schaffen, ja zur Größe verpflichte.

Als Charlottes Leiche entdeckt wurde, fand man – wie Theodor Mundts rasch nach Stieglitz' Tod veröffentlichtes *Denkmal* (1835) überliefert – neben dem herausgelegten Geld auch einen sorgsam plazierten Abschiedsbrief, den sie auf starkem Papier in großen Buchstaben geschrieben hatte. Darin heißt es: „Unglücklicher konntest Du nicht werden, Vielgeliebter! Wohl aber glücklicher im wahrhaften Unglück! In dem unglücklich sein liegt oft ein wunderbarer Segen, er wird sicher über Dich kommen!!!! [...] Zeige Dich nicht schwach, sei ruhig und stark und groß!" Die Aufforderung, das aufrüttelnde Unglück solle als „wunderbarer Segen" Heinrichs Leben und Schreiben befördern, macht aus Charlottes Tod eine Liebesgabe und aus ihren letzten Worten ein Testament, das der adressierte Ehemann sich in die bekannte Geburtsmetaphorik literarischer Schöpfung übersetzt. Die Tote wird so in eine Mutterfigur verwandelt, deren „Kaiserschnitt" die neue Literatur gebären soll: „Den Kaiserschnitt, das Kind zu retten, hat die Mutter liebend selbst gewagt, mit eigner Aufopferung!" So ist sie ihm Muse und zugleich Erblasserin, die von langer Hand die Geschicke ordnet – und deren „Erbtheil" Heinrich gern empfängt.

Die Selbsttötung, die als umstürzendes Ereignis lähmende Fesseln sprengen soll, aber doch auch mit den herrschenden christlichen Dogmen eines Selbstmordtabus kollidierte, machte den Tod von Charlotte Stieglitz zu einem Ereignis, an dem die Öffentlichkeit heftigen Anteil nahm. Vor dem Horizont der zeitgenössischen preußischen Literaturpolitik wurde ihr ‚Testament' auch als ‚Statement' gegen den Obrigkeitsstaat begriffen, der die Schriften und Publikationsorgane der jungdeutschen Dichter zensurierte und schließlich ein Verbot über sie verhängte. Nachdem im Oktober 1835 Theodor MUNDTS Schriften verboten wurden – einschließlich der kurz zuvor erschienenen Schrift *Charlotte Stieglitz, ein Denkmal* –, schrieb er 1836 an Gustav Kühne: „Alle diese Weiber, an die wir so viel geknüpft, und mit uns ein großer Teil des Publikums, Rahel, Charlotte etc. [...], gilt hier für das Verpönteste. Man hält sie für das Drapeau unserer saint-simonistischen Ideen [...]. Charlottes Name darf nirgends in Preußen genannt werden." Karl GUTZKOW, dessen ebenfalls verbotener Roman *Wally die Zweiflerin* (1835) von Charlottes Schicksal inspiriert ist, stellte dagegen die Unterschiede zwischen ihr und Rahel VARNHAGEN heraus. Dabei verwies er auf das Fatale ihrer christlichen Weltanschauung, die an den Erfordernissen historischer Zeitgenossenschaft scheitern mußte. Dieses Scheitern allerdings prädestiniere Charlotte wiederum zum – wenn auch anachronistischen – heroischen Opfer: „Rahel war Negation, Brillantfeuer, Scepticismus und innerer Geist. [...] Charlotte war Position, dichterisch, gläubig, und immer Seele. [...] Charlotte war System: und weil sie nicht Alles combiniren konnte, was die Zeit brachte (können wir's?), so blieb ihr Nichts übrig, als ihr großer, starker, göttlicher Wille."

Charlotte Stieglitz' Tod ist weder ohne ihre eigene bedachtsame Inszenierung noch ohne die blitzschnell sich verbreitende Rezeption als *Selbstopfer* zu denken. Dabei treffen die kulturellen Bilder von Liebestod und schöner Leiche, von Muse und Genie, von weiblicher Tugend und mütterlichem Martyrium, von schöner Seele und christlicher Opferbereitschaft auf die sozialen und politischen Inanspruchnahmen dieses Todes. Als Ausdruck der Inkommensurabilität solcher Deutungsvielfalt läßt sich die synkretistische Genealogie von Märtyrerfiguren verstehen, die Heinrich in einer Tagebuchnotiz am 19. 1. 1835 entwarf: „Es gibt eine Familienähnlichkeit großartiger Naturen jeglichen Geschlechts. So wie Charlotte Corday's Bild ein wunderbar Analogon zu Charlotte Stieglitz bildet, so müssen die edlen Römerinnen, Porzia und Lucretia und Cornelia die Gracchenmutter und die griechische Alkestis und Horatius Cocles und Clölia und Mucius Skävola und die Gattin des Thrasea Pätus alle diesem Bilde und dieser Wirklichkeit sich anschließen; und du,

Antigone, hast auch die Schwester liebevoll begrüßt, als sie verklärt, geheiligt durch die hohe That, in Euren Kreis trat!" Diese – jeden historischen Abstand und alle Besonderheiten außer acht lassende, somit buchstäblich ana-chronistische – Mischung aus politisch und sittlich motivierten Selbstopfern, mythischen und historischen Figuren, antiken und modernen Heroinen zielt zum einen auf eine weltgeschichtliche Rahmung, zum anderen aber auch auf eine Familialisierung – und damit auf eine doppelte Aneignung: So wird die tote Charlotte in eine genealogische Reihe von Selbstopfern eingereiht, während der überlebende Dichter-Ehemann sich die Reihe der Toten, übrigens sämtlich literaturfähige Figuren, anverwandelt, um ihr Erbe anzutreten: „ich nehme Dein Opfer an".

Damit suchte er sich als Mann und als Autor über jene milde spottenden Zeilen zu erheben, in denen Heinrich HEINE 1829 im *Berliner Musenalmanach* Heinrich Stieglitz' mittelmäßige Dicht- und Liebeskunst kommentiert hatte: „Singe nur fort, wir hören Dich gern. Wie die treffliche Gattin / Liebe die Muse; sie liebt innig, wie jene, Dich fast." Nach Charlottes Tod kritisiert GUTZKOW, daß Heinrichs poetische Produktion dieses Opfers nicht würdig sei: „Armer Ueberlebender! Du bist ein unglücklicher Rest. Aber dein Unglück, das nun da ist, ist ohne Energie. Dein Unglück überragt dich! Du bist ihm nicht gewachsen. Was wirst du thun? Die ungeheure That besingen? Gewiß, ein Todtenopfer steht dir an. Dante hätte dieser Anregung nicht bedurft; Göthe gar nicht." Eine solch untrennbare Verknüpfung von unglücklichem (Ehe-)Leben und literaturgeschichtlicher Rangordnung ist – neben der Einreihung in die Kette literarisierter Märtyrerfiguren von ALKESTIS bis Charlotte CORDAY – kennzeichnend für dieses literarische „Märtyrerthum": ein literarisierter Opfertod, dem selbst wieder ein literaturgenerierendes Potential zukommt, wie die Fülle literarischer Bearbeitungen belegt, bis hin zu Hans KYSERS bedeutungsschwerem Drama *Charlotte Stieglitz* (1915).

Die Engführung von Literatur und weiblichem Märtyrertum prägt sowohl Charlottes eigene Inszenierung ihres Todes als auch die Rezeption ihrer Selbsttötung. So werden ihre frühen Tagebucheinträge, in denen die 16jährige vom Wunsch schreibt, sich heimlich für den Geliebten aufzuopfern, in den postumen Deutungen ihres ‚Märtyrertodes' gern als Beleg herangezogen, obwohl solche Phantasien doch alterstypische Lesefrüchte literarischer, auch biblischer Liebesgeschichten darstellen. Gleichwohl gehören viele Einzelheiten in Charlottes Vorbereitung und Durchführung ihres Selbstmords zum Repertoire der sakralisierenden und erotisierenden Repräsentation von Märtyrerinnen: Dolch, Blut, weiße Kleidung, Brautbett, *corpus incorruptum*. Dabei stellt sich die Szenerie der Selbsttötung, wie Theodor MUNDT sie in rezeptionslenkender Weise beschrieben hat, wie eine idealtypische Zusammenschau all jener kulturellen Register dar, der die Märtyrer-Heroinen entstammen. Der Dolch, den Charlotte sich, so Mundt, „mit einer furchtbar sichern Hand, gerade mitten ins Herz hinein" gestoßen hat, ist jener Dolch, den sie einst als Braut Heinrich geschenkt hatte und den dieser noch lange nach ihrem Tod als Reliquie bewahrte, ja um den Hals trug. Doch er ist zugleich auch der Dolch der LUCRETIA ebenso wie der von Hand zu Hand gehende Dolch, der schließlich EMILIA GALOTTI tötet (das Schauspiel liest WERTHER vor seinem Selbstmord), wie auch der Dolch Charlotte CORDAYS, mit dem sie MARAT erstach, und nicht zuletzt der Dolch der Karoline von GÜNDERRODE, die ihn in ähnlich männlich-heroischer Geste ins eigene Herz setzte. Weil Charlotte

Stieglitz diese Geste noch übertroffen hat, indem sie den Dolch wieder „aus der Wunde gezogen und den unglaublichen Mut gehabt [hat], diese, solange ihr die Kraft übrigblieb, zu verstopfen", blieb das Brautbett bis auf „wenige Blutstropfen" rein, der Körper so gut wie intakt: „So lag die junge schöne Leiche festlich geschmückt im reinlichen Bette; so sah ich sie früh am andern Morgen." In diesem Bild wird die heroische Selbsttötung in die ikonographische Tradition der Bräute CHRISTI eingeschrieben.

Die zitierten Szenen und Figuren wurden im Falle der Charlotte Stieglitz also inszeniert *und* in tödlicher Weise realisiert, so daß GUTZKOWS Begriff der „Culturtragödie" hier eine mehrfache Bedeutung gewinnt. Über seine intendierte Gegenwartsdiagnostik hinaus, für Charlottes tragischen Tod seien „ganz moderne Culturzustände" verantwortlich, wird Charlottes als Martyrium und Opfer gedeutete Selbsttötung zum Bestandteil einer Genealogie kultureller Familienähnlichkeit von Märtyrerinnen. Eher unbeabsichtigt wird die „Culturtragödie" aber auch als Tragödie der Kultur erkennbar – als Tragödie einer Kultur, die durch die (Un-)Gleichzeitigkeit von Inszenierung und Vollzug geprägt ist, von tödlicher Performanz und Nachleben in der nachträglichen Heroisierung. Die in diesem Sinne notwendig verspätete Zeugenschaft – „am andern Morgen" (Steffens) oder auch „eine halbe Stunde später" (Mundt) – weist auf die unausweichliche Paradoxie hin, die jeder Literarisierung von Märtyrertum innewohnt, insofern sie, wie jede Darstellung des Todes, an der Unmittelbarkeit zum Sterben scheitern muß. Nicht nur, weil – wie im Falle von Charlotte – die Intimität des bürgerlichen Schlafzimmers einen Dritten, den für die Märtyrerkultur unabdingbaren Zeugen, ausschließt. Vielmehr bricht sich das Szenario des Märtyrers an der absoluten Grenze des Todes: eine Grenze, an der Erfahrung und Darstellbarkeit radikal auseinandertreten. Darauf verweist „das unwillkührliche Stöhnen, das aus den röchelnden Lungen immer heftiger wurde", von dem Mundt, ohne doch dabei gewesen zu sein, zu berichten weiß. Bemüht er sich damit, die Position eines Zeugen von Charlottes Sterben einzunehmen, so verwandelt er dieses Zeugnis doch umgehend in ein *Denkmal* und deutet ihren Tod damit als Vermächtnis. Der im ‚Fall' der Charlotte Stieglitz auffallend vehemente Einsatz solcher Konzepte wie Testament, Vermächtnis, Erbschaft und Genealogie ist das Zeichen einer Säkularisierung, deren ‚Familienähnlichkeit' mit ihren Vorbildern den immer schon literarischen Status von Märtyrerinnen lesbar macht.

Ulrike Vedder

Literatur

Olaf Briese: „Charlotte Stieglitz. Ein Kunstprodukt", in: Irina Hundt (Hg.): *Vom Salon zur Barrikade. Frauen der Heinezeit*, Stuttgart u. a. (Metzler) 2002, S. 255–280

Karl Gutzkow: „Charlotte Stieglitz", in: ders.: *Beiträge zur Geschichte der neuesten Literatur*, Stuttgart (Balz) 1839, Bd. 2, S. 114–136

Heinrich Heine: „Der Berliner Musenalmanach für 1830", in: ders.: *Sämtliche Schriften*, hg. v. Klaus Briegleb, Bd. 4, München u. a. (Hanser) 1997 ([1]1971), S. 450 f.

Susanne Ledanff (Hg.): *Charlotte Stieglitz. Geschichte eines Denkmals*, Frankfurt a. M. u. a. (Ullstein) 1986

Theodor Mundt: *Charlotte Stieglitz, ein Denkmal*, Berlin (Veit) 1835

Henrich Steffens: *Was ich erlebte* (1840–1844), hg. v. Willi A. Koch, München (Winkler) 1956

Heinrich Stieglitz: *Erinnerungen an Charlotte*, hg. v. Louis Curtze, Marburg (Elwert) 1863

Heinrich Stieglitz: *Selbstbiographie*, hg. v. Louis Curtze, Gotha (Perthes) 1865

Lars von Triers *Breaking the Waves* – heiliges Opfer und Kino-Lust

Breaking the Waves, Standaufnahme

Um ihrem schwer verletzten Mann Jan das Leben zu retten, ist Bess bereit, sich selbst zu opfern: Ihm zuliebe gibt sich die gottgläubige Ehefrau voller Ekel fremden Männern sexuell hin, nur um ihm anschließend davon zu berichten und ihn so am Leben zu erhalten. Am Ende dieses Films ist Jans Leben gerettet, doch Bess hat ihres verloren. „Wir kennen die Opfer der Heiligen", sagte der dänische Regisseur Lars von Trier in einem Interview zu *Breaking the Waves*, „warum sollte also ein sexuelles Opfer nicht zugleich ein heiliges Opfer sein?" – *Breaking the Waves* (1996) zählt mit *Dancer in the Dark* (2000) und *Dogville* (2003) zur sogenannten ‚Goldherz-Trilogie'. Allen Filmen gemeinsam ist die zentrale Figur einer Frau, die von Trier einer in Dänemark populären Märchenfigur nachempfunden hat: dem kleinen Mädchen Goldherz, das aus lauter Güte alles hergibt, was es besitzt, bis es am Ende völlig mittellos dasteht. Für den Regisseur handelt es sich bei *Breaking the Waves* ausdrücklich um eine Märtyrer-Geschichte, doch angesichts der dauernden Wiederkehr weiblicher Opfer-Figuren in seinen Filmen ist fraglich, inwieweit das Zitieren von Versatzstücken religiöser Ikonographie auf eine Auseinandersetzung mit dem Zusammenhang von Eros, Opfer und Religion verweist.

Religion ist in *Breaking the Waves* omnipräsent. Doch bestimmend ist nicht die Kritik an der puritanischen Moral einer an der schottischen Küste beheimateten presbyterianischen Gemeinde, die den sozialen Hintergrund des Films abgibt, sondern die genderspezifischen Konsequenzen der lust- und sinnenfeindlichen Gebote, denen sich speziell die Frauen zu unterwerfen haben. Diese besitzen in der Kirche weder Rederecht, noch dürfen sie an Beerdigungen teilnehmen. Topographisch entwirft der Film drei Räume, denen zentrale Handlungsträger zuzurechnen sind: Bess entstammt nicht nur der Gemeinde, in der die Einhaltung der strengen Regeln von den Ältesten überwacht wird, sie ist auch für die Reinhaltung des Gotteshauses zuständig. Jan, der Mann, den sie mit Erlaubnis der Gemeinde heiraten möchte, arbeitet *offshore* auf einer Bohrinsel, die für die Gemeinde die Welt der Fremden symbolisiert. Ihre Schwägerin Dodo schließlich besetzt einen dritten Raum, in dem moderne Wissenschaft und traditionelle Gemeinde aufeinander stoßen, ein Krankenhaus im nahen Glasgow. Inmitten dieses Dreiecks hat sich Bess eine eigene Welt geschaffen, in der sie sich über die Vorschriften des Ältestenrates ebenso wie der Ärzteschaft erhebt und nur noch ihrem ‚eigenen' Gott gegenüber verantwortlich ist, mit dem sie ein stetes Zwiegespräch pflegt.

Einer der *publicity stills* für den Film zeigt – in erkennbarer Nähe zur biblischen Geschichte von der Ehebrecherin (Joh 8) – die am Boden liegende Bess, die sich ‚wie eine Nutte' kleidet und deren Status als Außenseiterin dadurch visuell bekräftigt wird. Zwar hält der Gemeindepfarrer eine Gruppe von Kindern davon ab, sie zu Tode zu steinigen. Doch auch er will ihr nicht weiter beistehen, sondern ruft ihre Schwägerin zur Hilfe – die Kirche als Institution versagt. Bess hingegen folgt dem Gebot der selbstlosen Liebe: Ihre Liebe gilt dabei in gleicher Weise Gott *und* ihrem weltlichen Ehemann. Da die Leiden, die sie zu seiner Rettung auf sich nimmt, mit dem Tod enden, wird sie von der Filmkritik gern als CHRISTUS-Figur interpretiert. Ihre Passionsgeschichte beginnt demzufolge, nachdem Jan bei einem Arbeitsunfall schwer verletzt wird, für den sie sich die Schuld gibt. Seine Heilungschancen sind schlecht, selbst das Überleben des Querschnittsgelähmten ist gefährdet. Nachdem Jan während der kurzen Zeit ihres Ehelebens die Sinnlichkeit seiner in erotischen Dingen unerfahrenen Frau geweckt und damit auch ihre Emanzipation von den Gesetzen der Gemeinschaft befördert hatte, bittet er sie nun von seinem Krankenbett aus, sich anderen Männern sexuell hinzugeben und ihm davon zu erzählen. Bess folgt diesem Wunsch zwar mit starkem Widerwillen, deutet aber vereinzelte Zeichen von Jans Rekonvaleszenz als Erfolg und Bestätigung ihres Tuns. In der Hoffnung, ihm mit ihrem Opfer das Leben zu erhalten, verschreibt sie sich nun diesem Projekt mit aller Konsequenz.

Von Trier nutzt in *Breaking the Waves* verschiedene narratologische Muster, die schon aus der frühchristlichen Märtyrertradition bekannt sind: Die *Gegenüberstellung von Märtyrer und Tyrann* findet sich hier wieder in der Auseinandersetzung zwischen Bess und den gestrengen Kirchenältesten, deren überkommene normative Werte durch Bess' naiven Glauben in Frage gestellt werden. Obwohl Bess' Großvater eine zentrale Rolle in der Gemeinde spielt, wird sie in deren Sicht als einfältig, wenn nicht geistig zurückgeblieben betrachtet und erscheint somit als *Außenseiterin*. So wie sich viele

Märtyrer *einer Idee opfern*, opfert sich Bess für eine ihr eigene Auffassung von Liebe, die sich zwar aus der Liebe Gottes speist, aber nicht darin erschöpft. Die *Nachwirkung ihres Opfers* schließlich wird dadurch gewährleistet, daß Jan auf die Bohrinsel und zu seiner Arbeit zurückkehren kann – ihr Opfer war also nicht umsonst.

Doch so rätselhaft das Verhalten der Frau ist, so ambivalent bleibt die Motivation ihres Mannes: Ist Jan aufgrund seiner Hirnverletzung nicht mehr zurechnungsfähig? Spielt er nur ein sadistisches Spiel? Es scheint, als benötige Jan aufgrund seiner Impotenz eine imaginäre Belebung, die er in der Erregung über die stellvertretende sexuelle Lust sucht. Nicht anders verhält sich der als gewalttätig berüchtigte Kapitän, auf dessen Schiff sich Bess wiederholt begibt, um mit einem ultimativen Liebesbeweis ihren Mann, dessen Zustand sich dramatisch verschlechtert hat, zu retten. Schon einmal ließ Bess sich dort vor dessen Augen von einem der Matrosen vergewaltigen. Von ihrem zweiten Besuch auf dem Schiff kehrt Bess nun schwer verletzt zurück. Übersät mit Wunden wie Stigmata, stirbt sie kurz nach ihrer Ankunft im Krankenhaus – während im gegenüberliegenden Zimmer Jans wundersame Gesundung beginnt. So bleibt Bess von Anfang bis Ende der Gerichtsbarkeit von Männern unterworfen: den Gemeindeältesten, Jan, dem brutalen Kapitän, schließlich dem Arzt, der sie erst für verrückt erklärt, dann zwar ihre Güte als Antrieb ihres Handelns erkennt, diese aber schließlich doch nicht zertifizieren will. So konsolidiert ihr Opfer eine geschlossene patriarchale Ordnung.

Am Ende des Films sehen wir Jan und seine Freunde wieder auf der Bohrinsel und werden abschließend zu Zeugen eines modernen Wunders. Auf ihrem Radarschirm ist nichts zu sehen, doch irgendwo im Himmel über der Bohrinsel läuten Kirchenglokken. Religiöser Kitsch zur Beglaubigung eines Frauenopfers? Auch das. Mit dem Radargerät wird zwar einerseits auf dem Wahrheitsgehalt moderner Technologie insistiert, so wie die Bilder dieses Filmes, der überwiegend mit einer Handkamera gedreht wurde, Authentizität suggerieren. Der Blick der Kamera garantiert (Augen-)Zeugenschaft, andererseits ist die quasi göttliche Perspektive – der Zuschauer sieht vom Himmel herab an den Glocken vorbei auf die Bohrinsel – mit einer Deutungsaufforderung verbunden: Die Evidenz der realistischen Filmbilder wird durch die Beglaubigung eines Wunders kassiert.

Dirk Naguschewski

Literatur

Achim Forst: *Breaking the Dreams. Das Kino des Lars von Trier*, Marburg (Schüren) 1998

Marion Füller: *Vexierbilder. Die Filmwelten des Lars von Trier*, St. Augustin (Gardez) ^{2}2002

Leo Karrer/Charles Martig/Eleonore Näf (Hg.): *Gewaltige Opfer. Filmgespräche mit René Girard und Lars von Trier*, Köln (KIM) 2000

7. Todesarten

Schmerz, Macht und Liebe – das Selbstopfer in der Sicht Sigmund Freuds

Freud in seiner Wohnung
in der Berggasse 19, um 1902

„Wie Schmerzen durch Zuwendung der Aufmerksamkeit erzeugt oder gesteigert werden, so schwinden sie auch bei Ablenkung der Aufmerksamkeit. Bei jedem Kind kann man die Erfahrung zur Beschwichtigung verwerten; der erwachsene Krieger verspürt den Schmerz der Verletzung nicht im fieberhaften Eifer des Kampfes; der Märtyrer wird sehr wahrscheinlich in der Überhitzung seines religiösen Gefühls, in der Hinwendung all seiner Gedanken auf den ihm winkenden himmlischen Lohn vollkommen unempfindlich gegen den Schmerz seiner Qualen." – Sigmund Freuds Überlegungen zur Schmerzempfindung aus dem Jahre 1890 mit dem schlichten technischen Titel *Psychische Behandlung (Seelenbehandlung)* bezeichnen einen wesentlichen Moment auf dem Weg hin zur Psychoanalyse. Denn sie bilden den Übergang von einer „einseitige[n] Richtung der Medizin auf das Körperliche" hin zu einer psychosomatischen Konzeption von Krankheit: „Das Verhältnis zwischen Leiblichem und Seelischem (beim Tier wie beim Menschen) ist eines der Wechselwirkung, aber die andere Seite dieses Verhältnisses, die Wirkung des Seelischen auf den Körper, fand in früheren Zeiten wenig Gnade vor den Augen der Ärzte." Deshalb entwickelt Freud schon in diesem frühen Text nicht nur ein medizinisch-therapeutisches Programm der Seelenbehandlung, sondern eine allgemein diätetische und sozialpsychologische Perspektive für das Verständnis und den Umgang mit Erregungs- und Schmerzzuständen.

Diese Perspektive läßt sich für kultur- und religionswissenschaftliche Analysen des Martyriums fruchtbar machen, die unter anderem nach der Psychodynamik des Schmerzerlebens, seinen Motiven und Konsequenzen sowie den Instrumenten zu seiner Erzeugung fragen. Auch im Rahmen einer historischen Anthropologie wäre nach den physiologischen und psychologischen Konstellationen des Martyriums ebenso zu fragen wie nach den je spezifischen sozialen Machtpositionen, die das Verhältnis von Opfer/Märtyrer und Folterer/Machthaber zu analysieren gestatten. Ohne also auf Glaubensfragen, Wahrheits- oder Wesensfragen festgelegt zu sein, die sich im Martyrium ‚bezeugen', wäre auch die Frage der Freiwilligkeit des Bekenntnisses zugunsten einer Analytik der Konstellation zu suspendieren, in der die betroffene Subjektivität nur ein Element ist, und zwar keineswegs das beherrschende.

Denn mit dem Auftreten des Märtyrers sind Machteffekte verbunden, die gerade im Vorführen und Ausstellen seiner Erniedrigung ihre starken Wirkungen entfalten – auch dann, wenn sie erst postum einsetzen. Die Faszination des Sich-dem-Tode-Aussetzens, ja des In-den-Tod-Gehens ist nicht nur den triumphalen Darstellungen der Märtyrer geschuldet, sondern auch dem Bewußtsein der eigenen Sterblichkeit, an das beim Betrachten von Märtyrerszenen gerührt wird. Daß die Manifestation dieses Faszinosums sich am lebendigen Leib vollzieht, erhebt den gequälten, gefolterten Körper zum Schauplatz einer Machtäußerung, die die Grenze zwischen Leben und Tod nicht respektiert, sondern ihrer Verfügung aussetzt. Was sich allerdings zugleich bekundet, ist das Scheitern des Absolutheitsanspruchs dieser Macht, so sehr sie die Grausamkeit auch auf die Spitze zu treiben versucht. Denn der Mächtige vermag zwar den jeweils anderen als Leibhaftigen zu vernichten, jedoch nicht sich selbst damit der Sterblichkeit zu entziehen. Diesen unerbittlichen Zusammenhang hat Elias CANETTI in seiner großen Studie über *Masse und Macht* am „Machthaber als Überlebende[n]" vorgeführt, der leicht in den paranoischen Sog von Mißtrauen, Zweifel, Bedrohung und Verfolgung hineingezogen werden kann und der sich seiner selbst als Überlebenden versichert, indem er Todesurteile gegen seine Feinde verfügt oder sich Opfer der Treue erbringen läßt.

Ist die Grenze des Todes einmal überschritten, bleibt sie irreversibel – ohne ein Gedächtnis der Überlebenden bliebe nicht einmal ein Zeugnis übrig; das Unwiderrufliche des konsequenten Martyriums würde mit dem *Opfer* vergehen und dem *Vergessen* anheimfallen: „Wenn einer ganz tief unten ist, einer Ewigkeit von Qual, die ihm andere Menschen bereiten, ausgesetzt, so hegt er wie ein erlösendes Wunschbild den Gedanken, daß einer komme, der im Licht steht und ihm Wahrheit und Gerechtigkeit widerfahren läßt. [...] sein wirkliches Leben, seine Gedanken und Ziele, ebenso wie das ihm am Ende zugefügte Leid und Unrecht sollen offenbar werden. Bitter ist es, verkannt und im Dunkeln zu sterben." (HORKHEIMER, *Vergessen*)

Offenbar gehört zur Konstellation der Folter ebenso wie zu der des Martyriums die Adressierung an den Anderen. Insofern hat die Psychoanalyse alles Recht, das Problem des *Selbstopfers* als Frage nach der *Liebe* (zum Anderen), nach dem Umgang mit dem *Schmerz* (als einer somatischen wie psychischen Diätetik) und nach der Prüfung des Glaubens als *Erwartung* zu stellen. Selbst das Thema der *Erlösung* in der ‚Selbstaufopferung' verweist auf etwas sehr Profanes wie die ‚Blutschuld', die gesühnt werden muß, wie Freud in *Totem und Tabu* (1912–1913) schreibt: „Und wenn dies Opfer des eigenen Lebens die Versöhnung mit Gottvater herbeiführt, so kann das zu sühnende Verbrechen kein anderes als der Mord am Vater gewesen sein."

Fragt man also in psychoanalytischer Perspektive, warum die Märtyrer das Leiden durchstehen können, so stößt man auf jene Kräfte, die in der Wunderheilung ebenso wie in der ärztlichen Praxis beim Subjekt mobilisiert und wirksam werden können. Sie sind offenbar dieselben, aus denen der Märtyrer seine Kraft zieht: „Den größten Anspruch an unser Interesse hat der seelische Zustand der *Erwartung*, mittels dessen eine Reihe der wirksamsten seelischen Kräfte für Erkrankung und Genesung von körperlichen Leiden rege gemacht werden können. [...] Am greifbarsten wird aber der Einfluß der *gläubigen Erwartung* bei den sogenannten Wunderheilungen, die sich noch heute unter unseren Augen ohne Mitwirkung ärztlicher Kunst vollziehen." (Freud, *Psychische Behandlung*) Diese weisen allerdings ihre Bedingungen und „besonderen Beziehungen" auf, die sich als *soziale* Konstellation verstehen lassen. – Es ist also nicht erstaunlich, daß Freud im Zusammenhang seiner Überlegungen zur Massenpsychologie auf die Frage der *Selbstaufopferung* zu sprechen kommt, und zwar als einen Aspekt, der „ein vollwertiges Gegenstück in manchen *Liebesverhältnissen* mit voller Hingebung" findet: „Das Zusammentreffen von Alleinschätzung und gläubigem Gehorsam gehört überhaupt zur Kennzeichnung des Liebens." Freud bringt damit die *Leidens*fähigkeit mit der *Liebes*fähigkeit in einen engen Zusammenhang, ja er ordnet sie generell in das Spannungsfeld von *Eros* und *Thanatos* ein. Auch die Psychopathologie des Märtyrers wird auf diese Weise lesbar sowohl als eine interpersonale, soziale Konstellation der Liebe wie auch als eine Frage der Ökonomie des psychischen Apparates, der Libidoverwaltung, die von den oft verachteten ‚Niederungen' der Sexualität und der Sexualtriebe bis zu den höchsten Sublimationen des platonischen Eros reicht.

In *Massenpsychologie und Ich-Analyse* (1921) entwirft Freud eine Theorie, die die Vorgänge im psychischen Apparat des einzelnen mit den sozialen Erscheinungsformen der Masse in Beziehung setzt. Wie Freud über die Selbstaufopferung des Individuums, so hat sich Albert EINSTEIN über das Auftauchen von (auto-)destruktiven Massenphänomenen verwundert: „Wie ist es möglich, daß sich die Masse durch die genannten Mittel bis zur Raserei und Selbstaufopferung entflammen läßt?" (Einstein, *An Sigmund Freud*) Statt auf Suggestion und Suggestibilität beruft Freud sich auf den für die psychoanalytische Metatheorie kardinalen Begriff der *Libido* und bekräftigt die Einsicht einer affektiven Grundierung aller psychischen Erscheinungen. Selbst in der ‚Selbstaufopferung' findet die Psychoanalyse die Spuren dieser psychischen Grundkraft. Geht man davon aus, daß das Subjekt zunächst die narzißtische Position einnimmt, in der alle Libido sich ursprünglich auf das eigene Ich bezieht, dann ist es erklärungsbedürftig, wie es zu einer Selbstaufopferung bis zum Tode kommen kann – widerspricht sie doch nicht nur einer generellen Tendenz zur Selbsterhaltung des Individuums, sondern auch der narzißtischen Ausgangsposition, von der aus betrachtet das ‚Ich' den höchsten Wert darstellt und die höchste libidinöse Besetzung erfährt. Welche Vorgänge müssen also angenommen werden, damit das Subjekt sich in einer für das Selbstopfer geeigneten Weise umstrukturiert?

Freud geht in *Massenpsychologie und Ich-Analyse* wiederum von der Liebe, genauer der Verliebtheit und der Liebeswahl aus: „Das Bestreben [...] der Idealisierung [läßt] erkennen, daß das Objekt so behandelt wird wie das eigene Ich, daß also in der Verliebtheit ein größeres Maß narzißtischer Libido auf das Objekt überfließt. Bei manchen Formen der Liebeswahl wird es selbst augenfällig, daß das Objekt dazu dient, ein eigenes, nicht erreichtes Ideal zu ersetzen. [...] das Ich wird immer anspruchsloser, bescheidener, das Objekt immer großartiger, wertvoller; es gelangt schließlich in den Besitz der gesamten Selbstliebe des Ichs, so daß dessen Selbstaufopferung zur natürlichen Konsequenz wird. Das Objekt hat das Ich sozusagen aufgezehrt." – Die begünstigenden ‚besonderen Beziehungen' dieser Konstellation sind von Unerreichbarkeit gekennzeichnet: „Gleichzeitig mit dieser ‚Hingabe' des Ichs an das Objekt, die sich von der sublimierten Hingabe an eine abstrakte Idee schon nicht mehr unterscheidet, versagen die dem Ichideal zugeteilten Funktionen gänzlich. Es schweigt die Kritik, die von dieser Instanz ausgeübt wird; alles, was das Objekt tut und fordert, ist recht und untadelhaft. Das Gewissen findet keine Anwendung auf alles, was zugunsten des Objekts geschieht; in der Liebesverblendung wird man reuelos zum Verbrecher. Die ganze Situation läßt sich restlos in eine Formel zusammenfassen: *Das Objekt hat sich an die Stelle des Ichideals gesetzt.*" Direkt im Anschluß spricht Freud von „Faszination" und „verliebter Hörigkeit" als den Charakteristika dieses psychischen Zustands. Seine Definition des Phänomens der Massenbildung, seine „Formel für die libidinöse Konstitution einer Masse" lautet dementsprechend: „*Eine solche primäre Masse ist eine Anzahl von Individuen, die ein und dasselbe Objekt an die Stelle ihres Ichideals gesetzt und sich infolgedessen in ihrem Ich miteinander identifiziert haben.*"

Versteht man also auf diese Weise die Psychodynamik der Vorgänge, die sich im psychischen Apparat vollziehen müssen, damit die subjektiven Bedingungen für ein Selbstopfer gegeben sind, so bleibt jedoch noch zu fragen, warum „dies Opfer des eigenen Lebens" auf „die Versöhnung mit Gottvater" zielt. Hierzu hat Freud in seiner kulturanthropologischen Untersuchung zu *Totem und Tabu* die spekulative Theorie vom Mord am Vater der Urhorde entwickelt. Die überlebende Brüderschar, deren traumatische Erfahrung unter dem Urvater selbst zu einer Tat geführt hat, die zwar den unkalkulierbaren Despotismus, nicht aber die Traumatisierung beendet, sondern am gefürchteten Anderen ausagiert, entkommt dem Zwang der Gewaltausübung nicht. In Schrecken und Trauer über die eigene Tat identifiziert sich die Brüderschar nun mit dem Ermordeten insofern, als die vollbrachte Tat zum Verbot zu töten umgewandelt wird. Dieses Tabu wird nun mit derselben Unerbittlichkeit zur moralischen Gewissensinstanz verinnerlicht, mit der einst der Vater jenes Unüberwindliche der Bedrohung von außen verkörperte.

Aus psychoanalytischer Perspektive, also mit der wissenschaftlich informierten Konstruktion eines Ursprungsmythos, steht am Anfang aller Kulturwerdung eine Gewalttat; und Gewaltverhältnisse sind es, die das Funktionieren von Kultur bis auf weiteres grundieren. Die grundsätzliche Ambivalenz gegenüber dem Toten schließt beides ein: ein trauerndes, verehrendes, liebendes Gedenken an das, was man unwiederbringlich verloren (gegeben) hat: den Vater; und eine angstbesetzte, haßgetränkte Einstellung gegen dessen Willkür und Despotie, deren Wiederkehr man nicht nur in seiner Gestalt, als Wiedergänger, fürchtet, sondern auch in der Anmaßung eines Mitbruders, die vakante Position des Vaters einzunehmen. In Opferkulten haben die Religionen, so Freud, rituelle Formen des Umgangs mit dieser gewalttätigen Ursprungsgeschichte gefunden: „Die jährliche Opferung (Variante: Selbstopferung) eines Gottes scheint ein wesentlicher Zug der semitischen Religionen gewesen zu sein. Das Zeremoniell der Menschenopfer an den verschiedensten Stellen der bewohnten Erde läßt wenig Zweifel darüber, daß diese Menschen als Repräsentanten der Gottheit ihr Ende fanden, und in der Ersetzung des lebenden Menschen durch eine leblose Nachahmung (Puppe) läßt sich dieser Opfergebrauch noch in späte Zeiten verfolgen. Das theanthropische Gottesopfer [...] wirft ein helles Licht nach rückwärts auf den Sinn der älteren Opferformen. [...] Es bekennt mit kaum zu überbietender Aufrichtigkeit, daß das Objekt der Opferhandlung immer das nämliche war, dasselbe, was nun als Gott verehrt wird, der Vater also."

Deshalb wird für Freud die in der ‚Selbstaufopferung' erhoffte Erlösung als Sühne für eine ‚Blutschuld' verständlich. Die Auffassung, daß dieser rabiate Ausgangspunkt der Kulturwerdung alles andere als ein solides Fundament für die Sicherung und Fortentwicklung der Kultur bildet, teilt Freud mit anderen – dem Prozeß der Aufklärung gegenüber skeptischen *und* solidarischen – Autoren, die dann von einer *Dialektik der Aufklärung* gesprochen haben. Daß der Eifer des Opferns noch in den modernen Kulturen immer wieder angestachelt werden kann, beweist nicht nur, wie dünn die zivilisatorische Schicht der Kultur der Menschheit ist, sondern auch, daß es zum Funktionieren von Institutionen einer gewissen Opferbereitschaft bedarf, die nicht umstandslos als extreme Erscheinung eingestuft werden muß. Das Potential zum Extremen, so unleugbar es auch sein mag, entbehrt nicht der feinen Unterschiede in der Beurteilung, wen die Gewalt zu treffen hat. Aber die Vernichtung der Feinde schließt die Selbstvernichtung gerade nicht aus, wie Max HORKHEIMER einmal sarkastisch bemerkt hat: „Die Anhänger der Religionen des Opfers haben auch in der Praxis gewöhnlich mehr das Töten als das Getötetwerden im Auge, sie scheinen sich jenes mit der Bereitschaft zu diesem erkaufen zu wollen und legen jedenfalls keinen großen Wert auf diese subtilen Differenzen." (Horkheimer, *Heroische Weltanschauung*)

Erik Porath

Literatur

Elias Canetti: *Masse und Macht* (1960), Frankfurt a. M. (Fischer Tb.) 1980

Albert Einstein: „An Sigmund Freud" (30. 7. 1932), in: ders./Sigmund Freud: *Warum Krieg?*, Zürich (Diogenes) 1972, S. 13–21

Sigmund Freud: „Psychische Behandlung (Seelenbehandlung)" (1890), in: ders.: *Studienausgabe*, hg. von Alexander Mitscherlich u. a., Frankfurt a. M. (Fischer) 1969 ff. [= StA], Ergänzungsbd., S. 13–35

Sigmund Freud: *Totem und Tabu* (1912–1913), in: StA IX, S. 287–444

Sigmund Freud: *Massenpsychologie und Ich-Analyse* (1921), in: StA IX, S. 61–134

Max Horkheimer: *Dämmerung. Notizen in Deutschland* (entst. 1931–1934), in: ders.: *Gesammelte Schriften*, hg. von Alfred Schmidt/Gunzelin Schmid Noerr, Bd. 2, Frankfurt a. M. (Fischer) 1987, S. 309–452

Häutungen – der Marsyas-Mythos und seine Folgen

Die Häutung des Imadeddin Nesimi,
Zentralasien, um 1700

Michelangelo: *Das Jüngste Gericht*, Detail (Die Haut des Heiligen Bartholomäus), 1536–1541, Sixtinische Kapelle, Vatikan

Der Name Marsyas ist zur Verkörperung einer der grausamsten Martern geworden, einer Häutung bei lebendigem Leibe. Wie die griechisch-römische Mythologie, wie Herodot, Xenophon, Ovid u. a. überliefern, wurde der Satyr oder Silen Marsyas, ein halbgöttliches Wesen, für seine Niederlage im musikalischen Wettstreit mit Apoll wie auch für die Hybris, einen Gott herauszufordern, bestraft, indem er an einen Baum gehängt und ihm die Haut bei lebendigem Leibe abgezogen wurde. Aus seinem Blut entsprang, wie es heißt, der Fluß Marsyas. Marsyas stammt aus Phrygien, einer antiken Landschaft in Anatolien. Auf ihn wird die Kunst des Flötenspiels zurückgeführt (nachdem Athene, die Erfinderin des Instruments, es fortgeworfen hatte, weil sich das Gesicht beim Spielen entstellt); und er wird als Flußgott verehrt. Seine Geschichte war als künstlerisches Motiv durch die ganze Antike hin verbreitet und wurde auch später von Malern wie TIZIAN, MICHELANGELO und DÜRER wiederaufgegriffen.

Die Häutung des Marsyas, die als Strafe für seine Anmaßung, sich mit den Göttern zu messen, gedeutet wird, setzt ihn in den Stand einer Kreatur zurück. Marsyas verkörpert ein doppeltes Sakrileg: Die Entweihung wird mit Schändung beantwortet. Als besonders grausame Marter und Todesart ist die Häutung in die Geschichte christlicher und islamischer Märtyrerkulte eingegangen, wobei die abgezogene Haut im Kontext der *Heiligenverehrung* manchmal zum Attribut einer besonderen Nobilitierung umgewertet wird.

Etwa zwei Jahrtausende nach der Verbreitung des Marsyasmythos bei den Griechen, um 1400 n. Chr., wurde in der syrischen Stadt Aleppo der islamische Mystiker und Dichter Imadeddin NESIMI durch Abziehen der Haut bei lebendigem Leibe zu Tode gebracht. Es ist aber nicht allein die Hinrichtungsart, die ihn mit dem Marsyasmythos verbindet. Es ist belegt, daß Nesimi vor seiner Exekution als wandernder Poet und Prediger einer neuen Religion, des *Hurufismus,* auftrat, die eine Uminterpretierung des damals im Mittleren Osten vorherrschenden Islams vertrat. Unter anderem deutete er den kardinalen Ausspruch des berühmten Bagdader Mystikers AL-HALLADSCH „Ich bin Gott" in der Weise, daß er auf die explizite Ineinssetzung von menschlicher und göttlicher Natur hinausläuft. Damit vollzog er einen scharfen Bruch mit dem orthodoxen Islam, der das Diktum des Mystikers zu entschärfen suchte, indem es nicht als *Gleichsetzung* des Menschen mit Gott, sondern im Sinne einer *Offenbarung in* dem Menschen verstanden wurde. Die exzessive Grausamkeit der Hinrichtungsmethode war eine Antwort des etablierten Islams auf die Radikalität dieser Neuinterpretation. Zugleich symbolisiert die Tötungsart den Grad der öffentlichen Mißbilligung, die dem Exekutierten zuteil wurde. Da für Häretiker und Dissidenten ansonsten die Hinrichtungsart des Hängens belegt ist, bedeutet die seltene Praxis des Häutens eine deutliche Verschärfung und Steigerung der *Tortur* als richtenden und zugleich symbolischen Akts.

Eine direkte historische Verbindung, gar ausdrückliche Bezugnahme auf den Marsyasmythos ist zwar nicht belegt, doch springen die Ähnlichkeiten beider Figuren ins Auge. NESIMI ist in der türkischen Welt, vor allem in der Türkei und in Aserbaidschan, mindestens ebenso durch seine poetische Meisterschaft berühmt wie durch seine mystischen Offenbarungen. Wie Marsyas ist er auf musischem Wege in den tabuisierten Bereich des Göttlichen vorgedrungen. Daß die Infragestellung der Grenzziehung zwischen Menschlichem und Göttlichem in solch exzeptioneller Weise bestraft wird, deutet darauf hin, daß das apollinische Prinzip ebensowenig einen göttlichen Sänger neben sich duldet wie seine Wiederkehr in der islamischen ‚Orthodoxie'.

Doch die Hinrichtung durch Häutung bei lebendigem Leib findet sich auch in der christlichen Märtyrergeschichte, und zwar im Falle des hl. BARTHOLOMÄUS. Die Legende lokalisiert das Wirken von Bartholomäus, einem Jünger JESU, in Kleinasien, Armenien und noch ferneren Regionen des Orients wie Persien oder Indien. Eine Reliquie, die Hirnschale des Heiligen, befindet sich seit dem 13. Jahrhundert im St.-Bartholomäus-Dom in Frankfurt am Main; seine Gestalt ist vor allem durch die Darstellungen DÜRERS und MICHELANGELOS bekannt. Die Legenden um diesen christlichen Heiligen stehen sowohl in historischer als auch geographischer Perspektive zwischen dem antiken Marsyasmythos in Phrygien und dem Martyrium des NESIMI im islamischen Syrien.

Die Art und Weise, wie sich in der Nachgeschichte dieser Figuren die verschiedenen Überlieferungen vermischen und überlagern, läßt sich an einem zeitgenössischen Beispiel zeigen. In dem 2004 erschienenen Roman Ismail des türkischen Schriftstellers Reha ÇAMUROĞLU (geb. 1958) wird an den Märtyrer NESIMI als denjenige erinnert, „der sich seine abgezogene Haut überwarf und so herumlief". Çamuroğlu übernimmt hier das in den autochthon muslimischen historischen Quellen zum Tode Nesimis nicht enthaltene Motiv des *Herumtragens* der abgezogenen Haut offensichtlich aus einer anderen Quelle. Hier darf eine Beeinflussung durch christlich-abendländische Visualisierungen vermutet werden, am wahrscheinlichsten durch MICHELANGELOS Gemälde des hl. BARTHOLOMÄUS in der Sixtinischen Kapelle in Rom.

Daß die Häutung eines menschlichen Leibes auch jenseits von Märtyrerlegenden zu sadistischen und perversen Phantasien Anlaß gibt, ist durch Beispiele der Gegenwartsliteratur belegt, am prominentesten wohl durch die Figur des Hannibal Lecter in Thomas HARRIS' Roman *Das Schweigen der Lämmer* (1988), der durch seine Verfilmung eine weite Verbreitung fand. Der Protagonist, der sich direkt auf den Marsyasmythos bezieht, interessiert sich unter voyeuristischem Rekurs auf die europäische Kunstgeschichte, insbesondere auf TIZIANS Gemälde, vor allen Dingen für die technischen und medizinischen Details einer Häutung. Im Verlauf des Roman geht es um die – meist postume – Häutung junger Frauen durch einen psychopathischen Serienkiller, wobei eine Mischung aus Abscheu und Faszination das Romangeschehen zusammenhält. Gerade das Ungeheuerliche und Unvorstellbare der Tötungsart Häuten, die mit Sakrileg und Tabu verbunden ist, an kannibalische Praktiken erinnert und damit an die Grundlage des Menschlichen rührt, scheint es zu sein, das die Beharrlichkeit des Motivs ausmacht.

Michael Reinhard Heß

Literatur

Ursula Renner/Manfred Schneider (Hg.): *Häutung. Lesarten des Marsyas-Mythos*, München (Fink) 2006

‚Orientalische Pfählung' – das balkanische Bauopfer

Anonym: *Pfählung*, Gravur, um 1590

Als Mehmed SOKOLOVIĆ, ein im Kindesalter ins osmanische Janitscharen-Korps entführter, aus Bosnien stammender Pascha, in der zweiten Hälfte des 16. Jahrhunderts in seiner Heimat in Višegrad eine Brücke über das reißende Wasser der Drina erbauen ließ, wurde nächtens zerstört, was am Tage erbaut worden war. In *Die Brücke über die Drina* (1945) erzählt der Nobelpreisträger Ivo ANDRIĆ, dessen Werk zur Pflichtlektüre Gesamt-Jugoslawiens gehörte, die Geschichte dieser Erbauung nach: Aufständische Bauern sabotieren unter der Federführung des ansonsten gänzlich unauffälligen ‚Serben' Radisav die Arbeiten. Ihre Sabotage ist viel weniger durch nationalen und religiösen Widerstand gegen die osmanischen Besatzer angetrieben als durch die Sorge um die brachliegenden Äcker und die Mühsal des harten Frondienstes beim Brückenbau. In der Hoffnung, das osmanische Bauvorhaben zu vereiteln und auf ihre Felder zurückzukehren, greifen sie auf die balkanische Mythologie von den *vile* (den Feen) und den Wassergeistern zurück und behaupten, es seien die herausgeforderten Naturgeister, die die Brücke demolierten. Der osmanische Vorsteher Abidaga jedoch, der nicht an Geister glaubt, läßt das Bauwerk bewachen und den auf diese Weise in flagranti festgenommenen Bauern Radisav als Mahnung für alle anderen Aufrührer gepfählt auf der halbfertigen Brücke aufstellen. – In einer überaus grausamen Folter- und Hinrichtungsdarstellung, die sich Generationen von jugoslawischen Schülern ins Gedächtnis gebrannt hat, beschreibt Andrić die ,orientalische Pfählung' des Radisav. Innerhalb der in Rede stehenden polyethnischen und -religiösen Gemeinschaft sind, jedenfalls in Andrićs Texten, für solche osmanischen Auftragsarbeiten die Zigeuner durch ihren exzentrischen Gruppenstatus prädestiniert. Radisav wird also von Merđan, einem *cigan*, in großer Kunstfertigkeit ein Pfahl durch den After in den Körper und am Schulterblatt hinaus eingeschlagen, an allen wichtigen Organen vorbei, so daß der auf diese Weise Gemarterte noch Stunden oder Tage zu leben hat.

Erzählungen über Pfählungen von Christen im Zuge der osmanischen Eroberungsfeldzüge auf dem Balkan sind ein vielgestaltiges Motiv der Geschichte und Literatur der Region. Der Volksheld der Griechen Athanasios Diakos etwa, dessen Widerstand gegen die Osmanen und dessen Weigerung zu konvertieren noch 1821 mit der Pfählung geahndet wurde, wird im Balkan als Befreiungskämpfer und nationaler Märtyrer verehrt. An der Brücke von Alamana, an der er die entscheidende Schlacht bei den Thermopylen gegen eine zahlenmäßige Übermacht verlor, steht heute das Denkmal für den Volkshelden. Die Geschichte seiner Pfählung wurde episch und dramatisch unzählige Male bearbeitet. Auch Vlad Ţepeş Drăculea, der finstere walachische Fürst, hat das Pfählen, das ihn berühmt machte, angeblich in osmanischer Gefangenschaft (im ungarischen Visegrád!) gelernt. Daß er seine grausame Kunst ausgerechnet im Kampf gegen die Türken 10 000fach eingesetzt haben soll, hat ihn wiederum zum Nationalhelden der Rumänen gemacht. Andrićs Radisav steht also keineswegs allein in der Überlieferung des Pfählens im balkanisch-osmanischen Kulturkonflikt.

Bei Andrić stirbt er an einem Sonntag im November als christusähnliche Gestalt, apostrophiert als „Märtyrer, Erlöser und Heiliger", über der bosnischen Stadt Višegrad „schwebend". Scheint seine Charakterisierung als serbisch-orthodoxe Figur auf den ersten Blick eindeutig, so wird seine kulturelle Zuordnung sowohl durch die Anspielung auf den Märtyrertag der Westkirchen, ,Allerheiligen', als auch durch eine makabre Ähnlichkeit zur ,auf den Stab gespießten' Puppe Karagöz aus dem türkischen Schattenspiel komplizierter. An Radisavs Figur (zunächst ist er einfach ein armseliger orthodoxer Bauer im osmanischen Frondienst) läßt sich exemplarisch studieren, wie das *(Selbst-)Opfer* sich in den Märtyrer verwandelt und wie ein Stigma in Charisma umschlägt. Erst als er qualvoll auf der Brücke verendet, transformiert sich sein Status in den eines religiösen Stellvertreters der Sabotagegemeinschaft. Damit fällt ein ideelles Licht zurück auf deren Handlungen, die zunächst durch eher pragmatische Erwägungen motiviert waren, so daß ihrer Obstruktion rückwirkend heldenhafte Momente zugeschrieben werden. Die Unmöglichkeit, ein, wenn auch erst retrospektiv, religiös begriffenes Martyrium im vorliegenden Kontext vom politischen zu scheiden, offenbart sich, als die durch Radisavs Tod auf ihre Religion zurückgeworfenen Orthodoxen, unvermittelt und als Kollektiv, ihre Widerständigkeit gegen die Osmanen zum Ausdruck bringen. Der „unsichtbare Sieg", den im Roman alle Serben durch ihre „feiertägliche Stimmung" und durch „Glanz in den Augen" bekräftigen, bezieht sich auf den moralischen Sieg der Jahrhunderte zurückliegenden Kosovoschlacht auf dem Amselfeld, die – obschon militärisch verloren – zum historischen Datum geworden ist. Heimlich arrangieren im Roman die Serben, die durch den ‚Opfertod' des Radisav als Gruppe auf den Plan gerufen sind, die „nach unseren Bräuchen" durchgeführte Beerdigung des Toten, der von den Osmanen den Hunden zum Fraß überlassen werden sollte.

Aber Radisav ist bei Andrić mehr als nur christlich-orthodoxer Märtyrer mit synkretistischem Mehrwert: Er ist heidnisches Bauopfer zugleich. In *Die Brücke über die Drina* kommt die balkanische säkulare *superstitio* vielfach ins Spiel – eben auch im prominenten Bauopfermotiv, nach dem jedes Bauwerk eines *Opfers* bedarf. Die literarischen Beispiele von – meist eingemauerten – Brückenbauopfern auf dem Balkan reichen von Ismail Kadares *Ura me tri harqe* aus Albanien, über Kazantzakis' *O protomastoras* aus Griechenland bis hin zu diversen bulgarischen, serbischen, rumänischen und ungarischen Volksdichtungen. Darin wird berichtet, daß jeweils nach der Opferung die Brücke schnell und sicher fertiggestellt wurde. Radisavs Tötung ist in diesem Sinne auch ein ironischer Kommentar auf die vermeintliche Heilung der serbisch-orthodoxen Gemeinschaft durch ihren Märtyrer, denn auch das Gegenteil seines religiös überhöhten Sterbens ist hier mit aufgerufen. Radisav tritt zusätzlich als das Opfer in Erscheinung, das dem Wasser und seinen Geistern dargebracht wird, um sie wohlwollend zu stimmen. Somit wird sein, wenn auch nicht eingemauerter, Leib auch zum abergläubischen Fundament einer erst durch vorgeschichtlichen Opferkult zu gewährleistenden Brückenerrichtung. Diese wird im Roman im Jahr nach der Pfählung endlich und ohne weitere Hindernisse abgeschlossen.

Gerade der ‚balkanische' Zusammenhang zwischen heidnischem Opfern, stellvertretendem, religiös markiertem Märtyrertod und nationalem Widerstand stört nun auch den Neuaufguß des Radisav-Themas Ende des 20. Jahrhunderts. Angeblich sollen im Frühjahr 1985 *šiptari* (Kosovo-Albaner) in Gnjilan/Kosovo einen Serben symbolisch mit einer Flasche nach dem vermeintlich bekannten ‚osmanischen Strickmuster' gepfählt haben. Daß die serbische Presse den sogenannten „Fall Martinović" mit auf Andrićs Roman als Inspirationsquelle zurückführte, ist doppelt irregeleitet, wenn auch im intendierten Wiedererkennungswert propagandistisch höchst wirksam. Andrićs Roman steht der exklusive Abgesang auf das christliche Martyrium der Serben im Kampf gegen den Islam jedenfalls schlecht zu Gesicht. Erst in der Konfrontation mit der osmanischen Besatzung, das eben zeigt *Die Brücke über die Drina* am Fall Radisavs, wird die pagane Opfertradition des Balkan in eine christliche Märtyrerkultur umgeschrieben. Da die Heilsamkeit der Opferung in beide Richtungen, auch die des gemeinsamen slavisch-balkanischen Volksglaubens, wirksam bleibt, ‚errettet' Radisav über die Gemeinde der serbisch-orthodoxen hinaus alle Višegrader, deren andere Hälfte zur Zeit des Brückenbaus muslimisch ist. – Somit hat Andrićs Märtyrergeschichte viel eher die Strategien der serbischen Pressekampagnen im Vorfeld der Jugoslawienkriege vorweggenommen, als daß sie eine Vorlage lieferte für die Geschichte eines an Serben vollzogenen Mißbrauchs. Radisav und seine orthodoxen und muslimischen Mitsaboteure haben gerade vorgeführt, wie ein nicht wirklich ernst genommener Glaube (hier der an Feen und Wassergeister) für politische und ökonomische Zwecke eingesetzt werden kann. Rückwirkend, darauf konnten sich die slavischen

Widerständler der Osmanenzeit ebenso wie die nationalistischen Fronten der 1990er Jahre verlassen, haben auch die strategischen Erfinder solcher Märtyrerlegenden an ihrer Überzeugungskraft und scheinbaren Authentizität teil.

Miranda Jakiša

Literatur

Ivo Andrić: *Die Brücke über die Drina*, übers. v. Ernst E. Jonas, Frankfurt a. M. (Suhrkamp) 2005 (Original: *Na Drini ćuprija*, 1945)

Ardian Klosi: *Mythologie am Werk: Kazantzakis, Andrić, Kadare. Eine vergleichende Untersuchung am besonderen Beispiel des Bauopfermotivs*, München (Sagner) 1991

Gabriella Schubert: „Mythos und Realität in südosteuropäischen Balladen vom Bauopfer", in: *Zeitschrift für Balkanologie*, 38 (2002) Heft 1/2, S. 79–90

Kamikaze und Harakiri – Wiedergänger der Samurai

Claudia Gehrke: *Collage,* 2007

Unmittelbar nach dem Elften September wurde in der *New York Times* ein Kommentar des US-Admirals Robert J. Netter abgedruckt, der den folgenden Satz enthält: „We have been attacked like we haven't since Pearl Harbor." Damit wurde die amerikanische Wortschatzkammer aus dem Zweiten Weltkrieg für die internationale Presse geöffnet. Deutsche Zeitungen verwendeten das Wort ‚Kamikazeflieger', um den Attentäter Mohammed Atta zu bezeichnen. Es wurde sogar behauptet, die Bereitschaft zu einem Selbstmordattentat trenne Asien von der westlichen Zivilisation. Das Ausleihen des Wortes ‚Kamikaze' diente der Absicht, die Untrennbarkeit der Geschichten dreier monotheistischer Religionen aus dem Blickfeld zu räumen und den Islam jenem ‚Orient' zuzuordnen, der heutzutage nur noch ‚Asien' genannt wird. Die Metapher von ‚Pearl Harbor' wurde von Präsidenten Bush benutzt, um den militärischen Einsatz der USA im Nahen Osten zu rechtfertigen. Dabei wurde mit dem Wort ‚Kamikaze' eine Trennlinie gezogen zwischen dem Märtyrertod der amerikanischen Soldaten für ihr ‚Vaterland' und einem unverständlichen und bedrohlichen Selbstmordattentat des Fremden.

Kamikaze war der Name einer der japanischen Sondertruppen (*Tokubetsukôgekitai*

= *Tokkô*), deren Kampfflugzeuge sich im Jahr 1944 auf amerikanische Kriegsschiffe stürzten und mit den Piloten explodierten. Diese Flugzeuge hatten nur so viel Benzin getankt, daß es gerade für den Hinflug ausreichte. „Gottes Wind“ oder „Der Wind der Götter“ wären die direkten Übersetzungen des Wortes ‚Kamikaze‘. In Japan wurde und wird es allerdings nicht in der Bedeutung von „Selbstmordattentat“ (*Jibakutero*) benutzt.

Die Geschichte von ‚Kamikaze‘ geht zurück auf einen mythologisierten Kampf im 13. Jahrhundert, in dem ein heftiger Sturmwind die mongolischen Schiffe zum Sinken brachte und Japan vor ihrem Angriff bewahrte.

Durch den Einsatz der ‚Kamikazeflieger‘ im Zweiten Weltkrieg wollte das japanische Militär zwei Dinge erreichen: Brennstoff sparen und mit Hilfe des heroischen Images der jungen Flieger das erschöpfte Volk aufmuntern. Noch heute wird besonders von denjenigen, die für den Tod der Kamikazeflieger verantwortlich gemacht werden könnten, behauptet, die Flieger seien „freiwillig“ gestorben. Jedoch gibt es viele Zeugen, die bestätigen, daß die Flieger zum Todesflug gezwungen wurden. Viele der Flieger waren unter zwanzig Jahre alt, während keiner, der einem höheren militärischen Rang angehörte, als Kamikazeflieger starb. Die Kamikazeflieger wurden während des Krieges in Japan als Märtyrer verehrt – obwohl es in den buddhistischen Schriften keine Märtyrer-Figur gibt, die als Vorbild hätte dienen können. Der Konfuzianismus, der genau wie der Buddhismus vor ca. 2500 Jahren entstand und keine gravierende Verfolgung erfuhr, brachte auch keinen Märtyrer hervor. Aber die Treue zu den Eltern und zum Herrscher, die Konfuzius als eines der wichtigsten Prinzipien lehrte, wurde später in Japan von den Kriegern, den *Samurai*, übernommen und so weit getrieben, daß sie als Beweis für ihre Treue den Tod wählten.

Der Opfertod allerdings spielte in Japan schon sehr früh eine wichtige Rolle. Die Mythensammlung *Kojiki* (8. Jh.) erzählt von der Göttin ÔGETSUHIMENOKAMI, aus deren Körper, nachdem sie getötet worden war, Getreide und Bohnen wuchsen. Und im Altertum mußten die Untertanen dem Herrn in den Tod folgen und sich als Beigabe in dem Grab des Herrn begraben lassen. In der Chronik *Nihonshoki* (8. Jh.) liest man, daß dieser Brauch nach dem Tod der Kaiserin HIBASUHIMENOMIKOTO verboten wurde. An Stelle des Menschenopfers wurden dem Grab Tonfiguren (*Haniwa*) beigegeben.

Die Bereitschaft, das eigene Leben für das kollektive Überleben zu opfern, wurde über eine lange Zeitspanne immer wieder durch Literatur und Theater aktiviert und gleichzeitig in Frage gestellt. Im mittelalterlichen Nô-Theaterstück *Tanikô* erfährt man von einer Sitte der Bergmönche, einen Pilger, falls er unterwegs krank wurde, ins Tal zu werfen. Bertolt BRECHT schrieb dieses Stück um und machte aus der Opferfigur einen *Neinsager*. FUKAZAWA Shichirô stellte in seiner Erzählung *Narayamabushikô* (1956) einen Mann dar, der nach der Sitte seines bitterarmen Dorfes seine alte Mutter auf dem Rücken trägt und sie auf den Berg bringt, um sie dort auszusetzen. Die Mutter ist fest entschlossen zu sterben, wirkt fast fröhlich und fordert unterwegs den zögernden Sohn auf, weiter zu gehen.

Nach der Entstehung des Berufskriegers im 10. Jahrhundert begann eine neue, männlich geprägte Tradition des Märtyrers. In seinem Buch *Hagakure* (1716) gibt YAMAMOTO Tsunetomo dem Sterben eine zentrale Bedeutung in der Lebensphilosophie des Samurais. Diese Ansicht muß allerdings relativiert werden, wenn man an die kulturell bis heute bedeutendste Samurai-Figur MIYAMOTO Musashi (1584–1645) denkt, der keinen festen Herrn hatte und nicht das Sterben, sondern das Überleben und das Schreiben ernst nahm.

Durch die Abschaffung der Samurai-Kaste am Ende des 19. Jahrhunderts verlor *Bushidô*, die Ethik des Samurai, seine Bedeutung, zog aber bald wieder die Aufmerksamkeit auf sich, nachdem NIIWADO Inazô in seinem auf englisch geschriebenen Buch *Bushido: The Soul of Japan* (1900) Bushidô als die einzig taugliche Grundlage für die japanische Moralbildung dargestellt und eine internationale Leserschaft gewonnen hatte.

Nach der Öffnung des Landes im Jahr 1868 wurde dem Volk immer stärker der sogenannte Staatsshintoismus aufgezwungen. Bushido allein schien als Grundlage für den Nationalismus nicht auszureichen, weil er die Ideologie der Samurai-Klasse war und die anderen Schichten wie Bauern, Händler oder Handwerker nicht überzeugte. Außerdem gab es im Bushidô keine Vorstellung von einer abstrakten, übergeordneten Autorität wie etwa Gott oder der Nation. Der Staatsshintoismus war insofern neu für Japan, als er keine andere Glaubensrichtung neben sich erlaubte. Neben dem Christentum und dem Kommunismus wurde nun auch der Buddhismus stark unterdrückt. Die buddhistischen Priester erhoben bis auf wenige Ausnahmen keinen Protest dagegen, während einige Christen und Kommunisten den Märtyrertod starben. Der Staatsshintoismus erreichte den Höhepunkt seiner Macht am Ende des Zweiten Weltkriegs und verlangte von der ganzen Nation, die Bereitschaft, für den Tennô zu sterben.

Die japanische Nachkriegsliteratur stellte zwei Typen Menschen dar. Der erste Typus wischt sich sofort die Tränen und die Tennô-Ideologie aus den Augen und beschäftigt sich mit dem Überlebenskampf der Nachkriegszeit. Ein extremes Beispiel für den zweiten Typus ist der Kamikazeflieger, der zufällig den Krieg überlebt hat. Er schleppt etwas Unvermittelbares mit sich herum und kann sich deshalb nicht der neuen Zeit anpassen. Er wird asozial, sogar kriminell, wird von den anderen als *Tokkô-Kuzure* (verkommener Kamikazeflieger) bezeichnet und sozial ausgegrenzt. Es gab nicht wenige unter den überlebenden Kamikazefliegern, die zehn Jahre und noch später nach dem Krieg Selbstmord begingen.

Eine andere Art der Selbsttötung, die gern als ‚typisch japanisch' betrachtet wird, betrifft *Seppuku*, im Ausland als ‚Harakiri' bekannt. Es bedeutet „den Bauch aufschneiden" und wurde von den Samurai praktiziert, um dem Herrn in den Tod nachzufolgen, um sich für einen großen Fehler zu entschuldigen oder auch um der Schande, vom Feind gefangengenommen zu werden, zu entgehen. MINAMOTO no Tometomo (1139–1170) ist bekannt als erster Samurai, der durch Seppuku starb. Im *Hôgenmonogatari* (14. Jahrhundert) ist zu lesen, daß er beim Sterben ein buddhistisches Gebet sprach. Wie schon erwähnt, kennt der Buddhismus keinen Märtyrertod. Er bietet aber viele Überzeugungen, die den Samurai beim Seppuku als psychische Stütze dienten, wie zum Beispiel: daß man sich nicht an das jetzige Leben festklammern solle, daß alle sinnlichen Wahrnehmungen bloße Einbildungen seien oder daß man durch das Beten das paradiesische Land *Gokurakujôdo* erreichen könne.

Das Seppuku war nicht immer Selbstmord, sondern es wurde auch als Strafe vollzogen wie im Fall des berühmten Teemeisters RIKYÛ (1548–1614); wobei man nicht immer einen Selbstmord von einem Strafvollzug unterscheiden kann, weil manch einer von einem ungeschriebenen Gesetz gezwungen wurde, sich selbst zu töten. Im 17. und 18. Jahrhundert war der Selbstmord eines der wichtigsten Motive der japanischen Bühnenkunst, während in der bildenden Kunst kein bemerkenswertes Werk zu diesem Motiv entstand. Das spektakuläre Ritual des Seppuku ist an sich schon eine öffentlich inszenierte Performance, also ein Theater. – In der modernen Literatur taucht das Motiv des Seppukus wieder auf. NOGI Maresuke, ein ehemaliger Samurai, der von 1886 bis 1888 in Deutschland studierte und glaubte, eine Verwandtschaft zwischen dem Bushidô und dem „preußischen Geist" entdeckt zu haben, beging 1912 Selbstmord nach der traditionellen Seppuku-Methode, um dem Meiji-Tennô in den Tod nachzufolgen. Sein Tod wurde in NATSUME Sôsekis Roman *Kokoro* (1914) als ein kollektiver Tod, als Tod einer Generation und von deren Ethik, interpretiert. In der Erzählung *Môsô* behandelte der Autor MORI Ôgai, der aus einer Samurai-Familie stammte und vom 1884 bis 1888 in Deutschland Medizin studierte, den Unterschied zwischen seinem Gefühl, zu jeder Zeit sterben zu können, wenn es sein muß, und der europäischen Angst vor dem Tod.

1970 überraschte MISHIMA Yukio die Öffentlichkeit mit seinem Seppuku. Über die Hintergründe seines Seppukus gibt weniger sein nationalistisches Testament Auskünfte als seine Literatur. Die jungen männlichen Protagonisten in seinen Romanen suchen nach der Erotik und der Schönheit eines Körpers, während sie gleichzeitig den konkreten Körper hassen. Begierde und Haß prallen oft im kulturell aufgeladenen Körperbereich „Bauch" aufeinander: ein Protagonist betrachtet, wie ein häßlicher Embryo aus dem „Gefängnis" des Mutterleibs herauskriecht (*Kinshoku*, 1951), ein zweiter folgt dem Befehl eines amerikanischen Soldaten und tritt mit Stiefeln auf den weichen Bauch einer im Schnee liegenden Frau (*Kinkakuji*, 1956), und ein dritter schläft mit seiner Frau zum letzten Mal, schneidet danach den eigenen Bauch mit seinem Schwert langsam auf und betrachtet die blutigen Därme, die wie ein lebendiges Tier aus der Wunde herauskommen (*Yûkoku*, 1961). MISHIMAS Gespräch mit KAWABATA Yasunari über den Nobelpreis oder das Streitgespräch mit Vertretern der linken Studentenbewegung zeigen den Autor als jemanden, der nach einem internationalen Anschluß gesucht, diesen aber nicht gefunden hatte, bis er sich selbst durch sein Seppuku zu einem spektakulären und international bekannten Stereotyp des Samurais stilisiert hat.

Während der Wirtschaftskrise in den 1990er Jahren las man oft über den Selbstmord japanischer Geschäftleute, die ihre Entscheidung wie ein Samurai begründeten. Dabei wurde jedoch die qualvollen Seppuku-Methode nicht mehr praktiziert. Das Seppuku einer Frau, das in der Wirklichkeit nicht vorkommt, etablierte sich hingegen als Szenario in einer besonders brutalen Sparte der Pornographie.

Yoko Tawada

Literatur

Gerhard Bierwirth: *Bushidô. Der Weg des Kriegers ist ambivalent*, München (Iudicium) 2005

Shichiro Fukazawa: *Schwierigkeiten beim Verständnis der Narayama-Lieder*, übers. v. Klaudia Rheinhold, Reinbek (Rowohlt) 1964

Masao Maruyama: *Denken in Japan*, hg. u. übers. v. Wolfgang Schamoni/Wolfgang Seifert, Frankfurt a. M. (Suhrkamp) 1988

Yukio Mishima: Zu einer Ethik der Tat. Einführung in das ‚Hagakure', die große Samurai-Lehre des 18. Jahrhunderts, übers. v. Siegfried Schaarschmidt, München u. a. (Hanser) 1987

Yukio Mishima: *The Temple of the Golden Pavillion*, übers. v. Ivan Morris, New York (Knopf) 1994

Ivan Morris: *Samurai oder von der Würde des Scheiterns*, übers. v. Ursula Gräfe/Gunther Ludwig Frankfurt a. M. (Insel) 1989 (The Nobility of Failure, New York [Holt, Rinehart and Winston] 1975)

Soseki Natsume: *Kokoro*, übers. v. Oscar Benl, Zürich (Manesse) 1976

Inazo Nitobe (Niiwado Inazô): *Bushido: The Soul of Japan. An Exposition of Japanese Thought* (1900), Rutland, VT (C. E. Tuttle Co.) 1969

Emiko Ohnuki-Tierney: *Kamikaze, Cherry Blossoms, and Nationalisms. The Militarization of Aesthetics in Japanese History*, Chicago (University of Chicago Press) 2002

Maurice Pinguet: *Der Freitod in Japan. Ein Kulturvergleich*, übers. v. Beate von der Osten, Berlin (Gatza) 1991 (*La Mort volontaire au Japon*, Paris [Gallimard] 1984)

Klaus Scherer: *Kamikaze. Todesbefehl für Japans Jugend. Überlebende berichten*, München (Iudicium) 2001

Tsunetomo Yamamoto: *Hagakure*, übers. v. Guido Keller, München u. a. (Piper) 2003

Eiji Yoshikawa: *Musashi*, übers. v. Werner Peterich, München (Droemer Knaur) 1984

Kafkas Hungerkünstler – ein Märtyrer ‚in ganz anderem Sinn'

EIN HUNGERKÜNSTLER

Erzählung von

FRANZ KAFKA

In den letzten Jahrzehnten ist das Interesse an Hungerkünstlern sehr zurückgegangen. Während es sich früher gut lohnte, große derartige Vorführungen in eigener Regie zu veranstalten, ist dies heute völlig unmöglich. Es waren andere Zeiten. Damals beschäftigte sich die ganze Stadt mit dem Hungerkünstler; von Hungertag zu Hungertag stieg die Teilnahme; jeder wollte den Hungerkünstler zumindest einmal täglich sehn; an den spätern Tagen gab es Abonnenten, welche tagelang vor dem kleinen Gitterkäfig saßen; auch in der Nacht fanden Besichtigungen statt, zur Erhöhung der Wirkung bei Fackelschein; an schönen Tagen wurde der Käfig ins Freie getragen, und nun waren es besonders die Kinder, denen der Hungerkünstler gezeigt wurde; während er für die Erwachsenen oft nur ein Spaß war, an dem sie der Mode halber teilnahmen, sahen die Kinder staunend, mit offenem Mund, der Sicherheit halber einander bei der Hand haltend, zu, wie er bleich, im schwarzen Trikot, mit mächtig vortretenden Rippen, sogar einen Sessel verschmähend, auf hingestreutem Stroh saß, einmal höflich nickend, angestrengt lächelnd Fragen beantwortete, auch durch

Franz Kafka: *Ein Hungerkünstler*, in: *Die neue Rundschau*, 33 (1922), S. 983

Im Nachlaß Franz KAFKAS findet sich folgender Aphorismus: „Die Märtyrer unterschätzen den Leib nicht, sie lassen ihn auf dem Kreuz erhöhn, darin sind sie mit ihren Gegnern einig." Kafka stellt die Erhöhung des Leibes als Merkmal des Martyriums heraus, welches über die Kreuzigung als ein christliches ausgewiesen ist. Zur Erhöhung, d. h. Ausstellung des Leibes auf dem Kreuz steht der am Ende unbeachtete Hungertod des *Hungerkünstlers* im Zirkus quer, obwohl auch dieser als Märtyrer bezeichnet wird – jedoch als ein Märtyrer „in ganz anderem Sinn". Zu fragen ist nun, was dieser ganz andere Sinn bedeutet, an welche Aspekte von Märtyrerfigurationen Kafkas Erzählung anschließt, auf welche Weise sie diese umdeutet und wofür sie sie in Anspruch nimmt.

Kafkas im Oktober 1922 in der *Neuen Rundschau* veröffentlichte Erzählung führt den Hungerkünstler von Beginn an als anachronistische Figur ein. Die glanzvollen Zeiten, in denen der Käfig des Hungerkünstlers tage- und nächtelang von Zuschauern umlagert und von Wächtern ständig beaufsichtigt war, liegen Jahrzehnte zurück. Unbefriedigtheit und Trübheit begleiteten gleichwohl auch damals seine Vorführungen: Das erfahrungsgemäß nach vierzig Tagen abflauende Interesse des Publikums führt zu einer entsprechenden Limitierung seiner Fastenzeiten. Vergeblich wehrt der Hungerkünstler sich jedes Mal, mit dem Hungern aufzuhören. Dem „Hungern allzu fanatisch ergeben“, setzt er seine Tätigkeit auch dann noch fort, als seine Kunst kein öffentliches Interesse mehr finden. Er läßt sich von einem Zirkus engagieren, wo er mit seinem Käfig auf dem Weg zu den Stallungen untergebracht wird. Kaum jemand bleibt noch bei ihm stehen, niemand zählt mehr seine Hungertage. Schließlich findet man den völlig vergessenen Hungerkünstler im Stroh. Mit seinen letzten Worten erklärt er, daß er „hungern muß“, da er „nicht die Speise finden konnte“, die ihm schmeckt, und wird begraben. In den verwaisten Käfig kommt statt seiner nun ein junger Panther, dessen bis zum Zerreißen gespannter Körper und strotzende Lebensfreude die Existenz des Hungerkünstlers aufs drastischste kontrastieren und der fortan zu einer Publikumssensation wird.

Kafkas Erzählung verhandelt die Figur des Märtyrers in Hinblick auf die für sie konstitutiven Formen von *Inszenierung*. Seine Märtyrerfigur findet sich in einem erzählerischen Kontext, in dem es um die Eruierung von Ausstellungspraktiken (Vorführungen, Käfig, Zirkus) geht. Wenn kein gewöhnlicher Märtyrer ohne Schauplatz und Zuschauer, ohne die Ausstellung des geschundenen Körpers auskommt, so entwickelt Kafkas Text die Figur eines Märtyrers „in ganz anderem Sinn“ konsequent anhand spezifischer Modi der Ausstellung des Körpers des Hungerkünstlers. Im selben Zug wie der Text das ‚andere Martyrium‘ des Hungerkünstlers mit Fragen der Inszenierung verbindet, arbeitet er die grundlegende Inkompatibilität von *Zeugnis* und *Darstellung* heraus, genauer: Er artikuliert die Grenze der Darstellbarkeit als Zeugnis des Märtyrers „in ganz anderem Sinn“.

Die Vorführungen von Kafkas anderem Märtyrer und damit auch seine jeweiligen Hungerzeiten sind auf vierzig Tage begrenzt, weil das Publikumsinteresse nicht länger anhält. Dem Hungerkünstler jedoch ist diese Begrenzung fremd und eben damit wird die Darstellung seines Hungerns „unaushaltbar“: „Warum gerade jetzt nach vierzig Tagen aufhören? Er hätte es noch lange, unbeschränkt lange ausgehalten; [...] denn für seine Fähigkeit zu hungern fühlte er keine Grenzen. Warum hatte diese Menge, die ihn so sehr zu bewundern vorgab, so wenig Geduld mit ihm; wenn er es aushielt, noch weiter zu hungern, warum wollte sie es nicht aushalten?“ Was aber ist die Wahrheit, die der Hungerkünstler bezeugt? In gewissen Abständen präsentiert der Impresario Fotografien, die den Hungerkünstler am vierzigsten Tag des Hungerns „fast verlöscht vor Entkräftung“ zeigen und die dazu dienen sollen, dessen Behauptung, er könne noch länger hungern, zu widerlegen, um auf diese Weise hungernden Körper und Ausstellung zur Deckung zu bringen. Genau hierin aber liegt für den Hungerkünstler die „entnervende Verdrehung der Wahrheit“, denn „[w]as die Folge der vorzeitigen Beendigung des Hungerns war, stellte man hier als die Ursache dar!“ Einzig der Reglementierung des Hungerns und der mit ihr einhergehenden „Unzufriedenheit“ und „trübe[n] Laune“ wäre demnach seine Ermattung geschuldet.

Wo das Hungern auf ein Grenzenloses geht, das niemals Sache des Publikums ist, bezeugt es die Unvereinbarkeit von Zeugnis und Aus- bzw. Darstellbarkeit – und wie anders sollte es diese Unvereinbarkeit bezeugen, als indem es sich bis zur Grenze der Darstellbarkeit, dem Verlust des eigenen Schauplatzes treibt, dorthin, wo der Körper des Hungerkünstlers nicht mehr vom Stroh im Käfig zu unterscheiden ist? In denkbar größtem Kontrast zur Erhöhung des leidenden Körpers am Kreuz löst Kafkas Märtyrer „in ganz anderem Sinn" sein Hungern letztlich von der Ausstellbarkeit ab: Hatte er jahrelang bewundert werden wollen, so ist sein Weiterhungern über seine letzten Worte hinaus von „feste[r]", doch nicht mehr „stolze[r] Überzeugung". Wenn der Hungerkünstler in seinen letzten Worten davon spricht, daß er – hätte er nur die rechte Speise gefunden – kein „Aufsehen" gemacht hätte, so ist das Aufsehen, welches er nun statt dessen macht, ein ‚Aufsehen ohne Zuschauer'.

Kafkas Text knüpft in spezifischer Weise an Figurationen des Märtyrers an: Anhand der Figur des Hungerkünstlers verschiebt er das Verhältnis von ausgestelltem Körper und Martyrium hin zur Grenze der Darstellbarkeit und löst damit das Zeugnis von der Repräsentation ab. Diese Bezeugung einer „Wahrheit" jenseits der Repräsentation läßt sich mit der Figur der Kreatur verbinden, die Walter BENJAMIN an Kafkas Texten herausgearbeitet hat: Für Kafka, so Benjamin, ist der „Heutige Mensch [...] ein Fremder, Ausgestoßener, der nichts von den Gesetzen weiß, die diesen Leib mit weit höheren Ordnungen verbinden", reduziert auf eine ‚Kreatur' oder – wie es in Benjamins *Kritik der Gewalt* heißt – auf das „bloße Leben". Kafkas Kreaturen bezeugen die Suspendierung des Heiligen, artikulieren sein Verschwinden. Auch die durch die fehlende Verehrung auf den Status der Kreatur reduzierte Figur des Hungerkünstlers steht im Zeichen der ‚Dialektik der Säkularisierung': Seinem Martyrium im ganz anderen Sinne ist das Heilige verloren, sein Zeugnis ist das der unerlöst bleibenden Kreatur, das mit Benjamin zudem von spezifisch epistemischer Qualität, ein „Nicht-Wissen", ist.

Wofür aber nimmt Kafkas Text diese Umdeutung der Märtyrerfigur in Anspruch? Der erste Satz der Erzählung gibt darüber Auskunft: „In den letzten Jahrzehnten ist das Interesse an Hungerkünstlern sehr zurückgegangen". Mit der Aktualisierung einer anachronistischen Figur gleich im ersten Satz der Erzählung wendet der Text ein Martyrium, dem die Darstellung zum Problem geworden ist, in die Frage nach den Möglichkeiten und Bedingungen modernen Erzählens. Wie aber kann der Erzähler – wo der erste Satz die weitgehende Interesselosigkeit an Hungerkünstlern konstatiert – überhaupt auf das Interesse einer Leserschaft an einer Erzählung mit dem Titel *Ein Hungerkünstler* hoffen? Anders gefragt: Ist vielleicht gerade diese Interesselosigkeit des Publikums konstitutives Moment der Erzählung, welche damit – einem auf dem Weg zu den Ställen vergessenen Hungerkünstler gleich – ihrerseits zur Figur eines Martyriums „in ganz anderem Sinn" wird?

Elisabeth Strowick

Literatur

Walter Benjamin: „Franz Kafka. Zur zehnten Wiederkehr seines Todestages", in: ders.: *Gesammelte Schriften*, hg. v. Rolf Tiedemann u. a., Bd. 2, Frankfurt a. M. (Suhrkamp) 1977, S. 409–438

Franz Kafka: „Ein Hungerkünstler", in: ders.: *Drucke zu Lebzeiten* [Textbd.], hg. v. Wolf Kittler u. a. (*Schriften, Tagebücher, Briefe. Kritische Ausgabe*, hg. v. Jürgen Born u. a.), Frankfurt a. M. (Fischer) 1994, S. 333–349

Sigrid Weigel: „Franz Kafka", in: Burkhardt Lindner (Hg.): *Benjamin-Handbuch. Leben – Werk – Wirkung*, Stuttgart u. a. (Metzler) 2006, S. 543–557

Simone Weils Askese – Leere und Ekstase

Simone Weils Dienstausweis bei der Organisation „France Combattante" in London, 1943

Die Wahrnehmung Simone WEILS als Revolutionärin, Verfasserin eines Fabriktagebuchs, wurde bald nach ihrem Tod überlagert von der – bis heute wirksamen – Propaganda für eine katholische Mystikerin. Veröffentlicht und übersetzt wurden jahrzehntelang bloß jene Fragmente ihres Werks, die zu solcher Stilisierung paßten. Abweichende Kommentare – wie sie etwa Ingeborg BACHMANN, Susan und Jacob TAUBES, Simone de BEAUVOIR oder Heinrich BÖLL verfaßt hatten – blieben beinahe unbemerkt. Ersehnt wurde eine ‚Heilige'; und diesen Wünschen wurde auch der Hungertod Weils – gleichsam als Spur eines Martyriums – unterworfen. Die skeptische Kritik diagnostizierte dagegen eine tödliche Magersucht. Die chronischen Kopfschmerzen der Philosophin wurden geradezu als die organische Matrix mystischer Offenbarungen dargestellt, wie Simone Weil sie erstmals 1937 in Assisi erfahren haben wollte. Ein solcher Befund wurde noch verstärkt durch Rudolph M. BELLS psychoanalytische Deutung der hoch- und spätmittelalterlichen Frauenmystik als *Holy Anorexia*. Hat Simone Weil den eigenen Hungertod als Ausdrucksform mystischer Praxis erzwungen oder zumindest akzeptiert? Und inwiefern kann sie als eine moderne Märtyrerin charakterisiert werden?

Simone Weil wurde am 3. Februar 1909 in Paris geboren. Schon in der Schule, danach im Studium erwies sie sich – ebenso wie ihr Bruder André, der eine glänzende Karriere als Mathematiker absolvierte – als außergewöhnlich begabt. Sie erlernte mit großer Leichtigkeit die alten Sprachen, schrieb erste Gedichte und kleine Essays. Zudem studierte sie die altgriechische Dichtung und die gregorianische Musik. Nach der Promotion 1931 trat sie eine erste Stellung als Lehrerin an, engagierte sich in Gewerkschaften und Arbeiterbewegung, bei

Demonstrationen und Streiks. 1934/35 arbeitete sie als Fräserin bei Renault; im August des folgenden Jahres ging sie nach Barcelona, um auf seiten der Republikaner im Spanischen Bürgerkrieg zu kämpfen. Ein Unfall beendete ihr Engagement. Nach Beginn des Zweiten Weltkriegs lebte sie zunächst mit ihren Eltern in Paris, emigrierte dann in die USA und nach England, wo sie die französische Résistance unterstützte. Am 24. August 1943 starb sie im Grosvenor-Sanatorium von Ashford/Kent an Lungentuberkulose und Unterernährung.

Martyrium oder Magersucht? Beide Begriffe treffen etwas – und verfehlen doch zugleich sowohl das Leben als auch die Schriften Simone Weils. Ihre Aufzeichnungen schwanken zwischen Anarchismus, Pazifismus und Mystik. Wenige Monate vor ihrem Tod notierte sie: „Nichtgestilltes Verlangen, unersättlich durch sich selbst. Die Unmöglichkeit, es zu stillen, ist seine Wahrheit, die Hoffnung, es zu sättigen, ist falsch. [...] In der wesentlichen Nicht-Sättigung berührt man eine andere Wirklichkeit, besitzt man auf eine andere Art. Jedes Begehren, wenn man ihm seine Aufmerksamkeit zuwendet, ob (relativ) erfüllt oder nicht, ist ein Weg zur Nicht-Sättigung." Und an anderer Stelle: „Der ewige Teil der Seele nährt sich von Hunger. Wenn man nicht ißt, verdaut der Organismus sein eigenes Fleisch und verwandelt es in Energie. Die Seele ebenfalls. Die Seele, die nicht ißt, verdaut sich selbst. Der ewige Teil verdaut den sterblichen Teil der Seele und verwandelt ihn. Der Hunger der Seele ist hart zu ertragen, aber es gibt kein anderes Heilmittel für die Krankheit. Bei lebendigem Leibe den vergänglichen Teil der Seele Hungers sterben lassen."

Gewiß werden in solchen Formulierungen auch *Symptome* artikuliert; aber diese Symptome stehen im Schatten einer Idee des Begehrens. Simone Weil verstand die asketische Haltung als Ausdruck einer reflexiv aufgeklärten Sehnsucht – einer Sehnsucht, die sich der Illusion entledigt hat, durch irgendwelche Personen oder Objekte erfüllt werden zu können. Aus dieser Einsicht folgt freilich keine Widerlegung; von ihrer Unstillbarkeit kann die Sehnsucht nicht verraten werden. Einen ähnlichen Gedanken verfolgte FREUD, als er – in den *Drei Abhandlungen zur Sexualtheorie* (1905) – bemerkte: „Der eingreifendste Unterschied zwischen dem Liebesleben der Alten Welt und dem unsrigen liegt wohl darin, daß die Antike den Akzent auf den Trieb selbst, wir aber auf dessen Objekt verlegen. Die Alten feierten den Trieb und waren bereit, auch ein minderwertiges Objekt durch ihn zu adeln, während wir die Triebbetätigung an sich geringschätzen und sie nur durch die Vorzüge des Objekts entschuldigen lassen." In gewisser Hinsicht bedeutete das Zeichen *Gott* – als gleichsam vorzüglichstes und zugleich entferntestes Objekt – im Denken Simone Weils nichts anderes als die Möglichkeit solchen Begehrens.

Simone Weil entwarf eine Therapeutik der Leere, die der alten Differenz zwischen *psychē* und *pneuma* neuerlich gerecht zu werden versprach. Denn die „Leere ist die höchste Fülle, aber der Mensch hat nicht das Recht, dies zu wissen, und der Beweis liegt darin, daß Christus selber dieses Wissen, für die Dauer eines Augenblicks, ganz und gar verloren hat. [...] Die negative Tugend ist Arbeit ins Leere. Sich dessen enthalten. Man müht sich ab, und draußen bleibt alles, wie es ist. Diese Frucht nicht pflücken. Eine Vorstellung von der Welt, in der es Leere gäbe, damit die Welt Gottes bedürfe. Das setzt das Übel voraus. Und gleichzeitig, als Manifestation Gottes, ist die Welt voll. [...] Der Mensch entrinnt den Gesetzen dieser Welt nur für die Dauer eines

Blitzstrahls. Augenblicke des Innehaltens, der Kontemplation, der reinen Intuition, der geistigen Leere, der Hinnahme der seelischen Leere. Durch diese Augenblicke ist er des Übernatürlichen fähig. Wer einen Augenblick lang die Leere erträgt, der empfängt entweder das übernatürliche Brot, oder er fällt."

Simone Weils Spekulationen über die Leere, das *kenōma*, bleiben einem zeitgenössischen Bewußtsein ebenso fremd und unzugänglich wie ihr – durchaus abstoßender – Hungertod, der manche Kritiker zu radikaler Distanzierung nötigte. Was die Übung der *askēsis* wahrzunehmen scheint – nämlich die existentiale Bedeutsamkeit der Unterscheidung zwischen *leer* und *voll* – ist für europäische Leser heute beinahe unbegreiflich. Man ist daran gewöhnt, daß stets etwas da ist und daß die Menge der anwesenden Entitäten nicht begrenzt werden kann. Ein leerer Horizont ist ebenso unvorstellbar wie ein Leben, das restlos erfüllt wurde. Die Kategorien der Fülle und der Leere beschreiben keine aktuellen Erfahrungen mehr. Ein Rätsel bleibt, wovon der frühe CIORAN zu sprechen versuchte, wenn er beispielsweise schrieb: „Der ekstatische Zustand ist eine vollkommene, objektlose Gegenwart, eine *erfüllte Leere*. Ein Schauder durcheilt das Nichts, ein Einbruch von Sein in eine absolute Abwesenheit. Die Leere ist die Bedingung der Ekstase, ebenso wie die Ekstase die Bedingung der Leere ist."

Thomas Macho

Literatur

Rudolph M. Bell: *Holy Anorexia*, Chicago (Chicago University Press) 1985

Émile M. Cioran: *Von Tränen und von Heiligen*, übers. v. Verena von der Heyden-Rynsch, Frankfurt a. M. (Suhrkamp) 1988

Sigmund Freud: *Drei Abhandlungen zur Sexualtheorie*, in: ders.: *Studienausgabe*, Bd. 5, Frankfurt a. M. (Fischer) 1982

Simone Weil: *Zeugnis für das Gute. Traktate, Briefe, Aufzeichnungen*, übers. u. hg. v. Friedhelm Kemp, München (dtv) 1990

Jan Palach, Prag 1969 – Selbstverbrennung als politische Manifestation

Die Gedenkstätten für Jan Palach und Jan Zajíc auf dem *Václavské náměstí* (Wenzelsplatz), Prag

Auf dem Prager Wenzelsplatz (*Václavské náměstí*) schlagen am Nachmittag des 16. Januar 1969 plötzlich Flammen aus einem Menschen empor: Jan Palach, 20 Jahre alt, Philosophiestudent an der *Univerzita Karlova*, verbrennt sich am zentralen Ort der tschechoslowakischen Nation. Die Statue des heiligen Wenzel, Landespatron und Märtyrer, und das Nationalmuseum, von sowjetischen Maschinengewehrsalven vernarbt – ein Denkmal für die ‚Verbrüderung' im August 1968 –, sind jeweils nur ein paar Meter entfernt. Diese Tat, die Palach ausdrücklich nicht als Selbstmord verstanden wissen wollte, ist in der Geschichte der Tschechoslowakei wohl eines der bekanntesten Zeugnisse des Protests gegen die Niederschlagung des ‚Prager Frühlings' infolge der Okkupation der Tschechoslowakei durch die Truppen der Warschauer Pakt-Staaten Bulgarien, DDR, Polen, Ungarn und insbesondere der UdSSR. (Die Öffnung der Archive hat gezeigt, daß DDR-Truppen an der Grenze warteten, aber keinen Einmarschbefehl erhalten haben – obwohl Ulbricht einer der Hauptverantwortlichen für die Niederschlagung der Tschechoslowakischen Reformpolitik ‚mit menschlichem Antlitz' war).

Palachs Selbstverbrennung als extreme Form des politischen Protests zur Rettung der Reformen des ‚Prager Frühlings' verbindet sich mit den Selbstverbrennungen buddhistischer Mönche im Vietnamkrieg, die gegen die Invasion der USA protestierten. Palach soll Zeitungsartikel über diese Selbstverbrennungen besessen haben, von denen 1963 insbesondere das Bild des brennenden Mönchs Thích Quảng Đức um die Welt gegangen war. Die Ziele, für die der Student sein Leben opferte, waren: die Durchsetzung der im Januar 1968 erkämpften Selbstbestimmungsrechte des tschechoslowakischen Volkes, die Abschaffung der wiedereingeführten Zensur und des neuen, unter sowjetischer Kontrolle redigierten, offiziellen

Nachrichtenblattes *Zprávy* sowie die Veränderung der gesellschaftlichen Situation, die aufgrund des beständigen Terrors aus Moskau von Resignation und privatem Rückzug geprägt war. Sowohl Palachs Grab als auch der Ort, an dem er sich verbrannte, wurden zu Stätten der Verehrung, zu Pilgerstätten. Sein Tod löste eine Wirkungsgeschichte der Imitatio aus, die bis ins 21. Jahrhundert reicht; allein im Jahr 2003 verbrannten sich in Tschechien mehr als zehn Menschen, einige explizit mit Bezug auf Jan Palach.

Sein Plan war es, als ‚Fackel Nr. 1' Licht in die Finsternis der kommunistischen Unterdrückung zu tragen – in Form einer nicht zu löschenden Botschaft an die eigene Bevölkerung und die westliche Welt, von der er annahm, daß sie das Schicksal der Tschechoslowaken, die Verletzung ihrer Menschenrechte und Freiheit kaum kümmerte. Die Tat geschah zu einem Zeitpunkt, als die im Januar 1968 begonnene Reformpolitik durch den Einmarsch der Truppen in der Nacht vom 20. auf den 21. August 1968 rückgängig gemacht und wieder ein Regime nach sowjetischem Typus eingesetzt worden war. Die Führungsgruppe aus der Zeit vor der Invasion hatte sich fast vollständig aufgelöst, KRIEGEL, PAVEL, SMRKOVSKÝ und schließlich auch DUBČEK mußten ihre Ämter abgeben. Mit Hilfe von Sprachzensur wurde dafür gesorgt, daß die Okkupation und Invasion den Titel ‚brüderliche Hilfe' und ‚Augustbeistand' erhielten. In einer Atmosphäre, in der die Willkür der Besatzungsarmee bereits viele Opfer gekostet hatte, brachten viele Menschen in der Tschechoslowakei zum Ausdruck, daß sie die Tat von Palach ‚mitten ins Herz' getroffen habe. Sein Tod wurde so zum Zeugnis für ein – unter der Okkupation – verstärktes Einheitsbewußtsein der tschechoslowakischen Bevölkerung, die ohne jeden Verbündeten war und zum Mittel des passiven Widerstands gegriffen hatte, mit dem Motto: „Krümme ihnen kein Haar, aber gib ihnen auch keinen Tropfen Wasser". Deren Lage stellte sich in einer schlagartig verrückten Konstellation dar: Man hatte gegen einen übermächtigen und brutalen Feind verloren, der doch seit der Befreiung von Nazi-Deutschland und noch bis weit in die 1960er Jahre hinein der ‚große Freund und Bruder' gewesen war. Eine bleibende Dankbarkeit gegenüber der Sowjetunion in ihrer Rolle als Befreierin war nicht nur in der Tschechoslowakei eine Art ungeschriebenes Gesetz. Mit der autoaggressiven Wendung gegen den eigenen Körper als letztmöglicher Form des Widerstands, die Palach vollzog, wurde die Sowjetunion – in einer öffentlichen Manifestation – endgültig als feindliche Besatzungsmacht identifiziert.

Die Aufbahrung seiner Leiche am 24. Januar 1969 im Karolinum – plaziert neben einer Statue des Nationalheiligen Jan HUS, den protestantische Hagiographien in die Reihe der Märtyrer einordnen – ebenso wie der Trauerzug am folgenden Tag über den Altstädter Ring (*Staroměstské náměstí*) zur Universität am ‚Platz der Roten Armee', der für kurze Zeit in ‚Jan Palach Platz' umbenannt wurde, gerieten zu großen Massendemonstrationen gegen die Okkupation und für die Ziele des ‚Prager Frühlings'. Doch verfehlte die Selbstverbrennung Palachs ihre Intention, den Widerstand neu zu entfachen; dafür war die Besatzungsmacht bereits zu fest im Sattel. Bis 1989 lag das Machtmonopol der Kommunistischen Partei nach sowjetischem Muster bleiern über der tschechoslowakischen Kultur. Palachs Grab wurde allerdings zur Pilgerstätte. Deshalb beschloß die kommunistische Führung 1973, die Überreste Palachs zu exhumieren und aus Prag zu entfernen. Seine Grabstätte wurde auf den Friedhof von Všetaty, einer kleinen Stadt bei Mělník, wo Palach am 11. August

1948 geboren worden war, verlegt, was Regimegegner indes nicht davon abhielt, weiterhin den Prager Friedhof aufzusuchen.

Im Januar 1989 riefen mehrere unabhängige Initiativen zu einer Demonstration anläßlich des 20. Todestags von Jan Palach auf dem Wenzelsplatz auf. Sie wurde zum Beginn der ‚Palach-Woche', in der erstmals der Protest gegen das kommunistische Regime wieder laut wurde – der Anfang vom Ende der kommunistischen Diktatur in der Tschechoslowakei. 1990, nach der Wende, sind die Überreste von Palach ein zweites Mal exhumiert worden, um unter der Teilnahme des neuen Präsidenten HAVEL feierlich an die ursprüngliche Stelle auf den Prager Friedhof *Olšany* überführt zu werden. Der Platz der Roten Armee vor dem Rudolfinum wurde nun förmlich umbenannt zu *Náměstí Jana Palacha*. Dies war der Moment der offiziellen Anerkennung von Palachs Selbstverbrennung als heroisches Selbstopfer für das besetzte Land. Dessen internationale Ausstrahlung wird in der Tatsache deutlich, daß in vielen Städten Straßen und Plätze nach Palach benannt und ihm auch etliche Kunstwerke gewidmet wurden, beispielsweise York HÖLLERS *Epitaph für Jan Palach* (1969).

In Prag erinnern an Palach heute eine Gedenktafel mit Totenmaske am Hauptgebäude der Karls-Universität sowie zwei Gedenkstätten auf dem Wenzelsplatz, eine vor dem Wenzelmonument, eine zweite an der Stelle der Selbstverbrennung. Die beiden Mahnmale auf dem Wenzelsplatz gelten gleichzeitig dem Andenken an Jan ZAJÍC, der sich am 25. Februar 1969 18jährig auf demselben Platz als ‚Fackel Nr. 2' verbrannte, jedoch ungleich weniger Aufsehen erregte. Beide Mahnmale sind durch ein Kreuz geprägt. Dadurch werden Palach und Zajíc – wie schon zuvor über die Verbindung zu den Märtyrern HUS und WENZEL – in die Kette der Nachfolger von CHRISTI Passion eingereiht, was auch der Vatikan durch den Vergleich von Palachs Selbstverbrennung mit den Opfern der frühchristlichen Märtyrer unterstrich. Diese Symbolik wird durch die ikonographische Gestaltung des in die Pflastersteine eingefügten Kreuzes unterstützt: Die verbrennenden Körper Palachs und Zajícs sind hier als stilisierte Flamme am Kreuz ins Bild gesetzt – Opferung des Leibes für die Entfachung des Geistes gegen die Besetzung, Palach und Zajíc als erleuchtende ‚Fackel Nr. 1' und ‚Fackel Nr. 2' im Dunkel der Unterdrückung.

Wie bedeutsam Ort und Zeitpunkt für die Wirkung einer solchen Tat sind, belegt die Tatsache, daß zahlreiche Opfer von Selbstverbrennungen, die unmittelbar in der Folge Palachs nicht nur in der Tschechoslowakei unternommen wurden, weitgehend unbekannt geblieben sind. Ohne den Schauplatz der zugespitzten Gegenstellung zwischen Reform und militärischer Besetzung war eine vergleichbare Selbstverbrennung etwa in Polen kurz zuvor vollkommen wirkungslos geblieben: Vier Monate vor Palach, am 8. September 1968, verbrannte sich Ryszard SIWIEC im vollbesetzten Warschauer ‚Stadion des Jahrzehnts' während der Feiern zum Erntedankfest aus Protest gegen das Regime von GOMUŁKA. Seine Tat wurde nur von wenigen bemerkt und ging im Fest unter, auch durch das rasche Einschreiten der Polizei, die ihn abschirmte. Die Feier wurde nicht unterbrochen, Siwiecs Name und seine Tat blieben der Öffentlichkeit bis zur Wende verborgen. Erst der Dokumentarfilm *Hört meinen Schrei* von Maciej J. DRYGAS machte 1991 diesen ersten Fall von Selbstverbrennung in einem osteuropäischen Staat aus Protest gegen die Politik der kommunistischen Regime einem größeren Kreis bekannt.

Christian Luckscheiter

Literatur

Jiří Lederer: *Jan Palach. Ein biographischer Bericht*, Zürich (Unionsverlag) 1982

Alan Levy: *Verlorener Frühling: ein Amerikaner in Prag 1967–1971*, Prag (Vitalis) 1998

Erwin Sylvanus: *Korczak und die Kinder; Jan Palach; Sanssouci: 3 Stücke*, Frankfurt a. M. (Suhrkamp) 1973

Kurt W. Treptow: *From Zalmoxis to Jan Palach: Studies in East European History*, New York (Columbia University Press) 1992

Für die Fotos gilt Ondrej Bezdicek mein herzlicher Dank

8. Opfer des Wissens und des Fortschritts

Märtyrer der Wissenschaft

Die emblematischen Figuren von gelehrten Märtyrern, die tausend Qualen erleiden, um ihren Glauben zu verteidigen oder ihr Werk weiterzuführen, wurden größtenteils durch die akademische Lobrede geprägt. Tatsächlich ist die von Fontenelle initiierte Tradition, die sich im Verlauf des 18. und 19. Jahrhunderts institutionalisiert hat, von einer Rhetorik der Heiligenviten inspiriert (Charles B. Paul). Indem sie Themen wie das des Heils (die Suche nach der Wahrheit) und des ewigen Lebens (postumer Ruhm) in einer säkularen Version wieder aufnimmt, spielt sie mit dem Dualismus zwischen vergänglichen Mächten und dem geistigen Leben des Gelehrten. Wird diese Konfrontation in Szene gesetzt, entsteht ein Märtyrerporträt, sogar dann, wenn ein Gelehrter gar nicht für seine Wissenschaft gestorben ist. So ist z. B. Lavoisier als Opfer seiner Wahrheitssuche beschrieben worden; er wurde aber ein Opfer des Revolutionsterrors, da er Großgrundbesitzer, und keineswegs, weil er Chemiker war. „Es hat sie nur einen Moment gekostet, diesen Kopf zu Fall zu bringen; und hundert Jahre mögen nicht genügen, um einen vergleichbaren hervorzubringen." Dieser Lagrange zugeschriebene Ausspruch konstruiert mit dem Bild eines Opfers „blutrünstiger Brutalität" zugleich den Kontrast zwischen der kurzen Zeit der Gewalt und der langen Zeit des Abenteuers der Vernunft. Der Gelehrte steht „außerhalb des Jahrhunderts", er lebt in einer anderen Zeit und arbeitet für die Nachwelt.

Der Zusammenstoß geistiger und zeitlicher Mächte läßt sich allerdings nicht an der berühmtesten aller Figuren ablesen, wie sie sich in der Populärliteratur des 19. Jahrhunderts weit verbreitet hat: Galileo als Märtyrer der Inquisition. Anders als die heiligen Märtyrer, sah sich Galileo nicht mit der zeitlichen, sondern mit der geistigen Macht konfrontiert; er hat nicht tausend Leiden ertragen; und er hat am Ende seinem „Glauben" an die kopernikanische Hypothese abgeschworen. Trotzdem gelang es, aus ihm einen Märtyrer zu machen, jedoch im etymologischen Sinne des Zeugen. Galileo bezeugt das Risiko, das ein wissenschaftliches Unterfangen mit sich bringen kann.

In vielen Fällen handelt es sich um physische, körperliche Risiken. Wie viele Astronomen, Geologen oder Naturforscher sind nicht freudig in abgelegene Gegenden aufgebrochen, um den Durchgang eines Kometen zu beobachten, die Erde zu vermessen, einen höheren Präzisionsgrad zu erlangen, oder um einige Stichproben mitzubringen, ohne jemals zurückzukehren. Einige wurden vergessen, aber noch konsequenter sind die Führer, Träger, Dienstboten, Soldaten und Köche vergessen, die sie begleiteten und ebenso umgekommen sind. Die Unverfrorenheit der Curies und der Mitglieder ihres Laboratoriums gegenüber den Risiken der Radioaktivität wurde vielfach kommentiert. Dabei ist diese nicht erstaunlicher als diejenige von Arbeitern, die es auf einer Baustelle als unnütz ansehen, einen Helm zu tragen.

Wenn wissenschaftliche Praktiken sich nicht durch körperliche Risiken auszeichnen, dann vielleicht eher durch sozio-intellektuelle. Sich einem Versagen, einem Fehler auszusetzen, einer Erfahrung, die zu nichts führt, oder in einer Kontroverse den Kürzeren zu ziehen, ist die Bedingung wahrer Kreativität und neuer Ideen. Wenn dem so ist, dann geht die größte Gefahr von den *Peers* aus; und der Feind, der gerne von jenen herbeigerufen wird, die sich selbst als Märtyrer darstellen, ist der Konservativismus der etablierten Gelehrten, der Dogmatismus der offiziellen Wissenschaften. Entweder wird man zu einem Helden der großen Geschichte, mitunter gar zum Nobelpreisträger, oder aber man wird zu einem sei es imaginären, sei es potentiellen Märtyrer.

Allerdings respektieren wissenschaftliche Polemiken kulturelle Gepflogenheiten. Sie ähneln weniger einem Krieg oder einem Kreuzzug als einem Rollenspiel, das eine Übereinkunft der Mitspieler über die Schönheit und das Interesse des Spiels voraussetzt. Solange er kein schlechter Verlierer ist und seine Niederlage zugeben kann, verliert ein besiegter Wissenschaftler weder sein Ansehen noch seinen Ruf – zumal dann nicht, wenn seine Forschungen zuvor als plausibel anerkannt waren. Alles in allem sind wissenschaftliche Kontroversen ungefährlicher und risikoärmer als andere Gefechte. Das ist es, was POPPER meint, wenn er schreibt, daß „Einstein im Gegensatz zur Amöbe seine Ideen an seiner Statt sterben lassen kann."

Isabelle Stengers und Bernadette Bensaude-Vincent
Übersetzt von Katrin Solhdju

Literatur

Charles B. Paul: *Science and Immortality. The Eloges of the Paris Academy of Sciences (1699–1791)*, Berkeley, CA (University of California Press) 1980

Giordano Bruno, der Häretiker – Überbietung des Dogmas durch ‚wahre Lehre'

Ettore Ferrari: *Giordano Bruno*, 1888, Campo de' Fiori, Rom

Bruno auf dem Scheiterhaufen, Relief des Bruno-Denkmals in Rom

Der Wissenschaftsjournalist William Dalrymple macht in seiner kürzlich erschienenen faszinierenden Studie über den letzten Großmogul Indiens Bahadur Shah Zafar II. auf eine überraschende Parallele aufmerksam: Zur gleichen Zeit, als in Rom Giordano Bruno verbrannt wurde, habe der Großmogul Akbar in seinem Palast ein internationales Symposium über Toleranz und Religion veranstaltet und dabei die freie Wahl zwischen den Konfessionen vertraglich zugesichert.

Bruno wurde 1548 in Nola, nahe bei Neapel, geboren und trat mit 17 Jahren den Dominikaner bei. Bereits 1576 kam er zum ersten Mal mit dem Vatikan in Konflikt, und damit sollte ein lebenslanger Kampf mit Rom beginnen. Am 22. Mai 1592 wurde er von der Inquisition nach einem Verrat verhaftet und 1593 in der Engelsburg festgesetzt. Es folgte eine siebenjährige Prozeßvorbereitung, in der zahllose Vorwürfe wegen Häresie gesammelt wurden. Die Verurteilung wurde nicht von der Kirche, sondern von einem weltlichen Gericht vorgenommen. – Was am 17. September 1600 in Rom geschah, ist durch einen Zeitungsbericht überliefert, der über Jahrhunderte die katholische Sicht auf Bruno beherrschte. Die Zeitung *Avviso di Roma* schrieb: „Sonnabend, 19.2.1600. – Der abscheuliche Dominikanerbruder von Nola, über den wir schon früher berichtet haben, wurde am Donnerstagmorgen auf dem Campo di Fiori bei lebendigem Leibe verbrannt. Er war ein ungemein halsstarriger Ketzer, der aus seiner eigenen Eingebung verschiedene Dogmen gegen unseren Glauben fabrizierte, besonders aber gegen die heilige Jungfrau und andere Heilige. Der Elende war so hartnäckig, daß er gewillt war zu sterben. Er sagte sogar, daß er gerne und als Märtyrer sterben werde und daß seine Seele in den Flammen zum Paradiese aufsteigen werde. Jetzt wird er wohl wissen, ob er die Wahrheit gesagt hat."

Noch in der 1922 abgeschlossenen offiziellen amerikanischen *Catholic Encyclopedia* wurde jeder Hinweis auf Brunos Märtyrertum vermieden. Er sei nicht wegen der Verteidigung der neuen Kopernikanischen Weltbildes oder seines „inkohärenten materialistischen Pantheismus" verurteilt worden, sondern aufgrund seiner offensichtlich wesentlich schwerwiegenderen „theologischen Fehler". Die genau gegenteilige Ansicht wird vor allem in populärwissenschaftlichen Werken über Bruno vertreten, die in den vergangenen zehn Jahren, neben einer zunehmenden wissenschaftlichen Beschäftigung, den Nolaner zu einem zeitgemäßen Mythos des Widerständlers gegen eine unmenschliche Macht uminterpretiert haben. Im Mittelpunkt dieser Deutung, genannt sei nur das Buch des Theologen Eugen DREWERMANN, steht der Märtyrerbegriff. Doch auch Wissenschaftler wie der Philosoph Paul Richard BLUM, der Bruno in den vergangenen Jahren mehrfach als „Märtyrer der Geistesfreiheit" bezeichnete, erliegen immer wieder der Versuchung, ihn zu einer mythischen Figur zu stilisieren.

Die von dem Zeitungsredakteur mitgeteilte Selbstbeschreibung Brunos, er sterbe als „Märtyrer", ist erklärungsbedürftig. Als er am 2. Juni 1592 vor dem Inquisitionsgericht in Venedig erklärte: „Ich habe die Unendlichkeit des Weltalls als Wirkung der unendlichen göttlichen Macht begreifen wollen" (im Original: effetto della infinita divina potenza), verteidigte er tatsächlich die Kopernikanische Astronomie. Aber er tat es, wie die Dialoge *Über das Unendliche, das Universum und die Welten* von 1584 ausdrücklich beweisen, mittels einer Kritik an den, seit THOMAS VON AQUIN auch der katholischen Kirche zweifelhaft gewordenen Ideen des ARISTOTELES über Endlichkeit und Unendlichkeit. Wichtiger aber noch ist – und deshalb ist der Hinweis auf das italienische Original bedeutsam – daß er seine Kritik in der bewußt gewählten Metaphorik von NIKOLAUS VON KUES, Marsilio FICINO und Carolus BOVILLUS kundtat, Gelehrten, die in Rom einen wohlklingenden Namen hatten.

An dieser Stelle bedarf der ideengeschichtliche Befund einer ergänzenden, kulturwissenschaftlichen Deutung, die zunächst folgende Fragen beantworten muß. Meinte Bruno sich als ‚Märtyrer' bezeichnen zu können, weil er glaubte, für seinen ‚wahren' Katholizismus getötet zu werden? Und: Ist das Bild vom Märtyrer nicht der Ausdruck einer Überbietungsfigur, wonach der Intellektuelle als Vertreter des Abstrakten und Wahren stets gegenüber dem Konkreten und Realisierbaren im Recht ist und dies durch seinen Tod beglaubigen muß? Die Beantwortung der ersten Frage führt ins Zentrum von Brunos Märtyrerbegriff. Ihm liegt das Grundmuster zahlloser ‚Märtyrer' zugrunde, die sich im Wortsinne als ‚Zeugen' verstanden: Es gibt einen unverrückbaren Glaubenskern, der gegen die Zumutungen offizieller Lehren verteidigt werden muß, der aber mit deren Mitteln nicht zu artikulieren ist. Sie sind nicht untauglich, weil sie grundsätzlich falsch sind, sondern weil sie als solche der Institution Kirche dienen und ihren Wahrheitsgehalt zugunsten der vorgenommenen Instrumentalisierung verloren. Diesen Zusammenhang offenzulegen beabsichtigen Brunos romkritischen Schriften.

Das Spiel mit den Begriffen der ‚Unendlichkeit Gottes' und der ‚Unendlichkeit des Weltalls' reflektierte auf die *unbegrenzte*

Macht Gottes, die in der – relativierenden – Figur der römischen Gegenüberstellung von Gott und Mensch als dem Größten und dem Kleinsten nach seiner Ansicht keinen adäquaten Ausdruck fand. Der Treue zu Gott wegen mußte Bruno häretisch werden. Die Häresie bestand in einer doppelten Bewegung: einmal in der Aneignung des offiziellen Vokabulars, um es mit neuen Bedeutungsgehalten auszustatten. Außerdem sollte eine Rede von Gott möglich gemacht werden, die sich frei wußte von institutionellen Vorgaben. Dem „Roma locuta, causa finita", etwa: „Rom hat gesprochen, der Fall ist erledigt", trat die freie Geistestätigkeit entgegen, die sich sodann Gottes Allmacht zuwendete. – Das Bezeugen von Gottes Allmacht schließt, auch dies eigentlich ein katholisches Prinzip, generell den Tod des Gläubigen mit ein. Doch während die Kirche getötete Zeugen verehrte, die sich direkt für die Verteidigung ihres Gottesglauben in feindlicher Umwelt einsetzten, konnte Bruno keinen Märtyrerstatus für sich beanspruchen, da nur die Kirche diesen Status zuweisen kann. Insofern kann die zweite Frage so beantwortet werden: Die Selbstzuschreibung ist ein letzter häretischer Akt Brunos, weil sein von der Kirche gewollter Tod ihm das Zeugnisablegen abstreiten sollte. Das spezifische Märtyrertum Brunos ist insofern die verlustlose Überführung der Theorie in die Praxis: Sterben, wofür man lebte.

Der Hinweis Brunos, er sterbe als ‚Märtyrer', nimmt eine christliche Tradition auf, entfernt sich aber zugleich auch aus dem diesem Kontext und formuliert ihn neu. Einerseits gibt es nicht nur eine ‚wahre' Lehre, die durch den Tod bezeugt wird, es gibt auch einen ‚wahren' Märtyrer, der gerade wegen seiner Nähe zur Wahrheit nicht auf dem Boden der herrschenden Kirche verstanden werden kann. Er verweist auf eine Wahrheit, deren Instanz über der Kirche – als diesseitiger Autorität, die über die theologische Wahrheit wacht – steht. Bruno überbietet damit die kirchliche Märtyrerfigur. Die so entstandene Parallelität von ‚wahrer Lehre' und ‚wahrem' Märtyrersein begründet eine moderne, säkulare Konstellation, in der Wissenschaftler und Philosophen künftighin – allerdings nur in Ausnahmen mit tödlichem Ausgang – sich gegen obrigkeitliche Maßregelungen zur Wehr setzen. Der ‚wahren Lehre' entspricht dabei die Seite der Objektivität, deren Beglaubigung zwar aus dem Jenseits herkommt, aber wieder zu einer Sache der Lebenden geworden ist.

Thomas Meyer

Literatur

Giordano Bruno: *Werke*, it./lat.-dt., hg. v. Thomas Leinkauf, 7 Bde., Hamburg (Meiner) 2007 ff. (einzelne Werke von Bruno liegen auch in der Reihe „Philosophische Bibliothek" des Hamburger Meiner-Verlages und in hervorragenden Übersetzungen im Peißenberger „Skorpion Verlag" vor)

Es liegt eine ganze Reihe guter Einführungen in Brunos Leben und Werk vor:

Paul Richard Blum: *Giordano Bruno*, München (Beck) 1999

Anne Eusterschulte: *Giordano Bruno. Eine Einführung*, Wiesbaden (Panorama) 2005

Hans J. Ulrich/Michael Wolfram: *Giordano Bruno. Dominikaner, Ketzer, Gelehrter*, Würzburg (Königshausen & Neumann) 1994

Sören Kierkegaards *Einzelner* – oder der ‚Märtyrer des Gespötts'

Sören Kierkegaard: Aus dem *Corsarenstreit*, 1842–1851

In Kierkegaards politischer Theologie ist der Märtyrer ein Phänomen der Säkularisierung: „Die erste Formation von Herrschern in der Welt waren die ‚Tyrannen', die letzte werde ‚die Märtyrer' werden, dies ist in der Entwicklung der Welt die Bewegung zunehmender Weltlichkeit; denn die Weltlichkeit ist am größten, muß am furchtbarsten die Oberhand gewonnen haben, wenn nur Märtyrer Herrscher sein können. […] So stirbt der Tyrann, und seine Herrschaft ist vorbei; so stirbt der Märtyrer, und seine Herrschaft beginnt." Der Märtyrer sei der leidende Einzelne, der die Masse umsetzt in Einzelne, den Einzelnen aus der Masse rettet. Kierkegaard hat die Paradoxien des Märyrers nicht nur dichterisch und ästhetisch durchgespielt; darüber hinaus hat er versucht, über die eigenen Schriften selbst zum Märtyrer zu werden. Wenn aber der ‚Wahrheitszeuge' für ihn eigentlich derjenige ist, der für die ‚Wahrheit totgeschlagen' wird, so wird er selbst unter den Bedingungen einer profanierten Gesellschaft im wahrsten Sinne des Wortes zu dessen Karikatur: zum ‚Märtyrer des Gelächters'.

Die Urszene des Märtyrers findet Kierkegaard im alttestamentarischen Bericht der Versuchung ABRAHAMS am Berg Morija (1 Mose, 22). Seine an den griechischen Ursinn von Märtyrer anknüpfende Sehnsucht richtet sich auf den Wunsch, „Zeuge gewesen zu sein bei dieser Begegnung". Seinen pseudonymen Erzähler Johannes de Silentio in *Furcht und Zittern* (1843) läßt er gleich vier Deutungsvarianten der Szene durchspielen, die alle darin übereinstimmen, nicht das potentielle Opfer ISAAK, sondern den von Gott versuchten und für ihn leidenden Abraham zum Märtyrer zu stilisieren. Das gelingt, weil der Verfasser der berühmten Schrift über die *Angst* das Martyrium psychologisiert, gleichsam nach innen schlagen läßt: als „Kampf der Innerlichkeit, in Furcht und Zittern, in Erschütterungen, in Anfechtungen, in Seelenangst, in Geistesqualen", wie es später, in seiner Streitschrift *War Bischof Mynster ein Wahrheitszeuge?* (1854) heißt. Im engen Zusammenhang mit den Leiden Abrahams entwickelt Kierkegaard die Kategorien der Ausnahme und des Einzelnen. Denn Gottes absurd anmutende Glaubensprüfung Abrahams, der beweisen soll, daß er seines „einzigen Sohnes nicht verschont um meinetwillen", läßt sich mit ethisch allgemeinen Maßstäben nicht legitimieren. Die ‚Suspension des Ethischen' oder die ‚Ausnahme' wiederum begründet die Idee des ‚Einzelnen' oder des ‚Glaubensritters', der nicht mehr der menschlichen Allgemeinheit, sondern allein Gott gegenüber verantwortlich sein soll. „Der Glaube ist nämlich dieses Paradox, daß der Einzelne höher steht als das Allgemeine." Während der tragische Held für das Allgemeine stirbt, der Stoiker freiwillig und aus bloßer Selbstsucht, bedeutet der Tod des Märtyrers nach Kierkegaard eine Widersetzlichkeit ohne Telos und Nutzen. Es gehe nicht um Bedingtes, sondern um eine „Sache zwischen Gott und mir, ganz und gar nicht, um der Welt zu nützen".

Doch der Einzelne, die Ausnahme und der Märtyrer bleiben so außerweltlich nicht. Vom erklärten Antidemokraten Kierkegaard wurden sie während der 48er Revolution auch politisch gefaßt. In der Suspension des Ethischen fällt nämlich das Religiöse mit der Politik des Ausnahmezustandes zusammen. Seine *Tagebücher* belegen, welche zentrale Rolle er dem Märtyrer dabei zuspricht. Der Einzelne wird der ‚Masse' entgegengesetzt, die Kierkegaard vorrangig medial, nämlich als von der Tagespresse formiert wahrnimmt. „Es wird aber, um die Ewigkeit wiederzugewinnen, Blut gefordert werden [...], das kostbare Blut der Einzelnen, der Märtyrer; dieser mächtigen Verstorbenen, die vermögen, was kein Lebender, der Menschen tausendweis niederhauen läßt, vermag; – was diese mächtigen Verstorbenen selbst nicht vermochten als Lebende, sondern nur vermögen als Verstorbene: eine rasende Menge in Gehorsam zu zwingen." Wie Kierkegaard zum Einzelnen den Gegenbegriff der ‚Masse' bildet, so bezeichnet der Märtyrer den Gegensatz zum ‚Fortschritt'. „Es werden von nun ab nicht Propheten, Richter kommen, die vorangehen, um das Geschlecht weiterzuführen, sondern beständig Märtyrer, die dadurch, daß sie gegen diese menschliche Erfindung des Fortschreitens sich wenden, zurückzwingen." Der Fortschritt erscheint hier – im Sinne einer Dialektik der Säkularisierung – als Effekt der Propheten, die Konterrevolution als Effekt des Märtyrers. Eine Zeitungsnachricht von 1848 über den tödlichen Unglücksfall eines Tischlergesellen, der bei dem Versuch, einen Eisenbahnwagen auf abschüssigem Wege zu bremsen, selbst unter die Räder geraten war, nimmt Kierkegaard als Gleichnis auf, um der zeitgenössischen Eisenbahnmetapher vom Fortschritt die später berühmt gewordene der (Not-)Bremse entgegenzusetzen. „Denn ist das Gesetz für die Verwirrung in den jüngsten europäischen Ereignissen nicht dies: Man will anhalten mittels einer Revolution und eine Revolution anhalten durch eine Gegenrevolution; was aber ist eine Gegenrevolution, doch wohl ebenfalls eine Revolution; und womit kann man eine Revolution vergleichen? es sei denn mit einer Bremse".

Bedarf der Märtyrer, zumal in einer religiös uninteressierten Gesellschaft, der medialen Inszenierung, so läßt sich Kierkegaards Spiel mit Pseudonymen als eine hochreflektierte Inszenierungsform begreifen. Gerade dort, wo er seine hohe Idee eines Wahrheitszeugen oder ‚Ritters des Glaubens' entwikkelt, braucht er das Pseudonym, um die Distanz zu seinem empirischen Ich zu wahren. Der ‚Ritter des Glaubens' versteckt seine unendliche Resignation und Einsamkeit hinter der Maske des unauffällig lebenden Kleinbürgers. Was Kierkegaard selbst als sein eigenes Martyrium begreift, den geheimnisvollen ‚Pfahl im Fleische' oder die Aufhebung seines Verlöbnisses mit Regine, muß dichterisch maskiert und christlich überhöht werden, um im Privatesten nicht zugleich lächerlich zu werden. Aber gerade in dieser Absicht fehlt er. Als 1846 der Dichter P. L. MÖLLER in einer Rezension durchblicken läßt, daß Kierkegaard in seinem Buch *Stadien auf des Lebens Weg* (1845) die eigene Verlobung als Modell benutzt hatte, wird dieser zum Angriffsziel der satirischen Zeitschrift *Corsar*. Theologisches spielte zwischen dem Christen Kierkegaard und dem Herausgeber Meir Aron GOLDSCHMIDT, dem Vorkämpfer für die Pressefreiheit und Verfasser einer polemischen Anklageschrift *Der Jude*, bestenfalls implizit eine Rolle. In schlechten Karikaturen (die etwa die ungleiche Länge seiner Hosenbeine zeigten) verspottete die politische Satirezeitschrift den stadtbekannten Verfasser von *Entweder Oder* (1843). Als Kierkegaard sich auf dem Höhepunkt des Karikaturenstreits kaum noch auf die Straße wagte, stilisierte er sich in seinem Tagebuch zum modernen Märtyrer: Die Zeit brauche einen, „den die Menschen totschlügen und just dadurch sähen, was sie verloren; denn eben dadurch, daß sie ihn totschlagen, daß sie also siegen, würde ihnen bange vor sich selbst." Und: „Käme Christus jetzt zur Welt, so würde er doch vielleicht nicht getötet werden, sondern ausgelacht."

Knapp zehn Jahre später nutzte Kierkegaard dann das verhaßte Medium der Presse selbst. H. L. MARTENSEN hatte 1854 in einer Grabrede den Bischof MYNSTER als ‚Wahrheitszeugen' gewürdigt und damit einen zentralen Terminus Kierkegaards aufgerufen. Für diesen war das Anlaß, um in einer selbstfinanzierten Zeitschrift – deren alleiniger Autor er blieb – mit allen polemisch-publizistischen Mitteln gegen den verweltlichten, saturierten Klerus anzukämpfen. Wie viele der Denkfiguren Kierkegaards, so changiert auch der Titel seiner 1855 erstmals erschienen Zeitschrift – *Der Augenblick* – zwischen radikaler Verweltlichung und höchster theologischer Dignität: das Ephemerste fällt mit dem Kairos zusammen. Sich um der Wahrheit willen herabzulassen ins Dämonische der Tagespresse gehört für Kierkegaard zum Selbstbild des Märytrers. Kierkegaard starb zwar nicht, wovon er lange überzeugt war, im gleichen Lebensjahr wie Jesus, doch brach er entkräftet genau zu dem Zeitpunkt auf der Straße zusammen, in dem mit seinem väterlichen Erbteil zugleich die Mittel zur Erzeugung medialer Aufmerksamkeit aufgebraucht waren.

Ernst Müller

Literatur

Sören Kierkegaard: *Die Tagebücher 1834–1855*, ausgew. u. übers. v. Theodor Haecker, Leipzig (Hegner) 1941

Sören Kierkegaard: *Furcht und Zittern* (1843), in: ders.: *Werke*, hg. u. übers. v. Liselotte Richter, Bd. 3, Hamburg (Europäische Verlagsanstalt) 1992

Sören Kierkegaard: *Der Begriff Angst* (1844), in: ders.: *Werke*, hg. u. übers. v. Liselotte Richter, Bd. 1, Hamburg (Europäische Verlagsanstalt) 1991

Sören Kierkegaard: „War Bischof Mynster ein ‚Wahrheitszeuge', einer von den ‚echten Wahrheitszeugen', ist das Wahrheit?" (1854), in: ders.: *Gesammelte Werke*, hg. u. übers. v. Emanuel Hirsch u. a., Abteilung 34, Düsseldorf u. a. (Diederichs) 1959, S. 3–9

Friedrich Nietzsche und die Marter als Mnemotechnik – kritische Martyrologie im Zeichen der ‚Umwerthung aller Werthe'

Werner Brunner, Ohne Titel, s/w-Skizze zu Friedrich Nietzsche, 1992–1993

Ich kenne mein Loos. Es wird sich einmal an meinen Namen die Erinnerung an etwas Ungeheures anknüpfen, – an eine Krisis, wie es keine auf Erden gab, an die tiefste Gewissens-Collision, an eine Entscheidung heraufbeschworen gegen Alles, was bis dahin geglaubt, gefordert, geheiligt worden war. Ich bin kein Mensch, ich bin Dynamit." Mit dieser Kulturkriegserklärung in *Ecce Homo* (1889) hat sich Friedrich NIETZSCHE jenen Nimbus erschrieben, durch den er als einer der umstrittensten Kritiker der abendländischen, besonders der jüdisch-christlichen Kultur gilt. Macht ihn solche Überheblichkeit als Denker, als Mensch, als „Schicksal" angreifbar, so liebäugelt er doch auch mit der existentiellen Hanswurstiade: „Ich will kein Heiliger sein, lieber noch ein Hanswurst". Es ist jene Mischung aus philosophischer Einsamkeit und Hybris der wahren Einsicht, durch die Nietzsche sich „gegen die Verlogenheit von Jahrtausenden im Gegensatz weiss" und konstatiert: „Ich erst habe die Wahrheit entdeckt". Letztlich zeugt noch sein gesundheitlicher Zusammenbruch 1889 von dem Zuviel an „unsäglicher Verantwortlichkeit", dem er sich ausgesetzt sah: „Denn ich trage das Schicksal der Menschheit auf der Schulter." – Bei Nietzsche, der in einem protestantischen Pfarrhaus aufgewachsen ist, lassen sich drei Dimensionen der Rede von Märtyrer und Martyrium unterscheiden:

hinsichtlich der eigenen Person, in bezug auf das „Pathos der ‚Wahrheit'" (*Nachgelassene Fragmente*) und im Hinblick auf eine Umwertung des Schmerzes.

Bereits in seiner autobiographischen Diagnostik wird die Begeisterung der Jugend als eine durch Enttäuschung und Zweifel gefolterte dargestellt (*Jenseits von Gut und Böse*, 1886). Wenn dann das eigene biographische Schicksal – *Ecce Homo* – als ‚weltgeschichtliches' Ereignis zum Martyrium stilisiert wird, gewinnt Nietzsche dem Destruktiven des Martyriums aber eine produktive Seite ab: als Möglichkeit für die Genese des starken, nicht vom Ressentiment beherrschten Individuums. Nietzsche entwarf sein Leben als eine Bildungsgeschichte, die – orientiert an großen, vorbildlichen Individuen, den Lehrern GOETHE und SCHOPENHAUER – eine Ästhetik der Existenz praktiziert. In ihr werden Erfahrungen, die gemeinhin negativ bewertet sind, als notwendige Momente integriert, die nicht verleumdet, verleugnet, getilgt werden müssen.

Aus der Selbstbestimmung des Philosophen erwächst zudem die Warnung „vor dem Leiden ‚um der Wahrheit willen'!" Denn, wie es in *Jenseits von Gut und Böse* heißt: „Das Martyrium des Philosophen, seine ‚Aufopferung für die Wahrheit' zwingt ans Licht heraus, was vom Agitator und vom Schauspieler in ihm steckte." Wenn Nietzsche die Wahrheitsbehauptung in ihrem strategischen Wert betont und die Wahrheit damit als diskursives Element betrachtet, dann bildet nicht mehr ein ‚Wert an sich' (= Wahrheit) den fraglos gegebenen Bezugspunkt und das unverrückbare Kriterium jenseits jeder Argumentation. Vielmehr steht dessen Zweck, den argumentativen Gegenspieler zu überzeugen, selbst zur Debatte. Insofern polemisiert er gegen die Verwechslung von Wahrheit und Wahrhaftigkeit in den Bekenntnissen christlicher Märtyrer: „‚Für die Wahrheit des Christenthums sprach der tugendhafte Wandel der Christen, ihre Standhaftigkeit im Leiden, der feste Glaube und vor Allem die Verbreitung und das Wachsthum trotz aller Trübsal', — so redet ihr auch heute noch! Es ist zum Erbarmen! So lernt doch, dass diess Alles nicht für und nicht gegen die Wahrheit spricht, dass die Wahrheit anders bewiesen wird, als die Wahrhaftigkeit, und dass letztere durchaus kein Argument für die erstere ist!" (*Für die ‚Wahrheit'*, 1881) Die Berufung auf die Wahrheit des Behaupteten ist ein starkes rhetorisches Mittel, aber nicht mehr als ein ‚Glaubensbekenntnis', jedenfalls kein Beweis der Wahrheit. Wenn Nietzsche an diese Polemik die Frage nach den Motiven von Argumenten und rhetorischen Strategien anschließt, ganz im Sinne einer Sozialpsychologie der Macht und ihrer diskursiven Effekte, dann steht das im Zusammenhang seiner Religionskritik – vor allem des Christentums – und einer kritischen Anthropologie der Macht.

Als eine dritte Dimension der kritischen Martyriologie Nietzsches weist seine Analyse des Willens zum Leiden und zum Opfer auf psychologisches Gebiet – „Später, wenn die junge Seele, durch lauter Enttäuschungen gemartert, sich endlich argwöhnisch gegen sich selbst zurückwendet" (*Jenseits von Gut und Böse*) –, aber auch auf physiologisches und mnemotechnisches Terrain. Wenn wesentliche Schritte auf dem Wege der Menschwerdung sich durch die kulturelle Beherrschung der affektiven Erfahrung vollziehen, dann liegt es nahe, bei Nietzsches Begriff vom Menschen vom *homo dolens* zu sprechen. Denn das zugefügte Leid, der Schmerz und die daraus resultierenden Affekte sind nicht nur physiologisch bedeutsam. Sie sind konstitutiv für die Innerlichkeit eines Subjekts, für die „Seele" des *animal rationale*, das Nietzsche als „nichtfestgestelltes Tier" bezeichnet – womit er zum Stichwortgeber für die Anthropologie der Instinktarmut und der notwendigen Kultivierung der menschlichen Natur, insbesondere der Affekte und Leidenschaften geworden ist.

Der Mensch als Wesen mit sozialen Beziehungen (*zōon politikon*) bedarf zum Aufbau eines Gemeinwesens verläßlicher Verhaltenserwartungen, und das heißt für Nietzsche: eines Gedächtnisses, das – als Grundlage für die Fähigkeit, Versprechen zu halten – die Vorbedingung für den Verantwortungsbegriff bildet. Dieses Gedächtnis wiederum kann, so Nietzsche, nur durch *Schmerz* zu einer dauerhaften Instanz der Person werden. Die Schmerzen interessieren ihn also als Teil konkreter historischer und sozialer Verfahren, die als massenhaft verkörperte Praktiken ethisch verantwortliche Subjekte produzieren, denen Handlungen und Handlungsfolgen individuell zurechenbar sind. Deshalb hat er in *Zur Genealogie der Moral* (1887) die *Marter* als Grundlage der Mnemotechnik beschrieben: „Dies uralte Problem ist, wie man denken kann, nicht gerade mit zarten Antworten und Mitteln gelöst worden; vielleicht ist sogar nichts furchtbarer und unheimlicher an der ganzen Vorgeschichte des Menschen, als seine Mnemotechnik. ‚Man brennt Etwas ein, damit es im Gedächtniss bleibt: nur was nicht aufhört, weh zu thun, bleibt im Gedächtniss' – das ist ein Hauptsatz aus der alleräItesten (leider auch allerlängsten) Psychologie auf Erden. [...] Es gieng niemals ohne Blut, Martern, Opfer ab, wenn der Mensch es nöthig hielt, sich ein Gedächtniss zu machen; die schauerlichsten Opfer und Pfänder (wohin die Erstlingsopfer gehören), die widerlichsten Verstümmelungen (zum Beispiel die Castrationen), die grausamsten Ritualformen aller religiösen Culte (und alle Religionen sind auf dem untersten Grunde Systeme von Grausamkeiten) – alles Das hat in jenem Instinkte seinen Ursprung, welcher im Schmerz das mächtigste Hülfsmittel der Mnemonik errieth."

Wenn Nietzsche hier daran erinnert, daß Spuren einer solchen Schreckensgeschichte sich auch in jedem individuellen Leben nachweisen lassen, so zielt er doch nicht auf eine passive Unterwerfung unter dieses ‚Schicksal'. Vielmehr tritt er an, die vom Ressentiment gesteuerte pessimistische, lebensverneinende, nihilistische Geschichtsauffassung umzuwerten in die – sei es auch tragische, weil notwendig von widerstreitenden Tendenzen beherrschte – Entfaltungsgeschichte eines ‚Willens zur Macht'. In dieser Perspektive erscheint dann das Leiden nicht mehr als ein negatives, zu beseitigendes Moment des Lebens; vielmehr wird es zu einer notwendigen Dimension der Lebendigkeit, zu einer Herausforderung für das Subjekt, um an ihr zu wachsen – ohne sich allerdings zum Märtyrer zu erklären. Dem ubiquitären Wunsch nach Abschaffung der Schmerzen setzt er eine emphatische Aufwertung körperlicher Qualen – die Nietzsche als notorischer Migränepatient allzugut kannte – und eine Auseinandersetzung mit dem Leiden an der Vergänglichkeit der Existenz entgegen: „Ihr wollt [...] *das Leiden abschaffen*; und wir? – es scheint gerade, *wir* wollen es lieber noch höher und schlimmer haben als je es war!" (*Jenseits von Gut und Böse*) In der Fähigkeit zur Sublimierung, zur Verfeinerung und Umgestaltung der Schmerzempfindung – Mittel zur Distanzgewinnung sich selbst und den bedrängenden Lebensumständen gegenüber – erblickt Nietzsche die Möglichkeit zur Überwindung des Zwangs, aus Schmerz, aus Leiden, letztlich aus Rache und Kränkung handeln *zu müssen*, und die Chance zu einer davon freigewordenen Selbstbestimmung des Individuums. Darum interpretiert er die Tendenz zur Lustgewinnung, die er ebenso zur menschlichen Grundverfassung rechnet, nicht im strikten Gegensatz zum Schmerzempfinden, sondern spricht von einer dynamischen, stufenweisen Relation, in der Lust und Schmerz zueinander stehen. Das Lustempfinden lasse sich in Auseinandersetzung mit dem Schmerz steigern – so wie Gesundheit nicht einfach ein krankheitsfreier Zustand des Organismus sei, sondern sich in der Überwindung von Krankheit als eine Fähigkeit der Stärke erweise.

Die Märtyrer stellen für Nietzsche Meister der Schmerzen dar, insofern sie es geschafft haben, ihren höchsten Genuß daraus zu ziehen, den Schmerzen ausgesetzt zu sein. Als kritikwürdig erachtet er hingegen die zahlreichen Auffassungen des Leidens, die dessen moralische Verurteilung und kategorische Abschaffung propagieren und weltflüchtig auf ein imaginiertes, schmerzfreies Jenseits setzen, das als Belohnung für erlittenes diesseitiges Unheil versprochen sei. Nietzsches *Ecce Homo* zielt statt dessen auf eine grundsätzliche „Umwerthung der Werthe", auf eine Bejahung und Feier des Lebens im Zeichen seiner Interpretation als „Wille zur Macht". Die Gegenfigur zum christlichen Schmerzensmann figuriert bei ihm mal als *Übermensch*, ein starker Charakter, der alle negativen wie positiven Erfahrungen ohne Ressentiment in sein Leben zu integrieren verstehe, mal als griechische Göttergestalt, die Zerstückelung *und* Wiedergeburt durchlebt: „– Hat man mich verstanden? – Dionysos gegen den Gekreuzigten ...".

Erik Porath

Literatur

Friedrich Nietzsche: *Ecce homo*, in: ders.: *Sämtlichen Werke. Kritische Studienausgabe* [KSA], München (dtv) ²1988, Bd. 6, S. 255–374

Friedrich Nietzsche: „Für die ‚Wahrheit'", in: ders.: *Morgenröthe* [Text 73], in: KSA, Bd. 3, S. 9–331

Friedrich Nietzsche: *Jenseits von Gut und Böse*, in: KSA, Bd. 5, S. 9–243

Friedrich Nietzsche: *Nachgelassene Fragmente 1875–1879*, in: KSA, Bd. 8

Friedrich Nietzsche: *Zur Genealogie der Moral*, in: KSA, Bd. 5, S. 245–412

Sigrid Weigel: „Homo dolens. Der Schmerz als bedeutungsgebendes Vermögen", in: Eugen Blume/Annemarie Hürlimann/Thomas Schnalke/Daniel Tyradellis (Hg.): *Schmerz. Kunst + Wissenschaft*, Köln (DuMont) 2007

Ilia Tschawtschawadse – die Vaterlandsreligion georgischer Dichter

Ida Tvaradze: *Ikone von Ilia Tschawtschawadse*, 1987, Georgien

1987, kurz vor dem Zerfall der UdSSR und nach dem Wiederaufleben der nationalen Bewegung, hat die georgische orthodoxe Kirche den Schriftsteller und Politiker Ilia Tschawtschawadse (1837–1907) als „Ilia den Gerechten“ kanonisiert, Galionsfigur georgischer Nationalbewegung, Gründer zahlreicher nationaler Einrichtungen (der Gesellschaft für Verbreitung des Lesens und Schreibens unter den Georgiern, der Grundbesitzerbank, der historisch-ethnographischen Gesellschaft) sowie mehrerer georgischsprachiger Zeitungen und Zeitschriften – wobei die Nachwirkung seiner mythopoetischen Tätigkeit ungleich größer ist als die seiner umfangreichen politischen Aktivitäten. Achtzig Jahre zuvor, 1907, war er einem Attentat zum Opfer gefallen, als dessen Verantwortliche sowohl georgische Kommunisten als auch die zaristische Geheimpolizei ‚Ochranka‘ verdächtigt wurden. Er ist im Pantheon von Mtazminda, der Grabstätte der prominentesten Georgier, mit höchsten Ehren beigesetzt worden, nachdem er bereits zu Lebzeiten als „ungekrönter König Georgiens“ ‚kanonisiert' war. Die Motive seiner Heiligsprechung und seiner Bezeichnung als Märtyrer rekurrieren auf eine ganze Archäologie von Heiligen-, Heroen-, Herrscher- und Märtyrerfigurationen.

Schon im ersten erhaltenen Werk der georgischen Literatur, dem *Martyrium der heiligen Königin Schuschanik* (5. Jh.) spielte das Thema des Martyriums in der Religionskultur und der politischen Kultur Georgiens eine prominente Rolle. In der georgischen Geschichtsschreibung bildet die Bezugnahme der Politik auf das ,Martyrium für das Christentum' eine Konstante: eine Art Metasujet, mit dessen Hilfe jeder politische Konflikt mit einem äußeren Feind in die Kategorien des Martyriums übersetzt und damit das Land selbst zum Märtyrer stilisiert wurde. Damit wurde der georgischen Geschichte ein eschatologischer Sinn zugeschrieben. Motor für die ständige Reproduktion des Motivs war das Bild eines überlegenen, andersgläubigen politischen Gegners – was durch die Jahrhunderte hindurch durch die geographische Lage eines von islamischen Staaten umgebenen Landes begünstigt wurde. Diese Konfiguration versagte allerdings in der politischen Auseinandersetzung mit dem ebenfalls orthodoxen Rußland nach dem Anschluß an das Zarenreich, mit dem Georgien 1801 seine Staatlichkeit verlor.

Es hat 60 Jahre gedauert, bis Ilia Tschawtschawadse das tradierte Sujet in seinen poetischen Werken (*Das Gespenst, Die Mutter des Georgiers, König Demeter der Selbstaufopferer* etc.) im Kontext der Säkularisierung modifiziert hat – einer Säkularisierung, in der die Zurückdrängung der Orthodoxie als identifikatorisches Merkmal mit einer Sakralisierung des Nationalen einherging. Mit dem Begriff *patria* griffen Ost- und Westchristentum auf das gleiche Erbe zurück. Nachdem die antike Vorstellung des *pro patria mori* (Heroisierung der für das Vaterland gefallen Helden bis zur Vergöttlichung) im frühen Christentum durch das Paradigma des ,einmaligen und vollkommenen Opfers', als welches das Sterben des Gottessohnes gedeutet wird, ersetzt worden war, kehrten die klassischen Gefühlswerte der Patria wieder: im Westchristentum (wesentlich durch die Kreuzzüge bedingt) im 12. und 13. Jahrhundert, in Byzanz und Georgien etwas früher – „indem die Vorstellung vom ,Vaterland' [...] die alten Stadtgrenzen überschritten hatte und sich auf nationales Königsreich, oder auf die ,Krone' als das sichtbare Symbol einer nationalen und territorialen Gemeinschaft beziehen konnte", wie Ernst KANTOROWICZ schrieb. Während, wie er gezeigt hat, die Säkularisierung sich im Westen als Übertragung des Begriffs *corpus mysticum* auf das Volk und ,Vaterland' vollzog, blieb dagegen im Ostchristentum allein der König, nicht das ,Vaterland' Träger des Sakralen. In Georgien war diese Position bis zur Abschaffung des Königtums durch Rußland 1801 unangefochten. Insofern entstand Anfang des 19. Jahrhunderts eine Situation, die einer Neudeutung der patria bedurfte.

Es war Ilia Tschawtschawadse, der darauf antwortete, indem er das Verhältnis des Politischen zum Sakralen neu deutete und eine ,Vaterlandsreligion' entwarf. Sein Gesamtwerk ist diesem Metasujet gewidmet. Darin wurde das Christentum durch das Vaterland ersetzt und die *Selbstaufopferung* für das Vaterland – als höchste Form des dem Vaterland zu erweisenden Dienstes – zur zentralen Tugend, obersten Pflicht und zum Ziel eines jeden *mamulischwili* (Sohn des Vaterlands) erklärt. Dafür spielte nicht nur der Rückgriff auf das Paradigma des christlichen Martyriums eine wichtige Rolle, sondern auch der auf die weiter zurückreichende grundlegende Verknüpfung von Heiligen und Opfer: das Opfer in seiner Bedeutung als gemeinschaftsstiftende Konstituens der Nation in einem eschatologischen Kampf. Die Apotheose des *mamulischwili* setzte sein Martyrium sowie den freiwilligen Tod für das Vaterland voraus, machte ihn zum Heroen und eröffnete ihm den Weg in das ‚himmlische Georgien', eine Art säkulares Paradies, mit dem die Unsterblichkeit in die Geschichte verlagert wird.

Im der von Tschawtschawadse entworfenen Vaterlandsreligion hat der Dichter die Erbschaft des Königs angetreten – anders als in Westeuropa. Dort war die Gleichsetzung des Dichters, später des Künstlers und Intellektuellen mit dem Souverän mit der Entwicklung der politischer Theorien des Hoch- und Spätmittelalters einhergegegangen, wobei die spätestens seit DANTE bekannte *aequiparatio* des Dichters mit dem Souverän nicht nur auf antike Beispiele zurückgeht, sondern auch auf das Römische bzw. das JUSTINIANische Recht. Anders als in der europäischen Aufklärung, in der die Dichter einen Kampf gegen Hof und Kirche ausfochten, mußte dieser Kampf in Georgien nicht ausgetragen werden, da die Figur des Dichters (in einem breiteren Kontext des Intellektuellen) seit der Mitte des 19. Jahrhunderts den leer gewordenen Platz des Königs besetzte. Im Unterschied zum Mythos der georgischen Königsdynastie knüpfte diese Position des Dichters nicht an den biblischen König DAVID, sondern an MOSES bzw. an die Tradition biblischer Propheten an. Dabei beanspruchte die Figur des Dichters nicht nur die Führung des Volkes: „Ich spreche mit dem Gott, um das Volk zu führen", so Ilia Tschawtschawadse in *Der Poet*. Der Dichter wurde auch zum *pontifex maximus* des Vaterlandes bzw. der Vaterlandsreligion – eine Formel, die bis ins späte 20. Jahrhundert die georgische Vorstellung von einer Sakralität des Künstlers prägte. Vor diesem Horizont ist es kaum zufällig, daß Ilia Tschawtschawadse in seinem Heldengedicht auf das Martyrium des König DEMETRE II. zurückgriff, der den Beinamen Selbstaufopferer trägt: Das Martyrium für das Volk und Vaterland wurde damit als höchste Pflicht des obersten *mamulischwili* gedeutet.

Mit der Vaterlandsreligion hat Ilia Tschawtschawadse ein bis heute wirkmächtiges säkulares, gleichwohl religiös grundiertes Deutungsmuster für die georgische Geschichte und Nation geschaffen – zugleich aber auch ein Modell, das seinem eigenen Leben und Tod die Bedeutung des Martyriums für das Vaterland verleihen konnte. In der Predigt zu seiner Kanonisierung am 2. August 1987 machte der georgische Patriarch ILIA II. den Dichter und Märtyrer Ilia Tschawtschawadse zum Protagonisten eines eigenen Motivs, indem er dessen Leben und Tod im narrativen, rhetorischen Schema einer Kette von Dichter – Prophet – König – Märtyrer – Heiland deutete. Durch diese Heiligsprechung wurde die Säkularisierung des Märtyrersujets vollendet, indem die orthodoxe Kirche selbst in den Dienst der ‚Vaterlandsreligion' trat und sie zugleich in ihre eigene Tradition einschrieb.

Zaal Andronikashvili

Literatur

Walter Burkert: *Homo necans. Interpretation altgriechischer Opferriten und Mythen*, Berlin u. a. (de Gruyter) 1997, S. 16

Ernst H. Kantorowicz: *Götter in Uniform. Studien zur Entwicklung des abendländischen Königtums*, Stuttgart (Klett-Cotta) 1998

Zurab Kiknadze: „Ilia's Vaterland" in: ders.: *Georgien an der Jahrtausendwende*, Tbilissi 2005 (in georgischer Sprache)

Ilia Tschawtschawadse: *Werke in fünf Bänden*, Tbilissi 1986 (in georgischer Sprache)

Semmelweis und Kammerer – ‚verkannte Helden' des wissenschaftlichen Fortschritts

Semmelweis' letzte Worte: „Ich schwöre, daß ich meinen Dienst an der Menschheit mit reinen Händen und reinem Herzen versehen werde". Karl Paryla als Ignaz Semmelweis in der DEFA-Produktion *Retter der Mütter*, Berlin 1950

Der eine war 47 Jahre alt, der andere 46. Beide starben eines gewaltsamen Todes und unter mysteriösen Umständen: Der erste wurde vermutlich zu Tode geschlagen, nachdem man ihn in eine Irrenanstalt eingeliefert hatte, der zweite wurde tot auf einem Wanderweg in der Nähe Wiens gefunden, mit einer Schußwunde am Kopf und einer Waffe in der Hand. Etwa 60 Jahre trennen die beiden Biographien voneinander; beiden Männern war gemein, daß sie frustriert und verbittert starben. Sie empfanden, daß ihr revolutionierender Beitrag zur Wissenschaft zu Unrecht ignoriert und sie böswillig zurückgewiesen worden waren. Beiden wird ein destruktiver Charakter nachgesagt; beide sollen für ihren Tod selbst verantwortlich gewesen sein. Erst viele Jahre nach ihrem Tod, im Lichte neuer wissenschaftlicher Ansätze erlangten ihre längst in Vergessenheit geratenen Theorien neue Bedeutung. Die Geschichte der Wissenschaften wurde umgeschrieben, die Unglückseligen rehabilitiert und ihnen ein Platz im Pantheon der Gelehrten eingeräumt.

Beide haben ihr Leben der Wissenschaft zu überantworten beabsichtigt: In dem Brief, den man 1926 beim toten Paul KAMMERER fand, steht: „Dr. Paul Kammerer ersucht, ihn nicht nach Hause zu überbringen [...] Am einfachsten und wohlfeilsten wäre vielleicht die Verwertung im Seziersaal eines der akademischen Universitätsinstitute. Mir auch die sympathischste, weil ich der Wissenschaft wenigstens auf solche Weise einen kleinen Dienst erweise. Vielleicht finden die werten Kollegen in meinem Gehirn eine Spur dessen, was sie an den lebendigen Äußerungen meiner geistigen Tätigkeit vermißten." – Und in Ignaz SEMMELWEIS' Hauptschrift *Die Aetiologie, der Begriff und die Prophylaxis des Kindbettfiebers* (1861) ist zu lesen: „Das Schicksal hat mich zum Vertreter der Wahrheiten, welche in dieser Schrift niedergelegt sind, erkoren. [...] Die überstandenen habe ich verschmerzt, für die mir noch bestehenden finde ich Trost in dem Bewußtsein, nur in meiner Überzeugung Gegründetes aufgestellt zu haben." Die Geschichtsschreibung gestaltet beide Figuren weitgehend mythologisch: Mehrere Romane titulieren Ignaz Semmelweis (1818–1865) als *Retter der Mütter*, KOESTLER hat Paul Kammerer (1880 1926) als *Krötenküsser* porträtiert. Semmelweis' wird bis heute gedacht für seine Entdeckung der einfachen, aber revolutionären Methode, die epidemische Ausbreitung des tödlichen Wochenbettfiebers in Krankenhäusern zu verhindern, nämlich durch Einhaltung einfacher Hygienevorschriften. Paul Kammerer hat nahezu seine gesamte wissenschaftliche Karriere dem Beweis der möglichen Vererbung erworbener Eigenschaften gewidmet; in Erinnerung geblieben ist er jedoch vor allem als Fälscher.

Beide Geschichten sind oft erzählt worden: Als Semmelweis Arzt wurde, waren Krankheitserreger noch unbekannt, waren sich die Mediziner der Notwendigkeit, vor der Untersuchung der Patienten die Hände zu waschen, noch nicht bewußt. Das Sezieren gehörte zur alltäglichen Praxis fast jeden Krankenhausarztes. Viele Ärzte pflegten vor, nach oder während der Untersuchung ihrer Patienten Leichen zu sezieren – in der Regel ohne die Kleider zu wechseln oder auch nur die Hände zu waschen. Der junge Arzt Semmelweis hatte einen auffälligen Unterschied zwischen der Todesrate der Wöchnerinnen auf zwei unterschiedlichen Stationen des gleichen Wiener Krankenhaus bemerkt, von denen die eine von Medizinern, die andere – mit dem geringeren Vorkommen von Wochenbettfieber – von Hebammen geführt wurde. Nachdem Semmelweis die Erkrankung der Wöchnerinnen mit der Anwesenheit der Ärzte in Verbindung gebracht und die Routine des Händewaschens zwischen den einzelnen Untersuchungen eingeführt hatte, kam er zu überwältigenden Ergebnissen: Die Krankheitsrate sank dramatisch. – An dieser Stelle beginnen sich Geschichte und Mythos zu vermischen. Folgt man dem Mythos des Märtyrers, wies das gesamte medizinische Establishment Semmelweis' Ideen zurück und trachtete, seine Karriere zu zerstören. Ärzte wiesen von sich, sie könnten Ursache der Infektion sein. Krankenhäuser verweigerten, dem einfachen, aber lebensrettenden Vorschlag zu folgen. Semmelweis tat seinerseits alles in seiner Macht Stehende und schickte an Ärzte in der ganzen Welt Briefe – die unbeantwortet blieben. Zurückgewiesen und frustriert, mußte er Wien verlassen und in seine Heimatstadt Pest zurückkehren. Diese Lesart seines Falls mündet in der Geschichte eines gebrochenen Mannes, der – aus dem wissenschaftlichen Betrieb verbannt – zusammenbrechen und an der Ungerechtigkeit zugrunde gehen mußte. Die historischen Begebenheiten sind komplizierter. So gibt es keinerlei Anhaltspunkte, daß Semmelweis gezwungen wurde, Wien zu verlassen, im Gegenteil. Und auch in Ungarn konnte er seine wissenschaftliche Tätigkeit fortsetzen und wurde 1855, im Alter von 36 Jahren, zum Professor der Gynäkologie an der örtlichen Universität Pest nominiert.

Im Gegensatz zu Semmelweis hatte Paul Kammerer nie eine Position an einer Universität inne. Als er 1919 für eine Professur in Wien kandidierte, entschied sich die Kommission gegen ihn, weil er gegen den Verhaltenscodex der Wissenschaft verstoßen hatte, z. B. durch eine Reihe politischer und populärwissenschaftlicher Publikationen, obwohl er gewarnt worden war, das könne seine Nominierung gefährden. Dem Mythos zufolge war das typisch für Kammerer: Er provozierte gerne. Seine kreuzzugartigen Auseinandersetzungen mit der wissenschaftlichen Gemeinschaft scheint er ganz bewußt geführt zu haben. – Bekannt ist Kammerer heute vornehmlich als ein großer Fälscher. In einem seiner spektakulärsten Experimente wollte er eine neue, vererbliche Eigenschaft bei einem Tier erzeugt haben, und zwar das Auftreten von Brunstschwielen bei der Geburtshelferkröte. Das Experiment verfolgte die Frage, welchen Einfluß die Manipulation der äußeren Bedingungen – in diesem Fall eine Erhöhung der Temperatur – auf die Bebrütung habe. Unter anderem, so das Ergebnis, bekämen die Männchen rauhe Brunstschwielen an ihren vorderen Gliedmaßen. Mehr noch, auch nachdem die Tiere in ihr natürliches Biotop und damit in ihre natürlichen Lebensbedingungen zurückversetzt worden seien, wiesen die Nachkommen mehrerer Generationen dieselben Veränderungen auf. Für Kammerer war dies die Bestätigung einer möglichen Vererbung „erworbener" oder in seinen Worten „erzwungener Eigenschaften". Seine Ergebnisse wurden unverzüglich von einem Großteil der wissenschaftlichen Welt bezweifelt. Bei einer Inspektion der Kröten machten Kammerers Kollegen eine bestürzende Entdeckung: Die geschwärzten Partien der vermeintlichen Brunstschwielen waren nicht das Ergebnis anatomischer Veränderungen, sondern den Tieren nach ihrem Tod durch Injektion schwarzer Tinte unter die Haut beigebracht worden, also ein Artefakt. Ein paar Monate später nahm sich Kammerer das Leben.

In jüngster Zeit ist Kammerers Werk dennoch teilweise rehabilitiert worden. Wenn auch seine Experimente den Beweis schuldig bleiben mußten, haben jüngere Entdeckungen in der Molekularbiologie (‚Epigenetik') neues Licht auf seine Forschungen geworfen; der Nachdruck, mit dem er auf der Rolle der Umwelt bei der Modulation von Vererbung beharrte, erscheint heute fast weitsichtig. Die Zeitgenossen sahen in ihm bestenfalls einen Querulanten, wie seine Charakterisierung durch den Biologen Hans PZIRBAM zeigt: „Er befand sich in fast allen seinen Lebensäußerungen in diametralem Gegensatz [zur Mehrheit]; als Freigeist gegenüber Autoritätsgläubigen, Sozialdenker gegenüber den Anhängern traditionellen Gelehrtentums, internationaler Pazifist gegenüber unentwegten Nationalisten." Demgegenüber ist Semmelweis aus der Perspektive moderner Wissenschaft im Rückblick zur tragischen Gestalt eines einsamen, verkannten Helden geworden, z. B. in einem Artikel von Sherwin B. NULAND über *The Enigma of Semmelweis*: „A great hero, a great truth, a great mission, and finally, a mad flight of passionate arrogance resulting in destruction. The gods who were the professors of obstetrics did not bring it about; the hero brought it upon himself."

Um zu einem Märtyrer in der Wissenschaft zu werden, muß der Betreffende eines 'unnatürlichen', besser noch eines mysteriösen Todes sterben. Semmelweis z. B. ist vielfache Tode gestorben, jeder davon ist ebensooft in Zweifel gezogen wie behauptet worden. Zahlreiche Biographien arbeiteten an der Legende von einem Mediziner, der sich selbst für die Wissenschaft geopfert hat: Während er eine Leiche sezierte, schnitt sich Semmelweis (versehentlich?) in den Finger. Es folgte eine tödliche Blutvergiftung – eben jene pathologische Ursache, die auch dem Wochenbett- oder Puerperalfieber zugrunde liegt. Die Krankheit, die er bekämpfte, war diejenige, die am Ende ihn besiegte – welcher Tod wäre noch märtyrerhafter als dieser?

In den letzten Jahrzehnten wurde von der Geschichtsschreibung eine alternative Version verbreitet: Danach war Semmelweis in den letzten Jahren seines Lebens in schlechter körperlicher und geistiger Verfassung. Er wurde aggressiv, was das Zusammenleben mit denen, die ihm nahestanden und ihm helfen wollten, schwierig machte – so schwierig, daß seine Frau zusammen mit einigen engen Kollegen beschloß, ihn in eine Irrenanstalt in Döblin bei Wien zwangseinzuweisen. Zwei Wochen nach seiner Ankunft starb er an einer Blutvergiftung, verursacht durch die Verletzungen der Ketten, die ihn an sein Bett fesselten. So erscheint Semmelweis als Retter, von seinen Feinden in Ketten gelegt, die ihm den Tod bringen. Auch diese Fassung schwächt das Bild des Märtyrers nicht, vielmehr suggeriert sie, er sei von seinen Widersachern weggesperrt worden, um ihn an der Verbreitung der Wahrheit zu hindern.

Wie wurden die beiden zu Märtyrern der Wissenschaften? Es ist offensichtlich, daß keiner der beiden Männer *für* die Wissenschaft starb in dem Sinne, daß sie ihren eigenen Tod als notwendig oder gar nützlich für den Fortschritt ihrer Forschung angesehen hätten. Zu Märtyrern wurden sie erst nach ihrem Tod gemacht, von Kollegen, Biographen und Historikern. Warum aber werden einzelne Personen als Märtyrer der Wissenschaft (oder Medizin) gedeutet? Kammerer und Semmelweis war es gemein, daß sie ihre Wissenschaft auf unkonventionelle Weise betrieben. Beide weigerten sich, die etablierten Arbeitsweisen ihrer wissenschaftlichen Disziplinen anzuerkennen; sie bestanden auf der Verbreitung einer Ansicht, die sich nicht in die konventionelle Methodologie einfügte. Sie gingen nicht nur den steinigen Weg, sie taten das auch außerhalb der etablierten wissenschaftlichen Institutionen. Sie forderten die Dogmen der Wissenschaft ihrer Zeit heraus, obwohl ihre institutionellen Positionen gerade das nicht erlaubten. Nicht zufällig wurde wiederholt vermutet, daß beide Juden waren (was in beiden Fällen nicht zutrifft): Juden und selbstzerstörerische Opfer – eine bequeme Formel, um ihre Schwierigkeiten zu erklären.

Es läßt sich im Gegenteil argumentieren, gerade diese Weise, Wissenschaft zu praktizieren und nicht den eingetretenen Pfaden zu folgen, habe das Potential, den Fortschritt der Wissenschaften herbeizuführen. Gleichwohl gilt sie in der modernen Wissenschaft als riskant, unverantwortlich, vielleicht sogar als verrückt: Wie könnte es ein Wissenschaftler wagen, die Wissenschaft jenseits der Mauern akademischer Institutionen zu revolutionieren? Problematisch wird das natürlich nur dann, wenn es um Wissenschaftler geht, die sich nicht so einfach ignorieren lassen, weil ihre Entdeckungen zu wichtig waren. Sollte aber jemand die Wissenschaft revolutionieren wollen, ohne sich dabei an die gängigen Standards zu halten, muß es sich dabei zumindest um eine problematische, wenn nicht gestörte Persönlichkeit handeln. Insofern scheint es bequem, sie als einsame Helden, die das Licht der Aufklärung in das Dunkel noch unerforschter Regionen des Wissens bringen, zu betrachten und sie gleichzeitig als selbstzerstörerisch zu charakterisieren, als turbulente Existenzen, die bereit sind, alles, einschließlich des eigenen Lebens, für die Wahrheit zu opfern – und Märtyrer zu werden.

Der legendäre DEFA-Film *Retter der Mütter* (1950) inszeniert für Semmelweis den Schauplatz einer Wissenschaftlerkonferenz, auf der er eine dramatische Rede hält und danach zusammenbricht – mit dem Effekt, daß diese Versammlung seine Entdeckung endlich anerkennt. Die Schlußszene des Films setzt diesen Mythos symbolträchtig in Szene. Im Drehbuch heißt es: „Semmelweis klammert sich an das Pult. Er kann sich kaum noch aufrecht halten. Sein Atem geht rasch und laut. Er bewegt die Lippen, bringt aber kein Wort hervor. [...] Plötzlich strafft sich sein Körper. Seine Augen leuchten, er erhebt die Schwurfinger der gesunden Hand. In die beklommene Stille spricht er mit heiserer, verzückter Stimme die Worte des Hebammen-Eides: ‚Ich schwöre, daß ich meinen Dienst an der Menschheit mit reinen Händen und reinem Herzen versehen werde.' Er schweigt und lächelt. Es ist, als habe er nun nichts mehr zu sagen. Dann sinkt er lautlos zusammen. Die Blutvergiftung und das Fieber haben den Ausbruch seiner geistigen Krisis beschleunigt [...] Alle Anwesenden haben sich erhoben. Schweigend huldigen sie dem Arzt, der sich für die Wissenschaft geopfert hat."

Ohad Parnes

Literatur

Alexander Fränkel: „C. A. Th. Billroth", in: *Neue Österreichische Biographie ab 1815*, Wien (Amalthea) 1931

György Gortvay/Imre Zoltán: *Semmelweis: Retter der Mütter*, Leipzig (Hirzel) 1976

Rudolf Harms: *Semmelweis: Retter der Mütter. Ein biographischer Roman*, Hamburg (Mosaik) 1964

Arthur Koestler: *Der Krötenküsser. Der Fall des Biologen Paul Kammerer*, übers. v. Krista Schmidt, Wien u. a. (Molden) 1972

Theo Malade: *Semmelweis, der Retter der Mütter. Der Roman eines ärztlichen Lebens*, München (Lehmanns) 1924

Sherwin B. Nuland: „The Enigma of Semmelweis – an Interpretation", in: *Journal of the History of Medicine*, 34 (1979), S. 255–272

Hans Pzirbam: „Paul Kammerer als Biologe", in: *Monistische Monatshefte*, 11 (1926), S. 401–405

Ignaz Semmelweis: *Die Aetiologie, der Begriff und die Prophylaxis des Kindebettfiebers* (1861), Leipzig (Barth) 1912, S. 98

Aleksandr Bogdanovs Bluttransfusionen – das Opfer des Selbstexperiments

Lenin, Bogdanov und Gor'kij beim Schachspiel auf Capri, 1908

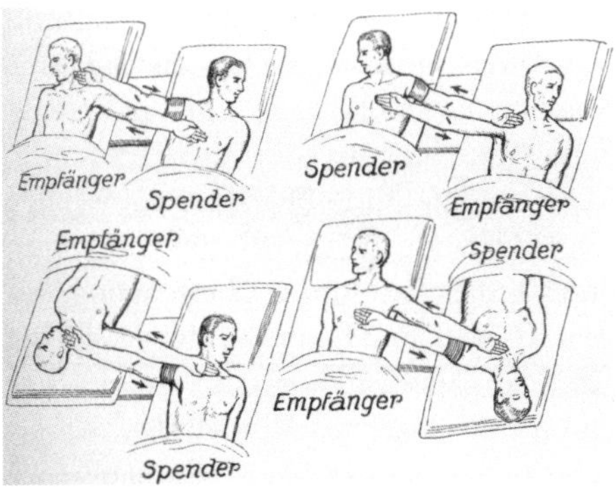

Lagerung der Patienten bei einer direkten Bluttransfusion nach Oehlecker

In der Geschichte der ‚Märtyrer für die Wissenschaft' markiert das Selbstexperiment eine signifikante Differenz. Während in Experimenten mit Tieren oder gefährlichen Stoffen der Tod des verantwortlichen Wissenschaftlers aus Unkenntnis oder zufällig eintreten kann, werden Selbstexperimente gewöhnlich dann eingesetzt, wenn das Experimentieren an anderen Personen als zu gefährlich erscheint: Selbstexperimente sind Risikoexperimente und können daher, wenn sie tödlich enden, als bewußte Opfer für den wissenschaftlichen Fortschritt gedeutet werden. Solche Selbstexperimente umgehen nicht zuletzt das, was das wissenschaftliche Experiment gerade auszeichnet: Nachvollzug und Bestätigung durch die Möglichkeit der Wiederholung. Im Selbstexperiment wird der Körper des Wissenschaftlers gleichsam selbst zum Zeugnis (*martyrion*) eines durch sein Sterben verbürgten, nicht-wiederholbaren Experiments. Um welche Art des Märtyrers handelt es sich nun bei einem Wissenschaftler, der nicht in der Folge eines Experiments, sondern *innerhalb* des Experimentalprozesses selbst, beim Selbstexperimentieren gestorben ist, und welche Funktion kann daran anschließend der Märtyrerbegriff im Rahmen einer Geschichte der Wissenschaft einnehmen?

1924 begann der russische Philosoph, Mediziner, Science-fiction-Autor und Sozialrevolutionär Aleksandr Bogdanov mit Selbstexperimenten, in denen er sich wechselseitigen Bluttransfusionen unterzog. Sie verfolgten den Zweck, „das Leben des Organismus auszudehnen über die Grenzen dessen hinaus, was ihr individuelles Schicksal vorsieht". Wie viele seiner Zeitgenossen glaubte Bogdanov an die Möglichkeit, die physiologischen Gegebenheiten des Menschen langfristig verändern und verbessern zu können, um das Leben zu verlängern. Das Mittel zu diesem Zweck sah er im Blut: „Blut als universeller Stoff des Lebenstausches, als allgemeines Milieu der Ernährung und Absonderung für alle übrigen Milieus, ist in höchstem Maße als Übertragungsmittel von verschiedenen Elementen und ihren Kombinationen geeignet." Bis zur Gründung seines Instituts für Bluttransfusion in Moskau 1926 führte Bogdanov am eigenen Körper elf erfolgreiche Blutübertragungen durch – dies stets in der Überzeugung, seinem Körper damit Stoffe zuzufügen, die ihn gesünder, resistenter gegen Krankheiten und damit jünger machen würden. Umgekehrt sollten etwaige Mangelerscheinungen seiner Spender durch Bestandteile seines Blutes behoben werden. Die Technik für diese Versuchsandordnung mußte Bogdanov selbst erfinden und erproben, sie hatte keine Vorläufer in der Experimentalphysiologie oder Medizin. Die Idee hingegen, körpereigene Stoffe wie Blut könnten den Alterungsprozeß positiv beeinflussen, findet sich in zahlreichen Verjüngungsprojekten der Zeit wieder. So experimentierte Charles Édouard BROWN-SÉQUARD, der Nachfolger Claude BERNARDS am Collège de France, in den 1880er Jahren mit der Injektion von Samendrüsenextrakten; und Eugen STEINACH, Wiener Physiologe und einer der Begründer der Sexualwissenschaft, unterbrach mit dem Ziel der Lebensverlängerung den männlichen Samenleiter, was eine gesteigerte Hormonsekretion herbeiführen sollte. Selbstexperimente, die sich dem Projekt der Verjüngung verschrieben hatten, waren demnach in den Jahren, als Bogdanov Medizin studierte, keine Seltenheit.

Seine wechselseitigen Bluttransfusionen versprachen allerdings mehr als nur Verjüngung. Sie sollten auch psychische Probleme lösen, bei Übermüdung und Schönheitsfehlern Abhilfe schaffen, „nicht übereinstimmende Mangel- oder Überflußerscheinungen bei der Blutvermischung" ausgleichen und „das Lebensmilieu harmonischer" machen. Bewilligt von LENIN und finanziert auf STALINS Beschluß, war Bogdanovs Institut eines der prominentesten therapeutischen Zentren im jungen sozialistischen Rußland. Das ist nicht verwunderlich; schließlich fügte es sich hervorragend in das Ideal eines gesunden, tatkräftigen Kollektivkörpers, wenn dessen einzelne Organe mittels Bluttransfusionen noch ihre innerste ‚lebendige' Materialität untereinander austauschten: „Das ist der freundschaftliche, lebendige Austausch, der jenseits der Ideologie, in der physiologischen Sphäre wirkt."

Ironischerweise endete Bogdanovs Einsatz für das Kollektiv nicht mit dem erhofften längeren Leben, sondern mit seinem Tod im Jahre 1928. Bei seinem zwölften Bluttausch erlag er einer zu starken Gegenreaktion seines Immunsystems auf die fremden roten Blutkörperchen, von deren potentieller Gefahr er aufgrund des damaligen Kenntnisstandes der Medizin noch nicht wissen konnte. Fünfzehn Tage dauerte Bogdanovs Todeskampf – bis zuletzt begleitet von penibelster Selbstbeobachtung und der Hoffnung, sich noch zu erholen. Sein Tauschpartner hingegen überstand die Transfusion nach tagelangem Leiden und wurde, von seiner Tuberkulose geheilt, im kalten Novosibirsk 76 Jahre alt.

Bogdanovs Sohn äußerte daraufhin den Verdacht, daß sein Vater aus politischen Gründen getötet worden sei – was in der Zeit der politischen Neukonsolidierung, in der Bespitzelungen und Säuberungen an der Tagesordnung waren, durchaus im Bereich des Denkbaren lag. Ein gewaltsamer Tod hätte auch in das Bild eines politischen Märtyrers gepaßt, das Nikolaj BUCHARIN in seiner Rede zu Bogdanovs Bestattung entwarf: „Der tragische und schöne Tod Aleksandr Aleksandrovičs kann von seinen Gegnern dazu mißbraucht werden, seine selbstaufopfernden Experimente zu diskreditieren, selbst noch die Idee der Bluttransfusion zu ersticken und zu beenden, einen Grabstein auf *die Sache* zu legen, für die dieser Märtyrer der Wissenschaft gestorben ist". Doch bis heute kann weder belegt werden, noch sprechen Bogdanovs Protokolle dafür, daß er selbst sich als Märtyrer hätte sehen wollen. Seine Schriften zeugen eher von einem unerschütterlichen Willen zum Fortschritt: „Die Historiker der Zukunft werden in jedem Fall eine Besonderheit unseres heutigen kulturellen Fortschritts im Vergleich zu früheren Zeiten anerkennen, und das ist der Mut im Stellen von Aufgaben".

Der Mut zu neuen Aufgaben, zu unvorhersehbaren Erkenntnissen schließt das Risiko ein, wie der Kondolenzüberbringer Bucharin pointiert formulierte: „Es gibt keine große, keine wirklich große und neue Sache ohne Risiko für ihren Pionier und Verteidiger". Neues kann hiernach nur hervorgebracht werden, wenn man etwas aufs Spiel setzt, seien es alte Denkgewohnheiten, gut trainierte Experimentiertechniken – oder das eigene Leben. Dieses eigene Leben kommt immer dann zum Einsatz, wenn ein Experiment am lebendigen Leibe gefährlich ist und es somit heikel erscheint, einen anderen Menschen als Probanden einzubeziehen, die wissenschaftliche Neugierde jedoch ein Menschenexperiment erfordert. Enden solche Experimente tödlich, wie in Bogdanovs Fall, wird derjenige, der das Opfer im Einsatz für die Wissenschaft erbracht hat, zum Märtyrer erklärt. Während sich Bogdanov mit dem Kriterium eines ‚Opfers *für*' in ein grundlegendes Muster der Märtyrertradition einfügt, ist hier zugleich die wissenschaftliche Überzeugung bzw. der Glaube an eine spezifische Theorie – in seinem Falle die verjüngende, lebensverlängernde Wirkung der Bluttransfusion – an die Stelle eines religiösen Bekenntnisses getreten. Denn der tote Leib des Wissenschaftlers legt nicht Zeugnis von einer anderen, höheren Wahrheit ab, sondern bezeugt seinen wissenschaftlichen Ehrgeiz und dessen Scheitern. Selbstexperimentelle Martyrien sind immer auch Martyrien des Scheiterns.

In Bogdanovs Fall wird dies besonders deutlich, war doch sein Tod die Folge von Experimenten, die zu einem längeren Leben führen, die den Tod hinauszögern sollten. Seine riskanten Selbstexperimente zielten nicht auf die Ewigkeit des Jenseits, sondern zunächst nur auf ein bißchen mehr Lebenszeit. Während sich sein physischer Todeskampf als eine Art Martyrium beschreiben läßt, kehrte sich die intendierte Wirkung des Experiments darin in doppelter Weise um: von der erwünschten Lebensverlängerung in den Tod, vom erhofften Nachruhm für den wissenschaftlichen Erfolg in die Bewunderung für seine Selbsthingabe: „Bogdanov starb auf dem Posten", schloß Bucharin seine Grabrede, „und der Tod des Genossen Bogdanov ist die schöne Heldentat eines Menschen, der bewußt sein individuelles Leben riskierte, um einen gewaltigen Anstoß für die Entwicklung des menschlichen Kollektivs zu geben."

Katrin Solhdju und
Margarete Vöhringer

Literatur

Aleksandr Bogdanov: *Bor'ba za žiznesposobnost'* (Der Kampf um die Lebensfähigkeit), Moskau (Novaja Moskva) 1927

Alexander Bogdanov: *The Struggle for Viability: Collectivism through Blood Exchange*, hg. u. übers. v. Douglas W. Huestis, Philadelphia (Xlibris Corp.) 2001

Douglas Starr: *Blut. Stoff für Leben und Kommerz*, übers. v. Inge Leipold, München (Gerling-Akademie-Verlag) 1999

Der Opfertod des Aviatikers – Himmelsstürmer und Heros der Technik

Illustration von Kley zu Gabriele d'Annunzio: *Vielleicht, vielleicht auch nicht*

„Ich hatt' einen Kameraden". Zeichnung zum Totensonntag 1936

Spätestens mit der Überquerung des Ärmelkanals durch den französischen Flugpionier Louis BLÉRIOT im Jahre 1909 avancierte der Motorflug zu einem öffentlich inszenierten Faszinosum, für dessen Popularität die modernen Massenmedien sorgen. Eindrücklich manifestieren dies die rasch aufeinander folgenden Flugschauen, Veranstaltungen, bei denen Piloten vor zahlreichem Publikum ihre Flugzeuge vorführen, Geschwindigkeits- und Höhenrekorde aufstellen, sich von den Zuschauern bejubeln lassen und hohe Preissummen kassieren. Doch ziehen nicht nur die atemberaubenden, weil nie zuvor gesehenen Flugleistungen sensationslustige Zuschauer an, sondern auch die dramatischen Abstürze, die sich dabei nicht selten ereignen. – Als Inbegriff einer endgültigen Befreiung von irdischen Zwängen verstanden, weckt der unbedingte, grenzenlose Einsatz der Piloten für den technischen Fortschritt in der motorisierten Fliegerei Vorstellungen einer heroischen Hybris, die die Gefahr für Leib und Leben in Kauf nimmt. Tatsächlich kamen bereits in der frühen Experimentierphase des Motorflugs bis 1911 über einhundert Piloten zu Tode. Da die meisten

Unglücksfälle bei Test- und Demonstrationsflügen stattfanden, konnten die Zuschauer das Ereignis als tragisches Schauspiel unmittelbar und in Echtzeit miterleben. Wohl auch deshalb hat die moderne Aviatik wie keine andere technische Errungenschaft des beginnenden 20. Jahrhunderts eine medienwirksame *Heldenverehrung* hervorgebracht: In den Anfangsjahren veröffentlichte die Presse regelmäßig Listen mit Fotografien und Namen der abgestürzten Flugzeugführer, die sich etablierende aviatische Zeitschriftenkultur sorgte für Berichte über Flugkatastrophen, Gedenkreden erinnerten an die Heldentaten der „Opfer des Flugsports", und es wurden Denkmäler für die „Märtyrer der Aviatik" entworfen. Um 1910 erschienen literarische Texte, die den Tod des Aviatikers als Akt ekstatischer *Selbstaufgabe* und göttlicher Erfahrung verherrlichen. Gleichzeitig entstanden Bilder, die das ‚Martyrium' der „gefallenen" Helden in Szene setzen.

Obwohl dem aviatischen ‚Opfertod' keine religiöse Motivation zugrunde liegt und der Aviatiker keiner Verfolgung durch Andersdenkende ausgesetzt ist, läßt sich eine Bezugnahme auf die Tradierung der religiösen Märtyrerfigur nicht verkennen. Denn auch der spektakuläre, gewaltsame Tod des Fliegers ist Manifestation eines Bekenntnisses: der Überzeugung, daß sich der Mensch mittels einer technischen Neuerung von den Zwängen der Schwerkraft befreien kann. Nicht als Leidender, sondern als selbstbewußter Krieger betritt der Aviatiker den Schauplatz des Fluggeschehens. Sein Kampfeswille richtet sich nur vordergründig gegen die Rivalen im Wettstreit um Rekorde. Der eigentliche Gegner ist die Natur, zur selbstgestellten Aufgabe wird „der Kampf mit den Elementen", wie in den *Illustrierten Aeronautischen Mitteilungen der Deutschen Zeitschrift für Luftschiffahrt* (1909) zu lesen ist. Der unter Todesgefahr unternommene Flug vor ausgewähltem Publikum erscheint als Herausforderung und Eroberung des Himmels und als Realisierung des alten *ikarischen* Traums, für die der Pilot sein Leben aufs Spiel setzt. Doch erst die Katastrophe läßt den Aviatiker zum unsterblichen Helden werden. So dient die Ausstellung und religiöse Verklärung des toten Leibes in literarischen und bildlichen Zeugnissen einer nachträglichen Heroisierung der Flugleistung und Beglaubigung des Opfers.

Auf nachhaltige Weise hat der italienische Dichter Gabriele D'ANNUNZIO den Zusammenhang zwischen tödlichem Absturz und christlich konnotierter Blutzeugenschaft in die frühe Imaginationsgeschichte der Aviatik eingeschrieben. In seinem Roman *Forse che sí, forse che no* (1910), der noch im selben Jahr auch in deutscher und französischer Übersetzung erschien, unterlegt er die Schilderung einer Flugschau mit religiösem Pathos und stilisiert den abstürzenden Piloten zum Märtyrer, der den Sieg der Technik über das profane diesseitige Leben bezeugt und durch den Tod gleichsam in eine übermenschliche Sphäre entrückt wird. D'Annunzio überführt die Beschreibung der Katastrophe unmittelbar in eine Verklärung und Heiligsprechung des Helden. Die Sakralisierung geschieht durch die Ausstellung des geschundenen Körpers, dessen *Marter* den zudringlichen Blicken der Zuschauer wie des Lesers ausgesetzt ist und symbolisch aufgewertet wird. Den Tableaus der christlichen Ikonographie folgend, ist die Darstellung durch eine detaillierte Schilderung der körperlichen Pein geprägt. Besondere Aufmerksamkeit liegt auf dem zerschmetterten Hinterkopf und der durchtrennten Schläfenader, die „von einem gerissenen Spanndraht glatt durchgeschnitten" ist und aus der sich „ein roter Bach [...] über das Ohr, den Hals, die

Schulter und die halbgeschlossene Faust" ergießt. Neben dieser Anspielung auf das Zeugnis des blutigen Leibes, das *Blutzeugnis*, finden sich weitere Elemente aus dem christlichen Kontext. So weist nicht nur die Physiognomie des Toten typische Züge von Heiligen auf, sondern auch seine Lage ruft Assoziationen heilsgeschichtlicher Darstellungen hervor: „Der Hinterkopf klebte am Motorgehäuse derart, daß die sieben Zylinder mit ihren Kühlrippen eine Art von schauerlichem Strahlenkranz um sein Gesicht bildeten. Die lichtbraunen Augen waren starr geöffnet, der Mund ruhig und unverzerrt, im hellen, weichen Bart glänzten die reinen, weißen Zähne". Als der Tod von einem Arzt diagnostiziert wird, spürt dieser an der Wange des Verschiedenen „die kühle Frische eines Rosenblattes".

Diese die Grenze zum Kitsch überschreitende Stilisierung des Fliegerhelden zum gottähnlichen Übermenschen und Heiligen muß zu Beginn des 20. Jahrhunderts auf ein verbreitetes Bedürfnis von Lesern gestoßen sein. D'Annunzios Roman wurde zu einem außerordentlichen Publikumserfolg. Im Jahr des Erscheinens erlebte er allein in Deutschland sechs Auflagen. 1914 wurde die zitierte Episode in die von Leonhard ADELT herausgegebene Sammlung poetischer Flug-Texte *Der Herr der Luft* aufgenommen und mit einer Illustration versehen. Sie überführt die literarische Imagination detailgetreu ins Bildmedium und reproduziert dabei erneut die Muster der christlichen Märtyrerfiguration. Der himmelwärts gerichtete, vom Strahlenkranz umgebene Kopf mit den verklärten Gesichtszügen wird durch die hölzern wirkenden Stahlteile des zerstörten Flugzeugs gesäumt, die ein Kreuz andeuten. Diese heilsgeschichtlichen Elemente blieben für die bildliche Darstellung der Flugopfer auch in den Folgejahren bestimmend. Noch in einer 1936 entstandenen Zeichnung zum Gedenken an die Toten der Aviatik dominiert der an einem überdimensionalen Kreuz sich aufbäumende gepeinigte Körper.

Daß sich die Inszenierung der aviatischen Unfallopfer einer Symbolik bedient, in der Aspekte einer frühen Märtyrerkultur aktualisiert und modifiziert werden, hat mehrere Gründe. So ist der Pilot – anders als der Eisenbahnreisende – für eine Märtyrerinszenierung prädestiniert, weil sein Sterben Teil einer publikumswirksamen Aufführung ist. Ohne die Aufmerksamkeit der Öffentlichkeit und den Nimbus des Sensationellen hätten die Flugversuche kaum massenmediale und künstlerische Bearbeitungen hervorgebracht, die in ihrer Heldendarstellung das Moment der Selbstopferung betonen. Zudem enthält der Vorstellungskomplex des Fluges Elemente, die eine besondere Affinität zum christlichen Märtyrerbegriff erkennen lassen. Denn obwohl die Flugtechnik und ihre Erprobung einem säkularisierten Bereich angehört, ja Teil einer Wissenschaftskultur ist, die Rationalisierung und „Entzauberung" kennzeichnet, beinhaltet die Idee des Fliegens zu Beginn des 20. Jahrhunderts vor allem auch irrationale und mystische Komponenten. So wird mit der Überwindung der Schwerkraft nicht nur eine Annäherung an das Göttliche assoziiert. Auch erscheint die Todesgefahr als Ästhetisierung und Intensivierung des Lebens. Wenn aber Technik den Zugang zum Absoluten verheißt und Vitalisierung in einer als erstarrt empfundenen Welt verspricht, dann liegt es nahe, daß diejenigen, die sich für die Verwirklichung dieser Technik opfern, zu Märtyrern verklärt werden können. Nicht zuletzt dient die Rückbindung der Flugkatastrophen an die tradierte Märtyrerkultur der Veranschaulichung und Bewältigung noch ungewohnter Erfahrungen im Umgang mit den Risiken der Flugtechnik. Diese hatte neben ihrem Befreiungsversprechen von Anfang an auch ihr destruktives Potential offenbart. Mit Hilfe der Märtyrerfigur läßt sich diese Ambivalenz ästhetisieren und gleichermaßen zuspitzen wie versöhnen.

Dorit Müller

Literatur

Leonhard Adelt (Hg.): *Der Herr der Luft*, München u. a. (G. Müller) 1914

Gabriele d'Annunzio: *Vielleicht, vielleicht auch nicht*, übers. v. Karl Vollmöller, Leipzig (Insel) 1910

9. Kollektive und ihre Opfer

Märtyrertum und sozialer Masochismus – Theodor Reiks Masochismustheorie

In Europa herrscht Krieg. Während die sich im US-amerikanischen Exil befindende Gruppe um Max Horkheimer und Theodor W. Adorno Studien zum autoritären Charakter und zum Antisemitismus herausgegeben hat und weiter an der *Dialektik der Aufklärung* arbeitet, erscheint 1941 eine Schrift von Theodor Reik, der 1938 ebenfalls in die Staaten emigriert war: *Masochism in Modern Man*. Ein kleines aber zentrales Kapitel dieser Schrift behandelt das Thema „Märtyrer und Masochist". Reik, der aus Wien stammt und dort der erste geisteswissenschaftlicher Quereinsteiger in die sonst von Ärzten betriebene Psychoanalyse war, arbeitet sich darin an einer Idee seines Lehrers Sigmund Freud ab. Freud hatte 1924 in einer kleinen Schrift über den Masochismus den Begriff des ‚moralischen Masochismus' eingeführt – und mit ihm eine Erklärung für auffällige Formen der Selbstsabotage in der Psychopathologie des Alltagslebens (wie z. B. unnötige Unfälle, Verspätungen, sich wiederholende negative Beziehungen) gefunden. Freud zufolge sind solche Sabotagen Ausdruck eines unbewußten Schuldgefühls und des aus ihm resultierenden, ausagierten Strafbedürfnisses. Aus diesem ‚moralischen Masochismus' Freuds, der eher innere Gewissenskonflikte thematisiert, wird bei Theodor Reik nun ein ‚sozialer Masochismus'. Mit diesem Begriff beabsichtigt Reik nichts weniger, als eine eigene Kulturtheorie zu begründen. Ihre zentralen Themen sind: narzißtischer Stolz, der Wunsch nach Anerkennung und Überdauerung und ein deswegen erduldetes, wie auch immer geartetes Leiden. Ihre Helden sind verkannte Dichter, sich selbst aufopfernde Denker, Narzißten des Alltags und eben auch: Märtyrer. Die wohl prominentesten Begriffe in diesem Buch lauten: ‚Triumph' und ‚narzißtische Erhöhung'.

Wer wie Reik Religionswissenschaft, Literatur und Philosophie studiert hat, mag aus seinen europäischen Lektüre- und Bilderfahrungen heraus leicht auf die Idee kommen, in einer „de-sexualisierten Form des Masochismus" einen bedeutenden Charakterzug der jüdisch-christlichen Kultur – auch und gerade unter den Bedingungen ihrer Säkularisierung – zu entdecken. Sozialer Masochismus liegt Reik zufolge in der „Leidenschaft und Leidensbereitschaft des Kulturmenschen" vor, der Mißerfolge und Verkennung mit Hilfe der Phantasie späterer Genugtuung erduldet, der seine „soziale Angst" durch die Hoffnung auf späteren „Triumph" kompensiert.

Nutzt man diesen weit gefaßten Begriff des Masochismus als Deutungsmuster für Kultur, dann werden Märtyrer und Masochist tatsächlich zu leicht vergleichbaren Figuren. Ein solcher Vergleich ist auch vorher schon häufiger gezogen worden. Reik zufolge wird er aber immer dann problematisch, wenn das Märtyrertum als Erscheinungsform des *sexuellen* Masochismus gedeutet wird. Denn dies würde zum einen suggerieren, daß Folterung und Mißhandlung durch die Verfolgten erwünscht und nicht nur ertragen werden. Zum anderen, daß das von ihnen erlebte Leiden eine rein private Dimension hätte. Beides ist nicht der Fall. Märtyrertum stellt für Reik statt dessen die „sublimierteste Form masochistischen Fühlens" dar und ist deswegen keinesfalls gleichzusetzen mit der Inszenierung männlicher erotischer Unterwerfungsphantasien nach dem Vorbild der Novellen Leopold von SACHER-MASOCHS. 1890 hatte Richard KRAFFT-EBING den Begriff Masochismus geprägt und ihn in den Kanon seiner *Psychopathia sexualis* aufgenommen. Seither wurde in der psychoanalytischen Literatur Masochismus als Störung, gar ‚Perversion' männlicher Sexualität verhandelt. Dagegen ginge es den Märtyrern, so Reik, nicht um eine private und gesuchte Lust über den Umweg der Erniedrigung vor einem Partner. Die Figur des Märtyrers stelle vielmehr eine entscheidende Position im Konsolidierungsprozeß der werdenden christlichen Kirche dar. Eros spiele im Szenario ihrer Verfolgung dagegen eine untergeordnete Rolle. Deswegen wird für Theodor Reik das Märtyrertum zum Urbild des von ihm eingeführten sozialen Masochismus.

Allerdings katapultiert Reik sich mit dieser Verbindung zwischen Märtyrer und einem sozialen Verhaltensmuster in einen argumentativen Zirkel: Zum einen projiziert er den Masochismus, der als Phänomen ja überhaupt erst seit dem späten 19. Jahrhundert thematisiert und auf den Begriff gebracht wurde, rückwirkend als Deutungsmuster auf das historisch weit zurückliegende Märtyrertum, wenn er sinngemäß behauptet: „Schon dort ist masochistisches Verhalten auffindbar." Zum anderen betrachtet er den Masochismus als eine Art Säkularisat der jüdisch-christlichen Leidenskultur. Es wird ununterscheidbar, ob der Märtyrer ein früher Masochist ist oder der Masochist ein später Märtyrer, und es ist fraglich, ob die Verbindung so überhaupt hergestellt werden kann.

Aus diesem Zirkel rettet sich Reik auf eine elegante und interessante Art. Er führt strukturelle Merkmale des Masochismus an, die er sowohl an dessen sexuellen als auch an dessen sozialen Ausprägungen beobachten kann. Zu diesen Merkmalen gehören 1. die starke Rolle der Phantasie, die eine zukünftige *Erlösung* aus dem Leid/der Unterwerfung voraussieht, 2. der demonstrative Zug, wonach *jedes* masochistische Szenario auf *Bezeugung* angewiesen ist, und 3. das Moment des *Suspense*, das heißt eines affirmierten Leidens, dessen Erlösung- und Endpunkt hinausgeschoben werden kann bis hin zu einem Zeitpunkt nach dem Tod – wie bei den Märtyrern. Diese drei Merkmale erlauben es, zwischen sexuellem und sozialem Masochismus sowie zwischen sozialem Masochismus und Märtyrertum von ‚Entsprechungen' zu reden statt von einer Gleichheit. Dennoch bleibt dieser Versuch problematisch, vor allem wenn man sich vor Augen hält, auf welche Weise Reik die Strukturähnlichkeit zwischen martyrologischen und kulturell-masochistischen Szenen herstellt: Zum einen hat er den Begriff des Leidens derart verallgemeinert, daß zwischen zerstörenden Verletzungen und heilbaren Verletzungen des narzisstischen Selbstbildes nicht mehr unterschieden wird. Beide Formen des Leidens werden bei ihm zu „messianischen Wehen" künftigen Triumphes. Zum anderen wird aber auch jede Form des Erduldens von Leid um solcher nachträglichen Erfolge willen als masochistisch bewertbar. Für Kulturwissenschaftler entsteht hier die methodische Frage, ob ein derart erweiterter und struktureller Begriff des Masochismus, der sehr viele Formen der erotischen Triebsublimierung und des Aufschubs von Entspannung zu umfassen scheint, überhaupt für die Deutung kulturgeschichtlicher Transformationen taugt.

Reiks Masochismuskonzeption hat sich jedoch tradiert, – einerseits im positiven Sinne durch Gilles DELEUZE, der in seiner Studie zum Masochismus Reiks Begriff des

Suspense weiterentwickelt und ihn zum Merkmal einer masochistischen Ästhetik gemacht hat, die bis heute diskutiert wird. Zum anderen in Form der Negation bzw. Abgrenzung: Für Erich FROMM, den Schüler von Theodor Reik, ist das Problem des Masochismus „das Problem der Religion in ihrer säkularisierten Form." Jede Form der Unterwerfung, sei sie religiös oder sozial, ist für ihn Zeichen einer therapierbaren, infantilen Angst. Therapierbar sei diese Angst durch ein „Handeln, das zum Glück in diesem Leben führt." Die Betonung liegt auf *diesem*, d. h. dem irdischen Leben, womit der Rekurs auf das Jenseits ausfällt. Erich FROMM und auch Herbert MARCUSE glaubten, daß Reiks martyrologisch-masochistische Kultur um Glücksbedingungen angereichert werden kann, so daß die zentralen Begriffe seiner Masochismustheorie: ‚Triumph' und ‚narzißtische Erhöhung', im besten Fall überflüssig werden, genauso wie jedes Märtyrertum.

Janis Augsburger

Literatur

Gilles Deleuze: „Sacher-Masoch und der Masochismus" (1968) [= Nachwort], übers. v. Gertrud Müller, in: Leopold von Sacher-Masoch: *Venus im Pelz* (1869), Frankfurt a. M. (Insel) 1997

Sigmund Freud: „Das ökonomische Problem des Masochismus" (1924) in: ders.: *Gesammelte Werke*, Bd. 13, Frankfurt a. M. (Fischer) 1963, S. 367–383

Erich Fromm: *Escape from Freedom*, New York (Rinehart) 1941

Theodor Reik: *Aus Leiden Freuden. Masochismus und Gesellschaft*, Frankfurt a. M. (Fischer Tb.) 1983

Tahirihs Kreuz mit dem Schleier – Babi-Religion und Frauenemanzipation

Tahirih in Badascht von Turadsch Dschahangirlu

Die persische Dichterin und Babi-Märtyrerin Tahirih (dt. die Reine), auch bekannt als *Qurrat al-Ain* (dt. der Augentrost), ist eine außergewöhnliche Erscheinung. In eine schiitische Religionskultur hineingeboren, konvertierte sie Mitte des 19. Jahrhunderts zur Babi-Religion. In den nachfolgenden Jahren setzte sie sich für die Verbreitung ihres neuen Glaubens und, vor allem, für die Emanzipation der Frauen ein. Ihre Aktivitäten sorgten für Aufruhr, sie wurde inhaftiert und 1852 getötet. Die bedingungslose Bereitschaft, sich für ihre Glaubensideale aufzuopfern, ließ sie zu einer vielbewunderten Märtyrerfigur werden, die weit über die Babi-Religion und die Grenzen ihrer Heimat hinaus ein poetisches Nachleben erfuhr. Insbesondere ihre Geste, den Schleier abzuwerfen und neue Gesetze zu fordern, machte sie auch für die europäische Emanzipationsbewegung attraktiv.

1817 als Tochter der bedeutenden iranisch-schiitischen Gelehrtenfamilie der Baraghanis geboren, erlernte Tahirih von früher Kindheit an verschiedene Zweige der islamischen Wissenschaften. In ihrer späten Jugend schloß sie sich der in Kerbala ansässigen Schaichi-Schule an, deren schiitischer Begründer, Ahmad al-Ahsai (gest. 1826), ausgerechnet von ihrem Onkel Mulla Muhammad Taqi exkommuniziert wurde (*takfir*). Hierdurch kam es zu großen Spannungen mit ihrem Onkel und dessen Sohn, ihrem Ehemann, von dem sie sich später trennte. 1844 akzeptierte eine Gruppe von 17 ihrer Shaichi-Kollegen den messianisch-prophetischen Anspruch des jungen Kaufmanns SIYYID ALI MUHAMMAD aus Schiraz (1819–1850), bekannt unter dem Ehrentitel der ‚Bab' (dt. das Tor). Auch Tahirih bekannte sich, nach einem visionären Traum, zum Bab und wurde als einzige Frau in die Reihen der nunmehr achtzehn Babi-Apostel aufgenommen, die als „die Buchstaben des Lebendigen" (*huruf al-hayy*) bezeichnet werden.

Ohne dem Bab je persönlich zu begegnen, engagierte sie sich in folgenden Jahren erfolgreich für die Verbreitung ihres Glaubens: durch Reden, poetische und theologische Schriften in persischer und arabischer Sprache sowie die Übersetzung der ersten Offenbarungsschrift des Bab, eine Interpretation zur Koransure *Joseph*. Ihr Einsatz alarmierte die osmanischen Autoritäten, die sie des Landes verwiesen. Zurück in ihrer Heimatstadt Qazwin, stieß sie auf die heftige Opposition ihres Onkels, der ein erbitterter Gegner der Babi-Religion war. Als Tahirihs Onkel getötet wurde, inhaftierte man Tahirih und andere Babis, noch bevor sich herausstellte, daß die Tat von einem Schaichi begangen worden war. Nach ihrer Befreiung schloß sich Tahirih einer Gruppe führender Babis an, die 1848 im Garten von Badascht eine öffentliche Versammlung abhielten. Diese Konferenz wurde zum Schauplatz einer ihrer herausragenden Gesten der Emanzipation: In aller Öffentlichkeit legte sie ihren Schleier ab und hielt eine berühmt gewordene Rede, in der sie die Ankunft eines neuen Zeitalters ankündigte. Daraufhin, so schildert es der Chronist Nabil-i ZARANDI, selbst zur Babi-Religion konvertiert, entstand ein heilloses Chaos. Einige, die sich den islamischen Gesetzen noch verbunden fühlten, verließen die Versammlung; andere drohten Tahirih umzubringen, während einer der Anwesenden sich sogar die Kehle durchschnitt. Für den Großteil der anwesenden Babis jedoch symbolisierte die Entschleierung Tahirihs eine Aufforderung zur notwendigen *Abrogation* des islamischen Gesetzes, um es durch eine neue göttliche Offenbarung zu ersetzen. Da der Bab, der als Gefangener in Aserbaidschan an dieser Versammlung nicht teilnehmen konnte, Tahirih gegenüber Beschwerden über ihr „unsittliches" Verhalten verteidigte, setzte sich in der Babi-Gemeinschaft ihre revolutionäre Sichtweise durch. Im Gegensatz zum Bab, der in Tahirih eine paradigmatische Figur der Reinheit sah und sie mit FATIMIH, der Tochter des Propheten MUHAMMAD, gleichsetzte (auch sie trägt den Beinamen ‚Tahirih'), verurteilten islamische Autoren Tahirihs Auftreten und sahen in ihr nichts anderes als die Inkarnation einer sündig-promiskuitiven Frauengestalt. Hierfür ist es wichtig, daß Tahirih ihren Titel „die Reine" auf der Konferenz von Badascht verliehen bekam – eine Art Schutz gegen den absehbaren Vorwurf moralischer Unreinheit.

Unmittelbar nach der Konferenz von Badascht wurde Tahirih inhaftiert und blieb bis zu ihrem Tod unter Hausarrest in Teheran. Es heißt, der persische König NASIR AL-DIN SCHAH (gest. 1896) habe der schönen Tahirih zu diesem Zeitpunkt vergebens angeboten, sie in die Reihe seiner Hoffrauen aufzunehmen, so sie denn bereit sei, zum Islam zurückzukehren. In einer späteren Privataudienz, am Tag vor ihrem Märtyrertod, wurde sie vom Schah gefragt, warum jemand wie sie an den Bab glaube. Diese Frage soll sie mit den Versen der Koransure *Die Ungläubigen* beantwortet haben: „Sag: Ihr Ungläubigen! Ich verehre nicht, was ihr verehrt, und ihr verehrt nicht, was ich verehre… Ihr habt eure Religion, und ich die meine." Im September 1852 erließen die schiitischen Geistlichen Tahirihs Todesurteil. Sie wurde des Nachts im geheimen zu einem Garten gebracht und dort von einem betrunkenen Sklaven mit ihrem eigenen Halstuch erdrosselt. Ihre Leiche wurde in einen Brunnen geworfen, der mit Erde und Steinen zugeschüttet wurde. An ihrem letzten Abend, so wird berichtet, habe sie sich in intuitiver Vorahnung ihres bevorstehenden Todes mit wohlriechender Salbe eingerieben und ein Brautgewand angezogen. Dieses Motiv, in welchem der Märtyrertod als Hochzeit dargestellt wird, ist sowohl in der islamischen als auch in der christlichen Tradition zu finden. Während es im sunnitisch-islamischen Kontext der Metapher einer Hochzeit des männlichen Märtyrers mit der Heimat vorbehalten ist, rückt die Gestalt der Tahirih damit typologisch in die Nähe der Bräute Christi. Als ihre ‚letzten Worte' ist der Satz überliefert: „Sie können mich töten, wann es Ihnen beliebt, aber die Emanzipation der Frauen können Sie nicht aufhalten."

Tahirihs Geschichte inspirierte zahlreiche europäische Literaten und Intellektuelle des späten 19. und frühen 20. Jahrhunderts. Die Geste des Schleierabwerfens, die sie als Häretikerin innerhalb der islamischen Tradition kennzeichnet, machte Tahirih auch für die europäische Frauenbewegung interessant. Die Autorin der ersten deutschsprachigen Bearbeitung Marie von NAJMÁJER (1844–1904) war selbst, gemeinsam mit der österreichischen Präsidentenmutter Marianne HAINISCH (1839–1936), für die Rechte der Frau auf Bildung und Erziehung aktiv. Ihr Gedicht *Gurret-ül-Eyn. Ein Bild aus Persiens Neuzeit in 6 Gesängen* erschien 1874 in Wien. Darin wird das Bild einer heroischen und opferbereiten Prophetin entworfen, die sich für ein neues Gesetz und für die Emanzipation der Frau stark macht:

Stand hehr wie eine Göttin sie zuletzt,
Und rief entflammt: „Es ist die Zeit gekommen,
Wo Gott im Geist verehrt wird, in der Wahrheit!
Uns ward ein neues Licht, ein neu' Gesetz;
[...]
O, schrecke nicht zurück vor tausend Opfern
[...]
Erhebt Euch, ihr Männer von Iran,
Gebt Zeugnis von der Wahrheit! Und auch Du,
Mein arm' Geschlecht – Ihr Frauen, o, erwachet!"

Das Gedicht versammelt eine Reihe von Pathosformeln, mit denen Tahirih auch über die Grenzen ihrer eigenen Glaubensgemeinschaft hinaus als Märtyrerin figuriert werden kann. Als „Göttin", die die Flammen einer neuen Wahrheit bringt, verkörpert sie einen Kampf, der Opfer fordert, während ihr Tod als Zeugnis und Aufforderung zum Erwachen betrachtet wird. Mit Hilfe von Chiffren aus der Märtyrertradition – wie göttliche Wahrheit, Opfer, Zeugnis und Erwachen – verschmelzen heroische und sakrale Motive zu einer Emanzipationsrhetorik, deren Programm damit selbst religiöse Züge annimmt.

Sasha Dehghani

Literatur

Sabir Afaqi (Hg.): *Tahirih in History. Perspectives on Qurrat'l-Ayn from East and West*, Los Angeles (Kalimat Press) 2004

Abbas Amanat: *Resurrection and Renewal. The Making of the Babi Movement in Iran, 1844–1850*, Ithaca (Cornell University Press) 1989

Abdu'l-Baha: *Vorbilder der Treue. Erinnerungen an frühe Gläubige*, übers. v. Marzieh Gail, Hofheim/Langenhain (Baha'i) 1987

Kent Beveridge: *Frühe Begegnungen Mitteleuropas mit der Baha'i-Geschichte*, Hofheim/Langenhain (Baha'i) 1995

Erfan Diebel: *Zeitgenössische deutschsprachige Quellen des 19. Jahrhunderts über die Babi- und Baha'i-Religion* (unveröff. Magisterarbeit), Leipzig 2004

Shoghi Effendi: *Gott geht vorüber*, Hofheim/Langenhain (Baha'i) 1974

L. P. Elwell-Sutton/Denis MacEoin: „Qurrat al-Ayn", in: B. Lewis u. a. (Hg.): *The Encyclopaedia of Islam*, Bd. 5, Leiden (Brill) 1986, S. 502

Todd Lawson: „The Authority of the Feminine and Fatima's Place in an Early Work by the Bab", in: Linda Walbridge (Hg.): *The Most Learned of the Shia. The Institution of the Marja Taqlid*, Oxford (Oxford University Press) 2001, S. 94–127

Marie von Najmájer: *Gurret-ül-Eyn. Ein Bild aus Persiens Neuzeit in sechs Gesängen*, Wien (Rosner) 1874; Reprint: Wien (Nationaler Geistiger Rat der Baha'i in Österreich) 1981

Martha Root: *Tahirih the Pure*, revised edition with an introductory essay by Marzieh Gail, Los Angeles (Kalimat Press) 1980

Nabil-i-Zarandi, *The Dawn-Breakers. Nabil's Narrative of the Early Days of the Baha'i Revelation*, trans. from the Original Persian and ed. by Shoghi Effendi, New York (Baha'i Publ. Committee) [1932]; Reprint: Wilmette, IL (Baha'i Publ. Trust) [1999]

Der Tod des Josef Trumpeldor – zionistische Märtyrer und *Kiddusch ha-aretz*

Trumpeldor als Kapitän des „Zion Mule Corps“

Der Hof von Tel Chaj, wo Trumpeldor fiel

Die Gestalt des Josef TRUMPELDOR ist wichtigstes Vorbild, ja Symbol für die Wehrhaftigkeit des zionistischen ‚neuen Juden‘, der sich an den jüdischen Helden der Antike orientiert. Sein Leben und Sterben stehen beispielhaft für die zentrale Figur des jüdischen Martyriums in der Moderne: den nationalen, säkularen Märtyrer.

Die Umstände seines Todes werden folgendermaßen überliefert: Der Morgen des 11. Adar 5680 (29. Febr. 1920) begann für die *chalutzim*, die jüdischen Pioniere in Palästina, die in der galiläischen Siedlung Kfar Giladi lebten und arbeiteten, wie immer mit einem gemeinsamen Frühstück. Doch plötzlich waren Schüsse aus dem nahe gelegen Tel Chai, einem jüdischen landwirtschaftlichen Gut, zu hören. Zehn Männer unter der Führung des erfahrenen Soldaten Josef Trumpeldor eilten zur Unterstützung der Kameraden dorthin und sahen, daß das Anwesen von einer Truppe mit mehreren hundert bewaffneten Beduinen bedrängt wurde. Den herbeigeeilten Männern gelang es nicht nur, das Haus und deren Bewohner zu erreichen, sondern auch die Beduinen zurückzuschlagen. Allerdings wurde Trumpeldor, der die verschiedenen Posten zu koordinieren versuchte, zweimal getroffen, einmal schwer durch einen Bauchschuß.

Schließlich mußte der Posten Tel Chai aufgegeben werden. Auf dem nächtlichen Rückzug der *schomrim* – ‚Wächter', so die Selbstbezeichnung der bewaffneten Pioniere – nach Kfar Giladi erlag Trumpeldor seiner schweren Verletzung. Es wird überliefert, daß er mit folgenden Worten starb: *„Ejn dawar; tow lamut bead artzenu"* (Es macht nichts; es ist gut, für unser Land zu sterben). Diese ‚letzten Worte' sollten zum Vermächtnis Trumpeldors werden, das sich an ganze Generationen von Pionieren wendet und schließlich zum Teil des nationalen Mythos Israels wurde.

Joseph Trumpeldor wurde 1880 in einer assimilierten jüdisch-russischen Familie in Pjatigorsk in der nördlichen Kaukasusregion geboren. Als Soldat der russischen Armee nahm er am Russisch-Japanischen Krieg (1904/05) teil, in dem er sich durch seine besondere Tapferkeit hervortat und bei den Kämpfen um Port Arthur seinen linken Arm verlor. Aufgrund seiner besonderen Verdienste wurde er 1906, als erster Jude, in den Rang eines Offiziers der zaristischen Armee erhoben. 1912 ging er nach Palästina und arbeitete dort in verschiedenen landwirtschaftlichen Kooperativen. Bei Ausbruch des Ersten Weltkriegs wurde er als russischer Staatsbürger nach Ägypten deportiert und baute dort mit anderen Juden das *Zion Mule Corps* auf, eine jüdische Abteilung in der Britischen Armee. 1919 kehrte er nach Palästina zurück, wo er, nachdem es vermehrt zu Zusammenstößen zwischen jüdischen Pionieren und Arabern gekommen war, die Organisation einer bewaffneten Verteidigung der Siedlungen übernahm. In dieser Funktion hielt er sich auch in Kfar Giladi auf. Obwohl schon in den 1910er Jahren Pioniere in Kämpfen mit Arabern gefallen waren, ist es der Geschichte seines Todes zugefallen, zum Symbol eines neuen, wehrhaften jüdischen Allgemeinwesens und, verdichtet zum nationalen Narrativ, zum Teil des ‚zionistischen Mythos' zu werden.

Schon sehr bald nach dem Bekanntwerden seines Todes in Palästina und in den zionistischen Kreisen Europas erschienen Nachrufe, die Züge von Heldenverehrung und Märtyrerkult tragen. Auch die etwas später verfassten Biographien gleichen, in ihrer Schilderung des wunderbaren Lebens und Sterbens Trumpeldors, Hagiographien. So entwirft der aus Russland stammende hebräische Schriftsteller und zionistische Aktivist Moshe SMILANSKY am 14. März 1920 in dem in der Zeitung *Ha-aretz* erschienenen Artikel *Mekom kodesch* (Ein heiliger Ort) über die Ereignisse in Tel Chai und Kfar Giladi eine *Vision* vom Gedenken an die Gefallenen: „Jahr für Jahr am 11. Adar werden Lehrer und Schüler aus allen Teilen des freien Israel in den äußersten Zipfel Nordgaliläas, nach Tel Chai und nach Kfar Giladi strömen. [...] Und dort, zu Füßen der heiligen Gräber, wird bebend berichtet werden: Hier brachen in die Knie, fielen Märtyrer (*kedoschim*, d. h. Heilige). Hier stand zweieinhalb Monate lang eine Handvoll Juden, einsam und auf sich allein gestellt, auf heiliger Wacht. [...] Mit erneuerten, frischen Kräften und gesättigt mit Tautropfen von Heiligkeit, der Auferstehung, des Glaubens und des Heldentums werden Lehrer und ihre Schüler zu ihren Büchern in ihren Lehranstalten und zu ihren Beeten auf dem Feld ihrer Arbeit zurückkehren, und ihr Herz ist stolz: Söhne heiliger Väter sind wir!" Auch Israel Zwi KANNER unterstreicht in seiner 1936 erschienenen Biographie die Erlösungshoffnungen, die sich für die zionistische Sache mit Trumpeldors Tod verknüpfen: „Trumpeldor lebt ewig. Er und seine Kameraden fielen um der Heiligkeit des Namens willen. Das Blut unserer Helden wird sich nicht eher beruhigen, als bis das ganze Volk sich erhoben haben wird. Möge das Leben denen, die nach ihm kommen, Beispiel sein, möge es unsere Jugend mahnen, ohne Zögern alles, und wenn es die Ehre und die Erhaltung des Volkes fordern, auch das Leben zu opfern."

Kiddusch ha-Schem, die *Heiligung* (oder wie hier ,Heiligkeit' des Namens Gottes), ist der terminus technicus für ,Martyrium' im Judentum. Das Konzept der ,Heiligung des göttlichen Namens' bedeutet in der jüdischen Religion zunächst allgemein die Befolgung der Gebote und Verbote, die in der hebräischen *Bibel* und ihren Auslegungen festgeschrieben sind. Erst in letzter Konsequenz, wenn in einer Verfolgungssituation die Übertretung der Verbote des Götzendienstes, der Unzucht und des Mordes droht, wird für die ,Heiligung des göttlichen Namens' auch der Einsatz des eigenen Lebens in Betracht gezogen. Mit dem Rückgriff auf die Formel ,Heiligung des Namens' hat Smilansky den Weg für die Schaffung neuer säkularer jüdischer Märtyrer bereitet. Diese werden in ältere religiöse Traditionen eingeschrieben, indem ein bis dahin dominant religiös besetztes Vokabular in eine nationale Rhetorik umgeschrieben wird. Durch diese Konversion einer religiösen in eine säkular-nationale Figuration fügt sich der Tod Trumpeldors in die Schablone des prototypischen jüdischen Märtyrers der frührabbinischen Zeit, des Rabbi AKIBA und seines Sterbens unter römischer Herrschaft ca. 135 n. Chr. ein. Wie dessen letzte Worte mit dem „*adonai echad*" (der Herr ist einzig) des *Schma Jisrael* (Höre Israel), des jüdischen Glaubensbekenntnisses, auslauten, so mündete auch Trumpeldors Leben in einem Credo. Dieses endet nicht mit dem Namen Gottes, sondern mit „*artzenu*" (unser Land). *Kiddusch ha-Schem* ist zu *Kiddusch ha-aretz*, zur Heiligung des Landes, geworden. Wie jeder fromme Jude mit dem *Schma* auf den Lippen, Rabbi AKIBA gleich, sterben sollte, so jeder *chalutz* mit den Worten Trumpeldors.

Nach seinem Tod wurde Trumpeldor zum Patron zweier militärischer Organisationen: der *Gedud awoda al schem Josef Trumpeldor* (Arbeiterlegion auf den Namen Josef Trumpeldor) und des von Zeev JABOTINSKY gegründeten *Berit Trumpeldor* (Trumpeldor-Bund). Gemeinsam mit Jabotinsky hatte sich Trumpeldor während und nach dem Ersten Weltkrieg um die Einrichtung einer jüdischen Legion bemüht. Diese verstand er als ersten Schritt zur Gründung von jüdischen Streitkräften, die das zionistische Vorhaben der Errichtung eines jüdischen Staates in Palästina unterstützen sollten. So *mußte* der Held von Tel Chai, dessen Mut und Entschlossenheit schon in der Diaspora mit militärischen Meriten belohnt worden war, zum Vorbild aller jüdischen Soldaten werden. Der Tag seines Todes, der 11. Adar, wurde in den zionistischen ,Heiligenkalender' als Tag der Streitkräfte eingeschrieben.

Die Vision des Schriftstellers SMILANSKY erfüllte sich schließlich, als 1924 die Gebeine Trumpeldors und seiner Kameraden auf einen Friedhof zwischen Tel Chai und Kfar Giladi umgebettet und 1934 auf den Gräbern ein von Abraham MELNIKOW gestaltetes Monument in Form eines brüllenden Löwen, des Sinnbilds des biblischen Stammes Juda, errichtet wurde. Generationen von israelischen Schulkindern und Soldaten pilgern seitdem Jahr für Jahr zum Grab dieses zionistischen Märtyrers.

Helen Przibilla

Literatur

Israel Zwi Kanner: *Josef Trumpeldor. Ein jüdischer Held*, Wien (J. Belf) 1936

J. S.: „Trumpeldor“, in: *Der Jude*, 5 (1920/21) Heft 1, S. 37–39

Moshe Smilansky: „Mekom kodesch“ (Ein heiliger Ort), in: *Ha-aretz*, 2. Jg., 14. März 1920

Yael Zerubavel: *Recovered Roots. Collective Memory and the Making of Israeli National Identity*, Chicago (University of Chicago Press) 1995

Pavlik Morozov – sowjetischer ‚Helden-Pionier‘

Vitalij Georgievič Gubarev: *Pavlik Morozov*, Moskva (Iskusstvo) 1953, Titelblatt

Denkmal für Pavlik Morozov in Moskau

Anfang September 1932 wurden im kleinen sibirischen Dorf Gerasimowka (im Gebiet von Swerdlowsk, heute: Jekaterinburg) die Bauernsöhne Pavel und Fedor Morozov erstochen aufgefunden. Der ältere der beiden, der 14-jährige Pavlik, wie er fortan nur noch genannt wurde, avancierte binnen weniger Jahre zu einer der zentralen Figuren im Pantheon sowjetischer Helden und Märtyrer. Nach der offiziell kanonisierten Version war der Pionier Pavlik aktiver Teilnehmer am Kampf gegen die als ‚Kulaken‘ bezeichneten Feinde der Sowjetmacht auf dem Land. Ziel der forcierten Kollektivierung (1929–1932) war die „Liquidierung der Kulaken als Klasse“, zu der alle Mittelbauern gezählt wurden. Pavliks „Heldentat“ bestand darin, daß er seinen Vater bei den Vertretern der örtlichen Macht als Komplizen der ‚Kulaken‘ angezeigt hatte. Aus Rache wurde Pavlik (vom Bruder war meistens keine Rede) deshalb heimtückisch von Kulaken umgebracht.

Die genauen Umstände des Tathergangs sind nie aufgeklärt worden. Dennoch, oder vielleicht gerade deshalb, bot das Schicksal des Jungen eine nahezu ideale Vorlage für die Konstruktion einer sozialistischen Leitfigur. Die sowjetische Propaganda bedurfte zentraler Vorbildfiguren, denen die Kinder und Jugendlichen auf ihrem Entwicklungsweg zu ‚neuen Menschen' nacheifern sollten. Das Bild eines unschuldigen Kindes – die Koseform Pavlik unterstreicht dies – an der Schwelle zum Erwachsensein, eines Kindes, das an die verkündete ‚lichte Zukunft' des Kommunismus glaubte und getreu diesen Idealen als Pionier lebte, das aber bereits im ersten bewußten Kampf sein Leben opferte, ließ sich als Vorbildfigur besonders gut modellieren. Pavliks ‚Kampf', die Denunziation des Vaters als Verräter, kann als eine Art Initiationsakt in die Erwachsenenwelt verstanden werden – eine Tat, die ihn zwar sein Leben kostete, durch die er aber gleichberechtigt neben andere erwachsene Kämpfer für die neue Sowjetordnung treten konnte. Heldentum und Märtyrertum verbanden sich in einer Weise, die einer Sakralisierung der Figur entgegenkommt. Ein jugendliches Opfer zählt zu den traditionellen Gründungsmythen vieler Kulturen und Gesellschaften, weil es ein hohes emotionales Identifikationspotential bietet. Eine totalitäre Kultur wie die stalinistische nutzte dieses und inszenierte die Geschichte einer solchen Opferung als Instrument politischer Propaganda.

Pavlik Morozov wurde zum Symbol einer Epoche, in der Denunziation – unter dem Stichwort der ‚Wachsamkeit' gegenüber möglichen Feinden des Sozialismus – zu den Kardinaltugenden gezählt wurde. Bereits 1933 hatte Maksim GOR'KIJ in der führenden Parteizeitung *Pravda* (Die Wahrheit) die Rechtmäßigkeit von Pavliks Verhalten gelobt, dürfe man doch selbst einen „Blutsverwandten" nicht schonen, wenn sich herausstelle, daß dieser „ein geistiger Feind" sei. Die Erinnerung an den „kleinen Helden" dürfe nicht verschwinden, betonte Gor'kij und forderte, ihm ein „Monument" zu errichten. Die Idee eines Denkmals wurde während des Ersten Schriftstellerkongresses der Sowjetunion (1934) aufgegriffen – zunächst in dem geschickt inszenierten Appell einer Pionierdelegation, der vom Präsidium erhört wurde: Jeder, der Geld für ein solches Denkmal spenden wollte, sollte sich in eine Liste eintragen. Das Denkmal für Pavlik Morozov in Moskau wurde aber erst 1948 aufgestellt, doch nicht, wie ursprünglich vorgesehen, unmittelbar vor dem Roten Platz, sondern in einem eigens angelegten kleinen Park in einem anderen Bezirk. In den Folgejahren kamen unzählige weitere Denkmäler hinzu, die sich kaum voneinander unterschieden: Dargestellt ist ein Junge in Pionierkleidung, in kämpferischer Pose und mit wehendem Pionierhalstuch. Die Denkmäler wurden zu Kultstätten, an denen vielerorts der rituelle Akt der Aufnahme in die Pionierorganisation vollzogen und Kindern bis in die späte Sowjetzeit hinein die ideologiekonform präparierte Geschichte des Pavlik Morozov als nachahmenswertes Vorbild vermittelt wurde.

Mit der Zeit wurde der Mythos derart oft umgeschrieben, bereinigt und perfektioniert, daß die Manipulation die wenigen bekannten, teilweise höchst widersprüchlichen Fakten restlos verdrängt hat. So wurde beispielsweise das einzige erhaltene, dazu noch undeutliche Foto Pavliks im Kreise anderer Schüler, von denen keiner ein Pioniertuch trägt, retuschiert und nach und nach durch signifikante Attribute ergänzt: Buch, Pionierhalstuch, ordentliche Kleidung. Es bleibt umstritten, ob Pavel überhaupt Pionier war, da einigen Berichten zufolge, in Gerasimowka überhaupt erst nach seinem Tod eine Pioniergruppe gebildet wurde. Dennoch erfolgte 1955 die offizielle Kanonisierung: Pavlik Morozov wurde unter dem Titel „Helden-Pionier Nr. 1" der Sowjetunion ins Ehrenbuch des Zentralkommitees des Kommunistischen Jugendverbandes (*Komsomol*) eingetragen. Die Vielzahl von Texten und Bildern, die an der Legendenbildung beteiligt waren, ist kaum zu überblicken. In all diesen Liedern, Versdichtungen, Skizzen und biographischen – präziser: hagiographischen – Darstellungen stehen nicht die Leiden im Mittelpunkt, sondern das Heldenhafte seines Verhaltens, um Pavliks Tod einen Sinn zu verleihen und ihn so als Märtyrer des Sozialismus zu ehren. Auch im Medium des Films sollte Pavlik ein Denkmal gesetzt werden. Kein geringerer als Sergej ĖJZENŠTEJN nahm sich eines Drehbuchs über Pavlik Morozov an. Sein Spielfilm *Die Beshin-Wiese* (1935–1937) durchbrach jedoch konzeptionell und ästhetisch die offiziell kanonisierte Version der Pavlik-Biographie. Ėjzenštejn verdichtet die Konfrontation zwischen Vater und Sohn symbolisch zum Konflikt zwischen alter und neuer Welt und drängt damit das Pathos der Denunziation in den Hintergrund. Der Film wurde von der stalinistischen Zensur verboten, und Ėjzenštejn mußte öffentliche Selbstkritik üben.

In den 80er Jahren hat der Schriftsteller Jurij DRUŽNIKOV die Entstehung des Mythos um Pavlik untersucht und versucht, aus Augenzeugenberichten sowie Dokumenten die Fakten zu rekonstruieren. Er hält es für möglich, daß Pavel seinen Vater, den Vorsitzenden des Dorfsowjets, bei Vertretern der örtlichen Macht angezeigt hatte, weil dieser Bauern, die im Zuge der Kollektivierung hierher verbannt worden waren, gegen Geld Belege ausstellte, die sie als „arme Bauern" auswiesen. Zudem habe Pavlik einigen Berichten zufolge geheime Getreidevorräte von ,Kulaken' aufgedeckt. Družnikov führt ebenso Indizien an, die auf ein Familiendrama hinweisen: Der Vater habe die Familie verlassen, worauf die Mutter ihren Sohn zu der Tat ermunterte, um den Vater zurückzuholen. Es kam jedoch anders. Der Vater wurde verhaftet und kam ins Zwangsarbeitslager des GULAG. Einige Monate später wurden Pavel und sein Bruder ermordet. Die angeblichen Täter – die Großeltern sowie ein Onkel und ein Vetter – wurden schnell gefaßt und kurze Zeit später in Tavda in einem öffentlichen Schauprozeß zum Tode durch Erschießen verurteilt. Das Urteil wurde unverzüglich vollstreckt. In den späten 90er Jahren bestätigte die Generalstaatsanwaltschaft, es habe sich um ein kriminelles Verbrechen gehandelt, weshalb eine Rehabilitierung der Angeklagten nach politischen Kriterien nicht möglich sei.

Ungeachtet aller Ungereimtheiten findet sich in sowjetischen Enzyklopädien bis in die zweite Hälfte der 80er Jahre hinein der Eintrag, Pavlik habe als Vorsitzender der Pioniergruppe in Gerasimowka aktiv gegen die Kulaken gekämpft und sei von diesen ermordet worden. Am 3. September 1982, dem 50. Todestag des „Helden-Pioniers Nr. 1", wurde Pavlik in der Presse als „Märtyrer der Idee" geehrt. Die Figur des Pavlik scheint bis in die jüngste Vergangenheit hinein eine nahezu sakrale Aura zu umgeben. Družnikovs Untersuchung wurde als Sakrileg gewertet, als Angriff auf das wenige symbolische Kapital, das den Menschen nach dem Zerfall der Sowjetunion geblieben war. Maksim Gor'kij hatte Pavlik Morozov einst ein „kleines Wunder unserer Epoche" genannt. Er hat nicht ahnen können, daß selbst Pavliks Denkmal in Gerasimowka – es steht bis heute – zu einem heiligen Ort wurde. Noch in den 90er Jahren, will man dem Bericht einer Lehrerin Glauben schenken, pilgerten Kinder dorthin und legten Zettel nieder, auf denen sie ihre geheimsten Wünsche notiert hatten.

Franziska Thun-Hohenstein

Literatur

Yuri Druzhnikov: *Informer 001: The Myth of Pavlik Morozov*, New Brunswick (Transaction Publishers) 1997

Ostrovskij und der sozialistische Märtyrerheld – Arbeit als Ideal und Opfer

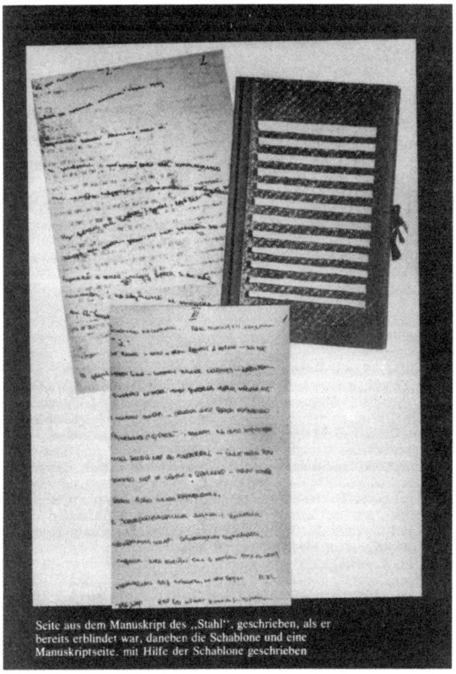

Nikolaj Ostrovskij: Manuskriptseiten aus *Stahl*

Nikolaj Ostrovskij mit seiner Sekretärin Aleksandra Petrovna Lasareva, Sotschi 1936

In seinem autobiographischen Roman *Wie der Stahl gehärtet wurde* (1934) hat Nikolaj Ostrovskij mit seinem Helden Pavel Korčagin eine exemplarische Figur des sozialistischen Märtyrerhelden geschaffen. In dieser Figur aus dem Ensemble sozialistischer Heldenmythen tauchen zentrale Motive des religiösen Märtyrertums in säkularisierter Form wieder auf. Von besonderer Bedeutung für diese Figur ist die Verbindung von Aktivismus und Repression, von physischer Arbeit bis zur (Selbst-)Zerstörung und einem Heilsversprechen, das nicht mehr, wie im religiösen Märtyrerdiskurs, auf ein jenseitiges Reich verweist, sondern den ‚Neuen Menschen' der Zukunft entwirft. Der literarische Arbeiterheld Pavel Korčagin stellt sein Leben in den Dienst dieses Zukunftsideals: In jungen Jahren tritt er dem kommunistischen Jugendverband Komsomol bei und kämpft in den Reihen der Bolschewiki. Infolge einer Kriegsverletzung und einer verschleppten Typhuserkrankung gelähmt und erblindet, wechselt der ans Bett Gefesselte sein Aktionsfeld und greift zu ‚einer neuen Waffe', der Literatur. Als

Schriftsteller kehrt er noch einmal für kurze Zeit zurück „in Reih und Glied und ins Leben“, um der Nachwelt ein Zeugnis der Kämpfe zu überliefern, an denen er teilgenommen hat, und um die Jugend aufzufordern, dem jungen Kämpfer nachzueifern.

Im Zentrum des Romans steht die Erziehung und Selbsterziehung der Hauptfigur Pavel Korčagin zu einem revolutionären Helden. Die hagiographische Anlage des Textes belegt, daß sich der Autor Nikolai Ostrovskij von Anfang an der Modellfunktion des Romans bewußt war. Die Schilderung des aufopferungsvollen Kampfes Korčagins sollte ein Vorbild abgeben und mobilisierend wirken. Trotz der stark verklärenden Züge des Romans enthielt dessen erste Fassung einige autobiographische Details aus dem Leben Ostrovskijs, die den stalinistischen Redakteuren als politisch anstößig erschienen, weil sie der geforderten Makellosigkeit einer politischen Ikone widersprachen. In späteren Fassungen wurden sie getilgt. Nach diesen ideologisch motivierten Eingriffen avancierte der Roman zu einem politischen Kultbuch, das einen heroischen Kämpfer präsentiert, der deutlich die Züge eines Märtyrers trägt. Dessen Bereitschaft zum selbstlosen Opfer erwuchs vor allem aus dem Glauben, daß die Entwicklung der jungen Sowjetunion einer neuen Epoche der Menschheit den Boden bereitet. An einer Stelle faßt Korčagin die Maxime seines Lebens in folgende Worte: „Das Kostbarste, was der Mensch besitzt, ist das Leben. Es wird ihm nur einmal gegeben, und leben soll er so, daß nicht sinnlos vertane Jahre ihn schmerzen, daß nicht die Scham um eine schäbige und kleinliche Vergangenheit ihn brennt und daß er im Sterben sagen kann: Mein ganzes Leben und all meine Kräfte habe ich hingegeben für das Schönste der Welt – den Kampf um die Befreiung der Menschheit.“

Im Alltag dieses Helden kommt diese Unterordnung des Lebens unter ein einziges Ziel zunächst in einem asketischen Sexualverhalten zum Ausdruck, das für viele Märtyrerfiguren charakteristisch ist. So verspricht er seiner Mutter, „kein Mädchen anzurühren, bis wir auf der ganzen Welt mit den Burshuis [Bourgeois] fertig sind“. Wann immer der Wunsch nach körperlicher Nähe sich regt, wird er „mit äußerster Willensanstrengung“ bezwungen. Zum Ende des Romans hin verdichten sich die Motive eines religiösen Märtyrerdiskurses in der neuen Figur des sozialistischen Märtyrerhelden. Hier werden die extremen Schwierigkeiten geschildert, unter denen Korčagin seine historische Mission als Schriftsteller weiterverfolgt. Schon als 26jähriger infolge einer Kriegsverletzung ans Bett gefesselt, gelähmt und völlig erblindet, ist er auf fremde Hilfe angewiesen, um das Zeugnis seines Kampfes abzulegen: seine Frau und seine Sekretärinnen, denen er den Text diktiert. Als er erfährt, daß sein Roman von der Kultur- und Propagandaabteilung mit Begeisterung aufgenommen worden ist, feiert er dies als seine Wiederauferstehung: „Abermals – mit einer neuen Waffe – war er in die Kampfreihen und zum Leben zurückgekehrt.“

In der Sowjetunion, aber auch in der DDR wurde der Roman zum klassischen Werk des sozialistischen Realismus kanonisiert und nicht nur der Held, sondern auch sein Autor Nikolaj Ostrovskij als ein sozialistischer Märtyrerheld verehrt. In besonderer Weise wurde dabei immer wieder das Motiv der bedingungslosen Hingabe an die höhere Sache (das Kollektiv, den Menschen oder die Gesellschaft der Zukunft etc.) herausgestellt. Keineswegs zufällig zeigt das Grabdenkmal Ostrovskijs auf dem Moskauer Friedhof beim Jungfrauenkloster einen Helden, der noch auf dem Sterbebett die Hand zur Kämpferfaust ballt. Diese ruht auf dikken Papierstapeln auf – ein Bild, das den Topos von der Literatur als Waffe im Kampf des Sozialismus in eine ikonographische Pathosformel transformiert.

Ostrovskij, der die Idealgestalt eines opferbereiten Helden kreiert hat, hat damit das eigene Leben als Martyrium im Dienste des Fortschritts literarisch stilisiert. Damit hat er sich in eine Reihe mit vielen anderen Heldengestalten der jungen Sowjetunion gestellt. Im Rückblick erscheinen sie als heroische Märtyrer, die die gewaltigen und gewaltförmigen Prozesse einer nachholenden Modernisierung in Gang halten, legitimieren und zur Nachahmung auffordern sollten. Die stalinistische Führung hat den Typus des opferbereiten Helden geschickt einzusetzen gewußt. Im Jahre 1927 wurde die Auszeichnung „Held der Arbeit" erfunden; 1934 – im Jahr der Erstveröffentlichung des Romans *Wie der Stahl gehärtet wurde* in Buchform – folgte der Titel „Held der Sowjetunion". Die Institutionalisierung des Märtyrerhelden setzte sich 1935 in der Begründung der Stachanov-Bewegung fort, deren Angehörige sich in der Produktionssteigerung und Akkordarbeit verzehrten. Sie wurden als „Helden der Arbeit" und „neue Menschen" gefeiert.

Für den Typus des sozialistischen Märtyrerhelden ist die Kopplung des Martyriums an die Arbeit von entscheidender Bedeutung. Die Idealisierung, ja Sakralisierung der Arbeit schlägt in der bis zur unmenschlichen Verausgabung gesteigerten Anstrengung in ein ‚Opfer' um. Wenn dieses Opfer das Leben kostet, garantiert es einen Platz im sozialistischen Märtyrerhimmel. Schon im Titel des Romans *Wie der Stahl gehärtet wurde* klingt dieses Thema an. Auch in Raisa OSTROVSKAJAS Biographie ihres Mannes tritt das historisch neue Motiv einer Engführung von Arbeiterheld und Opfer deutlich hervor. „Ostrowskis Arbeitstag begann früh. [...] Keine Minute ging verloren. [...] Ich übertreibe nicht, wenn ich sage, daß er manchmal achtzehn bis zwanzig Stunden am Tag arbeitete".

Der sozialistische Märtyrerheld ist von Anfang an auf ein Kollektiv bezogen, dem er einerseits dient und das andererseits zur Nachahmung aufgerufen wird. Er wirkt aktiv aus der bestehenden Gesellschaft heraus und ist getrieben von dem Motiv, durch extreme Anstrengungen eine neue gesellschaftliche Ordnung aufbauen zu helfen. Seine politische Konformität und Opferbereitschaft werden von den Autoritäten in Staat und Partei mit öffentlichen Auszeichnungen und garantiertem Nachruhm belohnt. Mit seinem autobiographischen Roman hat Nikolaj Ostrovskij ein Zeugnis hinterlassen, das vor allem die Jugend beeindrucken sollte. Aufgrund der idealtypischen Nähe seiner Hauptgestalt Pavel Korčagin zu anderen zeitgenössischen Arbeiterhelden konnte sein Roman zu einem kommunistischen Kultbuch werden. In der Sowjetunion erlebte das Buch weit über 200 Auflagen; die Gesamtauflage der DDR erreichte etwa 1 Million Exemplare. In der achten Klasse der Polytechnischen Oberschule gehörte der Roman zur Pflichtlektüre. Freilich mußten in dem Maße, wie Anspruch und Wirklichkeit der staatssozialistischen Länder zunehmend auseinanderfielen, die durch solche Vorbilder wie Ostrovskij und Korčagin verkörperten Ideale an Attraktivität verlieren. Mit dem Zerfalldes Ostblocks sind auch die sozialistischen Märtyrerhelden von der Weltbühne verschwunden. An den Bruchstellen der NeuenWeltordnung aber bilden sich neue Märtyrerfiguren heraus.

Falko Schmieder

Literatur

Andreas Guski: „N. Ostrovskijs ‚Kak zakaljalas' stal' – biographisches Dokument oder sozialistisch-realistisches Romanepos?“, in: *Zeitschrift für Slavische Philologie*, 42 (1981), S. 116–145

Raissa Ostrowskaja: *Nikolai Ostrowski. Leben und Kampf eines Unbeugsamen. Biographie*, übers. v. Melitta Bailleu, Berlin (Verlag Neues Leben) 1977

Nikolai Ostrowski: *Wie der Stahl gehärtet wurde*, übers. v. Thomas Reschke, Berlin (Verlag Neues Leben) 1986

Semen Adol'fovič Tregub: *Nikolai Alexejewitsch Ostrowski. 1904–1936*, übers. v. Felix Tutenberg, Berlin (Verlag Neues Leben) 1953

Varlam Šalamovs Erzählungen aus dem GULAG – das Martyrium des nackten Lebens

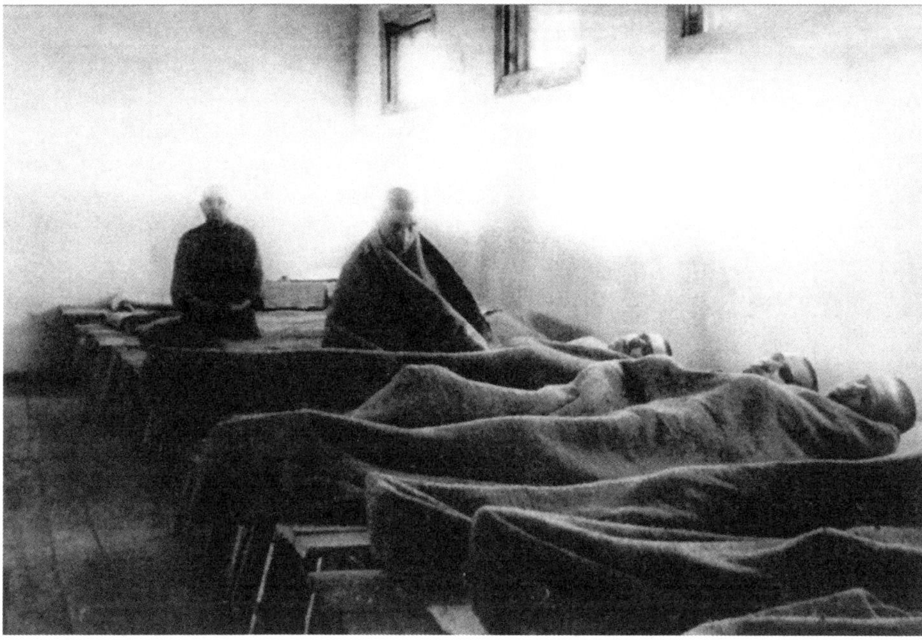

Krankenlager, Workuta, 1945

Wofür wurden während der Stalinzeit Häftlinge an der Kolyma nicht alles erschossen! Sagte man, die Arbeit sei schwer – Erschießung; schwieg man, wenn alle „es lebe" Stalin schrien – Erschießung; für Nichterfüllung der Norm – Erschießung; für Arbeitsverweigerung – Erschießung … Eine Armee von Denunzianten, angeworben von den Operativarbeitern des NKWD, bereitete die Listen der künftigen Toten vor. Eine Denunziation reichte aus, um erschossen zu werden. „Einen wirklichen ‚Fall' aber", schrieb Varlam Šalamov, „gab es nie. Auch wurde keine Untersuchung geführt. Zum Todesurteil führten die Protokolle der ‚Trojka', jener bekannten Institution der Stalin-Jahre." – Der Schriftsteller Varlam Šalamov, der künftige Autor der *Erzählungen aus Kolyma*, verbrachte von zwanzig Jahren Lagerhaft zehn bei „allgemeinen Arbeiten" (offiziell übliche Bezeichnung für schwere physische Massenarbeit der Lagerhäftlinge) in den Gruben der Kolyma. Er erlebte unerträgliche Arbeit, Schläge, Hunger, Kälte, Krankheiten und Erniedrigungen. Viele Male kam er im Zustand totaler Auszehrung aufs Krankenlager.

Unter Bedingungen, da selbst jene nur selten überlebten, die keinerlei Mittel scheuten, hielten sich Šalamov und die autobiographischen Helden seiner Erzählungen an selbstauferlegte Regeln: andere nicht zu denunzieren, nicht Brigadier zu werden (um nicht Mitgefangene durch unmenschliche Arbeit zu töten), nicht der Obrigkeit und den Kriminellen zu dienen. Mit anderen Worten, in einer Welt ohne Regeln, außerhalb des Lebens, lebten sie, anders als die große Mehrheit der übrigen Häftlinge, nach Regeln und verzichteten auf ein Überleben um jeden Preis. – Das war die Heldentat dieser seltenen Menschen im Lager.

Es ist nicht leicht zu verstehen, warum Šalamov die nach dem berühmten Artikel 58 (berüchtigter Paragraph des sowjetischen Strafgesetzbuches, der eine Verurteilung wegen angeblicher konterrevolutionärer Tätigkeit vorsah) Verurteilten – er schreibt vor allem über sie und in ihrem Namen – für Märtyrer hielt. Traditionell versteht man unter Märtyrertum die Selbstopferung für etwas Höheres als das Leben, vor allem für etwas Transzendentes. Die übergroße Mehrheit der zu Stalins Zeiten Verurteilten litt jedoch nicht für eine Idee; ihr Verbrechen war konstruiert und wurde während der Untersuchung in ihre Körper eingebrannt. Sie hielten sich nicht für schuldig und waren es im juristischen Sinne auch nicht. Und sie waren auch niemals „Politische", schrieb er. Wie übrigens der gesamte damalige Artikel 58 keine Politischen gewesen seien. „Der unbestrafte Gewaltakt an Millionen von Menschen war möglich, weil es sich um unschuldige Menschen handelte. Das waren Märtyrer, und nicht Helden." – Wofür haben diese Menschen gelitten? Wofür bewahrten sie den biologischen Rest eines geistig beendeten Lebens? – SOLŽENICYN verurteilte sie dafür hart, bezeichnete sie als „politisches Pack". „Wie wenig braucht es demnach, um zu kämpfen und zu siegen", rief er aus, „*nur* den Einsatz des Lebens! Eines Lebens, das ohnedies verspielt war." – Šalamov sah das Verhalten dieser Menschen anders. Er – der im Lager nicht auf Kosten anderer überleben wollte – achtete in ihnen das Martyrium eines Lebens, das sich selbst um jeden Preis zu erhalten versuchte. Das ist kein religiöses Märtyrertum, das das Leben einem Wert opfert, der es unendlich übertrifft. Es ist auch kein revolutionäres Märtyrertum, dessen Ziel ein verwandeltes, dem Idealen angenähertes Leben ist. Bei Šalamov haben wir es mit einem Leben jenseits allen geistig verwandelten Lebens zu tun, mit seinem biologischen Rest.

Als Märtyrer galten jahrhundertelang Menschen mit einer starken religiösen Motivation, Menschen, die die Gesetze ‚dieser Welt' verachteten und sich dem Jenseitigen als etwas ursprünglich und bewußt Vertrautem hingaben (in diesem Sinne des Wortes kann man Revolutionäre nur im Analogieschluß als Märtyrer bezeichnen). Im GULAG gab es sowohl religiöse Eiferer als auch ‚gläubige' Revolutionäre, Menschen, die mit Stalins Namen auf den Lippen starben, und Kriminelle, die ihr Leben für den ‚Gaunerkodex' opferten. Die meisten Häftlinge aber erlitten ein Martyrium, d. h. sie starben oder überlebten ohne Ziel. Genauer gesagt, die Bewahrung des Lebens blieb das eigentliche Ziel, selbst im Falle der *dochodjagi*, jener, die sich an der Schwelle zum Tode befanden und nicht mehr imstande waren zu arbeiten. Sie bewahrten ein Leben jenseits des Lebens. Diese angesichts der unerhörten, unvorstellbaren Unmenschlichkeit der Lagererfahrung auf den ersten Blick unheroische Tat deutet Šalamov als Akt des Märtyrertums. Šalamov will kein Urteil fällen über die Träger der Lagererfahrung. Er wußte: Die ‚allgemeinen Arbeiten' verwandeln *jedes* Leben in seinen biologischen Rest. Wer das Leben jenseits des Lebens bewahrt, der ist für Šalamov ein Märtyrer in einem *neuen* Sinne des Wortes.

Für SOLŽENICYN ist die Lagererfahrung nicht konsequent und radikal unmenschlich; er beurteilt sie moralisch, konstruiert eine Hierarchie ihrer Träger. Er zeigt deutlich seine Verachtung für die ‚pseudopolitischen' Häftlinge und stellt ihnen traditionelle Märtyrer gegenüber (Gläubige, die alte Intelligenzija, Mitglieder der ‚Narodnaja volja', Trotzkisten), die sich nicht mit der Bewahrung des nackten Lebens zufrieden geben. Er schrieb die Geschichte des GULAG aus der Perspektive des *Widerstands* gegen ein unmenschliches Regime. Šalamov hingegen schuf keine Geschichte, sondern eine *Momentaufnahme* des GULAG, mit Blick auf *das absolut Unmenschliche*. Solženicyns Moralismus stellte er sein Staunen über die wachsende Macht des Unmenschlichen entgegen und sein Eindringen in den Stoff des Lebens. Vor diesem und nur vor diesem Hintergrund wurde für Šalamov die Bewahrung des nackten Lebens zu einer heroischen Märtyrertat. Obgleich er an anderer Stelle ausdrücklich davon spricht, daß die Gefangenen für ihn Märtyrer waren, die „keine Helden wurden". Im Unterschied zu Solženicyn wollte Šalamov die Lagererfahrung nicht von außen betrachten. Er war im GULAG einigen wahren Helden begegnet, aber auch diese betrachtete er vom Standpunkt seiner Grunderfahrung, der Bewahrung des nackten Lebens. In den Erzählzyklen *Erzählungen aus Kolyma*, *Der Künstler der Schaufel*, *Das linke Ufer*, *Die Auferweckung der Lärche* und *Der Handschuh* schuf der Schriftsteller eine Poetik der Hoffnungslosigkeit. Wie durch ein Wunder wird diese allerdings vom Lichtstrahl eines zufällig bewahrten menschlichen Lebens durchdrungen. In seinem späten Text *Über Prosa*, einem literarischen Manifest, hat Šalamov seine Arbeit bilanziert: „Der Autor der ‚Erzählungen aus Kolyma' hält das Lager für eine Negativerfahrung für den Menschen – von der ersten bis zur letzten Stunde. Der Mensch soll es nicht kennen, soll nicht einmal davon hören. Kein einziger Mensch wird besser oder stärker nach dem Lager. Das Lager ist eine Negativerfahrung, eine negative Schule, es wirkt zersetzend auf alle – auf Chefs und Häftlinge, auf Begleitposten und Zuschauer, auf Passanten und Leser von Belletristik. In den ‚Erzählungen aus Kolyma' werden Menschen ohne Biographie, ohne Vergangenheit und ohne Zukunft dargestellt. [...] Die ‚Erzählungen aus Kolyma' – das ist das Schicksal von Märtyrern, die keine Helden waren, sein konnten und wurden. Der Bedarf an Dokumenten dieser Art ist außerordentlich groß."

An diesem Ausschnitt ist ersichtlich, wie paradox Šalamovs Werk ist. Sein wichtigstes Ziel ist es, den Menschen von etwas zu erzählen, was sie eigentlich unter keine Umständen erfahren sollten, vom Unsagbaren, vom absolut Unmenschlichen.

Diese Mission hat der Schriftsteller, der vor hundert Jahren, im Juni 1907, geboren wurde, auf sich genommen für jene Millionen von Menschen, die die Hölle des GULAG erlebten, für die „Märtyrer, die keine Helden wurden".

Michail Ryklin
Übersetzt von
Franziska Thun-Hohenstein

Literatur

Warlam Schalamow: *Durch den Schnee. Erzählungen aus Kolyma I*, übers. v. Gabriele Leupold, hg. u. m. Nachw. v. Franziska Thun-Hohenstein, Berlin (Matthes & Seitz) 2007

Warlam Schalamow: *Geschichten aus Kolyma*, übers. v. Annelore Nitschke/Anton Manzella, Frankfurt a. M. u. a. (Ullstein) 1983

Alexander Solschenizyn: *Der Archipel GULAG. 1918-1956. Versuch einer künstlerischen Bewältigung*, Bd. 1–3, Reinbek (Rowohlt) 1978

Vom ‚Propagandawert der Meinhof' – oder: Warum Gudrun Ensslin keine Pop-Ikone wurde

Heiner Müller: *Germania Tod in Berlin*, Berlin (Rotbuch) 1977, Cover

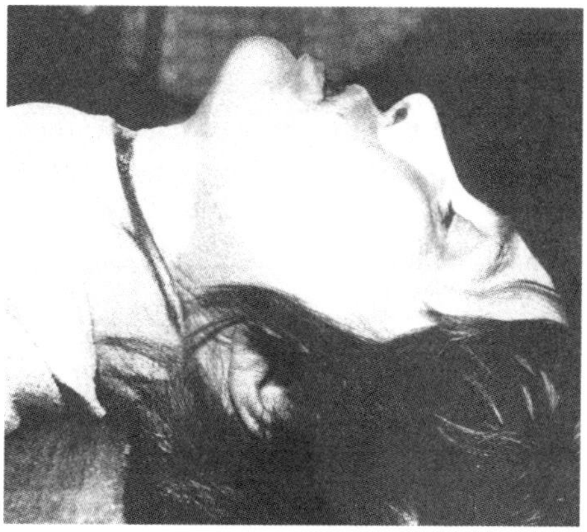

Ulrike Meinhof mit Strangulierungsmal

Im Vorwort zu ihrem Fotoband *Hans und Grete. Bilder der RAF 1967–1977* beklagt sich die ehemalige Terroristin Astrid Proll darüber, auf welche Art und Weise sich Gegenwartskunst und Pop-Kultur die Geschichte der RAF („Rote Armee Fraktion") angeeignet haben: „Seit Mitte der neunziger Jahre haben mehr und mehr junge Künstler und Filmemacher das Thema RAF bearbeitet und ausgebeutet. Der Radical Chic von ‚Prada-Meinhof', Andi Baader im BMW und in Samthosen, wurde auch in der internationalen Kunstszene förmlich zu einem Trend. Viele der Nachgeborenen stilisierten uns dabei zu Pop-Ikonen und rissen unsere Aktionen aus dem politischen Kontext." Indem Proll von „uns" spricht, identifiziert sie sich noch im nachhinein mit der Gruppe. Dabei entgeht ihr, daß die beklagte Produktion von *Ikonen*, einem religiös-kultischen Bildtypus, durchaus mit ihrer eigenen Rhetorik korrespondiert, die sich mehrfach solcher Begriffe bedient, die einem ursprünglich christlichen Kontext entstammen. So spricht sie vom „Märtyrertod" Andreas Baaders, von ihrem „Stigma", bei der RAF gewesen zu sein; und Gudrun Ensslin wird als „protestantisch-rigide Predigerin" charakterisiert.

Eine solche pathetische Indienstnahme und Politisierung christlicher Gedanken und Metaphern wurde an der RAF schon früher kritisiert. In der Forschung zur RAF wird nicht nur darauf hingewiesen, daß mehr als zwei Drittel der Terroristen der 70er und 80er Jahre aus protestantischem Milieu stammen. Auch die Texte und Parolen der RAF-Aktivisten verraten eine apokalyptische Weltsicht und sind durch eschatologische und messianische Motive geprägt. Und die Toten in ihren eigenen Reihen wurden von ihnen mit einem christlichen Märtyrerkult umgeben – wie insbesondere die Plakate mit dem Foto des toten Holger MEINS belegen. Wenn Proll also davon spricht, daß die „Aktionen [der RAF] aus dem politischen Kontext" gerissen würden, während sie ihrerseits terroristische Aktivitäten ins Register der Religion überführt, zeigt das einmal mehr, wie stark die religiösen Motive genuiner Bestandteil der Politik terroristischer Gewalt geworden sind.

Bemerkenswert ist allerdings, daß in der Ästhetisierung und ‚Ikonisierung' der RAF durch die Pop-Kultur eine Figur nicht begegnet, deren Auftritt doch erwartbar wäre: Gudrun Ensslin. Ihre Erscheinung entspricht immerhin auf frappierende Weise einem aktuellen Schönheitsideal, wie es heute etwa vom britischen Top-Model Kate MOSS verkörpert wird. Die Kleidung der modebewußten Ensslin betonte den hageren Körper sowie ihr schmales Gesicht mit den oft dunkel umrandeten Augen, der länglichen Nase, den markanten Wangenknochen und den vermeintlich natürlich fallenden langen Haaren. Eine solche Aufmerksamkeit provozierende Gestalt war wenig günstig für eine im Untergrund agierende Terroristin, eignete sich viel eher als Pop-Ikone, wozu das Szenario ihrer Verhaftung in einer Boutique am Hamburger Jungfernstieg zusätzlich einlud.

Wie marginal sie allerdings im pop-kulturellen Gedächtnis ist, zeigt ein Blick in Rainald GOETZ' Text *Kontrolliert* von 1988. In dieser als „Geschichte" klassifizierten Überblendung aus Autobiographie, literarischer Dokumentation und Annäherung an die Gedankenwelt von Jan-Carl RASPE taucht Ensslin lediglich als „jüngere zweite Frau" auf, die „wie rasend ihren elenden Pastorenstuß" daherredet. Am Ende des Romans, der mit den Selbstmorden in Stammheim endet, wird sie nicht einmal erwähnt: „Baader war tot, Raspe lag im Sterben. Die Revolution hat das Urteil des Volkes angenommen und an sich selbst vollstreckt." Goetz' Roman ist keine Ausnahme. Die schwäbische Pastorentochter und Stipendiatin der Studienstiftung des Deutschen Volkes hat kaum Eingang in die Literatur gefunden. Statt ihrer war und ist es Ulrike MEINHOF, auf die sich Literatur, darstellende und bildende Kunst konzentrieren; sie wird als ‚das' weibliche Gesicht der RAF verstanden. Das gilt noch für das von Nicolas STEMANN im Oktober 2006 am Hamburger Thalia-Theater uraufgeführte Stück *Ulrike Maria Stuart* von Elfriede JELINEK. Auch wenn Jelinek sich für beide Frauen interessiert, steht für sie fest: „Der Propagandawert der Meinhof für die RAF war höher als der der Ensslin". Als Grund nennt Jelinek Meinhofs Zerrissenheit, Intellektualität und Ausbruch aus der Bürgerlichkeit. Das mag als Erklärung für die intellektuelle Faszination hinreichen, die bis heute von Meinhof ausgeht, doch nicht für die Frage, warum Ensslin nicht zur Ikone der Pop-Kunst wurde.

Im Anschluß an Ulrike Meinhofs Tod am 8. Mai 1976 setzte eine massive künstlerische Auseinandersetzung mit Meinhofs Leben und Gedanken ein. Ein Bild von ihr provozierte besonders. Es zeigt die Wunde, die der Strick an ihrem Hals hinterlassen hat. Gerhard RICHTER hat es als eines der Vorlagenphotos zu seinem weltberühmten Zyklus *18. Oktober 1977* genutzt. Auf dem Foto ist Meinhof im Profil und mit geschlossenen Augen zu sehen. Sie ist nicht eindeutig zu identifizieren, weil die bekannten Bilder von ihr sie sonst im frontalen Porträt zeigen. Das Bild zeigt keine Terroristin, sondern eine strangulierte Frau. Dadurch werden Körperlichkeit und Verwundbarkeit der Toten betont. Ihr Tod wird als ‚nicht-natürlicher‘ gekennzeichnet, was Fragen provoziert, allein schon weil wir wissen, daß der Tod am Strang rasch durch Genickbruch oder qualvoll durch Ersticken eintreten kann. Das Bild fordert Aufmerksamkeit, wenn nicht gar Mitleid ein und bahnt auf diese Weise den Weg, aus Ulrike Meinhof ein Opfer zu machen.

Die Wirkmächtigkeit des Bildes erkennend, plante Heiner MÜLLER schon 1977, es in einer Ausgabe von *Hamletmaschine* bei Suhrkamp abzudrucken. UNSELD lehnte ab, das Projekt scheiterte. Nur wenige Monate später publizierte Müller das Foto in *Germania Tod in Berlin* bei Rotbuch. Dort erschien es auf einer Doppelseite in einer Folge von Fotos, die das Thema Tod umkreisen, und im Kontext von Müllers szenischer Auseinandersetzung mit der deutschen Geschichte und ihren gescheiterten Revolutionen. Mit der Aufnahme in das Buch reiht er Meinhof in diese Tradition ein – ohne einen erklärenden Kommentar, auf die Wirkung des Bildes vertrauend. In seiner Büchner-Preisrede von 1985 wird Müller konkret: Ulrike Meinhof sei die „Protagonistin im letzten Drama der bürgerlichen Welt, der bewaffneten WIEDERKEHR DES JUNGEN GENOSSEN AUS DER KALKGRUBE“. Damit spielt er auf den Typus des sozialistischen Märtyrers in BRECHTS umstrittenem Lehrstück *Die Maßnahme* an. Darin wird ein junger Revolutionär – mit seinem eigenen Einverständnis – von seinen Begleitern im Dienste der Revolution hingerichtet. Das Stück war für die RAF ein Schlüsseltext. Wenn Müller nun Meinhof neben den jungen Märtyrer der *Maßnahme* stellt, wird im Vergleich deutlich, wofür das Strangulierungsmal steht. Es macht Meinhof zu einem doppelten Opfer: Märtyrerin im Kampf gegen einen übermächtigen Gegner und Opfer der RAF bzw. einer Politik, die mit Opfern rechnet. Sogar einen Schauplatz für ihr Martyrium kennt das Bild: Stammheim.

Daß Ulrike Meinhofs Tod nicht nur als eine Konsequenz ihrer Entscheidung für die RAF erscheint, sondern daß sie darüber hinaus mit ihrer Selbsttötung auf die denkbar endgültigste Art aus der kollektiven Stammheim-Politik ausscherte, hat das Bild der strangulierten Meinhof weit über RAF-Kreise hinaus so faszinierend gemacht. Daneben ist das Bild Gudrun Ensslins verblaßt.

Kai Bremer

Literatur

Sonja Anders/Benjamin von Blomberg (Red.): *Ulrike Maria Stuart. Elfriede Jelinek* [Programmheft des Thalia-Theaters], Hamburg 2006

Sabine Flach: „‚Meine Bilder sind klüger als ich…‘. Der Bilderatlas als Konfiguration des Wissens in der Gegenwartskunst“, in: Sabine Flach/Inge Münz-Koenen/Marianne Streisand (Hg.): *Der Bilderatlas im Wechsel der Künste und Medien*, München (Fink) 2005, S. 45–69

Rainald Goetz: *Kontrolliert. Geschichte*, Frankfurt a. M. (Suhrkamp) 1988

Wolfgang Kraushaar (Hg.): *Die RAF und der linke Terrorismus*, 2 Bde., Hamburg (Hamburger Edition) 2006

Heiner Müller: *Germania Tod in Berlin*, Berlin (Rotbuch) 1977, S. 88 f.

Astrid Proll (Hg.): *Hans und Grete. Bilder der RAF 1967–1977*, Berlin (Aufbau) 2004

Muhammad al-Durrah – die Generation der zweiten Intifada

„Oh, Araber!“ – e-card in einem Internetportal der saudischen Stadt Unaizah, um 2001

Am 30. September 2000 geriet der zwölfjährige Muhammad al-Durrah mit seinem Vater auf dem Heimweg zum Flüchtlingslager Bureij im Gazastreifen in einen Schußwechsel zwischen israelischen Soldaten und palästinensischen Bewaffneten und wurde in dessen Verlauf getötet. Daß sein Tod zu einem der zentralen Ereignisse der erst wenige Tage zuvor ausgebrochenen zweiten Intifada wurde, geht auf die Anwesenheit eines Kameramanns von *France 2* zurück. Durch die globalisierten Medien wurde so die Weltöffentlichkeit zum Publikum dieses Ereignisses. Und ohne Publikum gibt es keinen Märtyrer. Die 60 Sekunden des aufgenommenen Bildmaterials, das die letzten Momente im Leben des Jungen zeigt, wurden zu einer Art Ikone der zweiten Intifada. Und Muhammad al-Durrah wurde für die Palästinenser zum Märtyrer (*schahid*, Pl. *schuhada*). Dieser Status wird allen Personen, die im Konflikt mit Israel zu Tode kommen, verliehen – unabhängig davon, ob es sich um bewaffnete Kämpfer oder Zivilisten handelt. Der Zwölfjährige aber ragt aus der

Menge der Märtyrer heraus, denn er verkörpert den Typus des wehrlosen Opfers, das für Palästina leidet und stirbt.

Die ersten, die seinen Tod in diesem Sinne deuteten, waren die Eltern: Während die Mutter den Tod ihres Sohnes als „Opfer für unser Heimatland, Palästina" bezeichnete, sagte der Vater, sein Sohn habe um der al-Aqsa-Moschee willen sein Leben gelassen. Dieser Bezug auf das Land und eine religiöse Stätte verweist auf jene zwei Traditionen, aus denen sich der palästinensische Märtyrerdiskurs speist. Die ältere ist die islamische Tradition, nach der diejenigen, die „auf dem Wege Gottes" gefallen sind, eschatologisch ausgezeichnet werden, indem ihnen ein Leben bei Gott versprochen wird – gemäß der *Koran*-Sure 3, Vers 169: „Und haltet die auf Gottes Weg Gefallenen nicht für tot, nein, sondern für lebend, bei ihrem Herrn, gut versorgt und froh über das, was Gott in Seiner Huld ihnen gab." Die jüngere ist die nationalistische Märtyrerfigur des *fida'i* (dt. der sich selbst zum Lösegeld macht), der sich für die Heimat aufopfert. Diese Figur ist in den Jahrzehnten vor der *nakba*, der ‚Katastrophe' des Jahres 1948, entstanden und wurde seit den 60er Jahren in der Dichtung – vor allem durch Mahmud DARWISCH – zu einem modernen Mythos ausgestaltet.

Beide, die religiöse wie die nationalistische Märtyrerfigur, beziehen sich primär auf den heroischen Kämpfer. Al-Durrah steht hingegen paradigmatisch für das schutzlose zivile *Opfer*, dessen ansonsten sinnlos erscheinender Tod durch den Märtyrerstatus in ein willentliches Opfer umgedeutet und dem damit Bedeutung verliehen wird: Das *victim* wird zum *sacrifice*. Um an diese Opfer zu erinnern, wurde während der zweiten Intifada ein neunbändiges *Martyrologium* mit über 2700 Einträgen erstellt, in dem Muhammad al-Durrah den ersten Platz einnimmt. Dies ist eine Form der Kommemoration, die stärker als zuvor an die Schrift gebunden ist, ein Medium, das an jüdische und christliche Formen der *Leidenserinnerung* denken läßt. Eher nationalistisch als religiös ausgerichtet, steht dieses Martyrologium für jene den palästinensischen Märtyrerdiskurs insgesamt kennzeichnende Tendenz, das Feld des Religiösen und die Grenzen einzelner Religionen zu überschreiten. Dies gilt sowohl für die heroisch-nationalistische Märtyrerfigur des Kämpfers (etwa in der literarischen Figur des „kämpfenden Kreuzes") als auch für das Opfer: Getötete Palästinenser werden unabhängig von ihrer Konfession als Märtyrer (*schuhada*) bezeichnet.

Die heroische Märtyrerfiguration übernimmt vor allem eine identitätsstiftende und -stärkende Rolle für das palästinensische Volk, während die Rhetorik des wehrlosen Opfers stärker an die arabische und westliche Welt adressiert ist. Das jugendliche Alter des Opfers ist besonders geeignet, die Unschuld der Palästinenser zu betonen, wodurch die israelische Seite im dunkelsten Licht erscheint. Als Zeuge des Leidens des palästinensischen Volkes hat das Opfer eine zugleich appellative und anklagende Funktion. Der Tod des Muhammad al-Durrah ist in einer Fülle von Bildern (Wandmalereien, Postern etc.), Gedichten und populären Liedern dargestellt worden, die oft mit einer Botschaft an die arabischen Staaten verbunden sind. So wurden die häufig gesendeten Aufnahmen im palästinensischen Fernsehen mit einem Lied unterlegt, in dem die Stimme eines Jungen die Hilfe der arabischen Welt einklagt. Viele arabische Staaten haben sich ihrerseits an Muhammad al-Durrahs Verehrung als Märtyrer und an der Ikonisierung seines Bildes beteiligt: Zahlreiche Straßen und Plätze wurden nach ihm benannt, Briefmarken mit seinem Bild herausgegeben. Und auch das iranische Bildungsministerium ließ eine Website zu seinem Gedenken ins Netz stellen. Diese Art regierungsoffizieller Märtyrerverehrung und symbolischer Solidarisierung steht nicht selten im Kontext einer Politik, die mit dem Blick auf den palästinensisch-israelischen Konflikt von innenpolitischen Verwerfungen ablenkt. Die mediale Verbreitung des Opferbildes erfaßt dabei Politik und Kommerz gleichermaßen. So berichtete der Vater von Muhammad beispielsweise, daß ihm das Bild von sich und seinem Sohn sogar auf der Verpackung von Toilettenpapier begegnet sei.

Das ‚wehrlose Opfer' ist andererseits ein gewichtiges Argument in der Rhetorik von Vergeltung und Rache. So haben mehrere palästinensische Selbstmordattentäter in ihren Abschiedsvideos ihre Entscheidung zur Tat mit dem Tod des Jungen begründet. Auch Usama BIN LADEN verwies in mehreren Reden (7. 10. 2001, 26. 12. 2001) auf dessen Schicksal, dies nicht zufällig nach 9/11, als die *al-Qaida*-Politik dem Thema Palästina – als Opfer eines von der westlichen Welt unterstützten Israel – einen erhöhten Propagandawert beimaß. In dem Video *Wasaia fursan* (dt. Testamente der Ritter) der al-Qaida-Medienagentur al-Sahab (am 1. 9. 2005 in Ausschnitten gesendet auf *Al-Jazeera*) ist die genannte Sterbeszene Teil einer Bildersequenz, die vom konzertierten Angriff der westlichen auf die islamische Welt handelt.

Weniger die Zweifel an der Authentizität der Filmaufnahmen, die einige Journalisten wie etwa die Herald-Tribune-Korrespondentin Doreen Carvajal äußerten, als die mediale, propagandistische Verbreitung von Muhammed al-Durrahs Bild als Märtyrer dürfte dafür verantwortlich sein, daß die Bilder seines Todes in der westlichen Öffentlichkeit gerade jene Wirkung verfehlten, die sich viele Palästinenser davon erhofften. Eine Analyse der Berichterstattung in der deutschen Presse (von Margarete und Siegfried Jäger) hat vielmehr ergeben, daß das Ereignis eine negative Stereotypisierung *beider* Konfliktparteien verstärkt hat: hier die aggressiven, militanten Israelis, dort die atavistischen, zurückgebliebenen islamischen Palästinenser. In vielen westeuropäischen Gesellschaften ist man nach den Erfahrungen zweier Weltkriege nationalem Heldentum gegenüber ebenso mißtrauisch wie gegenüber der Heroisierung von Opfern – sei es für ein Kollektiv, den Staat oder die Heimat. Erschwerend kommt hinzu, daß der palästinensisch-arabische Märtyrerdiskurs zumeist als ein ausschließlich religiöser – und zwar islamischer – wahrgenommen wird. Und die Figur des islamischen Märtyrers, in den Medien häufig mit der des Selbstmordattentäters gleichgesetzt, ist hochgradig negativ besetzt.

Der westliche Beobachter übersieht dabei gerade denjenigen Aspekt, der für die enorme Wirkung der verbreiteten Bilder in der palästinensischen Kultur ausschlaggebend ist. Mehr noch als das sterbende, hilflose Kind – nach Angaben des *Israeli Information Center for Human Rights in the Occupied Territories* sind im Verlaufe der zweiten Intifada mehr als 800 palästinensische Kinder und Jugendliche getötet worden – rührt die Figur des ohnmächtigen Vaters an eine kollektive traumatische Erfahrung: die als Versagen empfundene Unfähigkeit von Männern der älteren Generation, ihre Kinder und Familien zu schützen. Diese in den Kriegen von 1948 und 1967 wie in der Besatzung sich wiederholende Erfahrung hat zu Brüchen im Verhältnis der Generationen geführt, die sich während der ersten Intifada darin äußerten, daß männliche Jugendliche – als Protagonisten des Aufstands – die Rolle ihrer Väter als Familienoberhäupter in Frage stellten. Mit seinen zwölf Jahren stand Muhammad al-Durrah an der Schwelle zum jugendlichen Konkurrenten; da er jedoch – in den Armen seines Vaters – starb, bleibt er für immer der Sohn. Gerade durch den verfrühten, die normale Generationenfolge durchkreuzenden Tod ist das Bild des Märtyrer-Sohnes im Schoß des Vaters – eine Art männlicher *Pietà* – dazu angetan, das ins Wanken geratene Verhältnis der Generationen für einen Moment zu restituieren.

Silvia Horsch

Dokumente

B'Tselem: *The Israli Information Center for Human Rights in the Occupied territories*, URL: www.btselem.org

Doreen Carvajal: „The Mysteries and Passions of an Iconic Video Frame", in: *International Herald Tribune* v. 7. 2. 2005

Intifadat al-Aqsa 2000, Amman 2003–2004 (9 Bde.)

Wasaia fursan (Testamente der Ritter). Video der al-Qaida-Medienagentur al-Sahab, in Ausschnitten gesendet auf *Al-Jazeera* am 1. 9. 2005

Literatur

Birgit Embaló/Angelika Neuwirth/Friederike Pannewick: *Kulturelle Selbstbehauptung der Palästinenser. Survey der modernen palästinensischen Dichtung 1948–88*, Beirut (Orient-Institut)/Würzburg (Ergon) 2000

Margarete Jäger u. a.: *Die Nahost-Berichterstattung zur Zweiten Intifada in deutschen Printmedien unter besonderer Berücksichtigung des Israel-Bildes*, 2004. URL: www.diss-duisburg.de/Internetbibliothek/Artikel/Artikel_Inhalt.htm

Julie Peteet: „Male Gender and Rituals of Resistance in the Palestinian Intifada. A Cultural Politics of Violence", in: Mai Ghoussoub/Emma Sinclair-Webb (Hg.): *Imagined Masculinities*, London (Saqi) 2000, S. 103–126

Bibliographie

Agamben, Giorgio: *Homo sacer. Die souveräne Macht und das nackte Leben*, übers. v. Hubert Thüring, Frankfurt a. M. (Suhrkamp) 2002

Aho, James A.: *Religious Mythology and the Art of War. Comparative Religious Symbolisms of Military Violence*, Westport, CT (Greenwood Press) 1981

Alt, Peter-André: *Der Tod der Königin. Frauenopfer und politische Souveränität im Trauerspiel des 17. Jahrhunderts*, Berlin u. a. (de Gruyter) 2004

Ameling, Walter (Hg.): *Märtyrer und Märtyrerakten*, Wiesbaden (Steiner) 2002

Angenendt, Arnold: *Heilige und Reliquien. Die Geschichte ihres Kultes vom frühen Christentum bis zur Gegenwart*, München (Beck) 1994

Auerbach, Erich: „Passio als Leidenschaft", in: ders.: *Gesammelte Aufsätze zur romanischen Philologie*, Bern u. a. (Francke) 1967, S. 161–175

Augustinus: *Bekenntnisse*, lat.-dt., übers. u. hg. v. Joseph Bernhart, München (Kösel) 1955

Bähr, Andreas/Hans Medick (Hg.): *Sterben von eigener Hand. Selbsttötung als kulturelle Praxis*, Köln u. a. (Böhlau) 2005

Baumeister, Theofried: *Martyr invictus. Der Martyrer als Sinnbild der Erlösung in der Legende und im Kult der frühen koptischen Kirche. Zur Kontinuität des ägyptischen Denkens*, Münster (Regensberg) 1972

Baumeister, Theofried: *Die Anfänge der Theologie des Martyriums*, Münster (Aschendorff) 1980 (*Münsterische Beiträge zur Theologie*, 45)

Becker, Hansjakob u. a. (Hg.): *Im Angesicht des Todes – Ein interdisziplinäres Kompendium*, 2 Bde., St. Ottilien (EOS-Verlag) 1987 (*Pietas Liturgica*, 3–4)

Behrenbeck, Sabine: *Der Kult um die toten Helden. Nationalsozialistische Mythen, Riten und Symbole*, Vierow bei Greifswald (SH-Verlag) 1996 (*Kölner Beiträge zur Nationsforschung*, 2)

Belting, Hans: *Bild und Kult. Eine Geschichte des Bildes vor dem Zeitalter der Kunst*, München (Beck) 1990

Benjamin, Walter: „Zur Kritik der Gewalt" (1921), in: ders.: *Gesammelte Schriften*, hg. v. Rolf Tiedemann/Hermann Schweppenhäuser, Bd. 2/1, Frankfurt a. M. (Suhrkamp) 1977, S. 179–203

Benjamin, Walter: *Ursprung des deutschen Trauerspiels* (1928), in: ders.: *Gesammelte Schriften*, hg. v. Rolf Tiedemann/Hermann Schweppenhäuser, Bd. 1/1, Frankfurt a. M. (Suhrkamp) 1974, S. 203–430

Bergen, Peter L.: *The Holy War. Inside the Secret World of Osama Bin Laden*, London (Weidenfeld & Nicholson) 2001

Borsari, Michelina/Daniele Francesconi (Hg.): *Martirio. Il sacrificio di sé nelle tradizioni religiose*, Modena (Banca popolare dell'Emilia Romagna) 2005

Bowersock, Glen Warren: *Martyrdom and Rome*, Cambridge (Cambridge University Press) 1995

Boyarin, Daniel: *Dying for God. Martyrdom and the Making of Christianity and Judaism*, Stanford (Stanford University Press) 1999

Braungart, Wolfgang (Hg.): *Ritual und Literatur*, Tübingen (Niemeyer) 1996

Brown, Peter: *The Cult of Saints. Its Rise and Function in Latin Christianity*, Chicago (University of Chicago Press) 1981

Brox, Norbert: *Zeuge und Märtyrer. Untersuchungen zur frühchristlichen Zeugnis-Terminologie*, München (Kösel) 1961

Burkert, Walter: *Homo necans. Interpretationen altgriechischer Opferriten und Mythen*, Berlin u. a. (de Gruyter) 1972

Burschel, Peter: *Sterben und Unsterblichkeit. Zur Kultur des Martyriums in der frühen Neuzeit*, München (Oldenbourg) 2004

Burschel, Peter (Hg.): *Das Quälen des Körpers. Eine historische Anthropologie der Folter*, Köln u. a. (Böhlau) 2000

Butterweck, Christel: *„Martyriumssucht" in der alten Kirche? Studien zur Darstellung und Deutung frühchristlicher Martyrien*, Tübingen (Mohr) 1995

Bynum, Carolyn W.: *Fragmentierung und Erlösung*, Frankfurt a. M. (Suhrkamp) 1996

Camporesi, Piero: *Das Blut. Symbolik und Magie*, Wien (Turia und Kant) 2004

Castelli, Elizabeth A.: *Martyrdom and Memory: Early Christian Culture Making*, New York u. a. (Columbia University Press) 2004

Colpe, Carsten: *Der „Heilige Krieg". Benennung und Wirklichkeit, Begründung und Widerstreit*, Bodenheim (Athenäum Hain Hanstein) 1994

Camphausen, Hans Freiherr von: *Die Idee des Martyriums in der Alten Kirche*, Göttingen (Vandenhoeck & Ruprecht) 1936, ^{2}1964

Cormack, Margaret (Hg.): *Sacrificing the Self. Perspectives on Martyrdom and Religion*, Oxford (Oxford University Press) 2002

Croitoru, Joseph: *Der Märtyrer als Waffe. Die historischen Wurzeln des Selbstmordattentats*, München u. a. (Hanser) 2003

Davis, Natalie Zemon: *Humanismus, Narrenherrschaft und die Riten der Gewalt. Gesellschaft und Kultur im frühneuzeitlichen Frankreich*, Frankfurt a. M. (Fischer Tb.) 1987

Davis, Natalie Zemon: *Drei Frauenleben. Glikl, Marie l'Incarnation, Maria Sibylla Merian*, Darmstadt (Wiss. Buchgesellschaft) 1996

Dinzelbacher, Peter (Hg.): *Mittelalterliche Visionsliteratur. Eine Anthologie*, Darmstadt 1989

Dölger, Franz J.: „Gladiatorenblut und Martyrerblut. Eine Szene der Passio Perpetuae in kultur- und religionsgeschichtlicher Beleuchtung", in: *Vorträge der Bibliothek Warburg 1923–1924*, hg. v. Fritz Saxl, Leipzig u. a. (Teubner) 1926, S. 196–214

Donohue, John J.: „For Truth and Justice. Martyrdom in the Three Religious Traditions", in: John J. Donohue/Christian W. Troll (Hg.): *Faith, Power and Violence. Muslims and Christians in a Plural Society, Past and Present*, Rom (Pontificio Istituto Orientale) 1998 (*Orientalia Christiana analecta*, 258), S. 85–101

Dormeyer, Detlev: *Die Passion Jesu als Verhaltensmodell. Literarische und theologische Analyse der Traditions- und Redaktionsgeschichte der Markuspassion*, Münster (Aschendorff) 1974 (*Neutestamentliche Abhandlungen*, NF 11)

Dornseiff, Franz: „Der Märtyrer: Name und Bewertung", in: *Archiv für Religionswissenschaft*, 22 (1923/24), S. 133–153

Drexler, Josef: *Die Illusion des Opfers. Ein wissenschaftlicher Überblick über die wichtigsten Opfertheorien ausgehend vom deleuzianischen Polyperspektivismusmodell*, München (Akademie) 1993

Droge, Arthur J./James D. Tabor: *A Noble Death. Suicide and Martyrdom among Jews and Christians in Antiquity*, San Francisco (Harper) 1992

Durkheim, Émile: *Die elementaren Formen des religiösen Lebens*, Frankfurt a. M. (Suhrkamp) 1981

Durkheim, Émile: *Der Selbstmord*, Frankfurt a. M. (Suhrkamp) 1983

Firestone, Reuven: *Jihad. The Origin of Holy War in Islam*, Oxford (Oxford University Press) 1999

Fögen, Marie Theres: *Römische Rechtsgeschichten. Über Ursprung und Evolution eines sozialen Systems*, Göttingen (Vandenhoeck & Ruprecht) 2002

Frend, William Hugh Clifford: *Martyrdom and Persecution in the Early Church*, Oxford (Blackwell) 1965

Girard, René: *Das Heilige und die Gewalt*, Frankfurt a. M. (Fischer Tb.) 1994

Goethe, Johann Wolfgang: *Die Wahlverwandtschaften* (1809), mit einem Nachwort von Peter von Matt, Zürich (Manesse) 1996

Gregory, Brad Stephan: *Salvation at Stake. Christian Martyrdom in Early Modern Europe*, Cambridge, MA (Harvard University Press) 1999 (*Harvard Historical Studies*, 134)

Habermehl, Peter: *Perpetua und der Ägypter oder Bilder des Bösen im frühen afrikanischen Chris-*

tentum. Ein Versuch zur Passio sanctarum Perpetuae et Felicitatis, Berlin u. a. (de Gruyter) ²2004

Hausen, Gerrit zu (Hg.): *11. September 2001. Eine literarische Retrospektive*, Münster (Haus Monsenstein und Vannerdat) 2003

Held, Jutta: *Caravaggio. Politik und Martyrium der Körper*, Berlin (Reimer) 1996

Henten, Jan Willem van (Hg.): Die *Entstehung der jüdischen Martyrologie*, Leiden (Brill) 1989

Henten, Jan Willem van/Friedrich Avemarie (Hg.): *Martyrdom and Noble Death. Selected Texts from Graeco-Roman, Jewish and Christian Antiquity*, London u. a. (Routledge) 2002

Heusinger von Waldegg, Joachim: *Der Künstler als Märtyrer. Sankt Sebastian in der Kunst des 20. Jahrhunderts*, Worms (Werner) 1989

Hölderlin, Friedrich: „Anmerkungen zu Antigonä", in: ders.: *Sämtliche Werke und Briefe*, hg. v. Jochen Schmidt, Bd. 2, Frankfurt a. M. (Dt. Klassiker-Verlag) 1994

Hooff, Anton J. L. van: *From Autothanasia to Suicide. Self-Killing in Classical Antiquity*, London (Routledge) 1990

Hubert, Henri/Marcel Mauss: „Essai sur la nature et la fonction du sacrifice", in: *L'Année sociologique*, 2 (1899), S. 29–138; abgedruckt in: Marcel Mauss: *Œuvres*, Bd. 1, Paris (Éditions de Minuit) 1968, S. 193–307

Jacobus de Voragine: *Die Legenda aurea*, übers. v. Richard Benz, Heidelberg (Schneider) ¹⁰1984

Jelsma, Auke J.: „Women Martyrs in a Revolutionary Age. A Comparison of Books of Martyrs", in: dies.: *Frontiers of the Reformation. Dissidence and Orthodoxy in Sixteenth-Century Europe*, Aldershot u. a. (Ashgate) 1998, S. 75–90

Jürgens, Heiko: *Pompa Diaboli. Die lateinischen Kirchenväter und das antike Theater*, Stuttgart u. a. (Kohlhammer) 1972

Juergensmeyer, Mark: *Violence and the Sacred in the Modern World*, London (Cass) 1992

Kantorowicz, Ernst H.: *Die zwei Körper des Königs. Eine Studie zur politischen Theologie des Mittelalters*, München (dtv) 1990

Kappert, Ines/Benigna Gerisch/Georg Fiedler (Hg.): *Ein Denken, das zum Sterben führt. Selbsttötung – das Tabu und seine Brüche*, Göttingen (Vandenhoeck & Ruprecht) 2004 (*Hamburger Beiträge zur Psychotherapie der Suizidalität*, 5)

Keller, Ursula: *„Nun breche ich in Stücke..." Leben, Schreiben, Suizid*, Berlin (Vorwerk) 2000

Kermani, Navid: *Dynamit des Geistes. Martyrium, Islam und Nihilismus*, Göttingen (Wallstein) 2002

Kippenberg, Hans G./Tilman Seidensticker (Hg.): *Terror im Dienste Gottes. Die „geistliche Anleitung" der Attentäter des 11. September 2001*, Frankfurt a. M. u. a. (Campus) 2004

Klauzner, Samuel Z.: „Martyrdom", in: *The Encyclopedia of Religion*, hg. v. Mircea Eliade, Bd. 9, New York u. a. (Macmillan) 1987, S. 230–238

Knopf, Rudolf/Gustav Krüger/Gerhard Ruhbach (Hg.): *Ausgewählte Märtyrerakten*, Tübingen (Mohr) ⁴1965

Knott, John R.: *Discourses of Martyrdom in English Literature: 1563–1694*, Cambridge (Cambridge University Press) 1993

Kohlberg, Etan: *Medieval Muslim Views on Martyrdom*, Amsterdam (Königliche Niederländische Akademie der Wissenschaften) 1997

Kohlberg, Etan: „Shahid", in: *Encyclopedia of Islam*, new edition, Bd. 9, Leiden (Koninklijke Brill NV) 1997, S. 202–207

Kolb, Robert: *For All the Saints. Changing Perceptions of Martyrdom and Sainthood in the Lutheran Reformation*, Macon (Mercer University Press) 1987

Der Koran, übers. v. Max Henning, überarb. u. hg. v. Murad Wilfried Hofmann, München (Diederichs) 2001

Koselleck, Reinhart/Michael Jeismann (Hg.): *Der politische Totenkult. Kriegerdenkmäler in der Moderne*, München (Fink) 1994

Largier, Niklaus: *Lob der Peitsche. Eine Kulturgeschichte der Erregung*, München (Beck) 2001

Largier, Niklaus: *Die Kunst des Begehrens. Dekadenz, Sinnlichkeit und Askese*, München (Beck) 2007

Lamont-Brown, Raymond: *Kamikaze. Japan's Suicide Samurai*, London (Arms and Armour) 1997

Laqueur, Walter: *Krieg dem Westen. Terrorismus im 21. Jahrhundert*, Berlin (Propyläen) 2003

Lewis, Bernhard: *Die Assassinen. Zur Tradition des religiösen Mordes im radikalen Islam*, Frankfurt a. M. (Eichborn) 1989

Lexikon der christlichen Ikonographie, hg. v. Wolfgang Braunfels, Freiburg i. Br. (Herder) 1976

Lincoln, Bruce: *Death, War and Sacrifice*, Chicago (University of Chicago Press) 1991

Lincoln, Bruce: *Holy Terrors: Thinking about Religion after September 11*, Chicago (University of Chicago Press) 2002

Loraux, Nicole: *Tragische Weisen, eine Frau zu töten*, Frankfurt a. M. u. a. (Campus) 1993 (*Edition Pandora*, 3)

MacAlister, Suzanne: *Dreams and Suicides. The Greek Novel from Antiquity to the Byzantine Empire*, London u. a. (Routledge) 1996

Markschies, Christoph: *Das antike Christentum. Frömmigkeit, Lebensformen, Institutionen*, München (Beck) 2006

Mechthild von Magdeburg. *Das fliessende Licht der Gottheit*, hg. v. Gisela Vollmann-Profe, Frankfurt a. M. (Dt. Klassiker-Verlag) 2003 (*Bibliothek des Mittelalters*, 19)

Meyer-Kalkus, Reinhart: „Die Rückkehr des grausamen Todes – Sterbeszenen im deutschen Drama des 18. Jahrhunderts", in: *Zeitschrift für Religions- und Geistesgeschichte*, 2 (1998), S. 97–114

Moll, Helmut: *Die katholischen deutschen Martyrer des 20. Jahrhunderts. Ein Verzeichnis*, Paderborn u. a. (Schöningh) 1999

Moll, Helmut (Hg.): *Zeugen für Christus. Das deutsche Martyrologium des 20. Jahrhunderts*, 2 Bde., Paderborn u. a. (Schöningh) ^{4}2006

Mosès, Stéphane: *Der Engel der Geschichte. Franz Rosenzweig – Walter Benjamin – Gershom Scholem*, Frankfurt a. M. (Jüdischer Verlag) 1994

Müller-Bohn, Jost: *Siehe, ich sehe den Himmel offen. Briefe und Berichte christlicher Märtyrer 1933–1945*, Holzgerlingen (Hänssler) 2000

Musurillo, Herbert: *The Acts of the Pagan Martyrs*, Oxford (Clarendon) 1954

Musurillo, Herbert: *The Acts of the Christian Martyrs*, Oxford (Clarendon) 1972

Neuwirth, Angelika: „Opfer, Gewalt, Genealogie und Erinnerung: Biblische und koranische Erinnerungsfiguren im vorderorientalischen Märtyrerdiskurs", in: Christoph Wulf/Jacques Poulain/Fathi Triki (Hg.): *Die Künste im Dialog der Kulturen. Europa und seine muslimischen Nachbarn*, Berlin (Akademie) 2007, S. 37–62

Noth, Albrecht: *Heiliger Krieg und Heiliger Kampf in Islam und Christentum. Beiträge zur Vorgeschichte und Geschichte der Kreuzzüge*, Bonn (Röhrscheid) 1966

Nowak, Kurt: „Kirche und Religion", in: *Enzyklopädie des Nationalsozialismus*, hg. v. Wolfgang Benz/Hermann Graml/Hermann Weiß, Stuttgart (Klett-Cotta) 1997

O'Malley, William J.: *The Voice of Blood. Five Christian Martyrs of Our Time*, Maryknoll, NY (Orbis) 1980

Pannewick, Friederike (Hg.): *Martyrdom in Literature. Visions of Death and Meaningful Suffering in Europe and the Middle East from Antiquity to Modernity*, Wiesbaden (Reichert) 2004

Papenheim, Martin: *Erinnerung und Unsterblichkeit. Semantische Studien zum Totenkult in Frankreich (1715–1794)*, Stuttgart (Klett-Cotta) 1992 (*Sprache und Geschichte*, 18)

Platon: *Werke in acht Bänden*, griech.-dt., hg. v. Gunther Eigler, übers. v. Friedrich Schleiermacher u. a., Darmstadt (Wiss. Buchgesellschaft) 1970–1977

Prodi, Paolo: *Eine Geschichte der Gerechtigkeit. Vom Recht Gottes zum modernen Rechtsstaat*, übers. v. Annette Seemann, München (Beck) 2003

Die Religion in Geschichte und Gegenwart. Handwörterbuch für Theologie und Religionswissenschaft, 3. Aufl., hg. v. Kurt Galling, Tübingen (Mohr) 1957–1965

Reuter, Christoph: *Mein Leben ist eine Waffe. Selbstmordattentäter – Psychogramm eines Phänomens*, München (Bertelsmann) 2002

Ruhrberg, Christine: *Der literarische Körper der Heiligen. Leben und Viten der Christina von Stommeln (1242–1312)*, Tübingen u. a. (Francke) 1995 (*Bibliotheca Germanica*, 35)

Runciman, Steven: *Geschichte der Kreuzzüge*, München (dtv) 1995

Salisbury, Joyce E.: *The Blood of Martyrs. Unintended Consequences of Ancient Violence*, New York u. a. (Routledge) 2004

Scheffler, Thomas: „Vom Königsmord zum Attentat. Zur Kulturmorphologie des politischen Mordes", in: Trutz von Trotha (Hg.): *Soziologie der Gewalt*, Wiesbaden (Westdeutscher Verlag) 1997, S. 183–199

Scheffler, Thomas: „The Radicalism of the Powerless. Imaginations of Violence in Three Religious Traditions", in: ders. (Hg.): *Religion between Violence and Reconciliation*, Würzburg (Ergon) 2002, S. 83–107

Scheffler, Thomas: „Helden, Märtyrer, Selbstmordattentäter. Zur Religiösen Semantik des Heldentods", in: Amr Hamzawy/Ferhad Ibrahim (Hg.): *Religion, Staat und Politik im Vorderen Orient. Festschrift für Friedemann Büttner*, Münster (Lit) 2003, S. 88–109

Scheit, Gerhard: *Suicide Attack. Zur Kritik der politischen Gewalt*, Freiburg i. Br. (Ça Ira) 2004

Schenk, Richard (Hg.): *Zur Theorie des Opfers. Ein interdisziplinäres Gespräch*, Stuttgart-Bad Canstatt (Frommann-Holzboog) 1995 (*Collegium Philosophicum*, 1)

Schmidtke, Armin u. a. (Hg.): *Suicidal Behaviour in Europe*, Göttingen (Hogrefe and Huber) 2004

Schmitt, Carl: *Politische Theologie. Vier Kapitel zur Lehre von der Souveränität*, Berlin (Duncker & Humblot) 1990

Schmitt, Carl: *Theorie des Partisanen. Zwischenbemerkung zum Begriff des Politischen*, Berlin (Duncker & Humblot) 2002

Schmitt, Carl: *Der Nomos der Erde im Völkerrecht des Jus Publicum Europaeum* (1950), Berlin (Duncker & Humblot) ^{4}1997

Schoenborn, Paul Gerhard: *Alphabete der Nachfolge. Märtyrer des politischen Christus*, Wuppertal (Hammer) 1996

Schreiner, Klaus: *Märtyrer, Schlachtenhelfer, Friedensstifter. Krieg und Frieden im Spiegel mittelalterlicher und frühneuzeitlicher Heiligenverehrung*, Opladen (Leske und Budrich) 2000 (*Otto-von-Freising-Vorlesungen der Katholischen Universität Eichstätt*, 18)

Schwemer, Anna Maria: „Prophet, Zeuge und Märtyrer. Zur Entstehung des Märtyrerbegriffs im frühesten Christentum", in: *Zeitschrift für Theologie und Kirche*, 96 (1999), S. 320–350

Seidensticker, Tilman: „Der religiöse und historische Hintergrund des Selbstmordattentats im Islam", in: Hans G. Kippenberg/Tilman Seidensticker (Hg.): *Terror im Dienste Gottes*, Frankfurt a. M. u. a. (Campus) 2004, S. 107–116

Sellner, Albert Christian: *Immerwährender Heiligen-Kalender*, Frankfurt a. M. (Eichborn) 1993

Sieferle, Rolf Peter/Helga Breuninger (Hg.): *Kulturen der Gewalt. Ritualisierung und Symbolisierung von Gewalt in der Geschichte*, Frankfurt a. M. u. a. (Campus) 1998

Signori, Gabriela (Hg.): *Trauer, Verzweiflung und Anfechtung. Selbstmord und Selbstmordversuche in mittelalterlichen und frühneuzeitlichen Gesellschaften*, Tübingen (Ed. diskord) 1994 (*Forum Psychohistorie*, 3)

Sofsky, Wolfgang: *Traktat über die Gewalt*, Frankfurt a. M. (Fischer) 1996

Surkau, Hans Werner: *Martyrien in jüdischer und frühchristlicher Zeit*, Göttingen (Vandenhoeck & Ruprecht) 1938

Der Talmud, ausgewählt, übers. u. erkl. v. Reinhard Mayer, München (Goldman) 1980

Taubes, Susan: „The Nature of Tragedy", in: *The Review of Metaphysics*, 7 (1953/54) Heft 2 (Dezember 1953), S. 193–206

Tertullian: „Ad martyres", in: ders.: *Opera*, Bd. 1,

Turnholt (Brepols) 1954, S. 1–8 (*Corpus Christianorum, Series Latina*, Bd. 1)

Tertullian: „An die Märtyrer“, in: ders.: *Ausgewählte Schriften*, hg. u. übers. v. K. A. Heinrich Kellner, Bd. 1: *Private und katechetische Schriften*, Kempten u. a. (Kösel) 1912, S. 215–223 (*Bibliothek der Kirchenväter*, [Reihe 1], Bd. 7)

Turner, Victor: *Vom Ritual zum Theater. Der Ernst des menschlichen Spiels*, Frankfurt a. M. u. a. (Campus) 1989

Vollständiges Heiligen-Lexikon, hg. v. Johann Evangelist Stadler/Franz Joseph Heim/J. N. Ginal, 5 Bde., Augsburg (Schmid) 1858–1882; Neusatz und Faksimile: Berlin (Directmedia Publ.) 2005 (*Digitale Bibliothek*, 106)

Wacke, Andreas: „Der Selbstmord im römischen Recht und in der Rechtsentwicklung“, in: *Zeitschrift der Savigny-Stiftung für Rechtsgeschichte – Romanistische Abteilung*, 97 (1980), S. 26–77

Weigel, Sigrid: „Die Konversion zwischen religiösem Ritual und Kulturtechnik. Schwellenkunde in der Dialektik der Säkularisierung“, in: dies.: *Literatur als Voraussetzung der Kulturgeschichte. Schauplätze von Shakespeare bis Benjamin*, München (Fink) 2004, S. 86–95

Weigel, Sigrid: „Souverän, Märtyrer und ‚gerechte Kriege‘ jenseits des Jus Publicum Europaeum. Zum Dilemma Politischer Theologie, diskutiert mit Carl Schmitt und Walter Benjamin“, in: Daniel Weidner (Hg.): *Figuren des Europäischen. Kulturgeschichtliche Perspektiven*, München (Fink) 2006, S. 101–128

Wetzstein, Thomas: *Heilige vor Gericht. Das Kanonisationsverfahren im europäischen Mittelalter*, Köln u. a. (Böhlau) 2004 (*Forschungen zur kirchlichen Rechtsgeschichte und zum Kirchenrecht*, 28).

Wieland, Karin: *Worte und Blut. Das männliche Selbst im Übergang zur Neuzeit*, Frankfurt a. M. (Suhrkamp) 1998

Willemsen, Roger (Hg.): *Der Selbstmord in Berichten, Briefen, Manifesten, Dokumenten und literarischen Texten*, Köln (Kiepenheuer & Witsch) 1986

Wolf, Burkhardt: *Die Sorge des Souveräns. Eine Diskursgeschichte des Opfers*, Zürich u. a. (Diaphanes) 2004

Wood, Diana (Hg.): *Martyrs and Martyrologies*, Oxford u. a. (Blackwell) 1993 (*Studies in Church History*, 30)

Zinser, Hartmut: „Vox Populi Vox Dei. Über die Divination der Kriege bei den Römern“, in: *Die Welt des Islams. Internationale Zeitschrift für die Geschichte des Islams in der Neuzeit*, 28 (1988), S. 628–639

Abbildungsverzeichnis

Seite 135:
Abteilung für Polizei-Märtyrer auf dem Edirnekapı-Friedhof Berlin; Foto: Michael Reinhard Heß, 2007

Seite 138:
Hotel Madımak, Sivas; Foto: Michael Reinhard Hess, 2007

Seite 141:
Abb. 1: Blick auf die Grabstätte Rafiq al-Hariris
Abb. 2: Poster mit Märtyrermonument
Abb. 3: Märtyrermonument
Alle drei Abbildungen Fotos im Besitz der Autorin

Seite 148/149:
Abb. 1: Chris Burden: *Shoot,* 1971, Santa Ana, California
Abb. 2: Chris Burden: *Five Day Locker Piece*, Los Angeles, 1971
Abb. 3: Chris Burden: *Through the Night Softly*, Los Angeles, 1973
Alle drei Abbildungen aus: Paul Schimmel: *Out of actions. Aktionismus, Body Art & Performance 1949–1979 (Zwischen Performance und Objekt 1949–1979)*, Ostfildern (Cantz) 1998, S. 97 (Abb. 1), S. 94 (Abb. 2), S. 95 (Abb. 3)
Abb.4: Chris Burden: Trans-Fixed, 1974, Venice, California; aus: Tracey Warr/Amelia Jones (Hg.): *The Artist's Body*, London (Phaidon) 2000, S. 103
Abb. 5: Mona Hatoum: *Them and Us … and Other Divisions*, 1984, 50-min. performance, South Hill Park Arts Centre, Bracknell, Berkshire
Abb.6: Mona Hatoum: *Variation on Discord and Divisions*, 1984, 40-min. performance, The Western Front, Vancouver
Beide Abbildungen aus: Michael Archer/Guy Brett/Catherine de Zegher: *Mona Hatoum*, London (Phaidon) 1997, S. 45 (Abb. 5), S. 126 (Abb. 6)
Abb. 7: Stelarc, *Event for Stretched Skin*, 1976, Maki Gallery, Tokyo
Abb. 8: Stelarc, *The Third Hand*, 1976–80, Tokyo
Beide Abbildungen aus: Tracey Warr/Amelia Jones (Hg.): *The Artist's Body*, London (Phaidon) 2000, S. 184 (Abb. 7), S. 184 (Abb. 8)

Seite 155:
Anonym: *Martyrium des heiligen Georg*, 11. Jh., liturgisches Kreuz, Mestia, Georgisches Museum; aus: Georges Didi-Huberman/Riccardo Garbetta/Manuela Morgaine: *Saint Georges et le dragon. Versions d'une légende*, Paris (Adam Biro) 1994, S. 27

Seite 159:
Abb. 1: Caravaggio: *Die Enthauptung des Johannes*, 1608, La Valletta, St. John
Abb. 2: Caravaggio: *Die Enthauptung des Johannes*, 1608, La Valletta, St. John (Detail)
Beide Abbildungen aus: *Caravaggio al Carmine. Il restauro della Decollazione del Battista di Malta. Florenz: Santa Maria del Carmine* [Ausstellungskat.], Mailand 1999, S. 32 (Abb. 1), S. 24 (Abb. 2)

Seite 162:
Abb. 1: Andrea Mantegna: *San Sebastiano*, um 1470, Wien, Kunsthistorisches Museum
Abb. 2: Andrea Mantegna: *San Sebastiano*, um 1480, Paris, Louvre
Beide Bilder aus: Maria Bellonci (Hg.): *L'opera completa del Mantegna*, Mailand (Rizzoli) 1967, Tafel XI (Abb. 1), Tafel XXVII (Abb. 2) (o. S.)

Seite 165:
Pasolini bei den Dreharbeiten zu *Medea*, 1969; aus: Bernhart Schwenk/Michael Semff (Hg.): *P. P.P. Pier Paolo Pasolini. Leben – Werk – Historischer Kontext* [Ausstellungskat.], München (Cantz) 2005, S. 39

Seite 169:
Abb. 1: Giovanni Bellini: *Pietà*, um 1500, Accademia, Venedig
Abb. 2: Käthe Kollwitz: *Mutter mit totem Sohn (Pietà)*, 1937, Neue Wache, Berlin; aus: Käthe-Kollwitz-Museum Berlin (Hg.): *Käthe Kollwitz.*

Seite 226:
Simone Weils Dienstausweis bei der Organisation „France Combattante" in London, 1943 ; aus: Angelica Krogmann: *Simone Weil in Selbstzeugnissen und Bilddokumenten*, Reinbek (Rowohlt) 1970, S. 121

Seite 229:
Die Gedenkstätten für Jan Palach und Jan Zajíc auf dem *Václavské náměstí* (Wenzelsplatz), Prag; Fotos: Ondrej Bezdicek, 2007

Seite 237:
Abb. 1: Ettore Ferrari: *Giordano Bruno*, 1888, Campo de' Fiori, Rom; aus: Michelina Borsari/ Daniele Francesconi (Hg.): *Martirio. Il sacrificio di sé nelle tradizioni religiose*, Modena (Banca Popolare dell'Emilia Romagna) 2005
Abb. 2: Bruno auf dem Scheiterhaufen, Relief des Bruno-Denkmals in Rom; aus: Jochen Kirchhoff: *Giordano Bruno in Selbstzeugnissen und Bilddokumenten*, Reinbek (Rowohlt) 1980, S. 22

Seite 240:
Abb. 1 und 2: Sören Kierkegaard: Aus dem *Corsarenstreit*, 1842–1851; aus: Sören Kierkegaard: *Gesammelte Werke*, hg. v. Emanuel Hirsch/Hayo Gerdes, Abt. 32, Köln (Diederichs) 1960, S. 177 (Abb. 1), S. 178 (Abb. 2)

Seite 244:
Werner Brunner, Ohne Titel, s/w-Skizze zu Friedrich Nietzsche, 1992–1993; aus: Barbara Straka/ Gudrun Gorka-Reimus (Hg.): *Artistenmetaphysik – Friedrich Nietzsche in der Kunst der Nachmoderne*. Jovis, Haus am Waldsee, Berlin 2001, S. 58

Seite 248:
Ida Tvaradze: *Ikone von Ilia Tschawtschawadse*, 1987, Georgien; Foto: Tamar Korakhashvili

Seite 252:
Semmelweis' letzte Worte: „Ich schwöre, daß ich meinen Dienst an der Menschheit mit reinen Händen und reinem Herzen versehen werde". Karl Paryla als Ignaz Semmelweis in der DEFA-Produktion *Retter der Mütter*, Berlin 1950

Seite 257:
Abb. 1: Lenin, Bogdanov und Gor'kij beim Schachspiel auf Capri, 1908; aus: A. Belova.: *A. A. Bogdanov*, Moskau 1974, S. 25
Abb. 2: Lagerung der Patienten bei einer direkten Bluttransfusion nach Oehlecker; aus: Paul Steffan: *Handbuch der Blutgruppenforschung*, München 1932, S. 285

Seite 261:
Abb. 1: Illustration von Kley zu Gabriele d'Annunzio: *Vielleicht, vielleicht auch nicht*, in: Leonhard Adelt (Hg.): *Der Herr der Luft*, München u. a. (G. Müller) 1914; aus: Felix Philipp Ingold: *Literatur und Aviatik. Europäische Flugdichtung 1909–1927*, Basel u. a. (Birkhäuser) 1978, S. 455
Abb. 2: „Ich hatt' einen Kameraden". Zeichnung zum Totensonntag 1936; aus: *Luftwelt*, 3 (1936) Heft 11, o. S.

Seite 271:
Tahirih in Badascht von Turadsch Dschahangirlu; aus: Persian Letters and Arts Society (Hg.): *Khoosh-i-hâ'i az kharman-i-adab va honar. Presentation at Tahirih Seminar, Landegg 1991*, Darmstadt (Reyhani) 1992, S. 7

Seite 275:
Abb. 1: Trumpeldor als Kapitän des „Zion Mule Corps"; aus: Josef Trumpeldor: *Tagebücher und Briefe*, Berlin (Jüdischer Verlag) 1925 (o. S.)
Abb. 2: Der Hof von Tel Chaj, wo Trumpeldor fiel; aus: Israel Zwi Kanner: *Josef Trumpeldor. Ein jüdischer Held*, Wien (Josef Belf) 1936 (o. S.)

Seite 279:
Abb. 1: Vitalij Georgievič Gubarev: *Pavlik Morozov*, Moskva (Iskusstvo) 1953, Titelblatt
Abb. 2: Denkmal für Pavlik Morozov in Moskau; aus: Jurij Družnikov: *Donosčik 001, ili voznesenie Pavlika Morozova*, Moskva 2006 (o. S.)

Zu den Autoren

Zaal Andronikashvili, Literaturwissenschaftler und wissenschaftlicher Mitarbeiter im Projekt „Topographie pluraler Kulturen Europas in Rücksicht auf die ‚Verschiebung Europas nach Osten'" am Zentrum für Literatur- und Kulturforschung, Berlin.

Janis Augsburger, Dr. des., geb. 1976, Studium der Philosophie und Kulturwissenschaft an der Humboldt-Universität Berlin, Promotion zum Thema „Dimensionen des Masochismus. Zum Werk von Bruno Schulz". Wissenschaftliche Mitarbeiterin am Projekt „Topographien pluraler Kulturen Europas in Rücksicht auf die ‚Verschiebung Europas nach Osten'" am Zentrum für Literatur- und Kulturwissenschaften, Berlin.

Karlheinz Barck, Dr. sc., Romanist, Ko-Direktor des Zentrums für Literatur- und Kulturforschung, Berlin. Publikationen (Auswahl): *Ästhetik des Politischen – Politik des Ästhetischen* (1999); *Ästhetische Grundbegriffe. Historisches Wörterbuch in sieben Bänden* (2000–2006); Arthur Rimbaud: *Mein traurig Herz voll Tabaksaft. Gedichte französisch-deutsch* (2003); *Erich Auerbach. Geschichte und Aktualität eines europäischen Philologen* (2007).

Heike Behrend ist seit 1994 Professorin am Institut für Afrikanistik der Universität zu Köln. Sie lehrte u. a. in Berlin, Bayreuth und Mainz; sie hatte 1993 und 1997 eine Gastprofessur an der École des Hautes Études in Paris und arbeitete 2004 als senior research fellow am African Studies Program der Northwestern University in Evanston in den USA und 2007 am Internationalen Forschungszentrum Kulturwissenschaften (IFK) in Wien. Sie forschte vor allem in Kenia, Uganda, Ghana und Nigeria und arbeitet zur Zeit über religionsethnologische Themen und moderne Medien in Afrika. Von 1998 bis 2005 arbeitete sie ethnographisch in Westuganda über die Gilde der Ugandischen Märtyrer und die Geschichte der katholischen Kirche. Ein Buch darüber ist in Vorbereitung.

Hans Belting, Direktor des Internationalen Forschungszentrums Kulturwissenschaften (IFK) in Wien (seit 2004). Nach Professuren an den Universitäten Heidelberg und München von 1992 bis 2002 Professor für Kunstwissenschaft und Mediengeschichte an der Hochschule für Gestaltung, Karlsruhe. 2002 bis 2003 Inhaber des Europäischen Lehrstuhls am College de France und 2003 bis 2004 Gastprofessor am Department of Art History an der Northwestern University in Chicago. Publikationen (Auswahl): *Qu'est-ce qu'un chef-d'oeuvre?* (Paris 2000); *Bild-Anthropologie: Entwürfe für eine Bildwissenschaft* (München 2001); *Hieronymus Bosch, Garten der Lüste* (München 2002); *Das echte Bild: Bildfragen als Glaubensfragen* (München 2005); *Szenarien der Moderne. Kunst und ihre offenen Grenzen* (Berlin 2005).

Bernadette Bensaude-Vincent, Professorin der Geschichte und Philosophie der Wissenschaften an der Universität Paris X, seit 2000 verantwortlich für den Sektor Materials Research des Programms „History of Recent Science and Technology" der Sloan Foundation und des Dibner Funds am MIT (Cambridge, USA). Veröffentlichungen mit Stengers: *Histoire de la chimie* (1993); *100 mots pour commencer à penser les sciences* (2003). Jüngste Veröffentlichungen (Auswahl): *Faut-il avoir peur de la chimie?* (2005); *Se liberer de la matière? Fantasmes autour des nouvelles technologies* (2004).

Sabine Berthold, Dr. des., geb. 1971 in Flörsheim am Main. Studium der Germanistik, Kunstgeschichte und Philosophie in Frankfurt a. M. Promotion über „Die Epoche der 50er Jahre in doppelter generationeller Perspektive" (2007). Seit 2005 wissenschaftliche Mitarbeiterin im Forschungsprojekt „Figurationen des Märtyrers in nahöstlicher und europäischer Literatur" am Zentrum für Literatur- und Kulturforschung, Berlin. Lehraufträge an der Humboldt-Universität und der Fachhochschule für Technik und Wirtschaft, Berlin.

CHRISTINE BLÄTTLER, Dr. phil., research fellow an der Stanford University, Lehrbeauftragte an der Europa-Universität Viadrina in Frankfurt/Oder und an der Hochschule der Künste Bern, wissenschaftliche Mitarbeiterin am Zentrum für Literatur- und Kulturforschung, Berlin. Arbeitsgebiete: Serialität, Lebendigkeit, Experiment, Gesetz, Objektivität in Ästhetik, Ethik, Sozial- und Kulturphilosophie, historischer Epistemologie. Publikationen (Auswahl): *Delikt: Extremer Realismus* (2002); „Überlegungen zu Serialität als ästhetischem Begriff", in: *Weimarer Beiträge* (2003); „The Virtue of Similitude", in: A. Sick (Hg.): *Do not exist. Europe, Woman, Digital Medium* (2007); „Der Philosoph der Zukunft ist Gesetzgeber. Zur Ethik Nietzsches", in: M. Stingelin/C. Pornschlegel (Hg.): *Nietzsche und Frankreich*, (2007).

KAI BREMER, wissenschaftlicher Mitarbeiter an der Justus-Liebig-Universität Gießen. 2002 Promotion in Göttingen über Religionsstreitigkeiten im 16. Jahrhundert; 2005bis 2007 wissenschaftlicher Mitarbeiter am Zentrum für Literatur- und Kulturforschung, Berlin. Forschungen zur Rhetorik und Literatur der Frühen Neuzeit, zum Zusammenhang von Bibel und Drama von der Frühen Neuzeit bis zur Gegenwart sowie zur Theorie des Dramas. Zuletzt Hg. (zusammen mit Fabian Lampart und Jörg Wesche): *Schreiben am Schnittpunkt. Poesie und Wissen bei Durs Grünbein*, Freiburg (Rombach) 2007 (*Litterae*, 154).

SASHA DEHGHANI, geb. 1975 in Teheran, Iran. Magister Artium (2003) in Islamwissenschaft, Politikwissenschaft und Evangelischer Theologie/Religionswissenschaft an der Friedrich-Schiller-Universität Jena mit einer Abschlußarbeit über „Die Koranexegese von Sadr al-Din al-Schirazi". Zwischen 2000 und 2002 Studium im Nahen Osten an der American University of Beirut sowie am Institut Francais (IFEAD) und der Universität von Damaskus. Seit 2005 wissenschaftlicher Mitarbeiter im DFG-Forschungsprojekt „Figurationen des Märtyrers in nahöstlicher und europäischer Literatur" am Zentrum für Literatur- und Kulturforschung, Berlin – mit Schwerpunkt auf dem Märtyrertum im schiitischen Islam und der Babi-Religion (Dissertation) – sowie Lehrbeauftragter des Arabistik Instituts der Freien Universität Berlin.

GEORGES DIDI-HUBERMAN, Philosoph und Kunsthistoriker an der École des Hautes Études en Sciences Sociales (Paris). Gastprofessuren u. a. an der Johns Hopkins University, der University of California, Berkeley, am Londoner Courtauld Institute, an der Freien Universität Berlin. Ausstellungsleitungen u. a.: 1997 „L'Empreinte" im Pariser Centre Georges Pompidou; 2001 „Fables du lieu" im Studio National des Arts Contemporains, Tourcoing. Jüngste Publikationen (Auswahl): *Venus öffnen* (2006); *Ninfa moderna* (2006); *Bilder trotz allem* (2007); *Das Archiv brennt* (2007).

SABINE FLACH, Kunstwissenschaftlerin, Leitung des Institutsbereichs Kunst und Wissenschaft am Zentrum für Literatur- und Kulturforschung, Berlin; Publikationen (Auswahl): *‚Körper-Szenarien'. Zum Verhältnis von Körper und Bild in Videoinstallationen* (2003); *Der Bilderatlas im Wechsel der Künste und Medien* (Hg., 2005).

KARIN GLUDOVATZ, Studium der Kunstgeschichte in Wien und Hamburg, 2004 Promotion an der Universität Wien mit der Arbeit „Fährten legen – Spuren lesen. Die Künstlersignatur als poietische Referenz" (erscheint 2008 im Fink-Verlag). 2001 bis 2003 DFG-Promotionsstipendium im Graduiertenkolleg „Praxis und Theorie des künstlerischen Schaffensprozesses" an der Universität der Künste, Berlin. Seit 2003 wissenschaftliche Mitarbeiterin am Kunsthistorischen Institut der Freien

Universität Berlin und seit 2007 Mitglied des Sonderforschungsbereichs 626 „Ästhetische Erfahrung im Zeichen der Entgrenzung der Künste“ an der Freien Universität Berlin.

MICHAEL REINHARD HESS, Dr., Privatdozent, geb. 1967, studierte 1987 bis 1992 in Frankfurt a M. Mittlere und Neuere Geschichte, Gräzistik, Turkologie und Islamkunde. 1992 in Frankfurt a. M. Magister, 1997 in Mainz Promotion, 2005 an der Freien Universtität Berlin Habilitation in Turkologie. Forschungsaufenthalte u. a. in Istanbul (1997–2000), Aserbaidschan und Ufa, Russland. Seit 2005 Privatdozent am Turkologischen Institut der Freien Universität Berlin und wissenschaftlicher Mitarbeiter im „Märtyrer“-Projekt des Zentrums für Literatur- und Kulturforschung, Berlin. Forschungsschwerpunkte: Linguistik der Türksprachen, osmanische und türkische Literatur.

SILVIA HORSCH, geb. 1975, Studium der Arabistik und Germanistik an der Freien Universität Berlin, seit 2005 wissenschaftliche Mitarbeiterin am Zentrum für Literatur- und Kulturforschung, Berlin, im Projekt „Figurationen des Märtyrers in nahöstlicher und europäischer Literatur“, derzeit Promotion zu sunnitischen Märtyrerfigurationen im frühen und klassischen islamischen Schrifttum.

MIRANDA JAKIŠA, Dr., Slavistin und Politikwissenschaftlerin, seit 2006 wissenschaftliche Mitarbeiterin an der Humboldt-Universität zu Berlin, arbeitet am Zentrum für Literatur- und Kulturforschung, Berlin, an einem Forschungsprojekt zur „Logik von Freund- und Feindschaft auf dem Balkan“ sowie an einem Habilitationsprojekt zur russischen und polnischen Wissenschaftlichen Phantastik. Sie hat in Konstanz, Glasgow und Sarajevo studiert und wurde im Rahmen des Graduiertenkollegs „Pragmatisierung/Entpragmatisierung“ an der Universität Tübingen mit einer Arbeit zur bosnischen Literatur, „Bosnientexte. Ivo Andrić, Meša Selimović und Dževad Karahasan“, promoviert.

RENATE LACHMANN, Prof. em. für Allgemeine Literaturwissenschaft und Slavische Literaturen an der Universität Konstanz. Gastprofessuren u. a. in Yale, Tel Aviv, Stockholm, Prag, Moskau, Irvine. Veröffentlichungen (Auswahl): *Die Zerstörung der schönen Rede. Rhetorische Tradition und Konzepte des Poetischen* (1994); *Erzählte Phantastik. Zu Geschichte und Semantik des Phantastischen in der Literatur* (2002).

NIKLAUS LARGIER, Professor für Deutsche Literatur und Chair des Department of German an der University of California, Berkeley. Wissenschaftliche Arbeiten vor allem zur sogenannten Deutschen Mystik, ihrer Rezeption vom 16. bis zum 20. Jahrhundert und dem Verhältnis zwischen religiösen Praktiken und literarischer Imagination. Herausgeber der Werke Meister Eckharts im Deutschen Klassiker-Verlag und Autor von *Lob der Peitsche. Eine Kulturgeschichte der Erregung* (München [Beck] 2001) und *Die Kunst des Begehrens: Dekadenz, Sinnlichkeit, Askese* (München [Beck] 2007). Zur Zeit arbeitet er, ausgehend von Musils *Mann ohne Eigenschaften*, an einer Studie zur Ästhetik des Möglichkeitssinns.

CHRISTIAN LUCKSCHEITER, geb. in Freiburg, Studium der Germanistik, Musikwissenschaft und Geschichte in Köln, Prag und Berlin. Assistent am Zentrum für Literatur- und Kulturforschung seit Februar 2006. Promotionsprojekt zum Thema „Topographien Peter Handkes“.

THOMAS MACHO, Professor für Kulturgeschichte an der Humboldt-Universität zu Berlin, wurde 1976 mit einer Dissertation über die „Dialektik des musikalischen Kunstwerks“ an der Universität Wien promoviert. Er habilitierte sich 1983 in Klagenfurt für das Fach Philosophie mit einer Schrift „Von den Metaphern des Todes. Eine Phänomenologie der Grenzerfahrung“. Macho ist Mitbegründer des „Hermann von Helmholtz-Zentrums für Kulturtechnik“ und seit 2006 Dekan der Philosophischen Fakultät III. Jüngste Buchveröffentlichungen: *Science & Fiction* (2004); *Das zeremonielle Tier* (2004); *Arme Schweine. Eine Kulturgeschichte* (2006).

GIORGI MAISURADZE, geb. 1970 in Georgien, 1988 bis 1993 Studium der Geschichte und Philosophie in Tiflis und Saarbrücken, 1998 bis 1999 Forschungsstipendium des DAAD an der Technischen Universität Berlin. Derzeit Arbeit an einer Promotion über Genealogie an der Humboldt-Universität zu Berlin. Arbeitsschwerpunkte: Kulturelles Gedächtnis, Politische Theologie, Genealogie. Veröffentlicht auf Georgisch, Deutsch und Russisch.

ROMY MARSCHALL, Studium der Deutschen Philologie, Vergleichenden Literaturwissenschaft, Philosophie und Religionswissenschaft in München und Berlin. Derzeit Magisterabschlußarbeit über Aby Warburg und Franz Dornseiff als wissenschaftsgeschichtliche Konstellation zum Verhältnis von Wort und Bild. Weitere Themen: Kartographie der frühen Neuzeit als Zeugnis eines epistemologischen Wandels, Kulturwissenschaft im Anschluß an begriffsgeschichtliche Philologie des 19. und 20. Jh., Übersetzungstheorien. Studentische Hilfskraft an der Technischen Universität Berlin und am Zentrum für Literatur- und Kulturforschung u. a. beim Internationalen Walter-Benjamin-Festival.

PHILIPPE MESNARD, Dr. habil., Literaturwissenschaftler, Dozent an der Haute École de Bruxelles und an der Universität Marne-la-Vallée, Programmdirektor am Collège International de Philosophie. Wichtigste Publikationen: *Consciences de Shoah* (2000); *La Victime écran* (2002); *Témoignage en résistance* (2007). Hat in Frankreich und Italien die Manuskripte der Sonderkommandos von Auschwitz herausgegeben.

THOMAS MEYER, wissenschaftlicher Mitarbeiter am Simon-Dubnow-Institut Leipzig und Publizist, Lehrbeauftragter an der Universität München. Nach einem Studium der Philosophie 2003 Promotion an der Ludwig-Maximilians-Universität München. 2003 bis 2005 Abfassung der ersten quellenbasierten Biographie zu Ernst Cassirer im Auftrag der ZEIT-Stiftung Ebelin und Gerd Bucerius (Hamburg). 2005 und 2007 Gastwissenschaftler am Zentrum für Literatur- und Kulturforschung, Berlin. Publikationen (Auswahl): *Ernst Cassirer. Eine Biographie* (Hamburg 2006); *Kulturphilosophie in gefährlicher Zeit. Studien zum Werk Ernst Cassirers* (Münster 2007); *Vom Ende der Emanzipation. Jüdische Philosophie in Deutschland nach 1933* (Göttingen 2007).

DORIT MÜLLER, Dr. phil., wissenschaftliche Mitarbeiterin am Zentrum für Literatur- und Kulturforschung, Berlin. Arbeitsschwerpunkte: Wissenschaftsgeschichte, deutsche Literatur- und Filmgeschichte des 20. Jahrhunderts, Wissenspopularisierung. Publikationen zur Geschichte der Literaturwissenschaften und zur Wissensvermittlung im Kulturfilm; Monographie: *Gefährliche Fahrten. Das Automobil in Literatur und Film um 1900.*

ERNST MÜLLER, Studium der Philosophie, 1987 Promotion in Berlin. Von 1995 bis 2001 wissenschaftlicher Assistent, seit 2002 Privatdozent am Institut für Philosophie der Humboldt-Universität zu Berlin. 2001 bis 2005 Mitarbeiter im Projekt „Dialektik der Säkularisierung" am Zentrum für Literatur- und Kulturforschung, Berlin, seit 2005 daselbst Leiter eines Projektes zur Begriffsgeschichte. Arbeitsgebiete: Geschichte der Philosophie, insbes. Ästhetik, Religionsphilosophie, Hermeneutik; Deutscher Idealismus und Romantik, Universitätsgeschichte; Theorie der Begriffsgeschichte. Buchpublikationen (Auswahl): *Ästhetische Religiosität und Kunstreligion. In den Philosophien von der Aufklärung bis zum Ausgang des deutschen Idealismus*, Berlin 2004. (Hg.) *Begriffsgeschichte im Umbruch?* Hamburg 2005.

DIRK NAGUSCHEWSKI, leitet den Arbeitsbereich „Presse & Kommunikation" am Zentrum für Literatur- und Kulturforschung, Berlin. Forschungsschwerpunkte: Film und Literatur in Afrika, Gender Studies, Sprachwissenschaft/Philologie/Kulturwissenschaft. Feuilleton-Beiträge u. a. für *Die Welt, Frankfurter Rundschau, Neue Zürcher Zeitung*. Wissenschaftliche Übersetzungen aus dem Französischen. Letzte Veröffentlichung: (Hg. mit S. Arndt u. R. Stockhammer): *Exophonie. Anders-Sprachigkeit (in) der Literatur*. Berlin (Kulturverlag Kadmos) 2007.

ANGELIKA NEUWIRTH, Professorin für Arabistik an der Freien Universität Berlin; von 1994 bis 1999 Direktorentätigkeit am Orient-Institut der Deutschen Morgenländischen Gesellschaft Beirut und Istanbul. (Mit-)Herausgeberin u. a. von *Literaturen im Kontext* und von *Ex Oriente Lux*. Jüngste Veröffentlichungen: *Ghazal as World Literature I. Transformations of a Literary Genre* (2005); *Ghazal as World Literature II. From a Literary Genre to a Great Tradition. The Ottoman gazel in Context* (2006); *Reflections on Reflections. Near Eastern Writers Reading Literature* (2006).

FRIEDERIKE PANNEWICK, Associate Professor an der University of Oslo, Institut for Culture Studies and Oriental Languages. Arbeitsgebiet: moderne arabische Literatur, Theater und Ideengeschichte. Leiterin des Forschungsnetzwerkes „Travelling Traditions – Comparative Perspectives in Near Eastern Literatures" am Wissenschaftskolleg zu Berlin. Publikationen (Auswahl): (Hg.): *Martyrdom and Literature. Death and Meaningful Suffering in Europe and the Middle East from Antiquity to Modernity*, Wiesbaden 2004 (Literaturen im Kontext – Arabisch – Persisch – Türkisch); „Tödliche Selbstopferung in der arabischen Literatur – eine Frage der Ehre?", in: M. Schuller/I. Kappert (Hg.): *Ein Denken, das zum Sterben führt. Selbsttötung – das Tabu und seine Brüche*, Göttingen (Vandenhoeck & Ruprecht) 2004 (Verlagsbereich Medizinische Psychologie); „Der Tod als Tor zum Leben. Märtyrertum als moderner Mythos in der palästinensischen Dichtung", in: H. Medick/A. Bähr (Hg.): *Selbsttötung als kulturelle Praxis. Ansätze eines interkulturellen historischen Vergleichs*. Köln u. a. (Böhlau) 2005.

CHRISTINA PAREIGIS, Dr. phil., geb. 1970, wissenschaftliche Mitarbeiterin der Arbeitsstelle Susan Taubes Archiv e. V. am Zentrum für Literatur- und Kulturforschung, Berlin. Studium der Germanistik, Evangelischen Theologie und Erziehungswissenschaften; Joseph Carlebach Preis für die Dissertation *‚trogt zikh a gezang'. Jiddische Liedlyrik aus den Jahren 1939–1945: Kadye Molodovsy, Yitzhak Katzenelson, Mordechaj Gebirtig*, Hamburg/München 2003; Arbeitsschwerpunkte: Jüdische/Jiddische Literatur und Kultur der Moderne; Talmudlektüre und Literaturtheorie; Tanz und Poetik; Veröffentlichungen u. a. zu Heinrich Heine, Franz Kafka, jiddischer Literatur aus dem Shoah-Kontext.

OHAD PARNES wurde am Cohn Institute for the History and Philosophy of Science and Ideas an der Universität Tel-Aviv promoviert. Fellowships am Wellcome Institute, London, Max-Planck-Insititut für Wissenschaftsgeschichte, Berlin, und an der Universität Bern. 2005 bis 2007 Mitarbeit im Projekt „Erbe – Erbschaft – Vererbung. Überlieferungskonzepte zwischen Natur und Kultur im historischen Wandel" am Zentrum für Kultur- und Literaturforschung, Berlin. Seit 2007 ebendort Mitarbeit im Projekt "Generationen in der Erbengesellschaft – ein Deutungsmuster soziokulturellen Wandels". Veröffentlichungen zur Geschichte und Theorie der Biomedizin, Immunologie und Genetik (Auswahl): „Generationen und die neue Epistemologie der Vererbung im 19. Jahrhundert", in: Ohad Parnes/Ulrike Vedder/Sigrid Weigel/Stefan Willer (Hg.): *Die Generation – Genealogie des Konzepts – Konzepte von Genealogie*, München (Fink) 2005; „Paul Kammerer und die moderne Genetik. Erwerbung und Vererbung verfalschter Eigenschaften", in: Anne-Kathrin Reulecke (Hg.): *Fälschungen. Autorschaft und Beweis in Wissenschaften und Künste*, Frankfurt a. M. (Suhrkamp) 2006. Demnächst erscheint (zusammen mit Ulrike Vedder und Stefan Willer): *Das Konzept der Generation: eine Kultur- und Wissenschaftsgeschichte*, Frankfurt a. M. (Suhrkamp).

TATJANA PETZER, Dr. phil., Slavistin, wissenschaftliche Mitarbeiterin im Projekt „Intensität. Wirkungskonzepte in religiösen und ästhetischen Diskursen der Moderne" am Zentrum für Literatur- und Kulturforschung, Berlin. Arbeitsschwerpunkte: Russische Moderne, Avantgarde in Ost- und Südosteuropa, Gedächtniskultur, Topographien der Balkanisierung. In Kürze erscheint die Dissertation zum Thema *Geschichte als Palimpsest. Erinnerungsstrukturen in der Poetik von Danilo Kiš.*

ANDREAS PFLITSCH, 1992 bis 1998 Studium der Islamwissenschaft und der Vergleichenden Religionswissenschaft in Bonn und Damaskus, Syrien. 1998 bis 2000 Stipendiat am Orient-Institut der Deutschen Morgenländischen Gesellschaft in Beirut, Libanon. 2000 bis 2006 wissenschaftlicher Mitarbeiter am Seminar für Semitistik und Arabistik der Freien Universität Berlin. Seit 2006 Mitarbeiter am Projekt „Topographie pluraler Kulturen Europas in Rücksicht auf die ‚Verschiebung Europas nach Osten'" am Zentrum für Literatur- und Kulturforschung, Berlin. 2007 Promotion in Arabistik an der Freien Universität Berlin. Seit 2004 Fachberater für moderne arabische Literatur für Kindlers Literatur-Lexikon; seit 2005 Mitglied des Vorstands der European Association for the Study of Middle Eastern Literature (EurAMEL).

ERIK PORATH, Studium der Philosophie, Geschichte, Pädagogik und Kunst in Hamburg. Lehrbeauftragter verschiedener Universitäten (u. a. Magdeburg, Rostock). Gründungsmitglied der Assoziation für die Freudsche Psychoanalyse (AFP). 2004 Promotion am Institut für Medienwissenschaft der Universität Basel. Zur Zeit Mentor für Kulturwissenschaften der Fernuniversität Hagen am Fernstudienzentrum der Humboldt-Universität, Berlin. Aufsätze u. a. zu Kant, Kleist, Hegel, Kierkegaard, Melville, Nietzsche, Freud, Schreber, Kafka, Heidegger, Lacan, Lyotard, zu kulturwissenschaftlichen und wissenschaftsgeschichtlichen Fragestellungen wie Hirnforschung und Literatur, Praxis und Theorie der Psychoanalyse, Ästhetik von Grenzphänomenen und Posthumanismus, Philosophie der Bildung, Begriffsgeschichte, Medientheorie und Gedächtnisforschung. Veröffentlichung: *Gedächtnis des Unerinnerbaren. Philosophische und medientheoretische Untersuchungen zur Freudschen Psychoanalyse*, Bielefeld 2005.

HELEN PRZIBILLA, studierte Judaistik und Neuere Geschichte an der Freien Universität Berlin und an der New York University. Sie ist seit Juli 2007 wissenschaftliche Mitarbeiterin im Projekt „Figurationen des Märtyrers in nahöstlicher und europäischer Literatur" am Zentrum für Literatur- und Kulturforschung, Berlin.

KLAUDIA RUSCHKOWSKI, Dramaturgin und Übersetzerin. 1991 bis 1997 Kodirektorin des Europäischen Kulturzentrums in Thüringen. Seit 1999 Geschäftsführung und Entwicklung von Projekten für die Internationale Heiner-Müller-Gesellschaft. Konzeption internationaler Werkstätten und Kunstprojekte.

MICHAIL RYKLIN, Philosoph, Professor am Institut für Philosophie der Russischen Akademie der Wissenschaften, Moskau. Er hat mit Jacques Derrida in Paris zusammengearbeitet und lehrt immer wieder an westeuropäischen und amerikanischen Universitäten. In konstruktiv-kritischer Auseinandersetzung mit der französischen Gegenwartsphilosophie analysiert er in seinen Arbeiten vor allem die „Logiken des Terrors" im Nationalsozialismus und in der Stalinzeit. Publikationen in dt. Sprache (Auswahl): *Räume des Jubels. Totalitarismus und Differenz. Essays*, Frankfurt a. M. 2003; *Verschwiegene Grenze. Briefe aus Moskau*, Berlin 2003; *Dekonstruktion und Destruktion. Gespräche*, Zürich/ Berlin 2006; *Mit dem Recht des Stärkeren. Russische*

Kultur in Zeiten der „gelenkten Demokratie". Essay, Frankfurt a. M. 2007 (ausgezeichnet mit dem Leipziger Buchpreis für Europäische Verständigung 2007).

FALKO SCHMIEDER, geb. 1970, Studium der Kommunikations- und Politikwissenschaft und der Soziologie an der Technischen Universität Dresden, der Freien Universität Berlin und der Humboldt-Universität zu Berlin, promovierte 2004 mit der Arbeit „Ludwig Feuerbach und der Eingang der klassischen Fotografie. Zum Verhältnis von anthropologischem und Historischem Materialismus". Er war 2003 bis 2004 wissenschaftlicher Mitarbeiter an der Feuerbach-Gesamtausgabe der Berlin-Brandenburgischen Akademie der Wissenschaften. Seit 2004 Lehraufträge am Institut für Kommunikationsgeschichte und angewandte Kulturwissenschaften an der Freien Universität Berlin sowie an der Europa-Universität Viadrina in Frankfurt/Oder; seit 2005 wissenschaftlicher Mitarbeiter am Zentrum für Literatur- und Kulturforschung, Berlin. Arbeitet aktuell an einem Projekt zur Begriffsgeschichte.

KATRIN SOLHDJU, studierte Kulturwissenschaft und Religionswissenschaft. MA zu: „Geistervorstellungen: Visualisierungen des Unsichtbaren in den Wissenschaften und Parawissenschaften des 19. Jahrhunderts". Von 2004 bis 2006 Doktorandin am Max-Planck-Institut für Wissenschaftsgeschichte im Rahmen der Forschergruppe „Experimentalisierung des Lebens" mit einer Arbeit zur Geschichte des Selbstexperiments. Seit 2007 Mitarbeiterin im Projekt „Anästhesie und Literatur" am Zentrum für Literatur- und Kulturforschung, Berlin.

ISABELLE STENGERS, Philosophin und Wissenschaftshistorikerin, Professorin an der Université libre de Bruxelles. Zahlreiche Arbeiten v. a. zur Geschichte der Wissenschaft, zum Thema Wissenschaft und Macht und zur Geschichte der Psychoanalyse. Veröffentlichungen mit Bernadette Bensaude-Vincent: *Histoire de la chimie* (1993); *100 mots pour commencer à penser les sciences* (2003); Jüngste Veröffentlichungen: *L'évolution* (mit P. Sonigo, 2003); *La sorcellerie capitaliste* (mit Philippe Pignarre, 2005); *La Vierge et le neutrino. Quel avenir pour les sciences?* (2006).

ELISABETH STROWICK, Dr. phil., Privatdozentin für Neuere deutsche Literatur und allgemeine Literaturwissenschaft an der Universität Basel, wissenschaftliche Mitarbeiterin am Zentrum für Literatur- und Kulturforschung, Berlin, wissenschaftliche Geschäftsführerin des Zentrums „Geschichte des Wissens" (Universität Zürich/ETH); Forschungs- und Lehrtätigkeiten an der Johns Hopkins University, der Yale University, den Universitäten Hamburg, Trier, Greifswald und Basel. Veröffentlichungen: *Passagen der Wiederholung. Kierkegaard – Lacan – Freud*, Stuttgart, Weimar 1999; „Comparative Epistemology of Suspicion. Psychoanalysis, Literature, and the Human Sciences", in: *Science in Context*, 19 (2006) Heft 4, S. 649–669; *Sprechende Körper – Poetik der Ansteckung. Performativa in Literatur und Rhetorik*, München (ersch. 2008).

YOKO TAWADA, geb. 1960 in Tokyo. 1982 bis 2006 lebte sie in Hamburg, seit März 2006 in Berlin. Studium der Literaturwissenschaft in Tokyo (an der Waseda-Universität), Hamburg und Zürich. Promotion bei Sigrid Weigel. Seit 1990 lebt sie als freie Schriftstellerin, schreibt Erzählungen, Gedichte, Theaterstücke und Essays auf Deutsch und auf Japanisch. Sie erhielt u. a.: Förderpreis für Literatur der Hansestadt Hamburg (1990), Gunzo-Shinjin-Bungaku-Sho (1991), Akutagawa-Preis (1993), Lessing-Förderpreis (1996), Adelbert-von-Chamisso-Preis (1996), Tübinger-Poetik-Dozentur (1998), Izumi-Kyoka-Preis (2001), Tanizaki-Junichiro-Preis (2003), Goethe-Medaille (2005). Zu letzt erschien: *Sprachpolyzei und Spielpolyglotte* (2007).

FRANZISKA THUN-HOHENSTEIN, Dr. phil., Slavistin, Leiterin des Projektes „Intensität. Wirkungskonzepte in religiösen und ästhetischen Diskursen der Moderne“ am Zentrum für Literatur- und Kulturforschung, Berlin. Arbeitsschwerpunkte: Russische Literatur- und Kulturgeschichte des 20. Jahrhunderts (speziell: Literatur und Kultur der Stalin-Zeit, der „Tauwetter“-Periode sowie kulturelle Transformationsprozesse in der Perestrojka und in postsowjetischer Zeit); Gedächtniskultur und literarische Autobiographik; Ästhetische und religiöse Diskurse in der russischen Kultur. Publikationen (Auswahl): (Hg. mit W. St. Kissel): *Exklusion. Figuren der Ausgrenzung in der polnischen und russischen Kultur des 20. Jahrhunderts*, München 2006; (Hg.): *Warlam Schalamow Werkausgabe*, Bd. 1: *Durch den Schnee. Erzählungen aus Kolyma I*, Berlin 2007; *Gebrochene Linien. Autobiographisches Schreiben und Lagerzivilisation*, Berlin 2007.

MARTIN TREML, Religionswissenschaftler und Judaist, Forschungsdirektor am Zentrum für Literatur- und Kulturforschung, Berlin. Arbeitsschwerpunkte: Theorie und Figuren der Westlichen Religionen, Kultur- und Literaturgeschichte des deutschen Judentums seit 1700, Antike und Antikenrezeption. Er arbeitet zur Zeit an einer Monographie über Aby Warburg als Religionshistoriker und hat zuletzt, zusammen mit Karlheinz Barck, den Sammel- und Texband *Erich Auerbach. Geschichte und Aktualität eines europäischen Philologen* (Berlin 2007) herausgegeben.

ULRIKE VEDDER, Dr. phil., Germanistin und Romanistin, wissenschaftliche Mitarbeiterin am Zentrum für Literatur- und Kulturforschung, Berlin, zuvor an den Universitäten Hamburg und Paderborn. Arbeitsschwerpunkte: Literatur des 18. bis 21. Jahrhunderts; Medien in/und Literatur; kulturelle Transformationen von Dingen; Erbschaft, Überlieferung, Transmission. Buchpublikationen: (Mithg.): *Reflexive Naivität. Zum Werk Marieluise Fleißers*, Berlin 2000; (Mithg.): *Sammeln – Ausstellen – Wegwerfen*, Königstein/Ts. 2001; *Geschickte Liebe. Zur Mediengeschichte des Liebesdiskurses im Briefroman „Les Liaisons dangereuses“ und in der Gegenwartsliteratur*, Köln u. a. 2002; (Mithg.): *Chiffre 2000 – Neue Paradigmen in der Gegenwartsliteratur*, München 2005; (Mithg.): *Generation. Zur Genealogie des Konzepts – Konzepte von Genealogie*, München 2005; (Mithg.): *Von der Jägerstraße zum Gendarmenmarkt. Eine Kulturgeschichte aus der Berliner Friedrichstadt*, Berlin 2007.

MARGARETE VÖHRINGER, studierte Kunstwissenschaft und Medientheorie an der Hochschule für Gestaltung Karlsruhe. Ihre Dissertation über „Avantgarde und Psychotechnik. Wissenschaft, Kunst und Technik der Wahrnehmunsexperimente in der frühen Sowjetunion“ entstand im Rahmen eines Stipendiums am Max-Planck-Institut für Wissenschaftsgeschichte Berlin. Derzeit arbeitet Sie am Zentrum für Literatur- und Kulturforschung, Berlin, zur Geschichte des Reflexes.

DANIEL WEIDNER, Dr. phil., geb. 1969 in Hamburg, Studium der Philosophie, Soziologie, Germanistik und Wissenschaftstheorie in Freiburg, Jena und Wien, 2000 Promotion über Gershom Scholem am Institut für Allgemeine und Vergleichende Literaturwissenschaft der Freien Universität Berlin. Seit 2000 Mitarbeiter im Projekt „Figuren des Sakralen in der Dialektik der Säkularisierung“, seit 2005 Leiter des Projekts „(Dis-)Figuration der Schrift. Bibelkritik und Literaturwissenschaft in der Neuzeit“, beide am Zentrum für Literatur- und Kulturforschung, Berlin. Arbeitet über die Beziehung von Religion und Literaturtheorie, über deutsch-jüdische Literatur im 19. und 20. Jahrhundert und über die Geschichte der Bibelkritik und Religionswissenschaft im 18. und 19. Jahrhundert.

SIGRID WEIGEL, Direktorin des Zentrums für Literatur- und Kulturforschung, Berlin, Professorin an der Technischen Universität Berlin. Forschungsprojekte zu: Dialektik der Säkularisierung; Genealogie, Erbe, Generation; Europäische Kulturgeschichte des Wissens; Publikationen u. a. zu

Heine, Warburg, Benjamin, Arendt, Bachmann, Gedächtnistheorien, Bildwissenschaft. Jüngste Publikationen: *Literatur als Voraussetzung der Kulturgeschichte. Schauplätze von Shakespeare bis Benjamin* (2004), *Genea-Logik. Generation, Tradition und Evolution zwischen Kultur- und Naturwissenschaften* (2006), *Grammatologie der Bilder* (2008), *Walter Benjamin: Die Kreatur, das Heilige, die Bilder* (2008).

CORNELIA WILD, Dr. phil., wissenschaftliche Assistentin an der Ludwig-Maximilians-Universität, München. Leitung des Projekts „Anästhesie und Literatur" am Zentrum für Literaturforschung, Berlin. Arbeitsschwerpunkte: Französische Literatur des 19. und 20. Jahrhunderts; Theorie-, Medizin- und Subjektgeschichte. Im März 2008 erscheint: *Später Baudelaire. Praxis poetischer Zustände*, München (Fink) 2008.

STEFAN WILLER, Dr. phil., wissenschaftlicher Mitarbeiter am Zentrum für Literatur- und Kulturforschung, Berlin, im Projekt „Generationen in der Erbengesellschaft – ein Deutungsmuster soziokulturellen Wandels". Weitere Forschungsschwerpunkte: Literatur und Wissensgeschichte; Theorien und Praktiken der Philologie; literarische und kulturelle Konzepte von Kanon, Tradition und Nachleben. Buchpublikationen: *Botho Strauß zur Einführung* (2000); (Mithg.): *Das Denken der Sprache und die Performanz des Literarischen um 1800* (2000); *Poetik der Etymologie. Texturen sprachlichen Wissens in der Romantik* (2003); (Mithg.): *Generation. Zur Genealogie des Konzepts – Konzepte von Genealogie* (2005); (Mithg.): *Geistliche Lyrik* (2006); (Mithg.): *Das Beispiel. Epistemologie des Exemplarischen* (2007); (Mithg.): *„Interesse für bedingtes Wissen". Wechselbeziehungen zwischen den Wissenskulturen* (2007); (Mitverf.): *Das Konzept der Generation. Eine Wissenschafts- und Kulturgeschichte* (2008).